해원 명리학

해원 명리학

해원(海原) 이풍희(李豊喜) 著

祥元文化社

서문...

2017년 5월 『해원명리학』을 발표하고 나서 많은 분들이 관심을 가지시고 출판을 기다려주셨다. 진심으로 감사드린다.
해원명리는 지난 500년 동안 한국을 지배하였던 중국의 자평명리와 새롭게 탄생한 중국의 맹파명리를 넘어서는 자랑스러운 한국의 명리학이자 가장 합리적인 현대명리학이다.

해원명리는 수천년 동안 중국이 강조한 중용(中庸)이나 음양(陰陽)의 이분법에 뿌리를 두지 않는다. 자평명리와 맹파명리가 중국전통사상을 토대로 이론을 만들고 발전시켰다면 해원명리는 동서양의 사상을 융합하여 창조적인 명리학을 만들어 한국에서 새로운 뿌리가 되고자 한다.

인간이란 무엇일까? 지금까지 인간은 자신을 유일무이한 존재로 인식하고 모든 생명체에서 가장 높은 위치로 스스로를 올려놓았다. 과연 인간은 진화의 정점에 있는 위대한 생명체인가?

해원명리는 '인간이란 모래알 같은 작은 존재' 라는 인식에서 시작한다. 파도에 부서져 가루가 되어 사라지는 모래알이나 물속에서 헤엄치는 작은 물고기나 인간시대에는 이미 사라져버린 공룡을 차별하지 않고 우주의 질서에 순응하는 평등한 물질로 본다.

생명력을 가진 물질은 에너지를 흡수하고 배출하면서 살아 움직이고 생명력이 멈춘 물질은 새로운 생명을 위해서 분해된다. 삶과 죽음은 물질〔에너지〕의 순환이며 거대한 우주를 유지하고 풍요롭게 발전시키는 항구적인 법칙이다.

인간의 육체는 산소 65%, 탄소 18%, 수소 10%, 질소 3%, 칼슘 2%, 인 1%와 기타 소량 원소로 구성되는데 이 원소들이 결합하고 소통하면서 생명작용이 일어난다. 원소(元素)들의 결합과 충돌, 교류는 곧 생명작용이며 인간뿐만 아니라 살아 있는 모든 생명체도 다르지 않다.

해원명리가 생각하는 사주팔자는 무엇인가? 사주팔자는 인간이라는 생명체에 주어진 여덟 개의 원소(元素)다. 천간 열 가지 원소와 지지 열두 가지 원소 중에서 각각 네 개씩의 원소를 부여받은 것이다. 사주팔자는 여덟 개의 원소(元素)가 뭉친 물질덩어리며 합(合), 충(沖), 형(刑), 파(破), 천(穿) 등의 물질대사를 통해서 다양한 생명작용이 일어난다.

그렇다면 사주팔자의 물질대사작용만 보는 것일까? 그렇지 않다. 해원명리가 중국의 자평명리나 맹파명리보다 뛰어난 것은 사주팔자를 개인사가 아닌 개인과 사회의 관계로 발전시켜 해석한다는 점이다. 해원명리의 새로운 육친법과 9가지 사회관계론은 사주팔자에서 운명적으로 주어진 사회적 환경과 인간관계를 논리적으로 이해시켜 준다.

500년 전 중국 송나라의 서자평이 창안한 자평명리는 일간을 계절〔월령〕에 대비시켜 신강신약을 정하고 중화(中和)의 관점에서 운명을 해석하였다. 자평명리는 신살에 의존했던 고전명리학을 크게 혁신하면서 오늘날 역학 지식으로 알고 있는 현대명리학의 기초를 만들었다. 2000년에 중국의 단건업이 창안한 맹파명리는 사주를 음양(陰陽)의 대립으로 해석하여 제압으로 부귀(富貴)를 얻는다고 말하였다. 자평명리가 음양(陰陽)의 중화(中和)를 선택했다면 맹파명리는 음양(陰陽)의 편중(偏重)을 선택한 것이다. 2017년에 필자가 창안한 해원명리학은 "부귀(富貴)는 선천적인 능력으로 어떻게 사회관계를 맺느냐에 따라 달라진다."고 말한다. 음양(陰陽)을 중심에 두었던 중국 명리학과 달리 타고난 능력과 사회관계를 운명의 중심에 올려놓은 것이다.

역사적으로 중국과 동아시아의 봉건시대를 지배했던 성리학(性理學)은 과거 조선시대 왕도정치를 합리화시키고 5~10%에 불과했던 양반이 대다수의 서민들을 지배하고 핍박하는데 중요한 통치이념으로 사용되었다. 사서삼경(四書三經)은 양반만이 누리는 사치스런 학문이었으며 서민들은 감히 접근할 수 없었던 지배문화의 상징이었다. 사서삼경의 최고봉은 주역(周易)이다. 주역(周易)은 단순한 역서(易書)가 아니며 자평명리(子平命理)의 뿌리이자 중화사상(中華思想)의 결정체이며 한국인의 정신적 사대주의(事大主義)를 대표한다.

지금까지 한국인은 스스로 중국철학을 '동양철학'이라고 칭하면서 중화(中華)를 칭송하였다. 어떻게 중국철학이 '동양철학'이 될 수 있는가? 수천 년의 역사를 가진 우리 민족이 스스로의 철학을 세우려고 노력하지 않고 중국의 공맹(孔孟)을 성인(聖人)으로 받들고 모방하며 창조를 거부하였다. 실로 부끄러운 일이 아닐 수 없다. 천지인(天地人), 태극(太極), 음양오행(陰陽五行), 팔괘(八卦), 유학(儒學) 같은 중국사상을 한국의 것인 냥 포장하지 말라!

해원명리는 "한국인이 만든 사상이 중국인의 사상을 얼마든지 능가할 수 있다."는 의미를 갖는 역사적 사건이다. 해원명리가 500년 역사의 자평명리를 뛰어넘어 영원히 역사에 남기를 바란다.

해원명리를 한국인과 세계인에게 바친다.

2019년 10월

해원 ***이풍희*** *배상*

차례...

海原 命理學

해원 명리학

제 1 장

생명의 탄생

海原 命理學

해원 명리학

1
우주의 탄생
물질이 생명을 얻다

생명은 어떻게 시작되었을까?

생명의 근원, 즉 우주의 탄생을 공부하는 것은 명리학으로 들어서는 첫 단추이다. 운명학은 생명이 어떻게 존재했으며 삶과 죽음의 법칙〔우주질서〕은 무엇인지를 먼저 이해해야만 가능하기 때문이다.

일반적으로 우리는 만물의 시작을 고대 그리스의 카오스(Chaos)와 고대 중국의 무극(無極)을 먼저 생각한다. 혼돈과 무한함에서 세상이 시작되었고 그것이 물질로 뭉쳐지고 생명력을 가지면서 우주와 인간세상이 정립되었다고 생각하는 것이다. 수천년이 흐르는 동안 현대의 과학자들은 고대인의 생각을 빅뱅이론(big bang)으로 발전시켰고 그들의 우주탐구가 결코 허황되지 않았음을 증명하였다.

현대과학이 말하는 우주의 생성과 발전은 유물론과 진화론이며 철학적인 뿌리는 고대 그리스에서 찾을 수 있다. 그리스 신화에서 제우스가 세상의 지배자가 되는 과정을 살펴보자.

"태초에 세상은 거대한 혼돈 덩어리 카오스(Chaos)였고 그 속에서 만물의 씨가 있어 대지의 여신인 가이아(Gaia)가 태어났다. 가이아는 하늘의 신 우라노스와 바다의 신 폰토스를 낳고 우라노스와 결혼하여 열두 명의 거인족 타이탄(Titan)을 낳았다. 가이아는 또 세 명의 키클로페스〔외눈박이 거인〕을 낳았고 다시 세 명의 헤카톤케이르〔오십 개의 머리, 백 개의 팔이 달린 괴물〕를 낳았다. 하늘의 신 우라노스는 아내 가이아가 괴물들을 계속 낳자 키클로페스와 헤카톤케이르를 타르타로스〔지옥〕에 가두어 버렸다.

복수에 찬 가이아는 타이탄의 여섯 아들을 불러 우라노스의 성기를 자르라고 다그쳤고 막내 크로노스가 낫으로 우라노스의 성기를 잘라 바다에 던졌다. 우라노스의 성기에서 흘러나온 피가 대지에 떨어지자 복수의 여신 에리니에스가 태어났고 기가스〔자이언트〕 거대한 괴물도 태어났으며 바다에 떨어진 우라노스의 성기는 하얀 거품을 만들어 아름다움과 사랑의 여신 아프로디테〔비너스〕를 탄생시켰다.

크로노스는 아버지 우라노스를 밟고 신들의 왕이 되었지만 그 역시 아들 제우스에게 왕위를 빼앗겼다."

그리스 신화에서 우주〔생명〕의 탄생은 혼돈〔카오스〕으로부터 대지〔가이아〕와 하늘〔우라노스〕과 바다〔폰토스〕가 먼저 생성되고 이후에 생명체인 타이탄(Titan)이 존재하기 시작하는데 생명체가 존재하기 위해서는 살아가는 공간〔땅〕, 숨 쉬는 공기〔하늘〕, 에너지 대사작용에 필수적인 물〔바다〕이 반드시 필요하다는 것을 은유적으로 표현하였다.

그리스 철학자들은 우주를 어떻게 생각했는지 살펴보자.

피타고라스(Pythagoras)는 우주는 모든 생명체의 생활공간이고 질서가 있으며 조화롭기에 수(數)로 표현이 가능하다고 생각했다. 그의 생각은 과학이론이 수학으로 표현되는 근대과학의 발전에 영향을 주었다. 피타고라스는 태양계의 모든 행성에는 생명체가 존재하고 인간은 다른 생명체보다 열등하다고 생각했으며 먼 은하계에는 신체는 빈약하지만 두뇌가 뛰어난 '아스트라이오스(Astraios)'라는 생명체가 있다고 말하였다.

플라톤(Platon)은 '우주는 조화와 질서를 갖추도록 설계되었다'고 말했으며 『티마이오스(Timaios)』에서 "우주는 데미우르고스(demiurge-제작자)에 의해 언제나 같은 형상(Eicos-설계도)의 질료(Hyle-원료)로 만들어진다."고 주장했고 "모든 만물은 필연적인 원인으로 생성되고 우주에서 작용하는 규칙성과 질서는 최선의 삶이다."라고 설명했다. 데미우르고스(제작자)는 우주를 구성하는 불, 물, 공기, 흙 4원소를 사용하여 하늘의 몸을 만들어 영혼을 담았고 남은 재료를 다시 섞어 생물체들을 만들었는데 선한 목적을 이루기 위해서 완벽한 형상으로 만들었다고 하였다.

아리스토텔레스(Aristoteles)는 천상의 원운동을 '부동의 동자(the Unmoved Mover)' 로 정의하고 태양, 달, 별들의 원운동은 끝없이 영원하며 최고의 선(善)이라는 설명하였다. 그는 흙, 물, 공기, 불 4원소에 우주의 빈 공간을 채우는 에테르(Aether)를 추가하여 5원소를 주장했고 4원소의 지상세계는 생성과 소멸, 시작과 종말이 있는 불완전한 직선운동을 하고 에테르가 있는 천상세계는 영원하고 완벽한 원운동을 하기에 지상세계와 천상세계는 근본적으로 불리법칙이 다르다고 주장하였다.

프톨레마이오스(Ptolemaeus)는 『알마게스트(Almagest)』에서 달, 수성, 금성, 태양, 화성, 목성, 토성의 행성들이 차례로 배열된 천체가 지구를 중심으로 원운동을 하는데 우주의 중심축이 지구와 차이가 있기에 행성들의 원운동은 완벽하지 않다고 설명했다. 그의 천동설(天動說)은 정지해 있는 지구가 우주의 중심이며 천체는 지구를 중심으로 돈다는 우주관으로 철학과 신학(神學)의 지지를 받았고 점성술(占星術)의 근거가 되었다. 천동설은 신의 천지창조를 증명하고 성경에 부합되었기 때문에 중세시대에 절대적인 권위를 얻었다.

고대 그리스의 우주관은 태초의 혼돈에서 시작하여 우주질서가 정립되는 자연발생론과 처음부터 우주질서가 정해지는 우주결정론이 공존하지만 천지창조론은 아니었다. 창조주에 의한 천지창조론은 고대 메소포타미아에서 그 뿌리를 찾을 수 있다.

기원전 1900년부터 구전으로 내려오던 메소포타미아의 창조신화 『에누마 엘리쉬(Enuma Elish)』는 창조신에 의한 천지창조를 설명하고 있는데 후세의 기독교와 이슬람교 세계관에 영향을 주었다. 에누마 엘리쉬에 나오는 창조신화 서두를 읽어보자.

> "위로 하늘이 아직 불리지 않았고 아래로 마른 땅이 이름으로 불리지 않았을 때 신들의 아버지 태고의 압주(Apsu-담수)와 신들을 낳은 어머니 티아마트(Tiamat-염수)가 자기들의 물을 한데 섞고 있었다. 늪지가 형성되지도 않았고 섬도 나타나지 않았다. 신이 나타나지 않아 이름으로 불리지 않았고 운명이 결정되지 않았다. 그리고 신들이 그들 안에서 생겨났다."

에누마 엘리쉬에서 세상의 탄생은 여신 티아마트가 압주와 결혼하여 신들의 조상이 되면서부터 시작된다. 티아마트는 신들을 낳아 번성시켰지만 그들이 점점 난폭해지자 모두 없애버리려고 하였다. 하지만 신들의 왕으로 선발된 마르두크(Marduk)는 티아마트와 싸워 이겼고 그녀의 몸은 두 동강으로 나누어져 상반신은 위로 들어 올려져 하늘이 되었고 하반신은 대지가 되었으며 머리와 유방은 산으로 만들어지고 두 눈에서는 티그리스강과 유프라테스강이 흘러나오게 되었다.

에누마 엘리쉬의 세계관을 이어받은 『구약성서』의 천지창조론은 중세의 기독교와 이슬람세계를 지배했는데 『구약성서』 창세기 1장에서 하느님은 인간을 포함한 세상만물을 모두 창조해내는 절대적인 존재로 설명되고 있다. 창세기 1장의 천지창조 첫째 날을 읽어보자.

> "한처음에 하느님께서 하늘과 땅을 창조하셨다.
> 땅은 아직 꼴을 갖추지 못하고 비어 있었는데, 어둠이 심연을 덮고 하느님의 영이 그 물 위를 감돌고 있었다. 하느님께서 말씀하시기를 "빛이 생겨라." 하시자 빛이 생겼다. 하느님께서 보시니 그 빛이 좋았다. 하느님께서는 빛과 어둠을 가르시어, 빛을 낮이라 부르시고 어둠을 밤이라 부르셨다. 저녁이 되고 아침이 되니 첫날이 지났다."

창세기에서 하느님은 첫째 날에 어둠에서 빛을 창조했고 둘째 날은 대기와 하늘을 창조했으며 셋째 날은 땅과 바다, 식물과 과일나무를 창조했고 넷째 날은 낮과 밤을 다스리는 해와 달, 별들을 창조했으며 다섯째 날은 하늘을 나는 새와 물속에서 살아가는 물고기를 창조했고 여섯째 날은 땅 위에서 살아가는 동물들과 신을 닮은 인간을 창조했다.

고대 그리스에 뿌리를 두고 있는 우주 자연발생론과 메소포타미아에서 비롯되어 중세를 지배했던 천지창조론은 서양철학의 근간을 이루고 세상을 지배하였다. 고대 인도와 불교, 중국의 우주관은 어떠했을까?

고대 인도의 우주관은 기원전 1500년경에 만들어진 브라만교 경전 베다(Veda)와 힌두교 성전(聖典) 푸라나(Purana)에서 찾을 수 있다. 베다시대 인도인은 "인간의 영혼은 육체와 분리되어도 지속적으로 존재한다."고 믿었고 "죽은 자의 영혼은 염라대왕(閻羅大王)인 저승세계의 우두머리 야마(Yama)에게 보내져 생전의 죄를 심판받고 새로운 삶을 얻는다."고 생각했다. 『리그베다(Rigveda)』는 하늘의 중앙에 야마가 있으며 그곳은 자유와 질서가 있고 죄악이 떠났기에 무엇이든 성취되는 곳이라고 하였다. 『아타르바베다(Atharvaveda)』는 신들의 고향〔내세〕은 빈부귀천(貧富貴賤)이 없고 끊임없는 기쁨이 넘치는 천국이며 수행하는 자는 환생하지만 그렇지 못하는 자는 형벌을 받는다고 하였다. 『우파니샤드(Upanishad)』는 "카르마(karma)는 인간이 벗어날 수 없는 법칙으로서 선을 행한 자는 선하게 보상받고 악을 행한 자는 악하게 보상을 받아 다시 태어난다."고 설명했다.

푸라나(Purana)는 우주의 창조, 파괴와 재창조, 신과 성자이야기를 담고 있는데 우주의 창조자 브라흐마(Brahma)와 보존자 비슈누(Vishnu), 파괴자 시바(Shiva)가 대표적이다. 푸라나에서 우주의 탄생은 궁극적 실재인 브라흐만(Brahman)이 우주를 만들고 싶어 원초적 늪 나라흐(Narah)를 창조하고 그곳에 씨앗을 심는 것에서 유래한다. 그 씨앗은 태양빛 황금알 히란야가르바(Hiranyagarbha)로 성장했고 그곳에서 천년을 보내고 탄생한 브라흐마(Brahma)가 알을 반으로 나누어 하늘과 땅을 창조하고 바다, 산, 별을 차례로 창조했으며 사라스와티(Saraswati－여성)를 창조하여 아내로 삼아 신들과 악마 아수라(Asura), 인류 마누(Manu)를 탄생시켰다.

시바(Shiva)는 우주 재창조에 중요한 역할을 하는데 푸라나에서 우주의 해체로 긴 휴식에 있었던 브라흐마와 비슈누가 가장 위대한 시바에게 우주를 다시 창조해 달라고 간청했고 시바는 이상적인 세상을 만들기 위해서 긴 명상에 들어갔다. 하지만 긴 시간이 지나도록 시바가 깨어나지 않자 비슈누는 브라흐마에게 먼저 세상을 창조할 것을 제안했고 무능력했던 브라흐마는 선과 악, 신과 악마, 빛과 어둠이 뒤섞인 혼돈으로 가득한 세상을 만들고 말았다. 명상에서 깨어난 시바는 브라흐마가 만든 세상에 격노했고 그것을 불태우기 시작했는데 브라흐마가 사죄하자 파괴를 멈추고 남은 힘으로 태양을 만들고 만물을 지탱하였다.

고대 인도의 베다(Veda)는 중세 기독교의 "운명은 탄생과 발전, 소멸로 처음과 끝이 직선처럼 존재한다."는 우주관과 다른 "운명은 카르마(karma)를 통해서 수레바퀴처럼 무한 반복된다."는 우주관을 역설하였다. 푸라나(Purana)에서 브라흐마는 최초로 우주를 창조했지만 완벽하지 못했고 시바는 완벽한 우주를 재창조하려고 했기에 인도인에게 최고의 신이 되었다. 인도 최고의 성지(聖地) 갠지스강은 시바가 천상계의 물을 머리로 받아 인간에게 준 것이라고 하는데 인도인 34%〔4억 4천만 명〕가 이 강물에 의존하여 살고 있고 갠지스강에서 몸을 씻으면 전생의 죄가 살아지고 윤회(輪廻)에서 벗어난다고 하여 그곳에서 목욕하고 그 물을 마신다.

인도에서 중국과 동남아시아로 전파된 불교는 삼천대천세계(三天大天世界)의 우주를 가지고 있어 지구중심의 우주관과 유일신을 섬겼던 중세의 기독교와는 근본적으로 생각이 달랐다. 불교의 우주는 시작도 끝도 없는 무시무종(無始無終)의 영원한 공간이고 업(業)과 윤회(輪廻)는 우주 속에서 존재하는 원인이다. 불교는 베다(Veda)의 카르마(karma)와 윤회사상(輪廻思想)을 이어받았다. 불교경전 『화엄경(華嚴經)』 보살명난품(菩薩明難品)에서 업(業)은 "맑은 거울에 비친 그림자가 다양하듯이 종자와 밭이 달라도 싹이 트듯이 많은 새가 저마다 다른 소리를 내듯이 업(業)은 실체가 없지만 일상을 통하여 선악이 쌓이면 그것이 원인(業因)이 되어 결과(業果)를 얻는다."고 하였다.

불교는 우주관은 어떠할까?
『아비달마구사론(阿毘達磨俱舍論)』에서 우주는 "수레바퀴만한 하늘 빗방울이 끊임없이 내리듯이 동서남북상하 시방(十方)에 끝없이 많고 삼계〔욕계·색계·무색계〕 또한 허공의 양(量)과도 같아 서로 다른 차원의 시공간이 공존할 수 있다."고 하였고 "수많은 우주 속에서 삼계(三界)는 존재하고 업(業)은 동일하기에 욕계(欲界)에서 벗어나기 위해서 수행하면 모든 우주의 욕계에서 벗어날 수 있다."고 하였다.

불교의 삼계(三界)는 식욕·성욕 등 욕망이 존재하는 욕계(欲界), 욕망과 단절된 정제된 정신세계 색계(色界), 물질이 없고 정신만 존재하는 무색계(無色界) 3가지인데 "무색계는 물질이 존재하지 않기에 안정되었지만 욕계의 밑바닥〔지옥〕에서 색계에 이르는 세계는 중생들의 마음에 따라 주기적으로 물질이 만들어졌다가 머무르고 변질되어 없어지는 변화를 겪는다."고 하였다.

불교는 우주의 형상을 허공에 떠 있는 거대한 원반 3개로 표현하였다. 우주는 거대한 원반 3개의 나열로 이루어져 있는데 맨 아래에 풍륜〔風輪_직경 무한대, 두께 2400만km(160만 유순)〕이 있고 중간에 수륜〔水輪_직경 1805만km(120만 3,450유순), 두께 1200만km(80만 유순)〕이 있으며 맨 위에 금륜〔金輪_직경 1805만km(120만 3,450유순), 두께 480만km(32만 유순)〕이 있다고 하였다. 금륜(金輪)의 중앙에는 금(金)·은(銀)·청옥(靑玉)·수정(水晶)의 4가지 보석으로 이루어진 세상의 중심 240만km〔16만 유순〕 높이의 수미산(須彌山)이 있는데 4대륙과 9개의 산, 8개의 바다를 주변에 두고 중턱에는 사천왕(四天王)이 거주하고 정상에는 도리천(忉利天)이 있으며 하계(下界)에는 팔열지옥(八熱地獄)이 있고 가장 낮은 곳에 인간세계가 있다고 하였다.

베다(Veda)의 우주관을 발전시킨 불교는 수미산(須彌山)을 중심으로 다양한 계층의 생명체가 존재하고 업(業)과 윤회(輪廻)를 통해서 끊임없이 삶이 재창조되며 생명체를 가진 다양한 은하계가 공존하고 있다고 설명하였다.

고대 중국의 우주론은 어떠할까?

고대 중국인은 '기(氣)가 우주의 기본 요소'라는 우주생성론과 '지구를 중심으로 태양, 달, 행성이 회전한다'는 우주구조론을 가지고 있었다. 우주생성론은 기원전 2세기경 전한(前漢)의 유안(劉安)이 『회남자(淮南子)』에서 "태초에 우주의 원재료인 기(氣)가 공간에 퍼져 있다가 시간이 흐르면서 가볍고 맑은 기(氣)는 위로 올라가 하늘과 천체가 되었고 무겁고 탁한 기(氣)는 아래로 내려앉아 땅과 사물이 되었다."고 처음 주장하였고 남송의 주자(朱子)가 "우주는 처음에는 단순한 기(氣)의 회전에 지나지 않았지만 회전이 빨라지면서 가운데 땅이 생겼고 가벼운 것들은 위로 올라가 하늘이 되었으며 계속된 회전은 땅이 움직이지 않게 단단한 외피를 만들었다."고 설명하면서 기(氣)는 우주의 생성원인으로 인식되었다.

우주구조론은 기원전 2세기경 후한(後漢)의 장형(張衡)이 "우주는 달걀 껍질 같은 하늘이 달걀 노른자 같은 땅을 감싸고 있고 하늘은 북극을 중심으로 동쪽에서 서쪽으로 회전하고 해와 달은 서쪽에서 동쪽으로 회전이며 태양은 하루에 한 바퀴씩 돌기에 절반은 낮이고 절반은 밤이다."라고 체계화한 혼천설(渾天說)과 기원전 3세기경 『주비산경(周髀算經)』의 "하늘은 삿갓(笠) 모양이고 땅은 곡면의 쟁반(槃) 모양으로 우주는 두 개를 엎어놓은 형상이며 천체들은 북극을 중심으로 운동하고 땅은 물 위에 떠 있다."는 개천설(蓋天說)이 쌍벽을 이루다가 혼천설(渾天說)이 합리적인 우주구조론으로 인정받게 되었다. 혼천설은 중국 역학(易學)의 이론적인 밑바탕이 되었고 명나라까지 하늘을 관찰하는 천문이론을 사용되다가 청나라에 이르러 서양의 천문학을 도입하면서 역사 속으로 사라졌다.

고대인들은 하늘은 성스러운 신의 영역이며 땅은 인간의 영역으로 여겼다. 이러한 생각은 중세 기독교와 이슬람세계를 지배했는데 유일신이 세상을 한 순간에 탄생시킨 구약성경의 천지창조론과 지구를 중심으로 우주가 돈다는 천동설(天動說)은 절대 진리로 숭배되며 하늘〔신〕과 땅〔인간〕을 명확하게 양분하였다.

16세기 중엽 폴란드의 천문학자 코페르니쿠스(Copernicus)는 『천구의 회전에 관하여_De revolutionibus orbium coelestium』라는 저서에서 "우주의 중심은 태양이며 지구가 스스로 자전하기 때문에 별들이 지구를 중심으로 도는 것처럼 보인다."는 태양 중심의 지동설(地動說)을 주장하였다. 개신교 신학자들은 반발했고 로마 가톨릭은 1616년에 이 책을 금서로 지정했으며 지동설을 지지했던 이탈리아 철학자 브루노(Bruno)는 이단으로 몰려 화형을 당하였다. 많은 역사가들은 코페르니쿠스가 『천구의 회전에 관하여』를 출판한 1543년을 과학혁명이 시작된 시기라고 말한다. 그리스의 아리스토텔레스 이후 천동설(天動說)이 인간의 정신세계에 심어주었던 신〔하늘〕과 인간〔땅〕이라는 절대적인 이원적 관계는 지동설(地動說)이 등장하면서 무참히 부서졌고 인간은 신의 사랑을 독차지하는 위대한 존재가 아닌 우주 속에서 보잘 것 없는 존재로 변하면서 중세의 우주관, 인간관, 세계관은 뿌리 채 흔들리기 시작하였다.

독일의 천문학자 케플러(Kepler)는 『행성운동법칙(Kepler's laws of planetary motion)』으로 인류 역사상 최초로 천체 운동을 물리학으로 설명하였다. 1609년 그는 케플러 제1법칙인 타원 궤도의 법칙에서 행성은 태양의 둘레를 타원 궤도로 돌고 있고 태양은 타원의 두 초점 중 하나에 위치한다고 주장했고 케플러 제2법칙인 면적 속도 일정의 법칙에서 행성은 태양에서 가까울 때 빨리 돌고 멀 때는 천천히 도는데 태양과 태양 둘레를 도는 행성을 연결하는 가상선은 동일한 시간에 동일한 면적을 휩쓸고 지나간다고 설명하였다. 1619년에 발표된 케플러 제3법칙인 태양계 행성에 미치는 태양의 영향력(힘)에서 "태양은 여러 행성에 같은 종류의 영향을 미치고 그에 따라 각 행성의 운동이 결정된다."는 근대 천문학의 기본 사상을 표명하였다. 태양계 전체 활력의 원천은 태양이며 모든 행성은 태양으로부터 물리적 작용과 생명적 영향을 받는다는 태양중심론을 강하게 말한 것이다. 케플러는 중세의 천문학을 근대 천문학으로 끌어올린 역사상 가장 위대한 과학자 가운데 한 사람으로 케플러의 행성운동법칙은 뉴턴이 만유인력의 법칙을 만드는 데 크게 도움을 주었다.

이탈리아의 갈릴레이(Galilei)는 1609년에 망원경을 제작하여 먼 우주의 여러 별들의 움직임을 직접 관찰하여 구체적이고 신빙성 있는 증거자료를 제시하며 지동설(地動說)을 명쾌하게 증명해 내었다. 1610년에는 태양의 흑점, 달의 표면, 금성, 목성의 4개 위성을 망원경으로 관찰하여 지동설을 뒷받침하는 자료로 공표하였고, 1632년에는 『프톨레마이오스-코페르니쿠스 두 개의 주요 우주 체계에 대한 대화』를 출간하여 강력하게 지동설을 주장하였다. 그는 당시까지 세상을 지배했던 아리스토텔레스의 "무거운 물체가 가벼운 물체보다 빨리 낙하한다."는 관념적 운동론을 "마찰이 없으면 같은 높이에서 자유 낙하하는 모든 물체는 질량과 무관하게 동시에 떨어진다."는 새로운 물리법칙으로 뒤집었고 "마찰이 없으면 경사에 상관없이 공은 출발한 곳과 같은 높이만큼 다시 굴러서 올라간다."는 놀라운 사실도 발견하였다. 이 발견은 "마찰 없는 상태에서 물체의 운동법칙을 찾고 뒤에 마찰을 고려한다."는 표준적인 연구방법을 후세에 선물해 주었다.

프랑스의 데카르트(Descartes)는 기계론적 우주관의 기초를 세웠는데 "지속되는 우주의 소용돌이로 가벼운 원소들이 중앙으로 몰리면서 불의 원소인 태양이 되었고 태양의 원심력으로 다른 물질들이 밖으로 밀리면서 공기를 통해 전달된 것이 빛이다."라고 주장하였다. 그는 "절대적인 신(神)은 연장을 만들고 우주에다 운동을 주었다."고 생각했고 그것을 기초로 "모든 물체는 다른 것이 변화시키지 않는 한 그대로 있으려고 하고 운동하는 물체는 그 운동을 계속하려 한다."는 관성의 원리와 "운동하는 물체가 자신보다 강한 것에 부딪히면 그 운동을 잃지 않고 약한 것에 부딪혀 그것을 움직이게 하면 약한 것에게 준만큼의 운동을 잃는다."는 운동량 보존의 원리를 정립하였다. 데카르트 철학의 제1원리 "나는 생각한다. 그러므로 나는 존재한다(Cogito, ergo sum)."의 연역적 추리는 귀납적 추리로 한계를 느꼈던 많은 과학자들에게 새로운 길을 열어주었다.

17세기 영국의 뉴턴(Newton)은 "우주는 영원히 변하지 않는다."는 정적인 우주론을 주장했는데 그것은 19세기 중반까지 세상을 지배했다. 그는 케플러의 3대 법칙과 갈릴레이의 역학을 발전시켜 "모든 물체는 서로 끌어당긴다."는 만유인력(law of universal gravity)을 수학적 표현으로 정립하였다. "사과를 세게 던지면 지구가 당기는 힘을 이기고 달도 이와 같아서 지구 주변을 궤도 운동한다."고 설명했고 "반대로 지구 주변을 도는 달 또한 나무에서 떨어지는 사과처럼 지구를 향해 낙하운동을 한다."고 설명했다. 만유인력법칙은 천상의 질서와 지상의 질서가 우주의 질서로 통합된 것으로 천상과 지상의 질서를 다르게 보았던 아리스토텔레스식 사고의 종말을 의미했다. 우주에서 질량이 있는 모든 물체들은 만유인력 하나의 법칙만 있으면 충분했기 때문이다.

17세기에 갈릴레이와 뉴턴에 의해서 천체의 운동과 지상의 운동이 동일한 법칙으로 기술하는 근대과학이 시작되면서 하늘과 땅의 절대적 구별은 없어졌다. 사람들은 태양을 중심으로 지구를 포함한 행성들이 회전한다는 진실을 선명하게 인식하게 되었고 우주에 대한 관심은 태양계를 넘어 수백광년에 이르는 항성계로 확대되었다.

아인슈타인(Einstein)은 뉴턴 이래로 우주는 변하지 않는다는 정적인 우주론을 1905년 "빠르게 움직이는 물체일수록 시간이 느리게 간다."는 특수상대성이론(special theory of relativity)과 1916년 "빛보다 더 빠른 속도로 달릴 수 있는 것은 없고 중력의 영향으로 휘어진 시공간은 빛을 포함한 모든 것에 영향을 미친다."는 일반상대성이론(theory of relativity)을 통하여 시간과 공간의 개념을 상대화시킨 정적우주론으로 대체하였다. 그는 우주의 모든 것이 보편적인 법칙(상대성이론)의 지배를 받지만 자신이 속한 중력환경에 따라 서로 다른 결과를 얻게 되기에 모든 과학지식은 상대적이고 우리의 인식에는 한계가 있다고 말하였다.

네덜란드의 데시테르(de Sitter)는 팽창우주론을 발표했고 일부 과학자들이 이에 동조했지만 당시 과학계는 아인슈타인의 정적우주론을 정설로 여겼다. 1929년 미국의 허블(Hubble)은 은하계에서 나오는 별빛이 붉은 파장 쪽으로 치우치는 적색편이현상(red shift)을 발견하여 "적색의 치우침 정도는 은하계가 지구로부터 멀어져 가는 속도에 비례한다."는 허블의 법칙을 수립했고 우주가 팽창한다는 강력한 천문학적 증거를 내놓았다. 이후 팽창우주론은 새로운 천체 관측결과와 더 잘 맞는다는 사실로 인식되었고 과학계는 정적우주론에서 팽창우주론으로 변하였다. 팽창우주론은 "100억년 전 태초에 우주는 모든 물질이 한 곳에 집중되어 엄청난 밀도와 압력과 온도를 가진 상태였는데 압력이 너무 높아 폭발하면서 그 폭발력으로 우주가 팽창했다."는 이론으로 "팽창과정에서 온도가 낮아짐에 따라 여러 가지 물질들이 만들어졌고 이것들이 중력으로 뭉쳐지면서 별과 은하 등이 만들어졌다."고 설명하였다.

1927년 벨기에의 르메트르(Lemaitre)는 "우주는 대폭발(Big Bang)로 생겨났다."고 주장하고 "우주는 약 137억년 전 매우 높은 에너지를 가진 한 점에서 큰 폭발로 탄생했고 계속 팽창하고 온도가 낮아지면서 대폭발 후 38만년이 지났을 때 원자핵에 전자가 붙어 원자가 생겼고 수소와 헬륨 원자들이 중력으로 덩어리를 이루면서 은하와 별들이 만들어졌다."고 설명하였다. 빅뱅은 우주탄생 몇 분 사이의 급속한 팽창과 냉각 속에서 발생한 핵반응으로부터 형성된 빛에 대한 계산과 거의 맞아떨어졌기에 대부분의 현대과학자들이 확실하다고 믿게 되었다.

아리스토텔레스의 지구 중심 우주론부터 시작하여 성경, 베다, 불교, 성리학, 지동설, 상대성이론, 빅뱅우주론까지 고대로부터 현대에 이르는 다양한 우주론을 살펴보았다. 고대에서 현대로 넘어오는 과정에서 우주론은 한 가지 특징적인 큰 변화를 겪었다. '절대적인 질서를 가진 완전한 하늘(신)과 불완전한 질서를 가진 땅(인간)으로 양분되었던 우주'가 '동일한 질서를 가진 우주'로 바뀐 것이다.

자평명리(子平命理)는 남송시대에 혼천설(渾天說)을 바탕으로 만들어졌기에 "우주의 질서는 동일하다."고 생각하지 않았다. 당시 중국인들은 "하늘(신)의 질서는 완전하지만 땅(인간)의 질서는 불완전하다."고 생각했기에 사주팔자(四柱八字)를 "하늘(신) 천간(天干)은 순수한 기(氣)에 해당하고 땅(인간) 지지(地支)는 혼탁한 기(氣)에 해당한다."고 정의하고 사주팔자를 다음처럼 배치하였다.

			(남)
丙	壬	壬	庚
午	寅	午	申

이 사주는 총 여덟 개의 글자가 천간(天干) 4개, 지지(地支) 4개로 배치되었다. 천간의 글자에 해당하는 庚, 壬, 壬, 丙은 순일(純一)한 요소로서 庚〔金〕, 壬〔水〕, 丙〔火〕으로 우리는 이해하고 있다. 그런데 지지의 申, 午, 寅, 午는 지장간(支藏干)까지 포함하는 탁한 요소이기에 申〔金〕, 午〔火〕, 寅〔木〕으로 보는 것이 아니라 申은 壬〔水〕·庚〔金〕·戊〔土〕를 함유한 金, 午는 丁〔火〕·己〔土〕를 함유한 火, 寅은 丙〔火〕·甲〔木〕·戊〔土〕를 함유한 木으로 이해한다. 사주팔자의 천간지지 표기방식은 신〔하늘〕과 인간〔땅〕이라는 절대순수〔天干〕와 혼탁함〔地支〕으로 구분한 혼천설과 성리학이 만들어낸 틀이라고 할 수 있다.

자평명리는 천간지지(天干地支)를 하늘과 땅으로 나누었을 뿐만 아니라 음양(陰陽)의 논리로 세상을 임금과 신하, 군자와 소인, 남자와 여자, 선과 악으로 양분했고 오행(五行)의 논리로 사계절(四季節)의 질서를 도입하여 군자의 도(道)를 따르게 하였다. 아래의 중국 북송시대 유학자 주돈이(周敦頤)의 태극도설(太極圖說)이다.

“무극이면서 태극이다(無極而太極_무극이태극).
태극이 움직여 양이 생겨났고(太極動而生陽_태극동이생양)
움직임이 극에 달하여 고요해졌다(動極而靜_동극이정).

고요함에서 음이 생겼고(靜而生陰_정이생음)
고요함이 극에 달하여 다시 움직였다(靜極復動_정극부동).
한 번 움직이고 한 번 고요하여 서로 그 뿌리가 되었다
(一動一靜 互爲其根_일동일정 호위기근).
음과 양으로 나눔에 양의가 확립되었다
(分陰分陽 兩儀立焉_분음분양 양의립언).
양이 변하고 음이 합쳐져(陽變陰合_양변음합)
수, 화, 목, 금, 토를 낳고(而生水火木金土_이생수화목금토)
다섯 가지 기운이 순조롭게 펼쳐져(五氣順布_오기순포)
사계절이 운행되었다(四時行焉_사시행언).

오행은 하나의 음양이고(五行一陰陽也_오행일음양야)
음양은 하나의 태극이며(陰陽一太極也_음양일태극야)
태극은 본래 무극이다(太極本無極也_태극본무극야).

오행은 생겨나면서(五行之生也_오행지생야)
저마다 한 가지 본성을 가졌다(各一其性_각일기성).
무극의 참됨과 음양오행의 정기가
(無極之眞二五之精_무극지진이오지정)
오묘하게 합하고 모여(妙合而凝_묘합이응)
하늘의 도는 남성을 이루고 땅의 도는 여성을 이루었다
(乾道成男 坤道成女_건도성남 곤도성녀).
두 기운은 서로 교감하여 만물을 변화시키고 낳는데

(二氣交感 化生萬物_이기교감 화생만물)
만물이 생겨나고 생겨나서(萬物生生_만물생생)
그 변화가 무궁하다(而變化無窮焉_이변화무궁언).

오직 사람만이 그 빼어남을 얻어서 만물의 영장이다
(惟人也得其秀而最靈_유인야득기수이최영).
형체가 이미 생겨남에 정신이 지각을 발동한다
(形旣生矣神發知矣_형기생의신발지의).
다섯 가지 본성을 느끼고 움직임에 선악이 나뉘어지고
(五性動而善惡分_오성동이선악분)
만 가지 일이 드러난다(萬事出矣_만사출의).

성인은 중심, 바름, 사랑, 정의로 안정을 이루고
(聖人定之以中正仁義_성인정지이중정인의)
고요함을 주로하여 사람의 극치를 확립했다
(而主靜立人極焉_이주정입인극언).”

그러므로
“성인은 하늘, 땅과 더불어 그 덕을 합하고
(故聖人與天地合其德_고성인여천지합기덕)
해, 달과 더불어 그 밝음이 합했으며(日月合其明_일월합기명)
사계절과 더불어 그 질서를 합하고(四時合其序_사시합기서)
귀신과 더불어 그 길흉을 합했으니(鬼神合其吉凶_귀신합기길흉)

군자는 이것을 닦아서 길하고 소인은 그것을 어겨서 흉하다
(君子修之吉小人悖之凶_군자수지길소인패지흉)."

그러므로
"하늘의 도를 세우는 것은 음과 양이고
(故曰立天道曰陰與陽_고왈입천도왈음여양)
땅의 도를 세우는 것은 부드러움과 강함이며
(立地之道曰柔與剛_입지지도왈유여강)
사람의 도를 세우는 것은 사랑과 정의다
(立人之道曰仁與義_입인지도왈인여의)."

또 이르기를
"시작을 추적하여 끝을 돌이킨다(又曰原始反終_우왈원시반종).
그러므로 죽음과 탄생의 설명을 안다(故知死生之說_고지사생지설)."고 했으니
"위대하다 역의 이치여(大哉易也_대재역야)!
이것이 지극이다(斯其至矣_사기지의)."

2

사주팔자는 8개의 원소(元素)다

해원명리(海原命理)는 사주팔자(四柱八字)를 여덟 가지 원소(元素)로 보고 천간(天干)끼리의 물리화학작용, 간지(干支)간의 물리화학작용, 지지(地支)끼리의 물리화학작용을 분석하여 사주팔자〔물질덩어리〕의 생명력을 해석한다. 이러한 유물론적(唯物論的) 관점은 자평명리가 가졌던 천간지지(天干地支)를 하늘〔天干_신〕과 땅〔地支_인간〕으로 양분한 고대 중국 우주론에서 탈피하고 현대적 우주론을 수용하여 천간지지의 물질적 차별을 없애고 서로간의 교류를 확대하면서 자연스럽게 가지게 되었다.

우주를 구성하고 있는 성분은 무엇일까?

우주는 대폭발(big bang) 초기에 만들어진 74%의 수소〔H〕, 23%의 헬륨(He)과 3%의 기타 원소들로 구성되어 있고 지구는 철(Fe), 산소(O), 규소(Si), 마그네슘(Mg) 등으로 구성되어 있으며 인간은 65%의 산소(O), 18%의 탄소(C), 10%의 수소(H), 3%의 질소(N), 2%의 칼슘(Ca), 1%의 인(P)과 기타 소량 원소로 구성되어 있다. 우주는 대사작용을 하는 생명체와 그들에게 공간을 양보한 비생명체가 공통적인 원소(元素)를 공유하도록 배려했는데 이것은 만물은 평등하고 인간은 특별한 지위를 가진 위대한 생명체가 아닌 거대한 우주 질서에서 다른 물질들과 조화를 이루면서 살아가는 존재라는 것을 일깨워주었다.

사람들은 오랜 세월 동안 우주를 구성하는 물질의 비밀을 찾으려고 하였다.

기원전 7세기 그리스의 탈레스(Thales)는 "세상을 구성하는 물질의 근원은 물(水)"이라고 주장했고 기원전 6세기말 그리스의 헤라클레이토스(Heraclitus)는 "만물의 기원은 불(火)"이고 "불은 공기의 죽음으로 살고 공기는 불의 죽음으로 살며 물은 흙의 죽음으로 살고 흙은 물의 죽음으로 산다."고 하였다. 기원전 4세기 그리스의 데모크리토스(Democritos)는 "세상만물은 원자(原子)로 구성되었고 사물은 원자들의 형태, 크기, 배열과 인지하는 사람들의 감각에 따라 다르게 보이며 사물의 생성과 소멸에는 원자 불변의 힘이 작용한다."고 하였다.

기원전 5세기 그리스의 엠페도클레스(Empedocles)는 "만물은 물, 공기, 불, 흙 4원소이고 그 비율이 형태를 결정한다."고 주장하고 "4원소가 서로 합쳐지고 나누어지는 과정을 통해서 세상의 모든 물질들이 형성되었고 원소들 사이에 작용하는 힘은 사랑과 미움이다."라고 설명하였다. 그의 4원소 개념은 이후 2천년 넘게 서양의 물질관을 지배하였다. 플라톤(Platon)은 엠페도클레스의 4원소를 불은 정사면체, 흙은 정육면체, 공기는 정팔면체, 물은 정이십면체인 이상적인 형상으로 설명했고 아리스토텔레스(Aristoteles)는 4원소 중에서 무거운 원소는 아래를 향하고 가벼운 원소는 위를 향하기에 지구의 가장 높은 곳에는 불이 있고 그 아래에는 공기가 있으며 그 다음에 물이 있고 맨 아래에 흙이 있다고 설명하였다. 그는 지구의 4원소는 고정되어 질서가 유지되고 우주 공간에 채워진 에테르〔5원소〕는 우주가 변형하지 않고 영원한 회전력을 갖게 한다고 설명하였다.

유물론은 중세시대에도 계승되었는데 17세기 네덜란드의 스피노자(Spinoza)로 대표되는 범신론(pantheism)은 "신은 초월적인 존재가 아니라 모든 세계는 신이다."고 말하며 "신과 우주의 질적 대립은 없다."는 점을 강조하고 신학(神學)과 유물론을 융합시켰다. 영국의 베이컨(Bacon)은 데모크리토스의 유물론을 부활시켜 "물질은 여러 분자의 결합으로 이루어지는데 그 결합의 다양함에서 자연의 다양성이 생기고 움직임을 가진다."고 말하였다. 18세기 프랑스혁명의 정신적인 뿌리가 되었던 유물론자 라메트리(La Mettrie)는 "인간에게 육체를 벗어난 정신적 존재란 없다."고 했고 디드로(Diderot)는 "감성을 가진 최소의 물질이 분자다."라고 주장했다.

19세기 독일의 포이에르바하(Feuerbach)는 1841년에 출간한 『기독교의 본질_Das Wesen des Christentums』에서 "현실세계에서 만족하지 못한 인간이 신이라는 이상적인 존재를 만들어 위로를 받으려고 했다."고 주장하며 감성적 유물론을 주장했고 마르크스(Marx)와 엥겔스(Engels)는 감각만을 인식의 근거로 삼았던 기존의 유물론과 달리 "변화와 발전은 물질세계의 본성이다."고 설명하고 실천적 상호작용인 변증법적 유물론(Dialectical materialism)을 주장하였다.

19세기 영국의 돌턴(Dalton)은 과학적으로 원자이론을 정립했는데 "모든 물질은 더 이상 쪼갤 수 없는 원자로 구성되어 있는데 같은 원소의 원자들은 모양, 크기, 질량이 같고 화학적으로 변하지 않으며 화합물은 서로 다른 원자가 일정한 비율로 결합된 것이다."라고 설명하였다. 미국의 아인슈타인(Einstein)은 에너지가 미세한 질량의 차이에 의해 발생함을 발견했고 원자에서 전자를 제외한 핵이 분열될 때 거대한 에너지가 발생한다고 설명하였다. E=mc2으로 알려진 질량변화의 공식은 핵분열〔원자폭탄, 원자력발전소〕이나 핵융합〔수소폭탄, 인공태양〕에 적용되는 기본 법칙이 되었다.

데모크리토스의 고대 원자론에서부터 엠페도클레스의 4원소론, 18세기부터 전개된 무신론적 유물론, 돌턴의 원자이론까지 다양한 유물론을 간략하게 살펴보았다. 고대부터 서양은 "우주는 공통 분모을 가진 원소가 존재한다."고 여겼고 과학적으로 탐구하고 철학적으로 인간세계에 적용하려고 하였다.

아인슈타인(Einstein) 질량변화의 공식은 사주팔자와 무슨 연관성이 있을까?

사주팔자는 질량이 다른 8개 원소의 결합체로서 서로간의 물질대사(metabolism)는 각각의 에너지를 변화시키기에 질량변화의 공식 E=mc2은 질량의 변화가 물질대사에 어떤 영향을 줄 수 있는지 연감을 준다.

예를 들면 寅과 卯는 같은 목(木)이지만 질량이 다른 원소이고 巳와 午는 같은 화(火)이지만 역시 질량이 다른 원소이다. 이 두 개의 원소가 부딪히는 寅巳형과 卯午파는 같은 木火원소(元素)의 충돌이지만 그 파괴력은 엄청나게 차이가 난다. 寅巳형이 완전히 터지는 큰 폭발이라면 卯午파는 찢어지듯 작은 폭발인 것이다.

			(남)
壬	庚	癸	己
午	寅	酉	巳

			(남)
戊	癸	甲	壬
午	卯	辰	寅

위의 사주 2개를 살펴보자. 왼쪽의 寅巳형이 있는 사주는 프로격투기 선수이며 오른쪽의 卯午파가 있는 사주는 정형외과 의사이다. 寅巳형과 卯午파는 두 사람의 성향을 그대로 보여주는데 寅巳형 사주는 순간적으로 폭발하고 卯午파 사주는 정밀하게 찢는다.

지금까지 만물의 구성 물질을 서양의 유물론적 시각에서 살펴보았다. 이제 우리가 명리학의 기본지식으로 알고 있는 고대 중국의 음양오행(陰陽五行)을 살펴보도록 하겠다.

고대 중국에서는 "세상은 목(木), 화(火), 토(土), 금(金), 수(水)의 다섯 가지의 물질 원소(元素)로 만들어졌고 이것이 우주로 널리 퍼져나가 변화하면서 만물이 생성되었다."는 오행설(五行說)과 "우주는 태일(太一)에서 음(陰)과 양(陽)으로 갈라지면서 만물과 모든 현상들이 하늘과 땅, 빛과 어둡, 남과 여처럼 이원(二元)적으로 형성되었다."는 음양설(陰陽說)이 독립적으로 공존하고 있었다.

오행설(五行說)과 음양설(陰陽說)은 기원전 221년 진(秦)나라가 전국통일을 이루면서 음양오행설(陰陽五行說)로 융합되었는데 오행설(五行說)은 제(齊)나라 추연(鄒衍)의 "목(木)은 토(土)를 이기고 화(火)는 금(金)을 이기며 토(土)는 수(水)를 이기고 금(金)은 목(木)을 이기며 수(水)는 화(火)를 이긴다."는 오행상극설(五行相剋說)이 적극 수용되면서 발전했고 음양설(陰陽說)은 음(陰)은 어둠, 양(陽)은 밝음이라는 단순한 이분법에서 음(陰)은 유약, 아래, 수렴, 은폐, 내향, 수축, 소극, 안정 양(陽)은 강건, 향상, 발생, 전시, 외양, 명랑, 적극 등으로 다양하고 풍부한 해석으로 발전하였다.

【오행상극표】

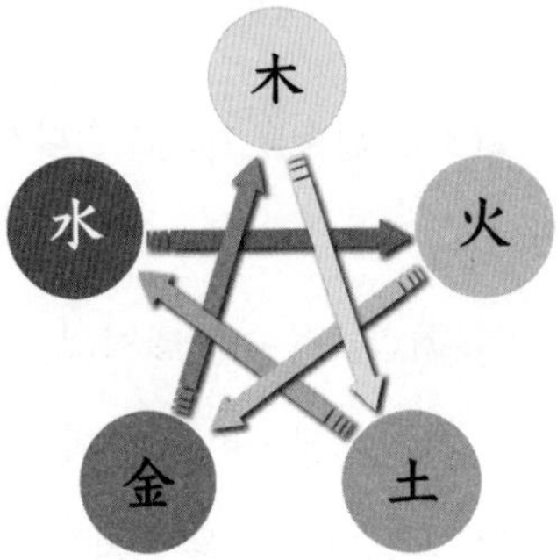

木剋土 ☞ 나무(木)는 땅(土)을 파헤친다.

土剋水 ☞ 땅(土)이 물(水)을 막는다.

水剋火 ☞ 물(水)이 불(火)을 끈다.

火剋金 ☞ 불(火)은 쇠(金)를 녹인다

金剋木 ☞ 쇠(金)는 나무(木)를 벤다.

【음양비교표】

음(陰)	양(陽)
乙丁己辛癸(천간)	甲丙戊庚壬(천간)
丑卯巳未酉亥(지지)	子寅辰午申戌(지지)
金, 水, 가을, 겨울, 북서(北西)	木, 火, 봄, 여름, 동남(東南)
2, 4, 6, 8, 10 (짝수)	1, 3, 5, 7, 9 (홀수)
소멸(消滅), 정(靜), 하(下), 우(右)	생장(生長), 동(動), 상(上), 좌(左)
땅, 여자, 어둠, 소극, 내면, 유형	하늘, 남자, 밝음, 적극, 외면, 무형
의(義), 지(智), 냉(冷), 유(柔), 하강	인(仁), 예(禮), 난(暖), 강(剛), 상승
수렴, 저속, 침체, 우울, 쇠퇴, 억제	발산, 고속, 활동, 명랑, 왕성, 흥분

진(秦)나라의 뒤를 이은 한(漢)나라 때는 "목(木)은 화(火)를 낳고 화(火)는 토(土)를 낳으며 토(土)는 금(金)을 낳고 금(金)은 수(水)를 낳으며 수(水)는 목(木)을 낳는다."는 오행상생설(五行相生說)이 등장하였고 음양오행설(陰陽五行說)이 진(秦)나라 때보다 더욱 발전하여 정치, 도덕, 천문, 점술, 의술에까지 확대되었으며 계절, 방위, 색, 맛, 음

등에 이르는 다양한 분야에 적용되어 국가를 지탱하는 기본 사상으로 발전하였다.

【오행상생표】

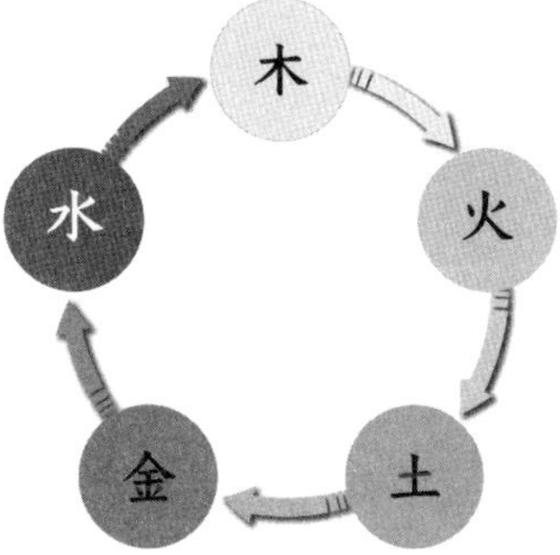

木生火 ☞ 나무(木)는 불(火)을 생한다.

火生土 ☞ 불(火)은 땅(土)을 강화시킨다.

土生金 ☞ 땅(土)이 굳어 금속(金)이 된다.

金生水 ☞ 금속(金)은 물(水)을 만든다.

水生木 ☞ 물(水)는 나무(木)를 생한다.

【오행적용표】

오행	木	火	土	金	水
숫자	3, 8	2, 7	5, 10	4, 9	1, 6
십간	甲, 乙	丙, 丁	戊, 己	庚, 辛	壬, 癸
십이지	寅, 卯	巳, 午	丑, 辰, 未, 戌	申, 酉	亥, 子
계절	봄	여름	사계	가을	겨울
방향	동쪽	남쪽	중앙	서쪽	북쪽
기후	풍(風)	열(熱)	습(濕)	조(燥)	한(寒)
색깔	파란색	빨간색	노란색	흰색	검은색
맛	신맛	쓴맛	단맛	매운맛	짠맛
오신	청룡	주작	황룡	백호	현무
오성	인(仁)	예(禮)	신(信)	의(義)	지(智)
오음	각(角)	치(徵)	궁(宮)	상(商)	우(羽)

오각	시각	미각	언어	후각	청각
오취	누린내	탄내	향내	비린내	썩은내
오장	간	심장	비장	폐	신장
육부	쓸개	소장	위	대장	방광
얼굴	눈	혀	입	코	귀
인체	피부와 털	근육과 손발톱	살	뼈	혈액
오곡	보리	기장	조	쌀	콩
오악	태산	형산	숭산	화산	항산

북송(北宋) 유학자 주돈이(周敦頤)는 오늘날 자평명리에서 우주의 생성분화과정으로 설명하는 "태극(太極)이 음양(陰陽)을 낳고 음양(陰陽)이 오행(五行)을 낳는다."는 태극도설(太極圖說)을 주장하였다. 그는 우주의 생성 과정을 태극도(太極圖)로 설명하며 "태극(太極)은 본래 움직임과 고요함의 속성이 있어 음(陰)과 양(陽)을 낳고 음양(陰陽)은 수화토목금(水火土木金)의 오행(五行)을 낳았으며 오행(五行)은 상생(相生)하고 순환하면서 하늘과 땅, 남과 여, 그리고 만물을 만들었다."고 설명하였다.

음양오행설(陰陽五行說)은 이미 2천년 전 중국 한(漢)나라 때에 정립되었고 천년 전 북송시대 주돈이(周敦頤)의 태극도설(太極圖說)에서 철학적으로 확립되었다. 그로부터 500년이 지난 남송시대 서자평(徐子平)은 중국인의 오랜 역사와 철학을 체계화하여 자평명리를 만들어 『연해자평(淵海子平)』으로 출간하였다. 자평명리는 500년이 지난 현재까지 중국, 한국, 일본 등 동양에서 절대적인 권위를 가진 운명학으로 인식되고 있다.

3
음양오행의 생극제화(生剋制化)는 물리화학작용이다

해원명리(海原命理)는 "사주팔자(四柱八字)는 8개 원소(元素)이고 사주체가 생명력을 유지하기 위해서는 끊임없이 대사작용(Metabolism)이 일어나야 한다."는 유물론적 관점을 가지고 있다.

물질대사(物質代謝)는 다음과 같이 3가지로 구분된다.

❶ 원소(元素)끼리 결합하여 새로운 에너지를 얻는 물리화학작용 (A+B⇨AB+C)

❷ 원소(元素)끼리 결합하거나 충돌하는 물리작용(A+B⇨AB, A↔B⇨A⇒B, A⇐B, A⇔B)

❸ 원소(元素)끼리 융합하여 본성을 잃고 새로운 에너지를 생성하는 화학작용(A+B⇨C)

물리화학작용과 화학작용은 대사작용(Metabolism)에 관여한 원소(元素)가 속성을 유지하느냐 잃느냐의 매우 중요한 차이점이 있는데 A〔물질〕가 B〔물질〕와 결합하여 본성을 유지하고 C〔에너지〕를 얻으면 물리화학작용(A+B⇨AB+C)이 성립되고, A〔물질〕가 B〔물질〕와 융합하여 본성을 잃고 C〔에너지〕를 생성하면 화학작용(A+B⇨C)이 성립된다.

우리가 명리지식으로 알고 있는 합(合), 충(沖), 형(刑), 파(破), 삼합(三合) 등의 음양오행 생극제화(生剋制化)는 물리화학작용으로서 사주팔자의 생명력〔부귀〕을 결정하는 대사작용이다. 남송시대에 정립된 자평명리는 지구를 중심으로 태양이 돈다는 고대 중국의 혼천설(渾天說)과 음양오행설(陰陽五行說), 성리학을 바탕으로 설계되었고 오늘날의 태양을 중심으로 지구가 돈다는 과학적인 지동설(地動說)은 적용되지 않았기에 『연해자평(淵海子平)』에서 소개된 물리화학작용은 비판적으로 수용할 필요가 있다.

먼저 천간합부터 살펴보겠다.

【오행상생표】

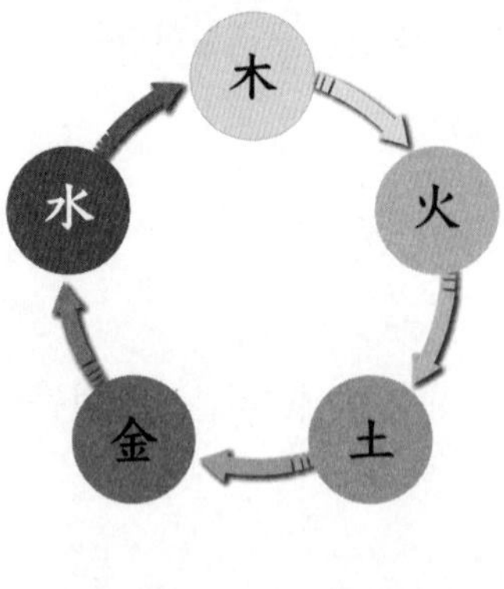

【천간합】

천간합(天干合)은 〈오행상생표〉와 〈천간합표〉에서 알 수 있듯이 오행상생(五行相生)을 따라 木→火→土→金→水로 둥글게 배치되었다. 『연해자평』은 천간합을 아래와 같이 설명하였다.

"**천간상합**(天干相合)

갑(甲)은 기(己)를 합한다(甲與己合_갑여기합).

갑(甲)은 목(木)에 속하고 기(己)는 토(土)에 속한다

(甲屬木 己屬土_갑속목 기속토).

목(木)은 토(土)를 처(妻)와 재(財)로 삼기에 합한다

(木以土 爲妻財 所以得合_목이토 위처재 소이득합).

을(乙)은 경(庚)을 합하고 병(丙)은 신(辛)과 합하며

(乙與庚合 丙與辛合_을여경합 병여신합)

정(丁)은 임(壬)과 합하고 무(戊)는 계(癸)와 합한다

(丁與壬合 戊與癸合_정여임합 무여계합).

이유는 위와 동일하다(同上相合之義_동상상합지의)."

『연해자평』은 "천간(天干)은 정재(正財), 정관(正官)을 합한다."고 간단히 설명하였다.

그렇다면 우리가 알고 있는 A〔물질〕가 B〔물질〕와 융합하여 본성을 잃고 C〔에너지〕를 생성하는 천간합(天干合)의 화학작용(A+B⇨C)은 어디에서 나온 것일까? 명나라 만육오(萬育吾)가 편찬한 명리백과사전 『삼명통회(三命通會)』에는 『연해자평』에 없었던 천간합의 화학작용(A+B⇨C)이 다음처럼 새롭게 등장한다.

"甲己合土_갑기합토 中正之合_중정지합

甲과 己가 합하면 土로 변하는데 甲己합은 큰 뜻을 따르고 너그러우며 공평하다.

乙庚合金_을경합금 仁義之合_인의지합

乙과 庚이 합하면 金으로 변하는데 乙庚합은 과감하지만 절제가 있고 의로우며 아첨에 흔들리지 않는다.

丙辛合水_병신합수 威制之合_위제지합

丙과 辛이 합하면 水로 변하는데 丙辛합은 위엄 있고 엄숙하여 다른 사람들이 두려워한다.

丁壬合木_정임합목 淫暱之合_음닐지합

丁과 壬이 합하면 木으로 변하는데 丁壬합은 정이 많고 의지가 약하며 음란하고 탐욕이 강하다.

戊癸合火_무계합화 無情之合_무정지합

戊와 癸가 합하면 火로 변하는데 戊癸합은 늙은 남자와 어린 여자의 결합으로 무정하다."

『연해자평(송나라)』때 정의된 천간합의 물리작용(A+B⇨AB)이 『삼명통회(명나라)』에 이르러 화학작용(A+B⇨C)으로 설명되고 있는 것은 처음에 물리작용으로 정의되었던 천간합에서 화학작용이 발견되었다는 의미로서 "천간합은 물리작용과 화학작용이 공존한다"는 것을 의미한다. 자평명리학자들은 계절〔月〕에서 천간합의 화학작용 원인을 찾으려고 했지만 규명하지 못했다. 천간합은 지금도 ❷물리작용과 ❸화학작용의 혼돈 속에 있다.

甲己합으로 천간합의 물리화학작용 논점을 설명하면 다음과 같다.

❶ 물리화학작용(A+B⇨AB+C) ☞ 甲+己 ⇒ 甲己+土, 甲己합으로 甲과 己가 결합하고 土에너지를 얻었다.

❷ 물리작용(A+B⇨AB) ☞ 甲+己 ⇒ 甲己, 甲己합으로 甲과 己가 결합했다.

❸ 화학작용(A+B⇨C) ☞ 甲+己 ⇒ 土, 甲己합으로 甲과 己가 용합하여 본성을 잃고 土에너지가 생성되었다.

【오행상극표】

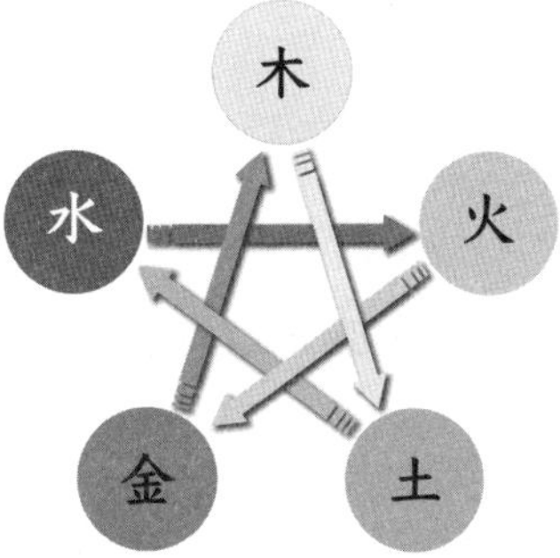

【천간충】

천간충(天干沖)은 『연해자평』에서 설명되지는 않지만 오행상극(五行相剋)에서 추론된 원리로서 천간(天干) 원소(元素)끼리의 충돌작용이다. 일반적 木金충〔甲庚충·乙辛충〕과 火水충〔丙壬충·丁癸충〕을 천간충(天干沖)이라 부르고 土木극〔戊甲극·己乙극〕, 金火극〔庚丙극·辛丁극〕, 水土극〔壬戊극·癸己극〕을 천간극(天干剋)이라 부르지만 충극(沖剋)은 용어만 다를 뿐 오행상극(五行相剋)의 원리는 동일하다.

지지(地支)의 물리화학작용을 이해하기 위해서는 500년 전 중국인의 생각으로 되짚어보아야 한다. 당시 중국인은 우주를 하늘〔신〕과 땅〔인간〕, 천간(天干)과 지지(地支)로 양분시켜 하늘의 법칙과 땅의 법칙이 다르다고 판단했다. 그래서 하늘에 해당하는 천간(天干)법칙은 음양오행(陰陽五行)의 생극제화(生剋制化)를 완벽하게 적용했고 땅에 해당하는 지지(地支)법칙은 음양오행(陰陽五行)의 생극제화(生剋制化)에서 벗어나 경험을 토대로 변형되거나 새로운 논리를 만들기도 하였다.

〔지지육합〕

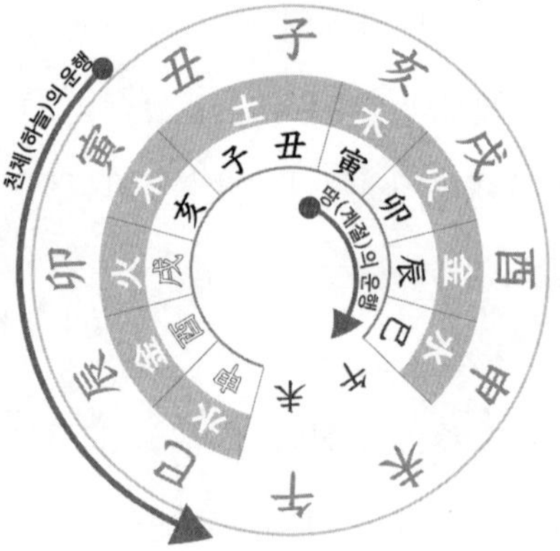

〔12차〕

12차	추자 娵訾	강루 降婁	대량 大梁	실침 實沈	순수 鶉首	순화 鶉火	순미 鶉尾	수성 壽星	대화 大火	석목 析木	성기 星紀	현효 玄枵
천체	亥	戌	酉	申	未	午	巳	辰	卯	寅	丑	子
계절	寅	卯	辰	巳	午	未	申	酉	戌	亥	子	丑

지지육합(地支六合)은 태양과 달이 1년에 12번 만나는 12차(十二次)와 12계절을 결합시켜 만든 물리화학법칙이다. 적도를 따라서 서(西)에서 동(東)으로 30° 씩 움직이는 12차〔하늘의 법칙 - 추자, 강루, 대량, 실침, 순수, 순화, 순미, 수성, 대화, 석목, 성기, 현효〕와 동(東)에서 서(西)로 움직이는 12계절〔땅의 법칙 - 寅卯辰巳午未申酉戌亥子丑〕을 결합하여 지지육합(地支六合)이 생겨난 것인데 『연해자평』은 지지육합(地支六合)을 아래처럼 설명하였다.

"**십이지육합론(論十二支六合)**

자(子)와 축(丑)이 합하여 토(土)가 되고(子與丑合土_자여축합토)
인(寅)과 해(亥)는 합하여 목(木)이 되며(寅與亥合木_인여해합목)
묘(卯)와 술(戌)은 합하여 화(火)가 되고(卯與戌合火_묘여술합화)
진(辰)과 유(酉)는 합하여 금(金)이 되며(辰與酉合金_진여유합금)
사(巳)와 신(申)은 합하여 수(水)가 되고(巳與申合水_사여신합수)
오(午)와 미(未)는 합하며(午與未合_오여미합)
오(午)는 태양(太陽)이고 미(未)는 태음(太陰)이다.
(午 太陽, 未 太陰也_오 태양, 미 태음야)."

우리는 현대우주론에서 태양과 달, 행성이 지구의 생명작용에 관여된다는 것은 알았다. 지지육합(地支六合)은 천체〔하늘의 법칙 - 12차〕와 땅〔계절 - 12月〕이 연결되면서 만들어진 물리작용(A+B⇨AB)으로 음양오행의 생극제화(生剋制化)와는 다른 "태양과 달이 지구를 중심으로 돈다."는 혼천설(渾天說)과 사계절(四季節)의 결합으로 만들어졌다. 그렇다면 "子丑합은 土가 되고 寅亥합은 木이 되며 卯戌합은 火가 되고 辰酉합은 金이 되며 巳申합은 水가 된다."는 화학작용(A+B⇨C)은 어떻게 탄생했을까?

지금까지 지지육합(地支六合)의 화학작용(A+B⇨C) 생성원리를 과학적으로 이해하려고 하였으나 마땅한 자료를 찾지 못했다. 지지육합의 화학작용(A+B⇨C)은 논리성도 없고 원칙도 불분명하며 지금까지 명쾌한 설명도 없었다.

【오행과 계절운행】

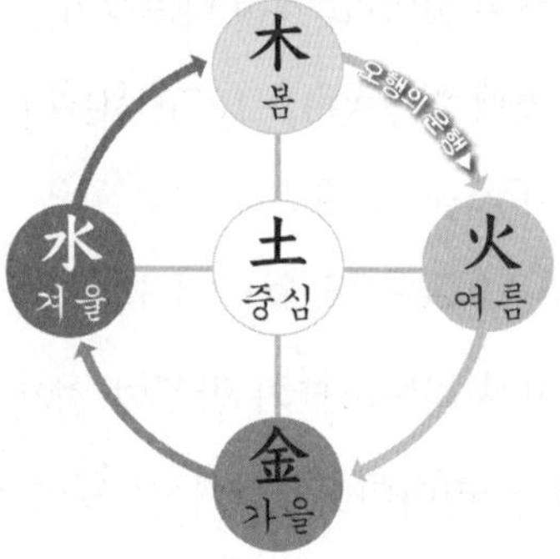

봄(木)→여름(火)→가을(金)→겨울(水)

【천체와 계절운행】

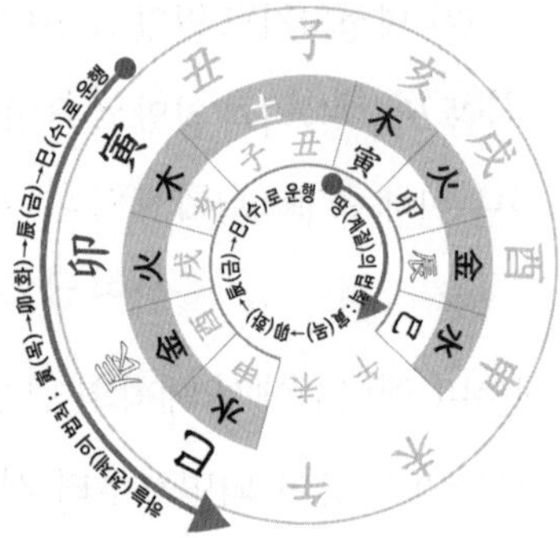

寅亥(木)→卯戌(火)→辰酉(金)→巳申(水)

그래서 필자는 연역적으로 다음과 같이 추론한다.

옛 사람들이 천체운행〔하늘의 법칙〕과 계절운행〔땅의 법칙〕의 결합으로 만든 지지합에 "상단축〔子丑〕은 중앙을 상징하는 土〔오행〕를 배치하고 다음으로 봄(木)→여름(火)→가을(金)→겨울(水)의 오행(五行)을 차례로 배치하여 화학공식(A+B⇨C)을 만들고 하단축〔午未〕은 오행(五行)

이 모두 소진되어 물리작용(A+B⇨AB)으로 남겼다."고 생각한다. 즉, 서동(西東) 천체운행 寅→卯→辰→巳와 결합한 동서(東西) 계절운행 亥←戌←酉←申에게 봄〔木〕→여름〔火〕→가을〔金〕→겨울〔水〕로 배치하면 寅〔하늘〕+亥〔계절〕 ⇒ 木〔봄〕, 卯〔하늘〕+戌〔계절〕 ⇒ 火〔여름〕, 辰〔하늘〕+酉〔계절〕 ⇒ 金〔가을〕, 巳〔하늘〕+申〔계절〕 ⇒ 水〔겨울〕가 배치되는 것이다. 지지육합은 천간합 만큼이나 ❶물리화학작용 ❷물리작용 ❸화학작용으로 혼돈되고 있다. 子丑합으로 지지육합의 물리화학작용 논점을 설명하면 다음과 같다.

❶ 물리화학작용(A+B⇨AB+C) ☞ 子+丑 ⇒ 子丑+土, 子丑합으로 子와 丑이 결합하고 土에너지를 얻었다.

❷ 물리작용(A+B⇨AB) ☞ 子+丑 ⇒ 子丑, 子丑합으로 子와 丑이 결합했다.

❸ 화학작용(A+B⇨C) ☞ 子+丑 ⇒ 土, 子丑합으로 子와 丑이 용합하여 본성을 잃고 土에너지가 생성되었다.

【지지삼합】

지지삼합(地支三合)을 『연해자평』에서는 아래와 같이 간결하게 표현하였다.

> "**십이지삼합론**(論十二支三合)
>
> 신자진(申子辰)은 수국(水局)이고(申子辰 水局_신자진 수국)
> 해묘미(亥卯未)는 목국(木局)이며(亥卯未 木局_해묘미 목국)
> 인오술(寅午戌)은 화국(火局)이고(寅午戌 火局_인오술 화국)
> 사유축(巳酉丑)은 금국(金局)이며(巳酉丑 金局_사유축 금국)
> 진술축미(辰戌丑未)는 토국(土局)이다(辰戌丑未 土局_진술축미 토국).
> 무릇 간명함에 있어 삼합을 취용하면 국(局)이 되고 격(格)에 드는 것이다(凡看命 以三合取用爲 局入格_범간명 이삼합취용위 국입격)."

『삼명통회』는 "申은 물을 생하고 子는 물이 왕성하며 辰은 물의 창고이니 3개에서 하나라도 변하지 않으면 삼합국(三合局)이라 할 수 있다."고 말하였다. 『삼명통회』의 지지삼합 생성원리는 정설(定說)로 인정받고 있는데 "申〔水에너지의 생성〕과 子〔水에너지의 왕성〕와 辰〔水에너지 저장고〕의 3가지 원소가 만났을 때 삼합국(三合局)이 형성된다."고 오늘날 모두가 믿고 있다. 지지삼합은 목화금수(木火金水)의 탄생과 번영, 죽음에 이르는 과정을 사계절에 대입시켜 "목(木)은 겨울〔亥〕에 태어나 봄〔卯〕에 절정을 이루었다가 여름〔未〕에 죽고 화(火)는 寅〔봄〕에서 탄생하여 여름〔午〕에 절정을 이루었다가 가을〔戌〕에 죽으며 금(金)은 여름〔巳〕에 태어나 가을〔酉〕에 절정을 이루었다가 겨울〔丑〕에 죽고 수

(水)는 가을〔申〕에 태어나 겨울〔子〕에 절정을 이루었다가 봄〔辰〕에 죽는다."고 설명하였다. 지지삼합은 천간합, 지지육합 만큼이나 뜨거운 감자로서 아직까지 명쾌하게 물리화학작용이 정의되지 않았다. 申子辰삼합으로 지지삼합의 물리화학작용 논점을 설명하면 다음과 같다.

❶ 물리화학작용(A+B+C⇨ABC+D) ☞ 申+子+辰 ⇒ 申子辰+水, 申과 子와 辰이 결합하고 水에너지를 얻었다.

❷ 물리작용(A+B+C⇨ABC) ☞ 申+子+辰 ⇒ 申子辰, 申子辰 삼합으로 申과 子와 辰이 결합했다.

❸ 화학작용(A+B+C⇨D) ☞ 申+子+辰 ⇒ 水, 申子辰 삼합은 申과 子와 辰이 융합하여 본성을 잃고 水에너지가 생성되었다.

【지지충】

지지충(地支沖)은 『연해자평』에서 子午충·寅申충·卯酉충·辰戌충·巳亥충·丑未충 6가지로 소개되고 그 원리는 "子는 癸〔水〕가 들어

있고 午는 丁〔火〕이 들어 있어 水가 火를 극하기 때문에 子午충이 성립되며, 寅에는 甲〔木〕이 들어 있고 申에는 庚〔金〕이 들어 있어 金이 木을 극하는 까닭에 寅申충이 성립되는 것이다. 나머지 충(沖)도 같은 원리이며 충(沖)은 지지(地支)를 몰래 훼손시킨다."고 설명하였다.

『연해자평』은 단순히 지지(地支) 12원소끼리의 충돌로 설명하고 있지만 생성원리를 정확하게 설명하면 "지지충(地支沖)은 천체운행〔하늘의 법칙〕과 계절운행〔땅의 법칙〕의 결합인 지지육합(地支六合)을 깨는 지지(地支) 12원소끼리의 충돌작용"이다. 지지충은 음양오행(陰陽五行)의 생극제화(生剋制化)에 충실한 것처럼 보이지만 봄과 가을, 여름과 겨울을 충돌시켜 木金충〔寅申충·卯酉충〕, 火水충〔巳亥충·子午충〕, 土土충〔辰戌충·丑未충〕을 생성하기에 음양오행의 생극제화에서 벗어난다.

【지지천】

지지천(地支穿)은 『연해자평』에서 "子未상천(相穿) 丑午상천(相穿) 寅巳상천(相穿) 卯辰상천(相穿) 申亥상천(相穿) 酉戌상천(相穿)한다."로

설명하는데 '꿰뚫어 버리거나 상처를 입힌다'는 의미로 '해(害)'라고도 불린다. 천(穿)은 "천체운행〔하늘의 법칙〕과 계절운행〔땅의 법칙〕의 결합인 지지육합(地支六合)을 깨는 천체운행 12원소와 지지(地支) 12원소의 충돌작용"이다. 지지천(地支穿)은 연역적인 법칙으로서 우주의 질서〔천체 운행〕와 땅〔계절〕이 화합하지 못하면서 발생하며 음양오행의 생극제화(生剋制化), 생왕사절(生旺死絕), 사계절(四季節)의 법칙에서 완전히 벗어난다.

〔지지형〕

지지형(地支刑)은 『연해자평』에서 "寅巳형·巳申형·申寅형은 세력을 믿는 형이며〔爲恃勢之刑〕 丑戌형·戌未형·未丑형은 은혜를 모르는 형이고〔爲無恩之刑〕 子卯형은 예의가 없는 형이며〔爲無禮之刑〕 辰午酉亥는 스스로를 형한다〔自刑之刑〕."고 설명했다. 지지형은 "봄〔寅卯辰〕에 水삼합〔申子辰〕, 여름〔巳午未〕에 火삼합〔寅午戌〕, 가을〔申酉戌〕에 金삼합〔巳酉丑〕, 겨울〔亥子丑〕에 木삼합〔亥卯未〕."을 결합시켜 만들어진

물리공식으로 음양오행의 생극제화(生剋制化), 생왕사절(生旺死絕), 사계절(四季節)의 법칙에서 완전히 벗어난다.

지지형(地支刑)은 땅〔인간〕에서 경험한 사실을 통해서 귀납적(歸納的)으로 도출된 물리공식으로 지지충(地支沖)과 지지천(地支穿)처럼 연역적(演繹的)으로 만들어지지 않았기에 생성원리가 엉성하고 논리적이지 않다. 하지만 자연과학이론은 원리를 정하고 결과를 얻는 연역법(演繹法)과 현상을 관찰하여 원리를 만드는 귀납법(歸納法)이 공존한다. 지지형(地支刑)은 현실에서 경험되기에 중요한 물리작용으로 다루어지고 있고 寅巳申 삼형이나 丑戌未 삼형, 子卯형의 파괴력은 두려울 정도이다. 하지만 작용력이 없는 辰午酉亥 자형은 귀납적(歸納的)으로 법칙으로 만드는 과정에서 발생한 오류로 보여진다.

【지지파】

지지파(地支破)는 삼합(三合)의 첫 원소(元素) 寅申巳亥를 기준으로 삼합끼리 교차되면서 발생한 물리작용이다. "寅午戌 삼합은 亥卯未

삼합과 결합하여 寅亥파·午卯파·戌未파가 발생하고 申子辰 삼합은 巳酉丑 삼합과 결합하여 巳申파·子酉파·丑辰파가 발생한다."는 지지파는 귀납적(歸納的)으로 도출된 물리공식으로 음양오행의 생극제화(生剋制化), 생왕사절(生旺死絕), 사계절(四季節)의 법칙에서 벗어나고 논리성도 부족하다. 지지파(地支破)는 작용력이 없는 丑辰파, 寅亥합과 겹친 寅亥파, 戌未형과 겹친 戌未파, 巳申합과 겹친 巳申파의 오류를 낳았다.

【지지방합】

지지방합(地支方合)은 봄〔木〕, 여름〔火〕, 가을〔金〕, 겨울〔水〕의 사계절(四季節)에 해당하는 3개의 원소(元素)가 나열되면 계절에너지를 얻는다는 개념이다. 봄〔木〕에 태어난 사람이 사주팔자에서 寅卯辰이 나열되면 목(木)에너지를 얻는다는 논리인데 필자는 연역적(演繹的) 이론으로 생각하고 물리화학작용으로 판단하지 않는다. 원소(元素)끼리의 결합이나 충돌이 없기 때문이다.

지금까지 천간(天干) 합충(合沖)과 지지(地支) 합충천형파(合沖穿刑破)를 통해서 사주팔자에서 원소(元素)끼리의 물리화학작용을 간략히 살펴보았다. 보통 천간의 합충(合沖)은 음양오행의 생극제화(生克制化)로 이해하기 쉽지만 지지(地支)의 합충천형파(合沖穿刑破)는 모태(母胎)가 다른 이론끼리 뒤섞이면서 복잡하고 이해가 쉽지 않다.

예로 寅申충과 寅申형, 丑未충과 丑未형은 원소(元素)의 동일한 충돌작용으로 이해하기 쉽지만 巳申합과 巳申형, 寅亥합과 寅亥파는 원소(元素)의 결합작용과 충돌작용이 공존하기에 이해하기가 어렵다. 이것은 지지합(地支合)이나 지지형파(地支刑破)의 이론적 결함을 말하는데 오히려 자평명리는 2가지의 작용을 합하여 합형(合刑)이나 합파(合破)로 해석하며 '좋았다가 싫어하다'로 해석하거나 양쪽 모두를 인정하는 관용을 베풀었다.

지금까지 『연해자평』을 뿌리로 시작되는 자평명리(子平命理)의 물리화학작용 합충천형파(合沖穿刑破)의 생성원리를 살펴보고 문제점도 지적해 보았다.

중세 중국인은 지구를 중심으로 태양과 행성이 돈다는 혼천설(渾天說)의 천문지식에 음양오행(陰陽五行)을 결합시켜 자평명리학(子平命理學)를 탄생시켰다. 지난 500년 동안 우리가 자평명리를 절대지식으로 생각할 수밖에 없었던 것은 공맹(孔孟)을 숭상하고 중화사상(中華思想)에 스스로 빠진 면도 있지만 자평명리를 논리적으로 반박하지 못하고 대안을 제시하지 못했기 때문이다.

자평명리는 사주팔자의 물리화학작용 합충천형파(合沖穿刑破)에서 다음과 같은 문제점을 드러내었다.

❶혼천설(渾天說)을 바탕으로 10천간(天干)과 12지지(地支)의 물리화학법칙이 설계되었기에 완벽하지 않다.

❷하늘〔天干〕과 땅〔地支〕으로 물리화학작용을 달리 적용했기에 고전천문학〔혼천설〕의 한계를 벗어나지 못했다.

❸천간합(天干合)과 지지육합(地支六合), 지지삼합(地支三合), 충천형파(沖穿刑破) 등의 물리화학작용의 명확한 판별이 없었다.

해원명리는 자평명리의 문제점에 대해서 아래와 같은 대안을 제시한다.

❶선인들의 혼천설(渾天說) 천문지식은 수용하되 자평명리의 잘못된 물리화학법칙은 합리적인 해원명리이론으로 바로잡고 혁신한다.

❷하늘〔天干〕과 땅〔地支〕으로 구분했던 자평명리의 고전적 물리화학법칙을 혁파하고 하늘〔天干〕과 땅〔地支〕에게 평등을 부여하며 간지(干支)가 함께하는 물리화학법칙을 창조한다.

❸천간합(天干合)과 지지육합(地支六合), 지지삼합(地支三合), 충천형파(沖穿刑破) 등의 물리화학작용을 명확하게 판별한다.

海原 命理學

해원 명리학

제 2 장

법과 선

海原 命理學

해원 명리학

1
선악(善惡)은 사회가 정의한다

"착하게 살면 복을 받고 악하게 살면 벌을 받는다."는 생각은 오랜 세월동안 변함없이 세상을 지배하였다. 하지만 선(善)하게 살았지만 불행해지고 악(惡)하게 살았는데도 부귀(富貴)를 누리는 현실이 발생하자 사람들은 혼란을 겪었고 종교에 빠져들어 천국(天國)을 안식처로 삼거나 윤회사상(輪廻思想)에 몰입하여 영생(永生)의 환상을 품게 되었다. 하지만 논리적인 답은 현실에서 이미 존재하고 있었다. 사람들이 선악(善惡)을 구분하지 못한 것이다.

14세기부터 18세기까지 중세유럽을 휩쓸었던 마녀사냥은 50만 명의 무고한 사람들을 마녀로 둔갑시켜 고통스럽게 화형(火刑)시켰다. 당시 마녀는 상상의 존재였지만 가톨릭교회가 악(惡)의 상징으로 사람들에게 인식시키면서 현실에서 실제로 존재하게 되었다. 마녀를 인간과 구분하기 위해서는 구체적인 이론이 필요했는데 성직자 2명이 저술한 『마녀의 망치_Malleus Maleficarum』는 마녀 색출법과 고문방법을 상세히 기술하여 수사관과 판사들이 마녀를 쉽게 찾도록 하였다. 당시 혐의자는 ❶ 눈물을 흘리지 않거나〔눈물시험〕 ❷ 바늘로 사마귀, 기미, 주근깨 등을 찔러 피가 흐르지 않거나〔바늘시험〕 ❸ 달구어진 쇠로 지지거나 불 위를 걸었을 때 고통을 견디거나〔불시험〕 ❹ 묶어서 물속에 빠뜨렸을 때 익사하지 않고 떠오르면〔물시험〕 마녀로 판별되었는데 눈물시험, 바늘시험, 불시험은 통과하더라도 물시험은 죽거나 마녀가 되어야 하기에 마녀재판에 넘겨지면 결코 악(惡)의 굴레에서 벗어날 수 없었다.

현대사회를 살고 있는 우리는 마녀사냥을 인류의 비극이자 중세 암흑기의 야만이라고 생각하지만 당시 가톨릭교회는 선(善)으로 포장하고 법(法)으로 적용하였다. 마녀사냥은 과연 선(善)의 관점에서 악(惡)을 응징하기 위해서 필요했던 것인가? 마녀사냥은 선악(善惡)의 개념을 만들어 합법적으로 사람들의 재물(財物)을 강탈하고 지배세력〔가톨릭교회〕의 권력을 다지는데 목적이 있었다. 마녀로 판결된 사람들은 화형(火刑)을 당하고 재산이 몰수되었으며 화형 집행비용까지 지불해야 했기에 가톨릭교회의 입장에서는 선(善)을 이용한 매우 효율적인 재산강탈사업〔惡〕이었다.

필자는 "선악(善惡)은 그 사회가 정의한다."고 생각한다.

선악(善惡)은 절대적인 것이 아니라 인간사회의 필요성에 따라 상대적으로 정의되고 법(法)으로 강제한다. "인간은 평등하다."는 사고는 현대 한국사회를 살아가는 사람들에게는 보편적인 선(善)이지만 조선시대에는 밖으로 드러내면 안 되는 악(惡)이었다. 『홍길동전』을 저술하여 새로운 세상을 꿈꾸었던 허균(許筠)은 팔다리가 잘려나가는 능지처참을 당했고 가족 중 남자는 죽음을 당하고 여자는 노비로 되었으며 친척들은 유배지로 끌려갔다. 허균은 조선시대의 선(善)을 심각하게 위반했기에 악(惡)으로 처벌되었다. 2차 세계대전에 자행된 6백만 명에 이르는 유대인 대학살은 당시 독일사회가 유대인의 재물을 빼앗기 위해서 살인이라는 악(惡)을 미화시켜 선(善)으로 바꾼 것으로 선악(善惡)을 뒤집어 인간의 관념을 조롱한 것이다.

"선악(善惡)은 그 사회가 정의한다."는 필자의 주장은 명리학과 어떤 관련성이 있는가? 우리가 운명학으로 믿고 있는 자평명리는 "선(善)과 부귀(富貴)는 비례한다."는 절대적인 선악관(善惡觀)을 가지고 있다. 일간〔자신-日干〕과 월지〔계절-月支〕를 대비하여 월령〔계절-月令〕의 속성으로 인품을 판단하고 신강신약으로 부귀를 결정한다고 못을 박은 것이다. 자평명리는 아래의 사주처럼 편재격(偏財格)은 기본적으로 인격이 좋다고 판단한다.

(남)			
癸	壬	辛	庚
卯	寅	巳	戌

◉ 대운

85	75	65	55	45	35	25	15	5
庚	己	戊	丁	丙	乙	甲	癸	壬
寅	丑	子	亥	戌	酉	申	未	午

이 사주는 "신약한 편재격(偏財格)이기에 인성(印星)으로 보완되는 20대 중반〔甲申대운〕 金대운부터 부귀(富貴)가 일어난다."고 판단하는 것이다. 자평명리의 논리대로 甲申대운〔20대 중반〕부터 부귀가 일어났을까? 이 사주의 주인공은 연쇄살인범 유영철로서 34~35세〔甲申대운 癸未~甲申년〕 2년 동안 21명의 사람들〔주로 유흥업소 여성〕을 살해하고 감옥에 들어갔다.

유영철의 사주가 유명세를 탄 것은 2015년 어느 방송국 PD가 10대 점술가를 찾는다는 명목으로 국내 유명 역술인들에게 그의 사주풀이를 의뢰하면서부터이다. 누구도 연쇄살인범의 사주라고 예측할 수 없는 상황에서 3가지 관점의 다양한 해석이 나왔다.

가장 많이 해석된 부분이 "신약한 편재격(偏財格)으로 여자에게 잘해주고 성격은 좋지만 실속이 없다."였고 다음으로 "巳戌 원진살이 있어 부부관계가 좋지 못해 이혼할 수 있다."였으며 다음으로 "寅巳형이 있어 성격이 폭력적이며 여자를 우습게 여긴다."였다.

해석은 3가지 관점을 섞은 것이었는데 어느 것을 부각하느냐에 따라 전혀 다르게 설명되었고 좋은 것〔편재격〕과 나쁜 것〔寅巳형〕이 결합시켜 복잡한 심리상태인 평소에는 좋다가 갑자기 돌변하는 성격으로 표현하기도 하고 폭력성〔寅巳형〕을 강조하여 감방과 연결하기도

하였다. 방송의 핵심은 자평명리의 문제점을 잘 알고 있던 담당PD가 "왜 편재격(偏財格)인데 살인자가 되었을까?"라는 질문이었다.

방송이 나간 이후에 한국 역학계는 "역학자를 모욕하기 위한 함정 기획"이라며 크게 반발했고 유영철은 신약한 편재격(偏財格)이라 나쁘지 않는 사주(四柱)로서 흉악한 연쇄살인범이 될 수 없기에 제시된 사주가 부정확할 수 있고 동일사주라도 다르게 살 수 있다는 2가지의 문제점을 제기하였다. 역학자는 신(神)이 아니기에 사주해석이 틀릴 수도 있다. 하지만 역학의 신뢰는 바닥으로 떨어졌다.

무엇이 문제였을까? 편재격(偏財格)은 좋은 사주라는 선(善)에 대한 고정관념이 문제였고 "운명은 노력으로 극복될 수 있다."는 주장은 운명이 있다는 전제로 시작하는 명리학〔운명학〕의 존재 가치를 스스로 부정했기에 더 큰 문제점이었다. 방송국 PD가 제시한 유영철의 사주는 자평명리로는 해석이 불가능하다는 이유로 음력생일을 양력생일로 바꾸어 전혀 다른 사주팔자(四柱八字)로 둔갑시켜 설명하기도 하였다.

			(남)
辛	戊	庚	庚
酉	辰	辰	戌

◉ 대운

86	76	66	56	46	36	26	16	6
己	戊	丁	丙	乙	甲	癸	壬	辛
丑	子	亥	戌	酉	申	未	午	巳

위의 사주는 유영철의 음력생일을 양력생일로 바꾼 것인데 비겁(比劫)이 많아 자존감이 강하고 백호괴강살(白虎魁罡殺)이 많아 피를 두려워하지 않기에 대담하게 살인을 했다고 설명하였다.

과연 자존심이 강하고 대담했기 때문에 살인자가 되었을까? 일반적으로 자존감이 강하고 대담한 성격은 사회지도자며 범죄자는 자존감이 훼손되고 자제력을 상실한 분노조절 장애자가 더 맞지 않을까? 유영철의 사주가 유명세를 탈 시기에 필자는 살인죄로 재판을 받고 있는 아래의 한 남자 사주를 입수하게 되었다.

			(남)
○	壬	丙	甲
○	午	寅	子

⊙ 대운

85	75	65	55	45	35	25	15	5
乙	甲	癸	壬	辛	庚	己	戊	丁
亥	戌	酉	申	未	午	巳	辰	卯

이 남자는 유영철과 동일한 壬일간에 丙〔火〕이 월령(月令)으로 투출되어 신약한 편재격(偏財格) 사주로, 자평명리로 보면 살인죄를 범할 사람으로 보이지 않는다. 하지만 32세〔己巳대운 乙未년〕에 동거녀의 외도를 의심하여 소주 7병을 먹은 뒤 광분한 상태에서 그녀를 죽을 때까지 때려 과다출혈로 숨지게 하였다.

이 사람은 왜 살인죄를 저질렀을까? 申子辰 띠에 午일지가 수옥살(囚獄殺)이기 때문일까?

법(法)을 위반한 것과 선(善)을 위반한 것은 전혀 다른 개념이다. 법(法)은 사회질서로서 선악(善惡)을 규정하기에 절대적인 선행(善行)일지라도 법(法)에 저촉되면 감옥에 가는 것이고 악행(惡行)을 저질러도 법(法)적인 문제가 없다면 감옥에 가지 않는다. 만약 순간적인 분노와 만취로 인한 인사불성 상태를 참작하여 죄를 묻지 않는다고 판결한다면 법(法)의 축복으로 살인이라는 악(惡)이 소멸되는 것이다.

"제사(祭祀)를 지내면 조상이 복(福)을 내려준다."는 믿음은 제사를 절대적인 선(善)으로 올려놓았지만 그 선(善)을 행하여도 후손들이 부귀(富貴)를 얻는 것은 아니다. 제사를 거부하는 기독교인들의 부귀(富貴)는 어떻게 설명할 것인가? 역사적으로 제사는 조선시대 전체인구의 5~10%를 차지했던 양반들의 이기적인 권력과 혈통을 과시했던 행사로서 90~95%의 서민들은 접근조차 할 수 없었던 불가침의 영역이자 동경의 대상이었다. 일제강점기 이후 양반의 전유물에서 풀리자 출세를 원했던 많은 서민들이 제사를 선(善)으로 규정하고 껍데기〔형식〕를 가져와 복(福)을 기원했던 것이다.

자평명리는 선악(善惡)을 규정하는 법(法)이 존재하지 않는다. 자평명리는 성리학자 서자평(徐子平)이 창안한 것으로 운명학(運命學)을 사회문제에서 격리시켰고 개인윤리의 선악(善惡)으로 고착화시켰다. 성리학이 왕과 귀족, 양반들의 재물과 권력을 지키는 통치철학이 된 것처럼 자평명리도 사람들의 정신세계를 장악하여 봉건사회의 부조리와 피지배계층의 고통을 합리화했던 것이다.

(남)

癸	壬	辛	庚
卯	寅	巳	戌

◉ 대운

85	75	65	55	45	35	25	15	5
庚	己	戊	丁	丙	乙	甲	癸	壬
寅	丑	子	亥	戌	酉	申	未	午

유영철의 사주는 선악(善惡)을 개인적인 윤리문제로 보는 자평명리의 시각으로는 풀기 힘들다. 해원명리(海原命理)의 "사주팔자는 사회적 유기체이며 선악(善惡)은 법(法)이 규정한다."는 논리에서만 해석

이 가능하다. 그는 21명을 살해하였지만 법(法)을 지배하는 권력자였거나 법(法)에 구속되지 않았다면 범죄자가 되지 않았을 것이다. 유영철의 사주해석은 다음과 같다.

❶ 壬寅〔자신〕의 유일한 생계수단은 寅戌합으로 연결된 庚戌〔재고〕이다.

❷ 庚戌은 庚〔金_조직폭력배〕이 지배하는 戌〔재고_여성 무리〕로서 유흥업소나 나이트클럽을 의미하지만 癸卯〔겁재_경쟁자〕가 卯戌합으로 통제하면 庚〔金_국가법률〕이 지배하는 戌 감옥〔관살고_범죄자 무리〕으로 바뀐다.

❸ 辛巳〔재성_여성〕는 庚戌〔재고_유흥업소〕에서 나오는데 壬寅〔자신〕에게 寅巳형〔피를 흘리는 폭력〕으로 손상된다.

❹ 癸卯〔겁재_경쟁자〕는 법(法)집행자로서 寅巳형〔살인〕이 발생하면 庚戌〔감옥_권력창고〕과 卯戌합으로 연합하여 壬寅〔자신〕을 통제한다.

❺ 癸未대운〔10대 중반〕은 戌未형으로 寅戌합〔생계〕이 깨지고 법률〔역포국틀_庚戌, 辛巳, 癸卯〕의 통제를 받는데 고등학교 2학년〔19세_癸未대운 戊辰년〕 때 절도로 소년원에 수감되었고 이후 성폭행, 특수절도 등 14건의 범죄로 甲申대운까지 11년을 감옥에서 보냈다.

❻ 甲申대운은 甲대운〔20대 후반〕에 甲庚충으로 역포국틀〔庚戌, 辛巳, 癸卯〕을 자극하여 법(法)의 통제를 받았고 申대운〔30대 중반〕에는 寅巳申 삼형으로 여성들〔辛巳〕을 살해〔寅巳형〕하고 역포국틀〔庚戌, 辛巳, 癸卯〕을 생동시켜 감옥에 영원히 갇혔다.

2
법(法)이 승자와 패자를 만든다

앞에서 '선악(善惡)은 그 사회의 법(法)이 정의한다'고 설명하였다. 그렇다면 법(法)은 사람들의 인생에 어떤 영향을 줄까? 해원명리(海原命理)는 "승자(勝者)가 법(法)을 설계하고 이용하며 패자(敗者)는 법(法)에 구속된다."고 본다. 우리는 선(善)을 실현하기 위해서 법(法)이 존재하고 법(法) 아래에 사람들은 평등하다는 막연한 환상을 가지고 있지만 법치주의(法治主義)는 선(善)이 목적이 아니라 왕도주의(王道主義)의 폐단을 없애고 합리적인 사회질서를 위해서 성립되었다. 만약 법(法)을 만든 주체가 편파적이고 승자(勝者)에 의해서 법(法)이 왜곡된다면 어떠한 일이 벌어질까?

1966년부터 진행된 중국의 문화대혁명은 수천년을 통해서 이룩한 중국문화를 단 10년이라는 짧은 기간에 처참하게 붕괴시켰다. 낡은 사상〔舊思想〕, 낡은 문화〔舊文化〕, 낡은 풍속〔舊風俗〕, 낡은 관습〔舊慣習〕을 타파하고 이타적인 사회주의 문화를 만든다는 미명하에 어린 홍위병들은 공자(孔子)의 묘를 파헤치고 절과 서원과 교회를 파괴했으며 수천만 명의 문화지식인, 전문가, 학자, 혁명영웅을 살해하고 공예품, 미술품, 서적을 불태웠다. 반면 모택동의 어록은 성서(聖書)로 받들어져 3억 5천만부나 인쇄되어 누구나 휴대하였고 홍의병들은 법(法)으로 보호되었다. 문화대혁명을 기점으로 중국은 공자(孔子)의 나라가 아닌 홍위병의 나라가 되었으며 그들의 정신문화는 중화사상(中華思想)을 제외하고는 모든 것이 변하였다. 봉건사회의 지배철학이었던 성리학은 소멸하고 사회주의를 바탕으로 물질주의가 중국을 점령한 것이다.

2000년에 중국의 단건업(段建業)은 약육강식의 세력론(勢力論)을 토대로 맹파명리(盲派命理)를 탄생시켰다. 맹파명리는 자평명리의 일간(日干)과 월령(月令)을 대비시켜 세력균형을 이루어야 부귀를 얻는다는 균형론(均衡論)을 뒤집고 "일주(日柱)를 중심으로 자기〔主〕세력이 상대〔賓〕세력을 제압해야 부귀를 얻는다."는 세력론(勢力論)을 펼쳤는데 자평명리가 성리학의 중용(中庸)을 중시하며 선(善)을 역설했다면 맹파명리는 힘의 논리로서 선악(善惡)을 없애버렸다.

필자는 맹파명리의 배경철학을 중국철학사에서 찾지 못했고 단건업이 문화대혁명 이후인 1967년에 출생했다는 점에서 중국 사회주의의 영향을 깊게 받아 '인생은 약육강식(弱肉强食)' 이라는 귀납적 법칙에 도달했을 것으로 여긴다. 맹파명리의 논리는 인간사회를 비추어볼 때 설득력이 있고 선악(善惡)을 배제한 사주해석은 매우 현실감 있게 다가왔다.

(남)

甲	丁	甲	癸
辰	酉	子	巳

◉대운

86	76	66	56	46	36	26	16	6
乙	丙	丁	戊	己	庚	辛	壬	癸
卯	辰	巳	午	未	申	酉	戌	亥

이 사주는 모택동(毛澤東) 주석으로 맹파맹리는 "金水 자기세력〔甲子월, 丁酉일, 甲辰시〕으로 火 상대세력〔癸巳년〕을 제압하기에 火 경쟁세력〔부귀〕이 커지는 木火대운에서 부귀를 얻는다." 고 해석한다.

그의 삶은 맹파명리의 논리에 매우 부합되는데 庚申대운에 국민당의 섬멸작전에 패퇴했지만, 己未대운에 중일전쟁으로 살아났고 일본이 패망하자 국민당과의 내전에서 승리하여 중화인민공화국을 건설했으며 戊午대운, 丁巳대운, 丙辰대운까지 절대권력을 누리다가 84세〔丙辰대운 丙辰년〕에 사망하였다.

모택동 주석의 이야기는 맹파명리 이론을 논리적으로 입증해 주었다. 하지만 약육강식(弱肉强食)은 자신을 희생하여 남을 돕는 사람들이나 정(情)으로 살아가는 사람들을 설명해 주지 못하였다. 다양한 인간문화와 삶의 방식을 포용하기에는 단건업이 내세웠던 '강한 자가 약한 자의 부귀를 빼앗는다' 는 논리가 단조롭고 빈약했던 것이다. 우리는 강자(强者)가 약자(弱者)를 배려하지 않고 부귀를 독점했을 때 어떤 끔찍한 결과를 초래하는지 역사적으로 경험하였다. 강대국과 자본가가 재물을 독점하여 대공황(Great Depression)이 일어났고 인류역사상 가장 비참했던 2차 세계대전으로 연결되었다는 것은 누구나 아는 사실이다. 약육강식은 현실처럼 보이지만 결코 인간사회의 질서가 아니다.

인간사회는 다 같이 풍요롭게 살기를 원하지 공멸(共滅)을 원하지 않는다. 자본주의가 발달하고 합리성이 뿌리를 내린 사회는 부귀(富貴)를 일부가 독점할 수 없도록 법(法)으로 규제한다. 복잡한 현대사회에는 매우 다양하고 세밀하게 법(法)이 설계되는데 그것이 사회구성원의 삶을 결정한다. 해원명리(海原命理)에서 말하는 "승자(勝者)는 법(法)을 설계하고 이용하며 패자(敗者)는 법(法)에 구속된다."는 말은 법(法)이 승자와 패자를 만든다는 말이다. 사회에서 부귀를 얻고 성공하기 위해서는 법(法)이 자신을 도와야 하고 법(法)에 의해서 통제되면 실패한다.

			(여)
辛	庚	癸	丁
巳	子	丑	酉

◉ 대운

84	74	64	54	44	34	24	14	4
壬	辛	庚	己	戊	丁	丙	乙	甲
戌	酉	申	未	午	巳	辰	卯	寅

이 사주는 보따리 장사꾼이었는데 나쁜 사람들과 결탁하여 수십 명의 유아(幼兒)를 유괴하여 매매하다가 52세〔戊午대운 己丑년〕에 구속되어 무기징역을 선고받았다. 이 여성이 감옥에 들어간 것은 악행(惡行)도 원인이지만 역포국(逆包局)으로 법(法)의 통제를 받았기 때문이다. 세부적인 사주해석은 아래와 같다.

❶ 癸丑〔金庫_비겁고〕은 金〔丁酉, 庚子, 辛巳〕이 입묘된 재물창고이고 庚子〔자신〕가 子丑합으로 가져왔다.

❷ 丁酉〔관성_경쟁자〕와 辛巳〔겁재_경쟁자〕는 법〔法_관성〕을 소유한 경쟁세력으로 巳酉丑 삼합으로 역포국틀〔丁酉, 癸丑, 辛巳〕을 만들어 자신〔庚子〕을 둘러싸서 통제하였다.

❸ 戊午대운 己丑년〔52세〕은 子午충·午酉파·巳酉丑 삼합으로 역포국틀〔丁酉, 癸丑, 辛巳〕이 생동하면서 범죄가 발각되어 감옥에 영원히 갇혔다.

(남)

乙	己	己	乙
丑	未	卯	丑

⊙ 대운

85	75	65	55	45	35	25	15	5
庚	辛	壬	癸	甲	乙	丙	丁	戊
午	未	申	酉	戌	亥	子	丑	寅

이 남자는 30세〔丙子대운 甲午년〕에 이전 회사에서 같이 일했던 여자를 우연히 만났고 술을 마셨으며 합의하에 성관계를 맺었다. 성관계가 끝나자 여자는 남자에게 보유 재산을 물었고 그가 없다고 말하자 바로 강간당했다고 신고하였다. 그는 2천만 원의 합의금을 치루고 징역 6개월을 살았다.

왜 로맨스가 될 수 있는 상황이 성폭행으로 바뀌고 남자의 삶은 무너졌을까? 해원명리가 말하는 "승자(勝者)가 법(法)을 설계하고 이용하며 패자(敗者)는 법(法)에 구속된다."는 정의를 생각하면 이해될 것이다. 이 사주에서 법(法)은 여성이 쥐고 있으며 자신은 법(法)에 구속되기에 패자(敗者)에서 벗어나기 힘들다.

세부적인 사주해석은 다음과 같다.

❶ 해원명리 육친법으로 자신〔己未〕과 인연을 맺는 여성은 자신〔己未〕의 보금자리〔未일지_木관성〕를 품은 木 관성〔乙丑, 己卯, 乙丑〕이다.

❷ 乙丑년과 乙丑시는 법〔法_관성〕을 소유한 여성으로서 자신〔己未〕을 己乙극·丑未충으로 둘러싸서 통제했기에 여자〔乙丑, 乙丑〕 때문에 인생이 망가질 운명이다.

❸ 丙子대운은 丙인성〔법적문서〕과 역포국틀〔乙丑, 乙丑〕이 子丑합으로 생동하면서 관재(官災)가 발생한다. 甲午년〔30세〕은 자신〔己未일주〕의 보금자리〔未일지_木관성〕가 甲〔木〕으로 떠오르면서 성욕이 발동했고 여성〔己卯〕의 형상이 甲〔木〕으로 등장하면서 성관계〔午未합〕를 맺었으며, 午未합→丑未충·午丑천으로 역포국틀〔乙丑, 乙丑〕을 생동하면서 감옥에 들어갔다.

3
선악(善惡)의 반전

선악(善惡)은 뒤바뀔 수 있다. 과거 마녀사냥과 문화대혁명처럼 선(善)에게 희생된 무고한 많은 사람들이 악(惡)이 아니고 선(善)의 가면으로 악행(惡行)을 저질렀던 많은 사람들이 선(善)이 아니라는 것을 역사는 묵묵히 증명하였다. 선(善)과 악(惡)으로 대비시키는 이분법은 끝없이 살생으로 이어지는 종교전쟁을 열었고 악마(惡魔)는 언제든지 출몰할 수 있게 만들었다. 중세시대 지구를 중심으로 우주가 돈다는 천동설은 선(善)이었고 태양을 중심으로 지구가 돈다는 지동설은 악(惡)이었기에 거짓〔천동설〕은 진실〔지동설〕을 화형(火刑)시켜 선(善)을 증명하였다.

선악(善惡)의 반전은 과거의 역사에도 존재했고 지금의 현실에도 계속되고 있다.

조선 제6대 왕인 단종(端宗)은 11세에 왕위에 올랐다가 14세에 삼촌에게 왕위를 빼앗겼고, 18세에 평민으로 강등되어 유배지에서 죽음을 맞았다. 당시 왕권을 움켜진 세조(世祖)는 그와 관련된 사람들을 악(惡)으로 규정하고 모두 죽였는데 단종은 2백년이 지난 숙종(肅宗) 때 임금으로 복위되어 선(善)으로 돌아왔다.

2000년에 중국 국민당이 55년 동안 장악했던 대만에서 민진당의 천수이볜이 총통으로 당선되는 역사적인 사건이 일어났다. 가난한 집에서 태어났지만 법학과 3학년에 사법고시를 합격하고 1979년 대만 공안당국이 민주화운동을 탄압할 때 인권변호사로 사람들에게 이름을 알린 그는 다양한 정치역경을 딛고 대만총통에 당선되어 '대만의 아들' 로 칭송을 받았다. 이후 2004년에 다시 총통에 뽑혀 연임에 성공했지만 2008년 11월에 횡령혐의로 구속되었고 2010년에 징역 20년 형을 선고받고 감옥에 수감되었다. 그는 최고통치자였던 9년 동안 선(善)으로 추앙받았지만 이후의 삶은 악(惡)으로 바뀌었다.

선악(善惡)은 항상 바뀔 수 있다. 자평명리는 선(善)을 부귀와 연결하여 설명하지만 선(善)은 그 시대와 법(法)이 만들어낸 것으로 영원성을 가장할 뿐이다. 조선시대의 법전 『경국대전(經國大典)』은 과부가 재혼하는 것을 법(法)으로 금지하였다. 또한 남편이 죽으면 아내는 3년간 무덤을 지켜야 하고 이후로는 평생 상복을 입고 지내도록 했으며 남편 사후에 스스로 목숨을 끊으면 선(善)을 행하였다 하여 나라에서 열녀문(烈女門)을 세워주었다. 현대 한국사회에서 생각하면 여성을 고통 속으로 몰고 간 조선사회의 악(惡)이지만 당시로는 선(善)이었다.

(남)			
庚	庚	丙	庚
辰	辰	戌	寅

◉ 대운

89	79	69	59	49	39	29	19	9
乙	甲	癸	壬	辛	庚	己	戊	丁
未	午	巳	辰	卯	寅	丑	子	亥

이 사주는 9년간 대만을 통치하고 횡령혐의로 징역 20년형을 선고받은 천수이볜(陳水扁) 총통이다. 복음(伏吟) **庚辰 · 庚辰**일시주〔자신〕의 음(陰) 자기세력〔庚辰일, 庚辰시〕이 양(陽) 경쟁세력〔庚寅년, 丙戌월〕을 제압했다. 강한 음(陰) 자기세력이 강한 양(陽) 경쟁세력과 대립했기에 경쟁세력에게 순응하면 좋지만 대항하면 나쁘다.

세부적인 해석은 아래와 같다.

❶ 庚庚일시간〔자신 · 비겁〕**과 辰辰일시지**〔인성〕**는 자신의 신체이다.**

❷ 음(陰) 자기세력〔庚辰, 庚辰〕**이 양(陽) 경쟁세력**〔庚寅, 丙戌〕**을 제압했지만 강대강(强對强)으로 대립하면서 불길하다.**

❸ 庚寅대운〔40세~49세〕**은 寅戌합으로 경쟁세력**〔庚寅, 丙戌〕**이 커지고 경쟁세력에게 순응하면서 두 번의 국회위원에 당선되었고 정계의 요직을 맡았다.**

❹ 辛卯대운〔50세~59세〕**은 丙辛합 · 卯戌합으로 경쟁세력**〔庚寅, 丙戌〕**을 묶으면서 2000년**〔辛卯대운 庚辰년〕 **대만 총통선거에서 승리하여 9년**〔51세~59세〕 **동안 대만을 통치하였다**

❺ 壬辰대운〔60세~69세〕**은 辰戌충으로 경쟁세력**〔庚寅, 丙戌〕**을 자극**

하여 2008년 11월에 횡령혐의로 구속되어 壬辰대운 己丑년(60세)에 1심에서 무기징역을 선고받았다가 항소심에서 징역 20년으로 감형되었다.

④ 인과응보(因果應報)는 있다

지금까지 법(法)과 선(善)에 대해서 설명하였다. 해원명리(海原命理)는 '착하게 살면 복을 받고 악하게 살면 벌을 받는다' 는 생각에 앞서 "선(善)이란 무엇인가?"가 중요하고 법(法)에 의해서 바뀌는 선악(善惡)의 문제점을 지적하였다. 그렇다면 부귀(富貴)는 선악(善惡)과 관계가 없는 것일까? 악행(惡行)을 저질러도 복을 받을 수 있고 선행(善行)을 행하여도 벌을 받을 수도 있는 것일까?

필자는 사주팔자(四柱八字)를 공부하면서 "인과응보(因果應報)는 반드시 존재한다."는 것을 알았다. 그 시대가 선(善)을 악(惡)으로 규정하여 악인(惡人)으로 매도당할지라도 선(善)은 항상 일어나며 법(法)을 이용하여 악(惡)이 선(善)으로 포장될지라도 악(惡)은 언젠가는 무너진다는 것을 사주공부에서 필연적으로 느꼈다.

사주팔자(四柱八字)에서 인과응보(因果應報)는 어디에서 찾을 수 있는가?

사주팔자의 년(年), 월(月), 일(日), 시(時)는 생물학적 원소(元素)로서 조상〔년〕→부모〔월〕→자신〔일〕→자식〔시〕으로 대물림되는 유전자(gene)인데 년〔年_조상〕에서의 선(善)은 시〔時_자손〕에서 꽃을 피우게 만들지만 년〔年_조상〕에서의 악(惡)은 시〔時_자손〕를 망친다. 여기서 말하는 유전적 대물림은 종교나 윤리의 관점이 아니며 유전적인 대사시스템(metabolism)을 말한다. 예를 들면 조상 중에 악(惡)을 일삼으며 부(富)를 누린 사람이 있다면 악(惡)의 유전자로 인하여 년〔年_조상〕의 불안정한 대사시스템을 물려받기에 월〔月_부모〕이나 일〔日_자신〕에서 무너지거나 시〔時_자손〕에서 완전히 붕괴된다.

아래의 사주를 살펴보자.

			(여)
庚	丙	乙	乙
寅	戌	酉	未

◉ 대운

86	76	66	56	46	36	26	16	6
甲	癸	壬	辛	庚	己	戊	丁	丙
午	巳	辰	卯	寅	丑	子	亥	戌

이 사주는 조부모〔乙未년〕가 무고한 사람들을 많이 죽였기에 인생이 순탄하지 않았고 부귀(富貴)를 얻지 못했다.

조상〔乙未년〕의 악(惡)은 무엇인가? 乙未년〔木庫_조부모〕이 木 사람들〔乙酉, 庚寅〕을 입묘시켜 지배하고 양(陽) 자기세력〔乙未년, 丙戌일, 庚寅시〕으로 연약한 음(陰) 경쟁세력〔乙酉월_피해자들〕을 酉戌천〔인민재판〕으로 죽였다.

조상〔乙未년〕의 악(惡)이 어떻게 자신〔丙戌일주〕의 부귀(富貴)를 막을까? 자신〔丙戌일주〕은 재물〔庚寅시〕을 寅戌합으로 얻는데 조부모의 피해세력〔乙酉월〕이 酉戌천으로 寅戌합〔생계〕을 깨버린다. 결국 조상〔乙未년〕에게서 비롯된 악(惡)이 손자 자신〔丙戌일〕에게 큰 영향을 준 것인데 酉戌천은 불안정한 대사시스템(metabolism)으로 조상에게서 물려받은 유전자(gene)다.

사랑은 세상에서 가장 아름답지만 때로는 범죄가 될 수 있다. 2015년에 한국에서는 62년 동안 범죄로 간주되었던 간통죄가 폐지되었다. 1953년부터 형법으로 제정된 간통죄는 '배우자가 있는 자가 간통할 때는 상간한 자와 함께 2년 이하의 징역에 처한다' 고 규정하고 무겁게 죄를 물었다. 한국사회가 개인의 애정문제를 법(法)으로 억압해왔던 것인데 간통죄라는 악(善)은 법(法)이 바뀌면서 소멸했다.

원하지 않는 결혼을 했는데 정말로 사랑하는 사람을 만났다면 어떠할까?

2010년에 가족들이 9천 달러를 받고 신부감으로 팔아버린 19세의 아프가니스탄 여성이 있었다. 그녀는 사랑하는 남자를 운명적으로 만났고 두 사람은 파키스탄으로 달아났다가 잡혀서 투석형(投石刑)을 선고받았다. 수백 명의 주민들이 던진 돌에 두 사람은 죽었으며 세계는 경악했지만 당시 지배세력이었던 탈레반은 "투석형은 코란이 정한 이슬람 율법으로 그것을 비인도적이라고 비난하는 사람은 예언자 무함마드를 모독하는 행위다."라고 말하며 비난을 일축했다. 2009년 소말리아에서는 20세의 이혼녀가 29세의 총각과 성관계를 맺었다는 이유로 투석형에 처해졌고, 2014년 이라크에서는 20대의 남녀 커플이 혼전 성관계를 맺었다는 이유로 거리에서 공개적으로 투석형을 당했다.

인간이 동물과 다른 점은 선악(善惡)을 합리적으로 판단할 수 있는 이성(理性)을 가졌기 때문이다. 해원명리는 합리적인 이성(理性)을 최고의 덕목으로 생각한다. 역사를 되짚어보면 선(善)이라는 이름으로 지행된 악(惡)이 너무도 많으며 악마(惡魔)의 행위를 하면서도 자신들이 천사(天使)라고 믿기도 하였다. 천사(天使)와 악마(惡魔)는 인간이 만들어낸 극단적인 선악(善惡)의 표상(表象)이며, 세상을 천사와 악마의 싸움판으로 보는 사고(思考)는 모든 생명체를 끌어안고 조화를 이루며 살아가는 거대한 우주의 질서를 거스르고 합리적인 이성(理性)을 파괴하고 무자비한 악(惡)을 부른다.

선(善)하게 살았는데 왜 복(福)을 받지 못하는지 의문점을 가진 사람들이 많을 것이다. 인과응보(因果應報)는 눈으로 관찰되지 않을 뿐이지 사주팔자(四柱八字)에 반드시 존재한다. 하지만 무엇이 선(善)인지를 먼저 생각해야 한다. 마녀사냥으로 화형식이 열릴 때 악(惡)을 불지르는 쾌락을 느꼈다면 선(善)이 아니며 돌을 들고 투석형에 참가했다면 율법(惡)에 오염된 것이지 선(善)이 아니며 지식문화인을 악(惡)로 규정하고 죽음으로 몰았던 홍위병 또한 결코 선(善)이 아니다.

1970년 어느 날 문화대혁명 시절 홍위병이었던 16세 소년에게 비극이 찾아온 것은 가족 간의 짧은 논쟁 때문이었다. 당시 44세였던 어머니는 모택동을 비판했는데 소년은 "당신은 이제 어머니가 아니라 인민의 적이다."라고 격분했고 군부대에 고발했으며 "반혁명 현행범을 타도하자! 총살하자!"라는 의견서를 제출했다. 이후 소년의 집에 군인들이 들이닥쳤고 어머니는 폭행당한 후 끌려갔으며 2개월 뒤에 총살당했다. 1976년 문화대혁명이 사라지자 소년은 자신이 선(善)이라고 믿었던 일이 악(惡)이라는 것을 깨달았고 극도의 공포에 빠졌으며 심한 우울증에 시달리면서 타인과의 접촉을 끊었다. 43년이란 긴 세월이 흘렀지만 고통은 끝나지 않았고 그는 자신의 비극을 세상에게 이렇게 말하였다. "내가 왜 어머니를 죽였는지 지금도 이해할 수 없다. 하지만 당시 사회분위기가 그랬다."

2013년 중국 베이징의 지역신문에 실렸던 이 이야기는 악(惡)을 선(善)이라고 믿고 악행(惡行)을 저질렀을 때 어떤 불행이 찾아오는지를 잘 말해 준다. 그 사회가 선(善)을 악(惡)으로 매도할 수 있다. 하지만 선(善)은 악(惡)으로 변하지 않으며 법(法)이 악(惡)을 선(善)으로 포장했다고 하더라도 악(惡)이 바뀌는 것이 아니다. 인과응보(因果應報)는 반드시 있다. 다만 사람들이 선악(善惡)을 구분하지 못할 뿐이다.

海原 命理學

해원 명리학

제 3 장
자평명리와 맹파명리

海原 命理學

해원 명리학

1

자평명리 3대 교본

자평진전, 난강망, 적천수

역학(易學)은 중국 전통사상인 유가사상(儒家思想)과 음양학(陰陽學)이 녹아 있는 주역(周易)에서 그 뿌리를 찾을 수 있는데 공자(孔子)는 주역을 체계적으로 정리하여 후세에 전하면서 역학의 씨를 뿌렸다. 오늘날 사주명리학의 개념은 500년 전 중국 송나라 서자평(徐子平)의 『연해자평(淵海子平)』부터 시작되는데 사주팔자(四柱八字)의 중심을 일간(日干)으로 정하고 월령(月令)과 대비시켜 운명을 판단하는 혁명적인 발상으로 자평명리(子平命理)의 세계를 열었다.

자평명리는 지난 500년 동안 명리학계를 지배했고 많은 결점에도 불구하고 2000년 맹파명리(盲派命理)와 2017년 해원명리(海原命理)가 등장하기 전까지 대항마(對抗馬)가 없었기에 운명학(運命學)으로서의 절대적인 권위를 누렸다.

우주의 모든 생명체는 각자의 설계도〔DNA〕를 가지고 있고 그것은 삶의 방식을 정의한다. 가령 날개를 가진 새는 하늘에서의 삶을 즐기게 하고 튼튼하고 빠른 다리를 가진 말은 지상에서의 질주를 누리게 하며 유연한 꼬리를 가진 물고기는 바다에서의 자유로운 유영(遊泳)을 만끽하게 한다. 설계도〔DNA〕의 역량(力量)은 생명체의 운명을 결정하기에 설계도〔DNA〕가 뛰어난 생명체는 인간처럼 기나긴 역사동안 끊임없이 발전하고 번영했지만 설계도〔DNA〕가 부실한 생명체는 진화에 실패하여 멸종하는 운명을 맞았다. 인간사회의 시스템도 다르지 않아서 많은 사람들에게 물질적인 풍요를 가져다주는 자본주의(資本主義)가 현존했던 어떤 시스템보다 진보된 설계도〔DNA〕를 가졌기에 다소의 결함에도 불구하고 계속 발전하고 있다.

학문에도 설계도〔DNA〕가 있다. "어떤 패러다임(paradigm)을 갖느냐"에 따라 발전성(發展性)과 한계(限界)가 정해지는 것이다. 자평명리(子平命理)의 경우 음양(陰陽)의 균형과 중화(中和)를 패러다임으로 잡았기에 그 범위(範圍)에서 부연(敷衍)과 보완(補完)이 이루어졌다.

자평명리는 왜 중화(中和)를 패러다임으로 설정했을까?

자평명리는 성리학자가 만들었으며 "평소(平素) 한쪽으로 치우치지 않고 모자라거나 지나침이 없는 《중용(中庸)》"을 이상(理想)으로 삼아 운명학을 정립하였다.

다음은 《중용(中庸)》 〈제1장 천명(天命)〉의 첫 구절이다.

"하늘(天)이 명(命)하는 것을 성(性)이라고 하고 성(性)을 따르는 것을 도(道)라 하며 도(道)를 닦는 것을 교(敎)라고 한다【天命之謂性 率

性之謂道 修道之謂教_천명지위성 솔성지위도 수도지위교].”

자평명리의 설계도〔DNA〕 중화(中和)는 성리학의 《중용(中庸)》에서 가져왔으며 “중화(中和)는 선(善)이며 우주질서이기에 그것이 무너지면 도(道)가 무너지고 선(善)이 훼손되어 이상적인 삶에서 멀어진다.”고 규정하고 길흉(吉凶)의 척도(尺度)로 삼았다. 자평명리는 남송시대 당시 년지(年支)를 중심으로 신살(神煞)과 납음오행(納音五行) 등을 살폈던 옛 명리학을 일간(日干)과 월령(月令)을 대비시켜 왕쇠(旺衰)와 격국(格局)으로 운명을 판단하는 새로운 명리학으로 일대 혁신을 일으켰고 500년이라는 긴 세월동안 중화(中和)의 패러다임 속에서 격국(格局), 조후(調候), 용신(用神) 세 가지의 관점으로 발전이 이루어졌다.

자평명리 3대 교본인 『자평진전(子平眞詮)』의 격국론(格局論), 『난강망(欄江網)』의 조후론(調候論), 『적천수(滴天髓)』의 용신론(用神論)은 바라보는 위치만 달랐을 뿐 중화(中和)의 패러다임에는 변함없이 충실하였다.

『자평진전』의 격국론은 일간〔日干_자신〕과 월령〔月令_세실〕을 대비하여 왕(旺)하면 식상(食傷), 재성(財星), 관성(官星)을 보충하여 중화(中和)를 이루어야 하고 쇠(衰)하면 인성(印星), 비겁(比劫)을 보충하여 중화(中和)를 이루어야 한다고 주장했고 『난강망』의 조후론은 일간〔日干_자신〕과 월령〔月令_계절〕을 대비하여 조열(燥熱)하면 한습(寒濕)으로 중화(中和)를 이루고 한습(寒濕)하면 조열(燥熱)로 중화

(中和)를 이루어야 한다고 주장했으며 『적천수』의 용신론은 일간〔日干_자신〕과 월령〔月令_계절〕을 대비하고 사주 전체의 신강신약(身强身弱)과 조후(調候)를 살펴 억부(抑扶), 병약(病藥), 조후(調候), 통관(通關)으로 중화(中和)를 이루어야 한다고 주장했다.

『자평진전(子平眞詮)』은 청나라 명리학자 심효첨(沈孝瞻)이 저술한 것으로 자평명리의 격국론(格局論)을 깔끔하게 정리한 자평명리 3대 교본의 하나이다.

『자평진전』에서는 일간(日干)을 월령(月令)과 대비하여 격국(格局)을 정한 이후에 왕쇠(旺衰)를 판단하여 왕(旺)하면 식상(食傷), 재성(財星), 관성(官星)을 보충하고 쇠(衰)하면 인성(印星), 비겁(比劫)으로 보완하여 중화(中和)를 이루어야한다고 주장했다.

『자평진전』의 용신(用神)은 월령(月令)이자 격국(格局)으로서 사주의 길흉(吉凶)은 오직 월령(月令)에 따른 왕쇠(旺衰)로 판단하며 중화(中和)를 이루면 성격(成格)되어 고귀하고 부귀(富貴)를 누릴 수 있지만 중화(中和)를 잃으면 패격(敗格)으로 떨어져 미천하고 부귀(富貴)를 얻지 못한다고 보았다.

다음은 필자가 간략하게 정리한 甲〔일간〕과 庚〔일간〕을 중심으로 일간(日干)과 월령(月令)을 대비시킨 『자평진전』의 격국(格局)이다.

【지장간】

월지	子	丑	寅	卯	辰	巳	午	未	申	酉	戌	亥
지장간	壬 癸	癸 辛 己	戊 丙 甲	甲 乙	乙 癸 戊	戊 庚 丙	丙 己 丁	丁 乙 己	戊 壬 庚	庚 辛	辛 丁 戊	戊 甲 壬

1 양인격(羊刃格)

양(甲·丙·戊·庚·壬) 일간(日干)이 월지(月支)와 오행(五行)이 같고 음양이 다른 것을 말한다.

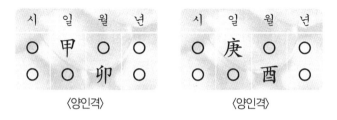

시	일	월	년
○	甲	○	○
○	○	卯	○

〈양인격〉

시	일	월	년
○	庚	○	○
○	○	酉	○

〈양인격〉

2 건록격(建綠格)·월겁격(月劫格)

건록격은 일간(日干)이 월지(月支)와 음양오행(陰陽五行)이 같은 것이고, 월겁격은 음(乙·丁·己·辛·癸) 일간(日干)이 월지(月支)와 오행(五行)은 같지만 음양이 다른 것을 말한다.

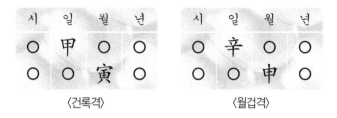

시	일	월	년
○	甲	○	○
○	○	寅	○

〈건록격〉

시	일	월	년
○	辛	○	○
○	○	申	○

〈월겁격〉

3 식신격(食神格)

일간(日干)이 월지(月支)를 생(生)하고 음양이 같거나 월지(月支)에서 식신(食神)이 투출(透出)된 경우를 말한다.

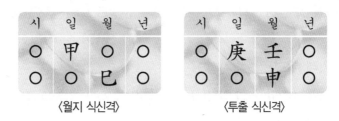

시	일	월	년
○	甲	○	○
○	○	巳	○

〈월지 식신격〉

시	일	월	년
○	庚	壬	○
○	○	申	○

〈투출 식신격〉

4 상관격(傷官格)

일간(日干)이 월지(月支)를 생(生)하고 음양이 다르거나 월지(月支)에서 상관(傷官)이 투출(透出)된 경우를 말한다.

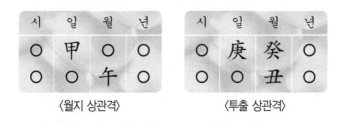

시	일	월	년
○	甲	○	○
○	○	午	○

〈월지 상관격〉

시	일	월	년
○	庚	癸	○
○	○	丑	○

〈투출 상관격〉

5 정재격(正財格)

일간(日干)이 월지(月支)를 극(剋)하고 음양이 다르거나 월지(月支)에서 정재(正財)가 투출(透出)된 경우를 말한다.

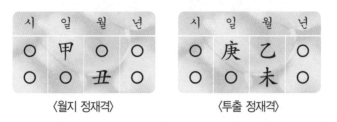

시	일	월	년
○	甲	○	○
○	○	丑	○

〈월지 정재격〉

시	일	월	년
○	庚	乙	○
○	○	未	○

〈투출 정재격〉

6 편재격(編財格)

일간(日干)이 월지(月支)를 극(剋)하고 음양이 같거나 월지(月支)에서 편재(編財)가 투출(透出)된 경우를 말한다.

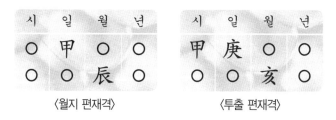

시	일	월	년
○	甲	○	○
○	○	辰	○

〈월지 편재격〉

시	일	월	년
甲	庚	○	○
○	○	亥	○

〈투출 편재격〉

7 정관격(正官格)

일간(日干)을 월지(月支)가 극(剋)하고 음양이 다르거나 월지(月支)에서 정관(正官)이 투출(透出)된 경우를 말한다.

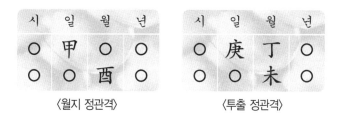

시	일	월	년
○	甲	○	○
○	○	酉	○

〈월지 정관격〉

시	일	월	년
○	庚	丁	○
○	○	未	○

〈투출 정관격〉

8 편관격(編官格)

일간(日干)을 월지(月支)가 극(剋)하고 음양이 같거나 월지(月支)에서 편관(編官)이 투출(透出)된 경우를 말한다.

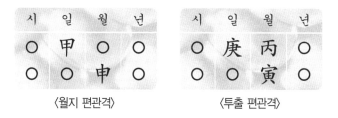

시	일	월	년
○	甲	○	○
○	○	申	○

〈월지 편관격〉

시	일	월	년
○	庚	丙	○
○	○	寅	○

〈투출 편관격〉

9 정인격(正印格)

일간(日干)을 월지(月支)가 생(生)하고 음양이 다르거나 월지(月支)에서 정인(正印)이 투출(透出)된 경우를 말한다.

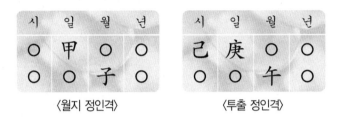

시	일	월	년
○	甲	○	○
○	○	子	○

〈월지 정인격〉

시	일	월	년
己	庚	○	○
○	○	午	○

〈투출 정인격〉

10 편인격(編印格)

일간(日干)을 월지(月支)가 생(生)하고 음양이 같거나 월지(月支)에서 편인(編印)이 투출(透出)된 경우를 말한다.

시	일	월	년
○	甲	○	○
○	○	亥	○

〈월지 편인격〉

시	일	월	년
戊	庚	○	○
○	○	巳	○

〈투출 편인격〉

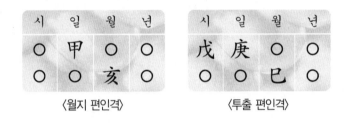

『난강망(欄江網)』은 청나라 명리학자 여춘태(余春台)가 저술한 것으로 자평명리의 조후론(調候論)을 깔끔하게 정리한 자평명리 3대 교본의 하나이다.

『난강망』은 일간(日干)을 월령(月令)과 대비하여 계절적인 한난조습(寒暖燥濕)의 중화(中和)를 이루어야 부귀(富貴)를 얻을 수 있다고 주장했다. 『자평진전』과는 중화(中和)의 패러다임은 같지만 『난강망』

이 바라본 것은 월령(月令)의 왕쇠(旺衰)가 아닌 계절의 한난조습(寒暖燥濕)이었다.

다음은 『난강망』에서 설명하는 한난조습(寒暖燥濕)의 중화법(中和法)을 필자가 핵심 내용만 간략하게 정리한 표이다.

【甲(木) 일간】

계절	월	一線	二線	요 점
봄	寅	丙	癸	寅월에 甲(木)은 이른 봄에 한기가 있어 丙(火)을 먼저 얻고 癸(水)를 쓴다
	卯	庚	戊	卯월에 甲(木)이 뿌리 깊은 庚(金)을 얻고 戊己(土)까지 얻으면 영웅의 팔자다
	辰	庚	壬	辰월에 甲(木)은 목(木)기운이 고갈되어 庚(金)을 먼저 보고 壬(水)을 취한다
여름	巳	癸	丁	巳월은 목(木)기운이 퇴기하여 癸(水)를 먼저 쓰고 이후에 丁(火)을 사용한다
	午	癸	丁	辰월은 목(木)이 불타니 癸(水)를 먼저 쓰고 丁(火)을 쓰고 庚(金)을 쓴다
	未	癸	丁	未월은 한기가 생하기에 癸(水)를 먼저 보고 丁(火)을 쓰고 庚(金)을 사용한다
가을	申	丁	庚	申월은 금(金)기운이 왕성하여 丁(火)을 으뜸으로 삼고 庚(金)을 차선으로 쓴다
	酉	丁	丙	酉월은 금(金)이 왕하여 丁(火)을 먼저 쓰며 丙(火)庚(金)을 순서대로 쓴다
	戌	丁	壬	戌월에 甲(木)은 목(木)기운이 시들하여 丁(火)壬(水)이 투하고 戊己(土)를 쓴다
겨울	亥	庚	丁	亥월에 甲(木)은 庚(金)丁(火)이 투하고 戊(土)까지 투하면 부귀가 아주 높다
	子	丁	庚	子월은 목(木)기운이 차가우니 丁(火)을 먼저 쓰고 庚(金)丙(火)으로 보좌한다
	丑	庚	丁	丑월은 만물이 얼어붙어 庚(金)으로 쪼개고 丁(火)으로 불붙이면 부귀를 이룬다

【乙(木) 일간】

계절	월	一線	二線	요 점
봄	寅	丙	癸	寅월에 乙(木)은 만물이 차가워 먼저 丙(火)으로 따뜻하게 하고 癸(水)를 쓴다
	卯	丙	癸	卯월에 乙(木)은 양기가 상승하여 丙(火)이 투하고 癸(水)까지 투하면 부귀하다
	辰	癸	丙	辰월에 乙(木)은 양기가 치열하여 癸(水)를 먼저 쓰고 丙(火)을 나중에 쓴다
여름	巳	癸	辛	巳월에 乙(木)은 丙(火)를 얻었기에 오직 癸(水)를 쓰고 辛(金)으로 보좌한다
	午	癸	丙	午월 하지(夏至) 전에는 癸(水)를 쓰고 하지 후에는 丙(火)癸(水)를 같이 쓴다
	未	癸	丙	未월은 한기가 생하여 癸(水)가 투간하면 귀하고 金水가 많으면 丙(火)을 쓴다
가을	申	丙	己	申월에 乙(木)은 庚(金)이 강하니 丙(火)이 투간되고 己(土)를 얻으면 부귀하다
	酉	癸	丙	酉월에 乙(木)은 추분(秋分) 전에는 癸(水)를 쓰고 추분 후에는 丙(火)을 쓴다
	戌	癸	辛	戌월에 乙(木)은 뿌리가 마르니 癸(水)로 자양하고 辛(金)으로 보좌한다
겨울	亥	丙	戊	亥월에 乙(木)은 壬(水)가 사령하니 丙(火)과 戊(土)를 같이 사용한다
	子	丙		子월에 乙(木)은 차갑고 얼어 있기에 오직 丙(火)으로 녹여야 상격이다.
	丑	丙	癸	丑월에 乙(木)은 차갑기 때문에 丙(火)이 투출하고 癸(水)가 있다면 상격이다

【丙(火) 일간】

계절	월	一線	二線	요 점
봄	寅	壬	庚	寅월에 丙(火)은 화(火)가 강해지기에 壬(水)으로 투하고 庚(金)으로 보좌한다
	卯	壬	庚	卯월에 丙(火)은 양기가 펼쳐지니 壬(水)으로 투하고 庚辛(金)으로 보좌한다
	辰	壬	甲	辰월에 丙(火)은 화(火)가 왕성하여 壬(水)을 쓰고 甲(木)으로 보좌한다
여름	巳	壬	庚	巳월에 丙(火)은 화(火)가 타오르니 壬(水)庚(金)이 같이 투간되면 부귀하다
	午	壬	庚	午월에 丙(火)은 화(火)가 뜨거우니 壬(水)과 庚(金)이 같이 투출되면 상격이다
	未	壬	庚	未월은 화(火)가 퇴기하고 한기를 생하니 壬(水)을 쓰고 庚(金)으로 보좌한다
가을	申	壬		申월에 丙(火)은 태양이 황혼에 가까우니 壬(水)으로 비추면 뛰어난 수재이다
	酉	壬	癸	酉월에 丙(火)은 壬癸(水)로 누설하는 금종격(金從格)을 이루면 부귀하다
	戌	甲	壬	戌월은 丙(火)은 화(火)기가 물러나기에 甲(木)을 먼저 쓰고 壬(水)을 취한다
겨울	亥	甲	戊庚	亥월은 丙(火)이 힘을 잃어 甲(木)戊(土)庚(金)이 같이 투간하면 부귀를 얻는다
	子	壬	戊	子월은 丙(火)이 약한 가운데 강해지니 壬(水)을 먼저 쓰고 戊(土)로 보좌한다
	丑	壬	甲	丑월은 己(土)가 丙(火)을 탁하게 하니 壬(水)甲(木)이 모두 투하면 부귀하다

【丁(火) 일간】

계절	월	一線	二線	요 점
봄	寅	庚	甲	寅월은 甲(木)이 강하기에 庚(金)으로 쪼개고 丁(火)으로 불붙이면 부귀하다
	卯	庚	甲	卯월에 丁(火)은 습한 乙(木)에 상하므로 庚(金)을 쓰고 甲(木)으로 불붙인다
	辰	甲	庚	辰월은 丁(火)이 戊(土)로 설기되니 甲(木)을 생하고 庚(金)으로 쪼개면 귀하다
여름	巳	甲	庚	巳월은 丁(火)이 타오르니 甲(木)을 취하되 庚(金)을 같이 보아야 한다
	午	壬	庚	午월은 丁(火)이 뜨거우니 壬(水)과 庚(金)을 같이 보면 자연스럽게 부귀하다
	未	甲	壬	未월은 丁(火)이 퇴기하여 유약하니 甲(木)을 생하고 壬(水)으로 보좌한다
가을	申	甲	丙	申월에 丁(火)은 유약하니 甲(木)으로 생하고 丙(火)로 조후를 맞추어야 한다
	酉	甲	丙庚	酉월에 丁(火)은 甲(木)을 먼저 보고 丙(火)庚(金)을 모두 보면 부귀하다
	戌	甲	庚	戌월은 강한 戊(土)를 甲(木)으로 제하고 庚(金)으로 쪼개야 부귀를 이룬다
겨울	亥	甲	庚	亥월에 丁(火)은 미약하니 甲(木)을 먼저 보고 庚(金)을 본다면 귀격을 이룬다
	子	甲	庚	子월에 丁(火)은 미약하니 甲(木)을 먼저 보고 庚(金)을 본다면 귀격을 이룬다
	丑	甲	庚	丑월에 丁(火)은 미약하니 甲(木)을 먼저 보고 庚(金)을 본다면 귀격을 이룬다

【戊(土) 일간】

계절	월	一線	二線	요 점
봄	寅	丙	甲癸	寅월에 戊(土)는 丙(火)으로 따뜻하게 비춘 다음 甲(木)을 쓰고 癸(水)를 쓴다
	卯	丙	甲癸	卯월에 戊(土)는 丙(火)으로 따뜻하게 비춘 다음 甲(木)을 쓰고 癸(水)를 쓴다
	辰	甲	丙癸	辰월은 戊(土)가 힘이 있어 甲(木)을 먼저 쓰고 丙(火)癸(水)을 다음으로 쓴다
여름	巳	甲	丙癸	巳월에 戊(土)는 양기가 발하여 甲(木)을 먼저 쓰고 丙(火)癸(水)로 보좌한다
	午	壬	甲	午월은 戊(土)가 불타니 먼저 壬(水)으로 식혀주고 다음으로 甲(木)을 취한다
	未	癸	丙甲	未월에 戊(土)는 건조하니 먼저 癸(水)를 쓰고 다음으로 丙(火)甲(木)을 취한다
가을	申	丙	癸甲	申월은 한기가 나오니 먼저 丙(火)을 쓰고 癸(水)와 甲(木)을 순서대로 쓴다
	酉	丙	癸	酉월은 戊(土)를 설기하니 丙(火)으로 온도를 맞추고 다음으로 癸(水)를 취한다
	戌	甲	癸丙	戌월은 강한 戊(土)를 甲(木)으로 먼저 제하고 癸(水)와 丙(火)을 순서대로 쓴다
겨울	亥	甲	丙	亥월은 양기가 약간 일어나니 甲(木)이 투간되고 丙(火)이 있으면 부귀하다
	子	丙	甲	子월은 매우 추워서 丙(火)이 꼭 필요하고 甲(木)으로 보좌해야 부귀해진다
	丑	丙	甲	丑월은 춥기 때문에 반드시 丙(火)이 필요하고 甲(木)으로 보좌해야 부귀하다

【己(土) 일간】

계절	월	一線	二線	요 점
봄	寅	丙	庚	寅월은 한기가 있어 먼저 丙(火)으로 따뜻하게 하고 庚(金)이 투간해도 좋다
	卯	甲	癸	卯월은 양기가 상승하니 甲(木)을 먼저 취하고 癸(水)로 윤택하게 하면 귀하다
	辰	丙	癸甲	辰월에 己(土)는 먼저 丙(火)으로 따뜻하게 하고 癸(水)甲(木)을 순서대로 쓴다
여름	巳	癸	丙	巳월에 己(土)는 단비를 기뻐하여 癸(水)를 먼저 쓰고 丙(火)으로 비추어야 한다
	午	癸	丙	午월에 己(土)는 癸(水)로 먼저 밭을 촉촉하게 하고 丙(火)으로 비추어야 한다
	未	癸	丙	未월에 己(土)는 癸(水)로 윤택하고 하고 丙(火)으로 비추어야 곡식이 자란다
가을	申	癸	丙	申월은 한기가 상승하니 癸(水)로 윤택하게 하고 丙(火)의 온기가 필요하다
	酉	癸	丙	酉월에 己(土)는 癸(水)로 윤택하게 하고 丙丁(火)으로 보완해주어야 한다
	戌	甲	癸丙	戌월은 강한 戊(土)를 甲(木)으로 제하고 癸(水)丙(火)을 참작해서 사용한다
겨울	亥	丙	甲	亥월에 己(土)는 얼어 있어 오직 丙(火)으로 온기를 얻고 甲(木)을 살펴서 쓴다
	子	丙	甲	子월에 己(土)는 습토로서 얼어 있어 丙(火)이 꼭 필요하고 甲(木)은 살펴서 쓴다
	丑	丙	甲	丑월에 己(土)는 얼어 있어 오직 丙(火)으로 온기를 얻고 甲(木)을 살펴서 쓴다

【庚(金) 일간】

계절	월	一線	二線	요 점
봄	寅	丙	甲	寅월에 庚(金)은 한기가 있어 丙(火)으로 따뜻하게 하고 甲(木)으로 소토한다
	卯	丁	甲	卯월에 庚(金)은 丁(火)를 먼저 쓰고 다음으로 甲(木)을 쪼개어 보좌한다
	辰	甲	丁	辰월은 강한 戊(土)에 묻히지 않게 甲(木)을 먼저 쓰고 丁(火)을 다음에 쓴다
여름	巳	壬	戊丙	巳월은 壬(水)으로 중화를 얻고 다음으로 戊(土)를 취하고 丙(火)로 보좌한다
	午	壬	癸	午월에 庚(金)은 열기가 왕성하여 먼저 壬(水)을 쓰고 다음으로 癸(水)를 쓴다
	未	丁	甲	未월에 庚(金)은 한기가 생하니 丁(火)를 먼저 쓰고 甲(木)으로 보좌한다
가을	申	丁	甲	申월에 庚(金)은 강하여 丁(火)으로 다듬고 甲(木)으로 보좌하면 부귀하다
	酉	丁	甲丙	酉월에 庚(金)은 강하여 丁(火)甲(木)을 쓰고 丙(火)도 많으며 부귀가 높다
	戌	甲	壬	戌월은 강한 戊(土)에 묻히지 않게 甲(木)으로 제하고 壬(水)로 세척한다
겨울	亥	丁	丙	亥월에 庚(金)은 냉하여 丁(火)으로 다듬고 丙(火)으로 따뜻하게 해주어야 한다
	子	丁	甲丙	子월은 매우 차가워 丁(火)甲(木)이 투간하면 부귀하고 丙(火)도 필요하다
	丑	丙	丁甲	丑월에 庚(金)은 한기가 많아 丙(火)으로 해동하고 丁(火)甲(木)으로 제련한다

【辛(金) 일간】

계절	월	一線	二線	요 점
봄	寅	己	壬庚	寅월에 辛(金)은 약하여 반드시 己(土)로 생하고 壬(水)庚(金)을 순서대로 쓴다
	卯	壬	甲	卯월에 辛(金)은 양기가 화창하여 壬(水)을 먼저 쓰고 甲(木)으로 보좌한다
	辰	壬	甲	辰월에 辛(金)은 戊(土)가 강하니 壬(水)을 먼저 쓰고 甲(木)을 다음으로 쓴다
여름	巳	壬	甲	巳월에 辛(金)은 조열하여 壬(水)을 투간되는 것을 좋고 甲(木)으로 보좌한다
	午	己	壬	午월에 辛(金)은 나약하여 己(土)로 생하고 壬(水)으로 조후를 맞추어야 한다
	未	壬	庚	未월에 辛(金)은 己(土)가 강하여 壬(水)를 먼저 쓰고 庚(金)으로 보좌한다
가을	申	壬	甲	申월에 辛(金)은 먼저 壬(水)을 귀하게 쓰고 甲(木)戊(土)는 참작하여 사용한다
	酉	壬	甲	酉월에 辛(金)은 극왕하니 먼저 壬(水)으로 설기하고 甲(木)으로 보좌한다
	戌	壬	甲	戌월에 辛(金)은 먼저 壬(水)로 설기하고 甲(木)으로 강한 戊(土)를 제해야 한다
겨울	亥	壬	丙	亥월에 辛(金)은 양이 상승하니 壬(水)을 먼저 쓰고 丙(火)을 다음으로 쓴다
	子	丙	壬	子월에 辛(金)은 매우 차가워 丙(火)을 먼저 쓰고 壬(水)을 보면 부귀하다
	丑	丙	壬	丑월에 辛(金)은 추위가 극에 달하여 丙(火)을 먼저 쓰고 후에 壬(水)을 쓴다

【壬(水) 일간】

계절	월	一線	二線	요 점
봄	寅	庚	丙戊	寅월에 壬(水)은 庚(金)으로 생하고 庚(金)丙(火)戊(土)가 모두 투간하면 귀하다
	卯	戊	辛	卯월에 壬(水)은 한기가 제거되어 戊(土)를 먼저 쓰고 이후에 辛(金)을 쓴다
	辰	甲	庚	辰월에 壬(水)은 戊(土)가 강하니 甲(木)으로 제하고 庚(金)으로 보완한다
여름	巳	壬	辛	巳월에 壬(水)은 약하여 壬(비겁)의 조력이 필요하고 辛(金)으로 생해야 한다
	午	癸	庚	午월에 壬(水)은 丁(火)이 강하여 癸(비겁)로 돕고 庚(金)으로 보좌해야 한다
	未	辛	甲	未월에 壬(水)은 辛(金)으로 생하고 甲(木)으로 강한 己(土)를 제해야 한다
가을	申	戊	丁	申월에 壬(水)은 장생으로 강하여 戊(土)를 먼저 쓰고 丁(火)으로 보좌한다
	酉	甲	庚	酉월에 壬(水)은 금백수청으로 甲(木)을 먼저 쓰고 庚(金)으로 보좌한다
	戌	甲	丙	戌월에 壬(水)은 먼저 甲(木)으로 강한 戊(土)를 제하고 丙(火)을 다음으로 쓴다
겨울	亥	戊	庚	亥월에 壬(水)은 왕하니 戊(土)를 취하고 戊(土)庚(金)이 온전하면 부귀하다
	子	戊	丙	子월에 壬(水)은 매우 왕하여 戊(土)를 취하고 丙(火)으로 보좌하면 부귀하다
	丑	丙	甲	丑월에 壬(水)은 왕하다 쇠해지니 丙(火)을 먼저 쓰고 甲(木)으로 보좌한다

【癸(水) 일간】

계절	월	一線	二線	요 점
봄	寅	辛	丙	寅월에 癸(水)는 유약하여 辛(金)으로 생하고 丙(火)으로 따뜻하게 해야 한다
	卯	庚	辛	卯월에 癸(水)는 약하여 庚(金)으로 생하고 庚(金)辛(金)이 투간하면 부귀하다
	辰	丙	辛甲	辰월에 癸(水)는 丙(火)으로 중화를 이루고 辛(金)甲(木)으로 보좌한다
여름	巳	辛	庚壬	巳월에 癸(水)는 辛(金) 또는 庚(金)으로 생하고 壬(水)이 투간되면 명성이 높다
	午	庚	辛壬	午월에 癸(水)는 지극히 약하여 庚辛(金)으로 생하고 壬(水)은 참작하여 쓴다
	未	庚	辛	未월에 癸(水)는 庚辛(金)으로 생하는 것이 중요하고 丁(火)의 투출을 꺼린다
가을	申	丁	甲	申월에 癸(水)는 강해지기에 丁(火)을 먼저 쓰고 甲(木)으로 보좌한다
	酉	辛	丙	酉월에 癸(水)는 금백수청으로 辛(金)을 먼저 쓰고 丙(火)으로 따뜻하게 한다
	戌	辛	甲	戌월에 癸(水)는 辛(金)으로 생하고 甲(木)으로 강한 戊(土)를 제해야 한다
겨울	亥	庚	辛	亥월에 癸(水)는 亥중 甲(木)으로 설기되기에 庚(金)辛(金)으로 생해야 한다
	子	丙	辛	子월에 癸(水)는 얼음이 어느 때로 丙(火)으로 녹이고 辛(金)으로 생해야 한다
	丑	丙	壬	丑월에 癸(水)는 한기가 극에 달하여 丙(火)으로 녹이고 壬(水)으로 비춘다

『적천수(滴天髓)』는 명나라의 성의백(誠意伯)이 저술한 것으로 용신론(用神論)을 설명하고 있는데 자평명리 3대 교본 중에서 가장 뛰어나다는 평가를 받고 있다. 『적천수』는 일간(日干)을 월령(月令)과 대비하여 사주 전체의 신강신약(身强身弱)과 조후(調候)를 살펴 억부(抑扶), 병약(病藥), 조후(調候), 통관(通關)으로 중화(中和)를 이루어야 한다고 주장했다. 『자평진전』의 용신(用神)이 격국(格局)을 이루는 요소라면 『난강망』의 용신(用神)은 조후(調候)를 맞추는 요소이고 『적천수』의 용신(用神)은 월령(月令)을 중심으로 사주전체의 중화(中和)를 이루는 요소이다.

다음은 원문(原文)의 체용정신(體用精神) 일부로서 용신(用神)을 함축적으로 설명하고 있다.

"도(道)에는 체용이 있으니 한 부분만 보고 논하는 것은 불가하다【道有體用 不可以一端論也 _ 도유체용 불가이일단론야】.
중요한 것은 도울 것인지 억제할 것인지를 당연히 얻어야 한다【要在扶之抑之得其宜 _ 요재부지억지득기의】.
인간에게는 정신(精神)이 있는데 한쪽으로 치우치게 구하는 것은 불가하니 낮추거나 높여서 중화를 얻어야 한다【人有精神 不可以一偏求也 要在損之益之得其中 _ 인유정신 불가이일편구야 요재손지익지득기중】.

월령(月令)은 힘의 핵심을 가진 중요한 곳으로 집으로 비유할 수 있고【月令提綱之府 譬之宅也 _ 월령내제강지부 비지택야】
인원(人元)은 일을 하는 신(神)으로 집에서 방향을 정하기에 바르게 선택하지 않으면 안 된다【人元爲用事之神 宅之定向也 不可以不卜 _ 인원위용사지신 택지정향야 불가이불복】.
태어난 시(時)는 되돌아가서 잠드는 땅으로 묘(墓)와 같으며【生時歸宿之地 譬之墓也 _ 생시귀숙지지 비지묘야】
인원(人元)은 일을 하는 신(神)으로 묘(墓)에서 방향을 정하기에 분별하지 않으면 안 된다【人元爲用事之神 墓之穴方也 不可以不辨 _ 인원위용사지신 묘지혈방야 불가이불변】.

쇠왕(衰旺)의 참된 틀을 능히 안다면 삼명(三命)의 깊은 이치를 절반은 넘어섰다【能知衰旺之眞機 其於三命之奧 思過半矣 _ 능지쇠왕지진기 기우삼명지오 사과반의】.
중화(中和)의 바른 이치를 이미 안다면 오행(五行)의 오묘함에 전능하게 되리라【旣識中和之正理 而於五行之妙 有全能焉 _ 기식중화지정리 이어오행지묘 유전능언】."

『적천수』는 중화(中和)가 운명을 푸는 공식(公式)이며 용신(用神)은 중화(中和)를 실현하는 요소(五行)로서 월령(月令)에서 먼저 구하고 월령(月令)에서 없으면 연일시(年日時)의 간지(干支)에서 구하되 그 관건은 여전히 월령(月令)이라고 하였다.

용신(用神)을 구하는 방법은 아래의 다섯 가지다.

1 **억부(抑扶)** ☞ 일간(日干)에 대비하여 월령지신(月令之神)이 태강(太强)하면 억제(抑制)하고 월령지신(月令之神)이 태약(太弱)하면 부조(扶助)한다.

2 **병약(病藥)** ☞ 부조지신(扶助之神)이 희신(喜神)이면 그것을 극하는 것이 병(病)이고 억제지신(抑制之神)이 희신(喜神)이면 그것을 제거하는 것이 병(病)인데 그 병신(病神)을 제거하는 것이 약신(藥神)이다.

3 **조후(調候)** ☞ 일간(日干)이 계절(月支)에 대비하여 한난조습(寒暖燥濕)의 균형을 이루어야 한다.

4 **통관(通關)** ☞ 강한 양신(兩神)이 대치(對峙)하고 강약(强弱)이 균등할 때 그 기운을 통관(通關)시켜야 한다.

5 **전왕(專旺)** ☞ 사주팔자의 기세(氣勢)가 한쪽으로 치우쳤으면 그것에 순응한다.

자평명리는 중화(中和)의 패러다임을 가졌고 3대 교본인 『자평진전』, 『난강망』, 『적천수』는 그것을 충실하게 발전시켰지만 자평명리의 설계도〔DNA〕는 근본적인 결함을 가지고 있었다. 어떤 결함일까? 그것은 중화(中和)의 정반대 관점(觀點)인 전왕(專旺)이 존재한다는 점인데 앞의 『적천수』의 용신법(用神法)에서도 등장하였다.

그렇다면 자평명리가 중화(中和)와 전왕(專旺)의 2가지의 관점이 공존하는 설계도〔DNA〕라고 생각하면 되지 않을까? 사주팔자를 일간(日干)과 월령(月令)을 대비시켜 중화(中和)나 전왕(專旺)의 2가지로 판단하면 간단하고 쉬워 보이지만 일반적으로 중화(中和)와 전왕(專旺) 사이에서 구분되지 않는 수많은 사주들이 존재한다. 자평명리의 패러다임 중화(中和)는 종화(從化)를 끌어안으면서 근본적으로 결함을 자인(自認)하였다.

2
종화(從化)가 중화(中和)를 손상시키다

자평명리는 종격(從格)이나 화격(化格)을 중화(中和)가 아닌 전왕(專旺)으로 해석하여 사주팔자의 기세(氣勢)가 한쪽으로 치우쳤다면 그것에 순응해야 한다고 주장했다.

아래는 『적천수』의 종화(從化)에 대한 설명이다.

> "참된 종(從)을 얻은 자는 다만 종(從)으로만 논(論)하고 종신(從神)에 의해서 길흉이 나타난다【從得眞者只論從 從神又有吉化凶 _ 종득진자지론종 종신우유길화흉】.
>
> 참된 화(化)를 얻은 자는 다만 화(化)로만 논(論)하고 화신(化神)에 기반을 두고 이야기한다【化得眞者只論化 化神還有幾般話 _ 화득진자지론화 화신환유기반화】.

진종(眞從)은 가끔 사람들에게 있으며 가종(假從)도 또한 종(從)으로 발복한다【眞從之象有幾人 假從亦可發其身 _ 진종지상유기인 가종역가발기신】.
가화(假化) 역시 귀한 사람이 있지만 고아나 다른 부류의 사람들도 나온다【假化之人亦多貴 孤兒異性能出類 _ 가화지인역다귀 고아이성능출류】.”

종격(從格)은 일간(日干)이 월령(月令)을 포함한 강한 세력에게 순응(順應)하는 것을 말하며 육친(六親)을 기준으로 강한 세력이 비겁(比劫)이면 종왕격(從旺格), 식상(食傷)이면 종아격(從兒格), 재성(財星)이면 종재격(從財格), 관성(官星)이면 종살격(從殺格), 인성(印星)이면 종강격(從强格)이고 오행(五行)을 기준으로 강한 세력이 목(木)이면 곡직격(曲直格), 화(火)이면 염상격(炎上格), 토(土)면 가색격(稼穡格), 금(金)이면 종혁격(從革格), 수(水)면 윤하격(潤下格)으로 정의했다.

다음은 甲〔일간〕을 기준으로 한 육친으로 구분된 종격과 오행으로 구분된 종격의 종류이다.

【육친으로 구분한 종격】

시	일	월	년
○	甲	○	○
寅	寅	卯	卯

〈종왕격〉

시	일	월	년
○	甲	○	○
午	午	巳	巳

〈종아격〉

시	일	월	년
○	甲	○	○
未	辰	戌	丑

〈종재격〉

시	일	월	년
○	甲	○	○
申	申	酉	酉

〈종살격〉

시	일	월	년
○	甲	○	○
子	子	亥	亥

〈종강격〉

【오행으로 구분한 종격】

시	일	월	년
○	木	○	○
木	木	木	木

〈곡직격〉

시	일	월	년
○	火	○	○
火	火	火	火

〈염상격〉

시	일	월	년
○	土	○	○
土	土	土	土

〈가색격〉

시	일	월	년
○	金	○	○
金	金	金	金

〈종혁격〉

시	일	월	년
○	水	○	○
水	水	水	水

〈윤하격〉

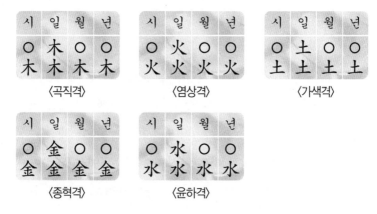

화격(化格)은 일간(日干)이 천간합(天干合)으로 오행(五行)의 성질이 바뀌는 것으로 전왕(專旺)으로 해석한다.

다음은 화격(化格)의 종류이다.

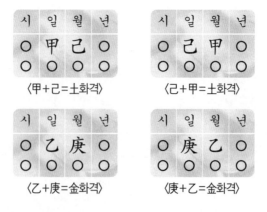

시	일	월	년
○	甲	己	○
○	○	○	○

〈甲+己=土화격〉

시	일	월	년
○	己	甲	○
○	○	○	○

〈己+甲=土화격〉

시	일	월	년
○	乙	庚	○
○	○	○	○

〈乙+庚=金화격〉

시	일	월	년
○	庚	乙	○
○	○	○	○

〈庚+乙=金화격〉

시	일	월	년
○	丙	辛	○
○	○	○	○

〈丙+辛=水화격〉

시	일	월	년
○	辛	丙	○
○	○	○	○

〈辛+丙=水화격〉

시	일	월	년
○	丁	壬	○
○	○	○	○

〈丁+壬=木화격〉

시	일	월	년
○	壬	丁	○
○	○	○	○

〈壬+丁=木화격〉

시	일	월	년
○	戊	癸	○
○	○	○	○

〈戊+癸=火화격〉

시	일	월	년
○	癸	戊	○
○	○	○	○

〈癸+戊=火화격〉

자평명리는 일간(日干)과 월령(月令)을 대비시켜 중화(中和)로 판단하는 건록격(建祿格), 양인격(羊刃格), 식신격(食神格), 상관격(傷官格), 정재격(正財格), 편재격(偏財格), 정관격(正官格), 편관격(偏官格), 인수격(印綬格), 편인격(偏印格) 10가지를 내격(內格)으로 구분하고 중화(中和)의 논리가 적용되지 않는 종화격(從化格)과 기타 사주들을 외격(外格)으로 구분하여 중화(中和)의 패러다임을 지키고자 하였다.

자평명리의 설계도〔DNA〕가 좋았다면 내격(內格)이 사주팔자의 대부분을 차지하고 외격(外格)은 극소수이면서 구분도 명확해야 한다. 하지만 내격(內格)과 외격(外格)의 구분은 매우 모호했고 종화(從化)는 『연해자평』 이후 500년이 지난 지금까지도 논쟁 속에 있으며 누구도 명쾌하게 답을 주지 못했다. 자평명리를 공부하는 사람들은 종화(從化)와 중화(中和)와 용신(用神)을 분별하지 못하여 지금까지도 혼란을 거듭하고 있으며 종화(從化)의 문제는 진종(眞從), 가종(假從), 진화(眞化), 가화(假化)로 확대되어 한 개의 사주가 어떻게 인식되느냐에 따라 전혀 다른 해석을 낳았다.

결국 자평명리는 중화(中和)와 전왕(專旺)의 2가지 관점을 공존시켜 사주해석에 자유로운 영혼을 부여했다. 내격(內格)과 외격(外格)의 구분이 모호하니 종격(從格)이라도 중화(中和)의 관점이 적용될 수 있고 내격(內格)이라도 전왕(專旺)의 관점이 적용될 수 있도록 허용한 것이다.

종화(從化)는 자평명리의 패러다임 중화(中和)를 부숴버렸다. 자평명리의 근본적인 설계도〔DNA〕 결함이 학문의 신뢰성을 훼손한 것이다. 하지만 대항마(對抗馬)가 없었기에 사람들은 자평명리에게 매우 관대할 수밖에 없었고 중화(中和)와 전왕(專旺)의 공존을 자연스러운 일처럼 인식하게 되었다. 그렇다면 자평명리의 핵심이론인 격국(格局), 조후(調候), 용신(用神), 종화(從化)를 정확하게 이해하면 사주팔자를 해석할 수 있을까? 자평명리는 매우 다양한 이론이 공존하는데 중화(中和)와 전왕(專旺)의 논리만으로는 사주해석이 불가능하였기 때문이다.

3 다양한 자평명리 이론

이제 자평명리의 다양한 이론들을 간략히 살펴보겠다.

자평명리는 일생 동안 공부해도 끝이 보이지 않을 정도로 많은 이론을 포용하고 있는데 각각의 논리도 다르고 하나의 이론도 다양하게 해석되기에 융합(融合)이 쉽지 않다.

먼저 앞에서 살펴본 내격(內格)과 종화격(從化格) 외에 다양한 특수격(特殊格)의 종류를 살펴보겠다.

특수격(特殊格)은 중화(中和)와 전왕(專旺)의 2가지 관점(觀點)으로도 해석이 되지 않고 논리성도 부족하지만 귀납적(歸納的)으로 추론된 격국(格局)을 말한다. 『연해자평』에서 나오는 특수격은 도충격(倒冲格), 합록격(合祿格), 형합격(刑合格), 공귀격(拱貴格), 복덕격(福德格), 귀록격(歸祿格), 금신격(金神格), 일귀격(日貴格), 일덕격(日德

格), 일인격(日刃格), 시묘격(時墓格), 자요사격(子遙巳格), 축요사격(丑遙巳格), 일덕수기격(日德秀氣格), 비천록마격(飛天祿馬格), 을기서귀격(乙己鼠貴格), 육을서귀격(六乙鼠貴格), 세덕부살격(歲德扶殺格), 세덕부재격(歲德扶財格), 오행구족격(五行具足格), 육갑추건격(六甲趨乾格), 육음조양격(六陰朝陽格), 육임추간격(六壬趨艮格), 협구공재격(夾丘拱財格), 시상편재격(時上偏財格), 시상일위 귀격(時上一位 貴格), 구진득위격(句陳得位格), 양간부잡격(兩干不雜格), 임기용배격(壬騎龍背格), 현무당권격(玄武當權格) 등인데 『삼명통회』의 특수격까지 합치면 2백여 종류가 넘는다.

예로 육갑추건격(六甲趨乾格)은 육갑〔六甲_甲子, 甲寅, 甲辰, 甲午, 甲申, 甲戌〕일이 亥시를 만나면 부귀(富貴)하다고 말하고 임기용배격(壬騎龍背格)은 壬辰일에 태어나 辰이 많으면 귀(貴)하고 寅이 많으면 부(富)하다고 말하는데 자평명리 설계도〔DNA〕와 전혀 연관성이 없다. 특수격은 『연해자평』과 『삼명통회』 외에도 명리학자가 개인적으로 만들거나 가감(加減)하여 정리하기도 하는데 많은 특수격이 존재한다는 것은 자평명리 설계도〔DNA〕의 근본적인 결함을 말해 준다.

근묘화실(根苗花實)은 년(年)을 조상과 초년기(初年期), 월(月)은 부모형제와 청년기(青年期), 일(日)은 자신과 배우자 및 장년기(壯年期), 시(時)를 자녀와 인생 말년(末年)으로 인생을 4단계로 나누어 판단하는 자평명리의 주요 이론이다. 근묘화실은 훌륭한 이론이지만 중화(中和)와 다르며 다양한 해석방법이 존재하기에 개개인이 취사선택한다. 아래는 간략히 정리한 근묘화실표다.

【근묘화실표】

년(年)	월(月)	일(日)	시(時)
뿌리〔根〕	줄기〔苗〕	꽃〔花〕	열매〔實〕
조상	부모/형제	자신/배우자	자식
초년	청년	장년	말년
~ 15세	16세 ~ 30세	31세 ~ 45세	46세 ~
머리	가슴	몸통	팔다리/생식기
국가	사회	개인	개인 · 사회

【납음오행표】

간지	오행	간지	오행	간지	오행	간지	오행	간지	오행
甲子 乙丑	해중 金	丙寅 丁卯	노중 火	戊辰 己巳	대림 木	庚午 辛未	노방 土	壬申 癸酉	검봉 金
甲戌 乙亥	산두 火	丙子 丁丑	간하 水	戊寅 己卯	성두 土	庚辰 辛巳	백납 金	壬午 癸未	양류 木
甲申 乙酉	천중 水	丙戌 丁亥	옥상 土	戊子 己丑	벽력 火	庚寅 辛卯	송백 木	壬辰 癸巳	장류 水
甲午 乙未	사중 金	丙申 丁酉	산하 火	戊戌 己亥	평지 木	庚子 辛丑	벽상 土	壬寅 癸卯	금박 金
甲辰 乙巳	복등 火	丙午 丁未	천하 水	戊申 己酉	대역 土	庚戌 辛亥	차천 金	壬子 癸丑	상자 木
甲寅 乙卯	대계 水	丙辰 丁巳	사중 土	戊午 己未	천상 火	庚申 辛酉	석류 木	壬戌 癸亥	대해 水

납음오행(納音五行)은 자평명리 이전에 고법(古法)에서 중요하게 다루었던 것인데 음양오행(陰陽五行)의 합리적인 논리를 따져볼 때 이치에 맞지 않다. 하지만 자평명리는 이것을 혁파하지 못하고 끝까지 보존했는데 자평명리로 풀리지 않는 무언가가 납음오행 속에 숨겨져 있다는 믿음 때문이다. 앞의 납음오행표를 참고하기바란다.

공망(空亡)은 빌 공(空), 망할 망(亡)으로 '비어 있다. 허망하다' 는 뜻으로 자평명리에서 빼놓을 수 없는 주요 이론이다. "연일(年日)을 기준으로 공망(空亡)에 해당하는 간지(干支)의 자리〔年月日時〕나 육친(六親)은 흉(凶)하고 성취할 수 없다."고 보는데 자평명리에서는 불변의 진리처럼 활용되고 있다. 일반적으로 연월일시(年月日時)로 "년(年)이 공망이면 조상 덕이 없고 월(月)이 공망이면 부모형제 덕이 없으며 일(日)이 공망이면 배우자 덕이 없고 시(時)가 공망이면 자식 덕이 없고 말년에 외롭다."고 본다. 육친(六親)으로 "인성(印星)이 공망이면 학업운과 어머니 복이 없고 비겁(比劫)이 공망이면 형제 덕이 약하며 식상(食傷)이 공망이면 여자는 자녀와의 인연이 없고 재성(財星)이 공망이면 재물 복이 없으며 남자는 처복이 없다."고 본다.

공망(空亡)은 매우 빈약한 논리에서 성립되었다. 천간(天干) 10개와 지지(地支) 12개를 결합시켜 60갑자를 만드는 과정에서 남아도는 지지(地支) 2개를 공망(空亡)이라고 정의한 것이다. 천문학(天文學) 지식도 아니고 귀납적(歸納的) 법칙도 아니며 연역적(演繹的)인 단순한 사고에서 비롯된 이론이다. 그렇다면 공망(空亡)은 정확할까? 공망(空亡)의 문제점은 부자나 권력자의 사주로 검증해보면 바로 알 수 있다. 재성(財星)이 공망인데 부자가 된 사람이 많으며 관성(官星)이 공망인데 권력을 가진 사람들도 많다. 공망(空亡)은 맞을 수도 있고 그렇지 않을 수도 있다. 하지만 자평명리는 결코 공망(空亡)에 대한 믿음을 버리지 않는다. 인간의 삶은 완벽할 수 없기에 공허함은 늘 생길 수 있고 부귀(富貴)는 대부분의 사람들이 가질 수 없기에 어떻게든 공망(空亡)을 적용할 수 있기 때문이다.

다음은 공망표이다.

【공망표】

일주 · 년주										공망
甲子	乙丑	丙寅	丁卯	戊辰	己巳	庚午	辛未	壬申	癸酉	戌亥
甲戌	乙亥	丙子	丁丑	戊寅	己卯	庚辰	辛巳	壬午	癸未	申酉
甲申	乙酉	丙戌	丁亥	戊子	己丑	庚寅	辛卯	壬辰	癸巳	午未
甲午	乙未	丙申	丁酉	戊戌	己亥	庚子	辛丑	壬寅	癸卯	辰巳
甲辰	乙巳	丙午	丁未	戊申	己酉	庚戌	辛亥	壬子	癸丑	寅卯
甲寅	乙卯	丙辰	丁巳	戊午	己未	庚申	辛酉	壬戌	癸亥	子丑

12운성(十二運星)은 10천간(十天干)을 12지지(十二地支)에 대비시켜 생왕사절(生旺死絕)을 판단하는 자평명리의 주요 이론으로 보통 12신살(十二神煞)을 곁들여 판단한다. 천간오행(天干五行)이 생장하고 쇠퇴하는 과정을 **태**(胎) → **양**(養) → **장생**(長生) → **목욕**(沐浴) → **관대**(冠帶) → **건록**(健祿) → **제왕**(帝王) → **쇠**(衰) → **병**(病) → **사**(死) → **묘**(墓) → **절**(絕) 12단계로 나누어 판단한 것인데 甲〔木〕의 예를 든

다면 亥〔水〕에서 태어나〔장생(長生)〕 → 寅〔木〕에서 출세하고〔건록(健祿)〕 → 巳〔火〕에서 병들어〔병(病)〕 → 申〔金〕에서 사라진다〔절(絶)〕고 해석한다.

12운성(十二運星)은 육친(六親)을 해석하는데 중요한 이론으로 인정받고 있지만 오행(五行)의 생극제화(生剋制化)와는 일치하지 않는다. 예를 들면 丁〔火〕은 酉〔金〕에서 태어나〔장생(長生)〕 → 午〔火〕에서 출세하고〔건록(健祿)〕 → 寅〔木〕에서 죽고〔사(死)〕 → 子〔水〕에서 사라진다고〔절(絶)〕 풀이하지만 오행(五行)의 생극제화(生剋制化)로 보면 丁〔火〕은 寅〔木〕의 생(生)을 받기에 寅〔木〕에서 죽지 않으며 酉〔金〕의

【12운성표】

	태	양	장생	목욕	관대	건록	제왕	쇠	병	사	묘	절
甲	酉	戌	亥	子	丑	寅	卯	辰	巳	午	未	申
乙	申	未	午	巳	辰	卯	寅	丑	子	亥	戌	酉
丙戊	子	丑	寅	卯	辰	巳	午	未	申	酉	戌	亥
丁己	亥	戌	酉	申	未	午	巳	辰	卯	寅	丑	子
庚	卯	辰	巳	午	未	申	酉	戌	亥	子	丑	寅
辛	寅	丑	子	亥	戌	酉	申	未	午	巳	辰	卯
壬	午	未	申	酉	戌	亥	子	丑	寅	卯	辰	巳
癸	巳	辰	卯	寅	丑	子	亥	戌	酉	申	未	午

생(生)을 받을 수가 없기에 생기(生氣)를 얻을 수 없다. 다음은 12운성의 간략한 설명과 12운성표이다.

❶ 태(胎) ☞ **수태(受胎)**_정자와 난자가 결합하여 생명이 생긴 것으로 현실적인 계획이 실천에 이르지 못했다.

❷ 양(養) ☞ **태아(胎兒)**_엄마의 뱃속에서 보호를 받으며 자라는 과정으로 현실적인 일을 체계적으로 준비한다.

❸ 장생(長生) ☞ **출생(出生)**_아이가 세상에 힘차게 태어나는 것으로 식물로 비유하면 싹이 땅을 뚫고 올라오는 것처럼 생동감이 넘치고 크게 발전한다.

❹ 목욕(沐浴) ☞ **아이의 목욕(沐浴)**_아이가 출생하자마자 목욕을 하는 것으로 물속에 들어갔다 나왔다 하면서 울음과 슬픔의 괴로움을 겪는다.

❺ 관대(冠帶) ☞ **청년기(青年期)**_아이가 자라서 자신의 의사대로 선택하는 시기로 사회적으로 인정받고 책임과 의무가 강해진다.

❻ 건록(健祿) ☞ **독립(獨立)과 자수성가(自手成家)**_사회적으로 지위를 갖고 자신 만만하게 살아가는 시기로 남의 지배와 간섭을 싫어하고 자신만만하게 살아간다.

❼ 제왕(帝王) ☞ **전성기**_어려움을 다 겪고 세상 물정에 통달하고 정신, 몸, 마음이 최고인 전성기이다.

❽ 쇠(衰) ☞ **쇠퇴기**_전성기가 지나고 쇠퇴하는 시기로 재물이 줄고 의욕과 용기가 떨어져 능력은 있으나 당면한 문제를 감당하기 힘들다.

❾ 병(病) ☞ **늙고 병든 시기**_늙어서 병든 것처럼 모든 일이 정상적이지 않고 기력이 떨어져 연약해진다.

⑩사(死) ☞ **죽음**_죽음에 이른 것으로 움직일 수 없으며 모든 욕심이 사라지고 쉬게 된다.

⑪묘(墓) ☞ **무덤**_죽어서 완전히 관 속에 들어간 것인데 완전히 정적인 상태로 답답하고 쓸모없게 된다.

⑫절(絶) ☞ **공허**_모든 것이 끊어진 상태로서 형체가 없고 공허하며 마지막 끝남을 의미한다.

12신살(十二神煞)은 12지지(地支)와 일년지(日年支)를 대비시켜 육친(六親)을 해석하는 자평명리의 주요 이론으로 보통 12운성(十二運星)과 같이 사용한다. 예를 들어 丁丑일주는 巳酉丑 삼합에 해당하기에 申〔金〕을 만나면 망신살(亡身殺)이니 申〔金〕 재성(財星)으로 인하여 색정문제나 구설수에 휘말린다고 보는 것이다.

12신살은 지지의 물리화학작용인 합형충파천(合刑沖破穿)과 일치하는 것이 아니기에 결과가 다를 수 있다. 예를 들어 丙寅일주에게 亥〔水〕 관성(官星)은 12신살로 겁살(劫殺)이기에 재물손실과 관재구설을 불러오기에 나쁘지만 寅亥합의 물리작용은 관(官)을 합하여 좋기에 상반된 결과가 나올 수 있다. 12신살의 나쁜 기운들은 가난하고 힘들게 살아온 사람들에게 괜찮은 적중률을 보여주지만 부귀(富貴)한 사람들에게는 그렇지 않다.

다음은 12신살을 간략하게 정리한 내용과 12신살표다.

①겁살(劫殺) ☞ '겁탈(劫奪)당한다'는 의미로 교통사고, 도난사고, 강탈, 강제탄압, 재물손실 등을 의미하는 대표적인 흉살(凶殺)이다. 연

월일시(年月日時)에 겁살이 있으면 그 육친(六親)이 화(禍)를 당한다.

❷ 재살(災殺) ☞ '감옥에 갇힌다' 는 의미로 수옥살(囚獄殺)이라고 하는데 구속, 감금, 송사 등을 당하는 흉살(凶殺)이다.

❸ 천살(天殺) ☞ '천재지변을 당한다' 는 뜻으로 홍수, 가뭄, 지진, 벼락, 마비, 정신질환 등의 예측 불가능한 자연재해를 말한다. 천살이 있으면 큰 병(病)에 걸리기 쉽다.

❹ 지살(地殺) ☞ '쉬지 않고 돌아다닌다' 는 의미로 고향이별, 해외출입, 이사, 여행 등 먹고 살기 위해서 움직이는 것을 말한다.

❺ 연살(年殺) ☞ '몸이 그리워 정에 빠진다' 는 도화살(桃花殺)로서 미남미녀가 많고 사교적이고 이성교제를 즐기며 바람을 피운다.

❻ 월살(月殺) ☞ '공허하고 목마르다' 는 고초살(苦焦殺)로 메마른 황무지에 풀이 나지 않는 것처럼 성취불가, 고생, 허영, 맹신, 자기고집을 의미한다.

❼ 망신살(亡身殺) ☞ '모든 일이 어긋나서 괴롭다' 는 의미로 패가망신, 속성속패, 재물손실, 색정문제 등을 말한다.

❽ 장성살(將星殺) ☞ '우두머리가 되었다' 는 의미로 자존심이 강하고 문무(文武)를 겸비하여 용맹하게 출세하는 길신(吉神)이다.

❾ 반안살(攀鞍殺) ☞ '말을 타고 행군한다' 는 의미로 크게 출세하는 길신(吉神)이며 국가고시에 합격하고 총명하며 글재주도 뛰어나다.

❿ 역마살(驛馬殺) ☞ '말처럼 돌아다닌다' 는 뜻으로 분주하게 움직이는데 사주가 좋으면 빨리 출세하고 사주가 나쁘면 실속 없이 바쁘다.

⓫ 육해살(六亥殺) ☞ '말이 마구간에 메어 있다' 는 뜻으로 답답하고 일이 풀리지 않아 고통스러운 것으로 사주에 육해살이 많으면 인덕이

없고 고독하며 건강에 문제가 많아 만성질환에 시달릴 수 있다.

⑫ 화개살(華蓋殺) ☞ '귀인이 앉은 꽃방석' 이라는 뜻으로 학문탐구, 인격수양, 종교귀의 등의 학문과 종교를 의미한다.

【12신살표】

12신살 / 년일(年日)	겁살	재살	천살	지살	연살	월살	망신살	장성살	반안살	역마살	육해살	화개살
申子辰	巳	午	未	申	酉	戌	亥	子	丑	寅	卯	辰
巳酉丑	寅	卯	辰	巳	午	未	申	酉	戌	亥	子	丑
寅午戌	亥	子	丑	寅	卯	辰	巳	午	未	申	酉	戌
亥卯未	申	酉	戌	亥	子	丑	寅	卯	辰	巳	午	未

허자(虛字)는 사주팔자에 없는 글자를 끌어오는 방법이다. 허자는 자평명리 설계도(DNA)의 결함에서 비롯된 것인데 다양한 이론으로도 사주가 풀리지 않자 팔자에도 없는 글자를 끌어온 것이다.

허자를 가져오는 방법을 간략히 정리하면 다음과 같다.

❶ 공협(拱挾) ☞ 붙어 있는 12지지에서 나열에서 빠진 글자를 메워주거나 붙어 있는 삼합(三合)과 방합(方合)의 두 글자가 나머지 글자를 끌어온다는 논리인데, 예로 지지(地支)가 寅辰이면 卯(허자)를 불러와 메워주고 申辰이면 子(허자)를 끌어온다.

❷ 비합(飛合) ☞ '천간(天干)의 글자가 홀로 있으면 짝(천간합의 대상)을 그리워한다' 는 논리인데 예로 甲은 己(허자)를 끌어오고 己는 甲

〔허자〕을 끌어오며, 乙은 庚〔허자〕을 끌어오고 庚은 乙〔허자〕을 끌어온다.

❸ 도충(倒沖) ☞ 동일한 지지(地支)가 2개 이상 연속되면 충(沖)하는 반대 글자를 불러온다는 논리인데 예로 지지가 巳巳면 亥〔허자〕를 불러온다.

❹ 특합(特合) ☞ 子시나 丑시면 巳〔허자〕를 불러온다.

신살(神殺)은 약 5백여 종류가 존재하는데 신살을 접하는 순간 자평명리의 끝없는 항해가 시작된다. 신살은 자평명리의 기본 논리와 다르고 같은 신살이라도 다르게 해석될 수 있기에 개개인이 취사선택한다.

먼저 일주(日柱) 신살을 간략하게 정리한 내용과 일주신살표다.

- 백호대살(白虎大殺) ☞ 혈광(血光) '피를 보는 살(殺)' 로서 재난, 사고, 흉사를 의미하는 흉살(凶殺)이다.
- 괴강살(魁罡罔) ☞ 총명하고 문장력이 있으며 과단성이 있고 시비가 분명하다.
- 고란과곡살(孤鸞寡鵠殺) ☞ '짝을 잃은 새와 오리' 로서 결혼에 실패하여 혼자 사는 의미로 홀아비와 과부를 말한다.
- 음차살(陰差殺) · 양착살(陽錯殺) ☞ 여자는 결혼 이후에 시댁이 기울고 부부가 불화하며, 남자는 결혼 이후에 처가댁이 기운다.
- 효신살(梟神殺) ☞ '어머니의 과잉보호로 자식을 망치는 살(殺)' 로서 남자는 부부이별하고 여자는 자식을 얻기 힘들다.

●평두살(平頭殺) ☞ 두뇌가 나쁘거나 머리를 크게 다칠 우려가 있다.

●음욕살(淫慾殺) ☞ 바람기가 심하고 부부인연이 박하며 패가망신할 수 있다.

●천덕귀인(天德貴人)·일덕귀인(日德貴人) ☞ 천덕귀인은 하늘이 자신을 도와주고 일덕귀인은 타인이 자신을 도와주는데 임기응변이 뛰어나다.

【일주 신살표】

신살 \ 일주	일주(日柱)
백호대살	甲辰, 戊辰, 丙戌, 壬戌, 丁丑, 癸丑, 乙未
괴강살	庚辰, 壬辰, 戊戌, 庚戌, 壬戌
고란과곡살	乙巳, 丁巳, 辛亥, 戊申, 甲寅
음차살	辛卯, 辛酉, 丁未, 丁丑, 癸巳, 癸亥
양착살	丙午, 丙子, 壬辰, 壬戌, 戊申, 戊寅
효신살	甲子, 乙亥, 丙寅, 丁卯, 戊午, 己巳, 庚辰, 庚戌, 辛未, 辛丑, 壬申, 癸酉
평두살	甲子, 甲寅, 甲辰, 丙寅, 丙辰, 丙戌
음욕살	己卯, 乙酉, 戊子, 辛卯, 戊戌, 丁未, 己酉, 癸丑, 甲寅, 乙卯, 庚申, 辛酉
천덕귀인	乙亥, 丙戌, 辛巳, 壬辰
일덕귀인	戊辰, 庚辰, 丙辰, 壬戌

일간(日干) 기준 신살(神殺)은 다음과 같다.

●천을귀인(天乙貴人) ☞ '하늘이나 주위 사람들의 도움으로 성공하다'는 의미를 지니는데 '모든 흉(凶)을 순화시키는 최고의 길신(吉神)'

으로 자평명리의 사주해석에서 중요하게 다룬다.

- **태극귀인(太極貴人)** ☞ 사주구성이 좋으면 지위가 높고 재물이 풍족하다.
- **문창귀인(文昌貴人)** ☞ 총명하고 재주가 뛰어나 예술, 교육, 학문에 두각을 나타내며 흉(凶)을 길(吉)로 화하게 한다.
- **학당귀인(學堂貴人)** ☞ 공부운이 좋아서 좋은 학교에 훌륭한 스승을 만나 학문적으로 성공한다.
- **건록(建祿)** ☞ '녹봉이 고정적으로 들어온다' 는 의미로 의식주가 풍족하고 사업이 튼튼히다. 만약 시(時)에 있으면 귀록(貴祿)이다.
- **금여(金輿)** ☞ 성품이 온화하고 너그러워 사람들의 존경과 사랑을 받는다. 만약 시(時)에 있다면 훌륭한 자식을 둔다.
- **암록(暗祿)** ☞ 보이지 않게 하늘이 도움을 주는 길신(吉神)이다.
- **양인살(羊刃殺)** ☞ 독단적이고 폭력적이며 투쟁의식이 강하다.
- **홍염살(紅艶殺)** ☞ 허영심이 있고 사치를 좋아하며 남녀 모두 음탕하여 색정에 빠져 결혼 후에도 바람피우다 패가망신한다.
- **낙정관살(落井關殺)** ☞ '우물에 빠진다' 는 뜻으로 낙상(落傷), 수해(水害), 익사(溺死)의 흉살로서 태어난 시(時)로 판단한다.

【일간 신살표】

신살 \ 일간(日干)	甲	乙	丙	丁	戊	己	庚	辛	壬	癸
천을귀인	丑未	子申	亥酉	亥酉	丑未	子申	丑未	寅午	巳卯	巳卯
태극귀인	子午	子午	酉卯	酉卯	辰戌	丑未	寅亥	寅亥	巳申	巳申
문창귀인	巳	午	申	酉	申	酉	亥	子	寅	卯
학당귀인	亥	午	寅	酉	寅	酉	巳	子	申	卯

건록	寅	卯	巳	午	巳	午	申	酉	亥	子
금여	辰	巳	未	申	未	申	戌	亥	丑	寅
암록	亥	戌	申	未	申	未	巳	辰	寅	丑
양인살	卯	辰	午	未	午	未	酉	戌	子	丑
홍염살	午申	午申	寅	未	辰	辰	戌申	酉	子	申
낙정관살	巳	子	申	戌	卯	巳	子	申	戌	卯

일년지(日年支) 기준 신살(神殺)은 아래와 같다.

- 귀문관살(鬼門關殺) ☞ '귀신이 문으로 들어와 빗장을 잠근다' 는 뜻으로 정신적인 문제를 일으키는 것을 의미하는데 우울증, 신경쇠약, 정신이상, 변태성향의 흉살(凶殺)이다.
- 암금적살(暗金的殺) ☞ 암금(暗金)은 **巳酉丑**〔金局〕을 말하는데 고문이나 질병에 신음하게 된다.
- 고신살(孤神殺) · 과숙살(寡宿殺) ☞ 고신살은 홀아비살이고 과숙살은 과부살로서 결혼에 실패하여 고독하게 된다.
- 원진살(怨嗔殺) ☞ 주위사람과 불화하고 동요하여 불안정한 흉살이다.
- 상문살(喪門殺) · 조객살(弔客殺) ☞ '상(喪)을 치룬다' 는 의미로 가족 중에 사망자가 생기는 우환을 겪게 된다.
- 격각살(隔角殺) ☞ '중간이 떨어졌다' 는 의미로 부모와 형제처럼 가까운 사람과 헤어지거나 몸이 상하고 뼈가 부러지는 사고를 당한다.

【일년지 신살표】

일년지(日年支) 신살	寅	卯	辰	巳	午	未	申	酉	戌	亥	子	丑
귀문관살	未	申	亥	戌	丑	寅	卯	子	巳	辰	酉	午
암금적살	酉	巳	丑	酉	巳	丑	酉	巳	丑	酉	巳	丑
고신살	巳	巳	巳	申	申	申	亥	亥	亥	寅	寅	寅
과숙살	丑	丑	丑	辰	辰	辰	未	未	未	戌	戌	戌
원진살	酉	申	亥	戌	丑	子	卯	寅	巳	辰	未	午
상문살	辰	巳	午	未	申	酉	戌	亥	子	丑	寅	卯
조객살	子	丑	寅	卯	辰	巳	午	未	申	酉	戌	亥
격각살	辰	巳	午	未	申	酉	戌	亥	子	丑	寅	卯

월지(月支) 기준 신살(神殺)은 아래와 같다.

- **급각살(急脚殺)** ☞ '다리를 전다' 는 뜻으로 선천적인 기형으로 태어날 수 있고 어릴 때 소아마비, 낙상, 다리골절로 불구가 되거나 어른이 되어 관절염으로 고생한다.
- **단교관살(斷橋關殺)** ☞ 넘어지거나 떨어져 팔다리를 다칠 수 있고 심하면 소아마비나 수족에 이상이 생긴다.
- **천의성(天醫星)** ☞ '하늘이 사람의 생명을 구할 수 있는 능력을 주었다' 는 의미로 의사, 약사, 간호사, 종교인, 교육자, 변호사, 역술인 등의 직업을 가진다.
- **천덕귀인(天德貴人)·월덕귀인(月德貴人)** ☞ '하늘의 복을 받는다' 는 뜻으로 흉살(凶殺)의 기운을 감소시키고 힘든 일이 생겨도 하늘의 도움으로 해결되며 마침내 부귀(富貴)를 얻게 해주는 길신(吉神)이다.

【월지 신살표】

신살 \ 월지(月支)	寅	卯	辰	巳	午	未	申	酉	戌	亥	子	丑
급각살	亥子	亥子	亥子	卯未	卯未	卯未	寅戌	寅戌	寅戌	丑辰	丑辰	丑辰
단교관살	寅	卯	申	丑	戌	酉	辰	巳	午	未	亥	子
천의성	丑	寅	卯	辰	巳	午	未	申	酉	戌	亥	子
천덕귀인	丁	申	壬	辛	亥	甲	癸	寅	丙	乙	巳	庚
월덕귀인	丙	甲	壬	庚	丙	甲	壬	庚	丙	甲	壬	庚

기타 신살(神殺)은 다음과 같다.

- **탕화살(湯火殺)** ☞ 寅〔日〕에 巳申, 午〔日〕에 辰午丑, 丑〔日〕에 午戌未, 戊寅〔日〕에 寅, 戊子〔日〕에 寅申巳를 보면 불이나 뜨거운 물에 화상을 입거나 총이나 파편으로 몸이 상한다.
- **현침살(懸針殺)** ☞ 甲, 午, 辛, 卯, 申은 '날카로운 바늘'로서 관재구설, 수술, 사고를 의미하며 직업적으로 의료, 미용, 언론계통과 연관된다.
- **곡각살(曲脚殺)** ☞ 乙, 己, 巳, 丑은 '굽은 다리'라는 뜻으로 팔다리가 상하거나 신경통, 관절염, 골수염 등의 뼈와 관련하여 병을 앓는다.
- **천라지망살(天羅地網殺)** ☞ '하늘과 땅의 그물'이라는 뜻으로 丙丁 일간의 남자에게 戌亥가 있거나 壬癸 일간의 여자에게 辰巳가 있으면 모든 일이 갇힌 것처럼 안 풀리고 억압, 관재구설, 시비, 쟁투, 송사, 구속의 재액(災厄)을 당한다.
- **삼재(三災)** ☞ '사람에게 9년 주기로 돌아온다는 3가지 재난'을 의미하는데 巳酉丑띠는 亥子丑년, 申子辰띠는 寅卯辰년, 亥卯未띠는 巳午

未년, 寅午戌띠는 申酉戌년이 삼재에 해당한다. 삼재의 첫 해〔들삼재〕는 가족이나 주변인이 화를 당하고 두 번째 해〔눌삼재〕는 모든 일에 파란이 많으며 마지막 해〔날삼재〕는 재물이나 명예가 훼손된다.

500년 전 중국 송나라의 서자평은 중화(中和)의 패러다임으로 설계된 혁신적인 자평명리를 만들었지만 처음부터 결함을 알았기에 전왕(專旺)의 논리로 보완(補完)하려고 하였다. 하지만 전왕(專旺)은 중화(中和)를 무너뜨리는 결과를 낳았고 특수격(特殊格), 근묘화실(根苗花實), 납음오행(納音五行), 공망(空亡), 12운성(十二運星), 12신살(十二神煞), 허자(虛字), 신살(神殺) 등 다양하고 풍성한 이론들의 흡수(吸收)는 기본 설계도〔DNA〕의 신뢰를 떨어뜨리고 미지(未知)의 세계로 자평명리를 빠져들게 만들었다. 배〔자평명리〕는 하나인데 선장〔이론〕이 여러 명이니 누구 말을 따라야 할지 혼란스러워지게 된 것이다. 자평명리의 묘미(妙味)는 여기에서 발휘된다. 하나의 사주팔자로 매우 다양하게 해석되니 개운법(開運法)을 사용할 수 있는 것이다.

4 맹파명리

음양(陰陽)의 편중(偏重)을 말하다

자평명리(子平命理)는 중화(中和)를 패러다임(paradigm)으로 세우고 음양(陰陽)의 균형을 지향했으며 전왕(專旺)으로 이론적 결함을 보완(補完)하려고 했지만 실패하였다. 자평명리의 첫 대항마(對抗馬)는 2000년에 중국의 단건업(段建業)이 만든 맹파명리(盲派命理)다. 맹파명리는 자평명리가 주장했던 중화(中和)와 전왕(專旺)이 아닌 편중(偏重)을 패러다임으로 제시하였다.

맹파명리가 말하는 편중(偏重)의 패러다임은 "음(陰)이나 양(陽)의 힘이 한쪽을 치우쳐야 부귀(富貴)를 얻는다."는 논리로서 자평명리의 중화(中和)와 전왕(專旺)에 처음으로 논리적인 대항을 하였다.

자평명리와 맹파명리의 패러다임을 도표로 표현하면 다음과 같다.

【자평명리와 맹파명리의 패러다임】

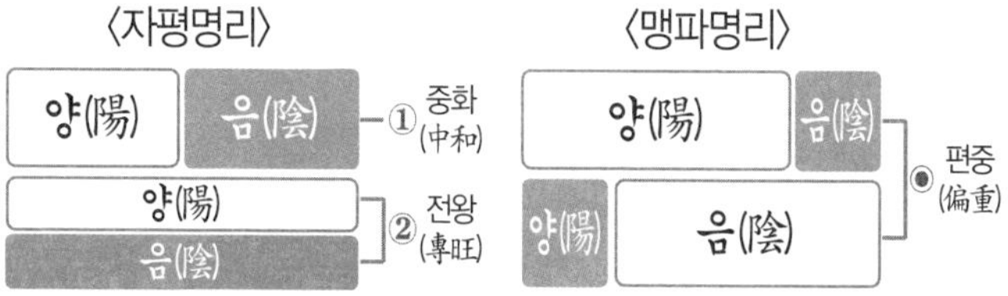

단건업의 맹파명리는 음양(陰陽)이 편중(偏重)되고 일주(日柱)가 편중(偏重)된 세력을 얻어야 부귀를 쟁취하며 중화(中和)와 전왕(專旺)을 이루면 부귀(富貴)를 얻을 수 없다고 주장했다. 맹파명리는 "주(主_주인) 자기세력이 빈(賓_손님) 상대세력을 제압해야 부귀(富貴)를 성취한다."는 주빈(主賓)의 논리를 사주 해석의 출발점으로 삼았는데 주빈(主賓)을 어떻게 설정하느냐에 따라 해석도 크게 달라졌다. 주빈(主賓)은 아래와 같은 4가지로 구분한다.

❶ 일간(日干)이 주(主)이면 ➡ 일지(日支), 연월시(年月時)가 빈(賓)이다.

❷ 일주(日柱)가 주(主)이면 ➡ 연월시(年月時)가 빈(賓)이다.

❸ 일시(日時)가 주(主)이면 ➡ 연월(年月)이 빈(賓)이다.

❹ 연월일시(年月日時)가 주(主)이면 ➡ 대운(大運)과 유년(流年)이 빈(賓)이다.

위의 4가지 주빈(主賓)의 설정은 많은 사람들에게 혼란을 주었는데 ❷ 일주(日柱)나 ❸ 일시(日時)를 일반적인 주(主)로 삼으면서 타협점을 찾았다. 다음 사주의 예로써 주빈(主賓)의 관점이 바뀔 때 어떻게 해석이 달라지는지 살펴보자.

			(남)
己	乙	庚	辛
卯	酉	子	亥

◉ 대운

86	76	66	56	46	36	26	16	6
辛	壬	癸	甲	乙	丙	丁	戊	己
卯	辰	巳	午	未	申	酉	戌	亥

❶ 일간(日干)이 주(主)이면 ➡ 주(主) 양(陽) 자기세력〔乙일간, 己卯시〕이 빈(賓) 음(陰) 상대세력〔辛亥년, 庚子월, 酉일지〕에게 제압당하여 빈천(貧賤)하다. 金水대운에 매우 힘들게 살며 木火대운을 만나도 인생이 호전(好轉)되지 않기에 성공하기 힘들다.

❷ 일주(日柱)가 주(主)이면 ➡ 乙일간을 버리고 酉일지를 사용하는데 주(主) 음(陰) 자기세력〔辛亥년, 庚子월, 酉일지〕이 빈(賓) 양(陽) 상대세력〔乙일간, 己卯시〕을 제압하지만 빈(賓)이 약하기에 부귀(富貴)가 작다. 金水대운에는 성취가 작고 빈(賓)이 커지는 木火대운부터 부귀를 얻을 수 있다.

❸ 일시(日時)가 주(主)이면 ➡ 주(主) 양(陽) 자기세력〔乙일간, 己卯시〕이 빈(賓) 음(陰) 상대세력〔辛亥년, 庚子월, 酉일지〕에게 제압당하여 빈천(貧賤)하다. 金水대운에 어렵게 살며 木火대운에도 성공하기 힘들다.

❹ 연월일시(年月日時)가 주(主)이면 ➡ 사주팔자(四柱八字)의 강한 음(陰) 세력〔辛亥년, 庚子월, 酉일지〕을 주(主)로 삼고 약한 양(陽) 세력〔乙일간, 己卯시〕을 빈(賓)으로 보기에 대운(大運)과 유년(流年)에서 빈(賓)을 키워지는 木火대운을 만나야 부귀(富貴)를 얻을 수 있다.

맹파명리는 주빈(主賓)의 설정에서 혼돈을 주었지만 음양(陰陽)의 편중(偏重)으로 운명을 판단하는 간결하고 명확한 기준점을 제시하였기에 자평명리의 복잡하고 혼란스러운 이론들을 대체할 수 있는 강력한 명리이론으로 떠올랐다. 어떤 사주든지 주빈(主賓)은 음양(陰陽)으로 양분(兩分)되기에 사주팔자가 선명해지고 길흉(吉凶)의 판단도 쉬워졌기 때문이다.

음양(陰陽)을 주빈(主賓)으로 양분(兩分)했다면 부귀(富貴)를 쟁취하는 방법이 필요한데 그것이 주공(做功)이다. 주공(做功)은 '주(主)가 빈(賓)을 제압하는 방법'으로 맹파명리는 편중(偏重)의 패러다임을 실현한 3가지의 제압방식 ❶❷❸주공(做功)과 편중(偏重)의 패러다임에서 벗어난 3가지의 누설방식 ❹❺❻주공(做功)을 아래와 같이 제시하였다.

❶ **제용주공(制用做功)** ☞ 음양(陰陽)의 대치 상황에서 주〔主_자기세력〕가 빈〔賓_상대세력〕을 힘으로 제압하는 방법으로 맹파명리 주공(做功)의 근본으로 삼았다. 제용주공(制用做功)은 대부분의 사주팔자를 해석하는 방법인데 주빈(主賓)의 세력이 비슷하면 주(主)를 돕는 운에 발복하고, 주(主)가 강하고 빈(賓)이 약하면 빈(賓)을 돕는 운에 발복하며, 주(主)가 약하고 빈(賓)이 강하면 주(主)를 돕는 운이 좋다고 해석한다.

❷ **묘용주공(墓用做功)** ☞ 주(主)가 빈〔賓_상대세력〕을 고(庫)에 입묘시켜 제압하는 방법이다.

❸ 합용주공(合用做功) ☞ 천간합(天干合)으로 빈(賓)의 재관(財官)을 얻는 방법이다. 특히, 재성(財星)과 합할 때는 반드시 신강해야 한다.

❹ 설용주공(泄用做功) ☞ 상관격(傷官格)으로 강한 비겁(比劫)을 식상(食傷)으로 누설하는 방법이다.

❺ 생용주공(生用做功) ☞ 식상생재(食傷生財)로 강한 식상(食傷)을 재성(財星)으로 누설하는 방법이다.

❻ 화용주공(化用做功) ☞ 살인상생(官殺相生)으로 강한 관살(官殺)을 인성(印星)으로 누설하는 방법이다.

2000년 맹파명리의 음양(陰陽) 이분법(二分法)이 등장한 이후 사람들은 자평명리를 대체할 수 있는 강력한 명리이론을 얻었다는 희망에 들떴지만 맹파명리가 본격적으로 연구되면서 제압 주공(做功)의 치명적인 문제점이 드러나기 시작하였다. 특히 대부분의 사주를 해석하는데 사용되는 핵심 주공인 제용주공(制用做功)의 오류가 커지면서 편중(偏重)의 패러다임에 대한 신뢰가 손상되기 시작했다. 음양(陰陽)의 중화(中和)를 추구한 자평명리와 음양(陰陽)의 편중(偏重)을 추구한 맹파명리는 중국의 음양사상(陰陽思想)에서 움켜진 부위만 달랐을 뿐이고 근본적인 틀이 바뀐 것이 아니었기에 중화(中和)의 오류만큼이나 편중(偏重)의 오류가 생기는 것은 당연한 결과였다.

맹파명리의 음양(陰陽) 이분법(二分法)은 흑백(黑白)처럼 선명하게 세상을 구분했지만 빈약하고 단순한 논리였기에 거대한 우주만물(宇宙萬物)을 설명하기에는 태생적으로 역부족이었고 제용주공(制

用做功)을 앞세우면서 고귀한 인간사(人間事)를 약육강식(弱肉强食)의 야만(野蠻)으로 떨어뜨려 철학적 빈곤(貧困)에 허덕이게 만들었다. 자평명리가 5백년이라는 발전을 이룰 수 있었던 것은 성리학(性理學)이라는 심오한 철학이 받쳐주었기 때문인데 맹파명리는 배경 철학이 없다.

아래는 필자가 상담했던 사주들로서 음양(陰陽)의 이분법(二分法)이 어떤 오류를 낳는지를 보여주는 좋은 예다.

			(남)
壬	癸	丙	丁
子	亥	午	未

⊙대운

87	77	67	57	47	37	27	17	7
丁	戊	己	庚	辛	壬	癸	甲	乙
酉	戌	亥	子	丑	寅	卯	辰	巳

이 사주는 辛丑대운에 들어서자 여러 철학관에서 "대운이 좋으니 사업하면 크게 성공한다."는 말을 들었고 공무원을 그만두고 사업을 시작해야 할지 고민하였다. 필자는 "대운이 좋지 못하여 직장에서 나올 것 같은데 사업은 하지 말고 연금을 지키라."고 조언하였다.

왜 이렇게 상반된 해석이 나올까?

"다른 모든 철학관에서 제가 부자 사주고 辛丑대운에 사업을 시작하면 크게 성공한다고 하는데 왜 선생님만 반대로 보시나요?"

"저에게는 부자 사주로 보이지 않습니다. 현재 30평대 정도의 아파트에서 평범하게 사실 것 같고 辛丑대운은 운이 나빠서 癸卯대운과 壬寅대운에 벌어놓았던 돈을 까먹고 있을 것이며 직장에서도 나올 것인데 사업은 절대 하지 마시고 연금을 지키기 바랍니다."

"현재 제 돈은 자식들 공부시킨다고 남은 게 없고 재산은 35평 아파트가 전부인데 대출도 있습니다. 직장생활은 힘들어 조만간에 명예퇴직을 할 것인데 왜 모든 철학관에서 돈도 없고 특별한 사업 아이템도 없는 저에게 사업으로 크게 성공하여 부자가 된다고 말하는지 모르겠습니다."

"어떤 명리이론을 적용하느냐에 따라 운명은 극단적으로 해석될 수 있습니다. 지금까지 살아왔던 삶을 되짚어 제가 설명한 것이 맞다면 저를 믿으시고 다른 분의 설명이 맞다면 그 분을 믿으시면 됩니다."

"당신은 다음과 같은 삶을 살았을 것입니다.

① 지금까지 큰 재물을 가져본 적이 없었습니다.

② 아내를 사랑해서가 아니라 이해타산으로 결혼하였습니다.

③ 자식이 생기면서 부부관계가 악화되었을 것입니다.

④ 자식은 당신을 싫어할 것입니다.

⑤ 여자 마음을 잡을 수 없기에 일평생 다가오는 여성이 없었습니다.

⑥ 남자들의 시기질투로 직장생활이 힘들었을 것입니다.

⑦ 당신은 외로운 사람입니다.

지금까지 제가 설명한 것이 맞는지요?"

"모두 맞습니다.

① 가난한 집에서 태어나 공무원이 되었고 큰 재물을 얻은 적이 없습니다.

② 결혼은 사랑이 아니라 맞벌이를 위해서 조건을 맞추어 중매결혼을 했습니다.

③ 자식이 생기자 아내는 저를 거부했고 성관계가 전혀 없는 각방생활을

시작했으며 저와는 마주치기도 싫어서 밤늦게 들어왔습니다. 아내가 이혼하지 않는 이유는 제가 돈을 벌어왔기 때문입니다.

④ 자식들은 제가 번 돈으로 공부를 하면서도 저를 몹시 싫어합니다.

⑤ 일평생 아내 외에 인연을 맺은 여자가 없고 여성과 교류한 일도 없었습니다.

⑥ 직장생활에서는 희생적인 힘든 일을 계속 했지만 남자 동료들이 도와주는 일이 없었고 사이도 좋지 않았습니다.

⑦ 저는 외롭게 살았습니다. 그것이 운명인가요?"

			(남)
壬	癸	丙	丁
子	亥	午	未

⊙ 대운

87	77	67	57	47	37	27	17	7
丁	戊	己	庚	辛	壬	癸	甲	乙
酉	戌	亥	子	丑	寅	卯	辰	巳

이 사주는 빈(賓_재성)의 세력이 주(主_비겁) 세력보다 더 강한 신강재왕(身强財旺)으로 맹파명리로 해석하면 주(主)를 돕는 辛丑대운부터 크게 재물이 일어난다. 자평명리로 살펴보면 재성(財星)이 월령(月令)을 얻어 재기통문호(財氣通門戶)를 이루니 인성(印星)과 비겁(比劫)이 보충되는 辛丑대운부터 크게 부자가 되어야 한다. 맹파명리와 자평명리의 이론으로는 틀림없는 큰 부자가 되어야 하는데 현실은 그렇지 않았다. 무엇이 문제였을까?

음양(陰陽)의 이분법(二分法)으로 사주팔자를 해석하는 것은 명쾌한 방법처럼 보이지만 매우 단순한 발상이기에 선무당이 사람 잡는 결과를 가져올 수 있다.

필자가 제시한 7가지의 설명은 왜 부자가 될 수 없는지 우회적으로 표현한 것으로 내포된 의미는 다음과 같다.

❶ 지금까지 큰 재물을 가져본 적이 없었습니다.

➡ 부자는 부모에게서 재산을 물려받거나 끊임없는 노력으로 재물을 축적했던 경험이 필요한데 2가지 모두에 해당하지 않는다.

❷ 아내를 사랑해서가 아니라 이해타산으로 결혼하였습니다.

➡ 재성〔여성_아내〕을 적극적으로 통제하지 못하고 이해타산적인 관계를 가졌기에 재물〔재성〕의 축적이 쉽지 않다.

❸ 자식이 생기면서 부부관계가 악화되었을 것입니다.

➡ 시(時)는 자식이며 인생 후반기인데 자식〔時〕의 등장이 부부관계의 악화로 이어졌다는 것은 인생 후반기에 재물〔여성_아내〕이 잡히지 않는다는 의미이다.

❹ 자식은 당신을 싫어할 것입니다.

➡ 부(富)는 일반적으로 자식〔時〕에게 대물림되기에 부자는 자식과 좋은 관계를 맺는데 자식이 자신을 싫어한다는 것은 부자의 조건이 아니다.

❺ 여자 마음을 잡을 수 없기에 일평생 다가오는 여성이 없었습니다.

➡ 부자는 재성〔여성_재물〕과 매우 친밀한 관계를 맺는다.

❻ 남자들의 시기질투로 직장생활이 힘들었을 것입니다.

➡ 부자는 비겁〔남성〕이 재성〔재물〕을 얻는데 도움을 준다.

❼ 당신은 외로운 사람입니다.

➡ 재물은 인간사회 관계에서 얻어지기에 여성과 남성 모두와 좋은 관계를 형성해야 부자가 될 수 있다.

			(남)
壬	癸	丙	丁
子	亥	午	未

⊙대운

87	77	67	57	47	37	27	17	7
丁	戊	己	庚	辛	壬	癸	甲	乙
酉	戌	亥	子	丑	寅	卯	辰	巳

해원명리

해원명리는 음양(陰陽)의 이분법(二分法)이 아닌 물질(物質)의 방향성(方向性)으로 사주팔자를 이해하기에 맹파명리나 자평명리와는 전혀 다른 결과를 내놓는다.

자신〔癸亥일주〕이 결합작용〔亥未합 · 午亥합〕으로 재물〔丁未년_직장, 丙午월_아내〕을 가져오는데 壬子시〔자식〕가 충돌작용〔子未천 · 子午충〕으로 결합〔亥未합 · 午亥합〕을 깨버렸다.

이 사주에서 癸亥일주와 壬子시는 동일한 水〔陰〕지만 뜻〔물리작용〕하는 바가 다른 상반된 물질(物質)이다. 壬子시에 해당하는 남성〔比劫〕과 자식〔時〕은 재물〔丁未년, 丙午월〕을 얻지 못하게 방해하는데 辛丑대운이 이르면 子丑합으로 壬子시〔남성, 자식〕의 충돌작용〔子未천 · 子午충〕이 생동하면서 자신〔癸亥일주〕의 생계〔亥未합 · 午亥합〕를 깨버린다.

			(남)
壬	癸	己	乙
子	亥	卯	巳

⊙대운

81	71	61	51	41	31	21	11	1
庚	辛	壬	癸	甲	乙	丙	丁	戊
午	未	申	酉	戌	亥	子	丑	寅

이 사주는 앞의 사주와 비슷한 형태를 가졌는데 맹파명리로 해석하면 생용주공(生用做功)이며 자평명리로는 식상생재(食傷生財)로

강한 식상(食傷)을 재성(財星)으로 누설하여 부귀(富貴)를 이루는 전형적인 사업가 사주이다. 이분은 평온한 공무원 생활을 접고 한 남자와 동업으로 사업을 시작했다가 40대 중반에 파산하고 이혼했으며 완전히 몰락했다.

해원명리

해원명리는 식상생재(食傷生財)가 아니라 癸亥일주〔자신〕와 己卯월〔재물, 아내〕의 물리적인 결합작용〔亥卯합〕을 壬子시〔겁재〕가 충돌작용〔子卯파〕으로 깬다고 해석한다.

			(남)
丙	庚	庚	丙
戌	子	子	辰

◉ 대운

87	77	67	57	47	37	27	17	7
己	戊	丁	丙	乙	甲	癸	壬	辛
酉	申	未	午	巳	辰	卯	寅	丑

이 사주는 맹파명리로 판단하면 주〔主_丙辰년, 庚子월, 庚子일〕 陰 자기세력이 빈〔賓_丙戌시〕 陽 손님세력보다 월등히 강하지만 丙戌시의 뿌리도 깊어 빈(賓)을 돕는 木火대운에 크게 재물이 일어나야 한다. 자평명리로 보면 추운 겨울에 子상관(傷官)이 월령(月令)을 얻고 庚〔金〕일간이 매우 한습(寒濕)하기에 木火대운을 만나 조후(調候)를 맞출 때 부귀(富貴)가 일어난다.

이분은 壬寅대운에 좋은 대학을 졸업하고 안정적인 직장을 다녔으나 癸卯대운에 직장에서 나와 사업을 하다가 완전히 파산하였다. 40대 중반에는 겨우 작은 공장에 취직했지만 수중에 돈이 전혀 없었고 결혼도 못하였다. 이 사주는 맹파명리 음양(陰陽) 편중론(偏重論)이나 자평명리 음양(陰陽) 균형론(均衡論)으로는 전혀 해석이 되지 않는다. 음양(陰陽) 이분법(二分法)은 중국인의 전통사상이지 진리(眞理)가 아니다.

해원명리

해원명리는 이 사주를 자신〔庚子·庚子〕과 丙辰년〔水庫_재물창고〕의 결합작용〔子辰합〕을 丙戌시〔겁재〕가 충돌작용〔辰戌충〕으로 깨버렸다고 해석한다. 壬寅대운은 寅戌합으로 생계〔子辰합〕가 온전했지만 癸卯대운은 子卯파·卯辰천으로 생계〔子辰합〕가 깨지면서 모든 부귀가 사라졌다.

자평명리의 중화(中和) 패러다임에 도전했던 맹파명리의 편중(偏重) 패러다임은 음(陰)이나 양(陽)이 한쪽으로 치우칠 때 부귀(富貴)를 얻는다는 논리로 새롭게 사주팔자를 해석했지만 중국 전통사상인 음양(陰陽) 이분법(二分法)을 극복하지 못했기에 자평명리만큼이나 오류를 낳았다. 사주해석에서 오류가 많이 발생한다는 것은 이론에 문제점이 있다는 증거다. 하지만 한국인의 중국명리학 숭배는 절대적이었기에 중국명리의 이론적인 결점을 엉뚱하게도 동일사주라는 구세주(救世主)의 은총으로 해결하려고 하였다. 동일사주의 변명으로 중국명리학과 사대주의(事大主義) 모두를 지켜내고 태평천국(太平天國)을 건설하려고 했던 것이다.

5 동일사주의 변명

똑같은 사주인데 왜 다르게 사는가?

동일사주가 다른 삶을 살 수 있다는 것은 명리학을 부정하는 사람들에게 명백한 비판 근거지만 명리학자에게도 훌륭한 변명이 되어 주었다.

왜 같은 사실을 놓고 반대편 입장에 있는 사람들이 서로에게 유리하다고 생각하는 것일까?

자평명리는 풍성한 이론들을 수용하면서 한 개의 사주를 다양하게 해석할 수 있는 자유를 얻었다. 일관되지 않는 사주해석은 엉뚱하게도 "운명은 있되 인간의 의지에 의해서 바뀔 수 있다."는 운명개척론을 탄생시켰고 동일사주의 문제점은 개운법(開運法)을 섞은 아래의 7가지 답으로 제시되었다.

❶ 어떤 부모를 만나느냐에 따라 인생이 달라질 수 있다.

❷ 어떤 배우자를 만나느냐에 따라 인생이 달라질 수 있다.

❸ 어느 지역〔나라〕에서 태어나느냐에 따라 삶이 달라질 수 있다.

❹ 어떤 이름을 가졌느냐에 따라 운명이 달라질 수 있다.

❺ 어떤 집〔풍수〕에 살고 있느냐에 따라 운명이 바뀔 수 있다.

❻ 어떤 직업〔일〕을 가지느냐에 따라 운명이 달라질 수 있다.

❼ 자신의 의지에 따라 운명이 달라질 수 있다.

동일사주는 삶이 다를 수는 있어도 운명이 바뀌는 것은 아니다.

운명은 반드시 존재하며 타고난 부귀(富貴)는 바뀌지 않는다. 다만 동일사주인데 삶이 달라 보이는 것은 동일한 조건이 주어지지 않았기 때문이다. 해원명리가 바라보는 사주팔자는 우주질서에서 부여받은 물질대사체(metabolism)이며 운명시스템이기에 빈부귀천(貧富貴賤)과 길흉(吉凶)의 변화는 명확하고 예측가능하며 임의로 바뀌지 않는다. 다만 인간(人間)이 우주 속에서 생성된 작은 피조물(被造物)에 불과하기에 지식의 한계로 인하여 거대한 신(神)의 질서를 완전하게 이해할 수 없을 뿐이다.

인간은 대사작용을 가진 생명체이기에 동일한 사주팔사〔system〕에 동일한 조건과 환경이 주어졌다면 동일한 물리화학작용의 결과를 얻었을 것이다. 하지만 조건과 환경이 다르다면 물리화학작용의 결과는 당연히 달라진다. 가령 땅 위에서 달리는 힘으로 물 속에서 달리기를 한다면 물의 압력 때문에 동일한 결과가 나올 수 없다. 인간의 운명은 시대, 지역, 환경 등의 영향을 받기에 동일사주라도 100

년 전 과거인과 100년 후 미래인의 삶이 다를 수 있고 한국인과 아프리카인의 삶이 다를 수 있으며 동시대에 사는 한국인의 삶도 다를 수 있다.

이 사실에 대해서 자평명리학자는 인간의 의지에 의해서 운명이 바뀌었다는 말을 하지만 해원명리는 "환경으로 인하여 사주팔자(四柱八字)의 편차(偏差)는 있지만 빈부귀천(貧富貴賤)과 길흉(吉凶)은 바뀌지 않는다."고 확고하게 말한다.

예로 동일사주인데 한 사람은 의사이고 한 사람은 사업을 한다면 자평명리학자는 인간의 의지에 따라 다른 삶을 살고 있다고 말하겠지만 해원명리는 주어진 환경 때문에 직업이 다를 수는 있어도 부귀(富貴)는 동일하다고 판단한다. 의사를 하든 사업을 하든 타고난 물질적 풍요〔富〕와 사회적 명예〔貴〕는 달라지지 않는다고 보는 것이다.

조선 제21대 임금 영조(英祖)의 동일사주 이야기는 같은 사주라도 운명이 다를 수 있다는 운명비판론자와 자평명리학자의 입장 모두를 대변하는 대표적인 이야기처럼 보이지만 내막(內幕)을 살펴보면 그렇지 않다. 조선왕조실록 영조대왕 행장(行狀)에 따르면 영조는 甲戌년 甲戌월 戊寅일에 출생한 것으로 기록되어 있기에 동일사주 이야기는 야사(野史)라는 점을 먼저 인지해야 한다.

"甲戌년 甲戌월 甲戌일 甲戌시에 태어난 영조가 70세가 넘도록 절대 권력을 누리자 역술가들과 사람들은 사갑술(四甲戌)은 의심할 바 없는 제왕의 사주라고 하였다. 어느 날 영조는 이 이야기를 듣고 관상감〔천문지리, 역술 담당부서〕의 영사〔領事_관상감의 수장〕를 불러 사갑술이 과연 제왕의 사주인지 물었고 영사가 그렇다고 하자 영조는 조선팔도에 사갑술을 가진 사주가 자신만이 아닐 것이니 그 사람을 찾아서 데려오라고 하였다. 영사는 전국 고을에 사갑술의 사람을 찾아서 보내라는 명령을 내렸지만 데려온 사람에게서 제왕의 기운이 보이면 대역죄인으로 바로 죽음을 당할 것이고 사갑술의 사람을 데려오지 못하면 임금을 능멸한 죄로 자신이 죽을 수도 있기에 수심만 깊어갔다. 흉흉한 소문은 이미 조선팔도에 퍼져서 나서는 사람이 아무도 없던 어느 날 강원도 산골의 한 순박한 양봉업자 노인이 자신이 사갑술이니 임금을 만나겠다고 자청했다. 영조는 노인에게 "왜 같은 사갑술인데 너는 임금이 못 되고 한낱 백성이 되었는지 알 수 없다."고 묻자 노인은 "소인의 자식이 8형제이니 전하의 조선팔도와 같고, 소인의 벌통이 360개이니 전하의 360개 고을과 같으며, 소인의 벌통에 살고 있는 벌이 700만 마리이니 전하가 다스리는 이 나라의 백성 수와 같으니 저의 삶 또한 제왕과 같지 않겠습니까?"라고 답하였다. 이에 영조는 과연 사주가 신통하다며 크게 웃었고 노인에게 벼슬과 상을 내려 고향으로 돌려보냈다."

이 이야기는 영조에게 사갑술인이나 자신 중 1명이 죽을 수밖에 없는 절체절명의 위기를 연극으로 슬기롭게 극복한 관상감 영사의 지혜를 다루었다.

천민(賤民) 무수리의 몸에서 태어난 영조는 정통성 때문에 일생 동안 역모의 불안감에 시달렸고 급기야 아들인 사도세자(思悼世子)를 죽이기까지 하였다. 관상감 영사는 자신과 동일사주를 찾아오라는 영조의 명령을 어떻게 받아드렸을까? 모두가 안전하고 만족할 수 있는 연극을 만들어야 되지 않았을까? 연극에는 반드시 동일사주이면서 역모를 꾸밀 수 없을 정도로 무식하고 비천한 사람을 등장시켜야 하고 납득할 수 있는 공통점도 가지고 있어야 했을 것이다. 시계가 발달하지 않은 조선시대에 강원도 산골의 노인이 어떻게 태어난 시간을 정확히 알 것이며 일생 동안 벌만 키웠던 무지한 노인이 어떻게 준엄한 영조 잎에서 당당하게 논리정연한 설명을 할 수 있었겠는가? 정1품의 권세 높은 관상감 영사의 명령에 의해서 노인은 앵무새처럼 연극하지 않았을까?

명리학은 "인간에게 운명이 있다."는 전제로 성립되는 학문이다. 동일사주가 다른 삶을 살 수 있다는 사실은 지금까지 명리학을 부정하는 사람들의 주장에 힘을 실어주었고 명리학자에게도 훌륭한 변명을 만들어주었다.

해원명리

해원명리는 "동일사주의 삶이 다를 수는 있을지라도 운명[富貴]이 바뀌지는 않는다."고 말한다. 인간의 의지에 의해서 운명이 바뀔 수 있다면 명리학(命理學)이 왜 필요하겠는가?

제 4 장

해원명리학

1

물질의 연속성(連續性)

해원명리의 시작

해원명리(海原命理)는 "육체(肉體)가 없으면 정신(精神)이 존재하지 않는다."는 유물론(materialism)을 철학적인 배경으로 하고 있다. 태어나면서 가지는 육체는 정신과 재능을 담는 그릇으로서 육체의 정의는 부귀(富貴)와 직결된다.

그렇다면 사주팔자에서 선천적인 육체를 어떻게 알 수 있을까?

살아 있는 모든 생명체는 ❶물질〔에너지원〕을 섭취〔In〕하여 ❷몸〔比劫〕에서 에너지(energy)를 만들어 ❸사용〔Out〕한다. 해원명리는 ❶인성〔In〕 → ❷비겁〔에너지 생성〕 → ❸식상〔Out〕으로 이어지는 3가지를 타고난 육체이고 생체시스템(生體system)으로 정의한다. 생체시스템은 반드시 '물질의 연속성(連續性)'을 가져야 하는데 ❶섭취〔In〕 → ❷에너지 생성 → ❸활동〔Out〕은 하나의 몸에서 이루어지기 때문이다.

해원명리

물질의 연속성은 해원명리(海原命理)의 시작이며 음양(陰陽)을 사주 팔자의 기준으로 삼았던 500년 자평명리학을 뒤엎는 새로운 패러다임(paradigm)의 혁명이다.

사주팔자의 빈부귀천(貧富貴賤)은 타고난 생체시스템으로 주변 물질들〔사람들〕과 어떻게 물질상호작용〔사회관계〕을 갖느냐에 달려 있다. 다음은 물질의 연속성이 정의한 다양한 생체시스템의 예이다.

1 일간(日干)system

Ⓑ	Ⓐ	Ⓒ	Ⓓ
甲	乙	辛	癸
申	丑	酉	卯
Ⓕ	Ⓔ		

❶물질 분류 ☞ ⒶⒷⒸⒹⒺⒻ의 6가지 물질

❷생체시스템 ☞ 乙〔일간〕

❸물질상호관계 ☞ 乙〔Ⓐ_자신〕이 辛酉, 申〔ⒸⒻ_관성〕이 입묘한 丑〔Ⓔ金庫_관살고〕을 지배하고 癸卯〔Ⓓ_비겁〕는 木金충으로 辛酉, 申〔ⒸⒻ_관성〕과 충돌하여 입묘작용을 생동시켰다. 甲〔Ⓑ_겁재〕은 申〔Ⓕ_관성〕의 입묘를 따른다.

※**해원명리는 관성(官星)을 사회적으로 관계를 맺는 남성으로 정의한다. 乙일간〔자신〕은 많은 관성(官星)이 입묘한 丑 관살고(官殺庫)를 지배했기에 남성 경쟁자보다 훨씬 능력이 뛰어나고 부귀(富貴)도 높다.**

➡인생이야기 ☞ 서울대학교 의과대학을 졸업하고 하버드 의과대학원

을 수료한 명망 있는 의사〔남성〕이다.

Ⓑ	Ⓐ	Ⓒ	Ⓓ
甲	戊	甲	癸
寅	子	寅	巳
	Ⓔ		Ⓕ

❶물질 분류 ☞ ⒶⒷⒸⒹⒺⒻ의 6가지 물질

❷생체시스템 ☞ 戊〔일간〕

❸물질상호관계 ☞ 戊〔Ⓐ_자신〕가 戊癸합·戊子자합으로 癸, 子〔ⒹⒺ_재성〕를 가져오지만 甲寅, 甲寅〔ⒷⒸ_관성〕이 癸, 子〔ⒹⒺ_재성〕의 에너지를 흡수하고 戊〔Ⓐ_자신〕를 둘러싸서 통제하였다. 巳〔Ⓕ_인성〕는 癸巳자합하여 癸〔Ⓓ_재성〕를 따르지만 寅巳형으로 甲寅, 甲寅〔ⒷⒸ_관성〕을 자극하여 戊〔Ⓐ_자신〕를 戊甲극하게 만든다.

※**해원명리는 관성**〔官星_사회적인 남성〕**과의 관계를 중요하게 생각하는 데 양쪽 甲寅 관성(官星)이 戊일간**〔자신〕**을 둘러싸서 통제했기에 남성들**〔관성〕**이 자신을 무너뜨린다.**

➡ 인생이야기 ☞ 55세〔戊申대운 丁亥년〕에 주식투자 실패로 빚더미에 앉자 자살하였다.

2 일주(日柱)system

Ⓑ	Ⓐ	Ⓒ	Ⓓ
庚	乙	辛	丁
辰	巳	亥	亥
			Ⓔ

❶물질 분류 ☞ ⒶⒷⒸⒹⒺ의 5가지 물실

❷생체시스템 ☞ 乙巳〔일간·식상〕

➡乙일간〔자신〕이 乙庚합으로 庚辰〔관성·인성고〕을 생체시스템으로 사용한다.

❸물질상호관계 ☞ 乙巳〔Ⓐ_자신〕가 辛亥, 亥〔ⒸⒺ_인성〕가 입묘한 庚辰〔Ⓑ_관성·인성고〕을 乙庚합으로 지배하고 巳亥충으로 辛亥, 亥〔ⒸⒺ_인

성〕의 입묘작용을 생동시켰다. 丁〔Ⓓ_식상〕은 丁亥자합으로 亥〔Ⓔ_인성〕를 따른다.

※ 辛亥, 亥〔ⒸⒺ_인성〕**는** 巳〔Ⓐ_식상〕**를 기준으로 관성**〔官星_남성 경쟁자〕**이기에** 辰**은 권력창고다.**

➡ **인생이야기** ☞ 장관과 국회의원, 경기도지사를 지냈던 유명한 정치인이다.

Ⓑ	Ⓐ	Ⓒ	Ⓓ
癸	壬	辛	庚
卯	寅	巳	戌
		Ⓔ	

❶물질 분류 ☞ ⒶⒷⒸⒹⒺ의 5가지 물질

❷생체시스템 ☞ 壬寅〔일간·식상〕

➡辛〔인성〕은 寅巳형으로 분리된 다른 물질이다.

❸물질상호관계 ☞ 壬寅〔Ⓐ_자신〕이 庚戌〔Ⓓ_인성·재고〕에서 나온 巳〔Ⓔ_재성〕을 寅巳형으로 손상시키자 癸卯〔Ⓑ_겁재〕가 庚戌〔Ⓓ_인성·재고〕과 卯戌합으로 壬寅〔자신〕을 둘러싸서 통제하였다. 辛〔Ⓒ_인성〕은 辛巳자합으로 巳〔Ⓔ_재성〕를 따른다.

※ 庚戌〔인성·재고〕**은** 壬寅〔자신〕**이** 寅戌**합으로 사용할 때는 재고**〔여성창고〕**지만** 癸卯〔겁재_경쟁자〕**가** 卯戌**합으로 사용할 때는 관살고**〔官殺庫_감옥〕**다.**

➡ **인생이야기** ☞ 연쇄살인범 유영철의 사주로 34~35세〔甲申대운 癸未~甲申년〕에 21명의 사람들을 살해했는데 피해자는 주로 유흥업소 여성들이었다.

Ⓑ	Ⓐ	Ⓒ	Ⓓ
辛	丁	癸	戊
丑	未	亥	申

❶물질 분류 ☞ ⒶⒷⒸⒹ의 4가지 물질

❷생체시스템 ☞ 丁未〔일간·식상〕

➡丑〔재고〕은 丑未충으로 분리된 다른 물질이다.

❸물질상호관계 ☞ 戊申〔Ⓓ_재성〕을 입묘시킨 辛丑〔Ⓑ_재성·재고〕이 丁未〔Ⓐ_자신〕를 둘러싸서 통제하였다. 丁未〔Ⓐ_자신〕은 癸亥〔Ⓒ_관성〕와 亥未합으로 살아간다.

※ 戊申〔재성_경쟁자〕**과** 辛丑〔재고_경쟁무리〕**에게** 丁未〔자신〕**가 둘러싸여 통제되었다.**

➡ **인생이야기** ☞ 어릴 때부터 수재로 20대〔丙寅대운〕에 서울대학교 경영학과를 졸업했지만 51세〔戊辰대운 戊戌년〕까지 결혼을 못했고 뚜렷한 직업과 재산도 없었다.

3 일시간(日時干)·일월간(日月干) system

	Ⓐ	Ⓑ	Ⓒ
戊	丙	癸	壬
子	子	丑	辰
Ⓔ	Ⓓ	Ⓕ	Ⓖ

❶물질 분류 ☞ ⒶⒷⒸⒹⒺⒻⒼ의 7가지 물질

❷생체시스템 ☞ 丙戊〔일간·식상〕

➡丑〔식상〕은 戊〔식상〕와 戊癸합〔사회관계〕으로 연관된 다른 물질이다.

❸물질상호관계 ☞ 癸, 子, 子, 丑〔ⒷⒹⒺⒻ_관성, 재고〕이 입묘한 辰〔Ⓖ_관살고〕을 壬〔Ⓒ_관성〕이 지배하고 丑〔Ⓕ_재고〕을 癸〔Ⓑ_관성〕가 지배하였다. 丙〔Ⓐ_자신〕은 戊〔Ⓐ_식상〕를 사용하여 戊癸합으로 癸〔Ⓑ_관성〕를 통제하고 戊子자합으로 辰〔Ⓖ_관살고〕에서 나온 子〔Ⓔ_관성〕를 통제했다.

※ 子〔관성〕**와** 癸丑〔재고〕**은** 壬辰〔관살고_권력창고〕**에 입묘했다가 나온 권력으로서** 丙〔자신〕**이** 戊〔식상〕**를 사용하여** 戊子**자합** 戊癸**합으로 통제하였다.**

➡ 인생이야기 ☞ 문재인 대통령 사주로서 65세〔庚申대운 丁酉년〕에 대통령에 당선되었다.

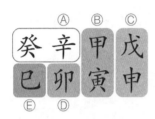

	Ⓐ	Ⓑ	Ⓒ
癸	辛	甲	戊
巳	卯	寅	申
Ⓔ	Ⓓ		

❶물질 분류 ☞ ⒶⒷⒸⒹⒺ의 5가지 물질

❷생체시스템 ☞ 辛癸〔일간 · 식상〕

❸물질상호관계 ☞ 辛〔Ⓐ_자신〕이 癸〔Ⓐ_식상〕를 사용하여 癸巳자합하고 木火 자기세력〔ⒷⒶⒹⒺ_甲寅, 辛癸, 卯, 巳〕으로 金 경쟁세력〔Ⓒ_戊申〕을 寅申충 · 卯申합 · 巳申합으로 제압하였다.

※ 癸〔식상〕**는** 癸巳**자합으로** 木火 **자기세력**〔甲寅, 辛卯, 癸巳〕**을 만들어** 金 **경쟁세력**〔戊申〕**을 제압했다.**

➡ 인생이야기 ☞ 중국공산당을 이끌었던 박일파〔보시라이 아버지〕로 70대〔辛酉대운〕부터 권력이 높아져 80대〔壬戌대운〕에는 등소평 다음으로 높은 국가재정부장〔서열 2위〕이 되었다.

Ⓑ	Ⓐ		Ⓒ
癸	丙	甲	己
巳	子	戌	丑
Ⓔ	Ⓓ	Ⓕ	

❶물질 분류 ☞ ⒶⒷⒸⒹⒺⒻ의 6가지 물질

❷생체시스템 ☞ 丙甲〔일간 · 인성〕

➡戌〔식상〕은 甲〔인성〕이 지배하는 비겁고(比劫庫)이며 巳〔비겁〕는 戌〔비겁고〕에 입묘된 다른 물질이다.

❸물질상호관계 ☞ 丙〔Ⓐ_자신〕이 甲〔Ⓐ_인성〕을 사용하여 巳〔Ⓔ_비겁〕

가 입묘한 戌(Ⓕ_비겁고)을 지배하고 양(陽) 자기세력(ⒶⒺⒻ_丙甲, 巳, 戌)으로 음(陰) 경쟁세력(ⒸⒹ_己丑, 子)을 丑戌형으로 제압했다. 癸(Ⓑ_관성)는 癸巳자합으로 巳(Ⓔ_비겁)를 따른다.

※ 甲(인성)**으로 戌 비겁고**(여성창고)**를 지배하고 경쟁세력**(子, 己丑)**을 제압했다.**

➡ 인생이야기 ☞ 미용실을 운영하여 40대(戊寅대운)부터 재물을 크게 벌어 백억대 부자(여성)가 되었다.

4 일시지(日時支)·일월지(日月支) system

Ⓑ	Ⓐ	Ⓒ	Ⓓ
丁	庚	辛	辛
丑	寅	卯	酉
	Ⓔ	Ⓕ	

❶물질 분류 ☞ ⒶⒷⒸⒹⒺⒻ의 6가지 물질

❷생체시스템 ☞ 庚·丑(일간·인성)

➡포국이 성립되면 포국틀(辛酉, 丁丑)을 생체시스템으로 사용한다. 丑(인성)은 金(辛酉, 辛, 庚)을 입묘한 비겁고(比劫庫)와 생체시스템의 역할을 동시에 한다.

❸물질상호관계 ☞ 金(ⒶⒸⒹ_庚, 辛, 辛酉)이 입묘한 丑(Ⓐ_비겁고)을 사용하여 음(陰) 자기세력(ⒹⒷⒶ_辛酉, 丁, 丑)으로 양(陽) 경쟁세력(ⒸⒻⒶⒺ_辛, 卯, 庚, 寅)을 酉丑합으로 둘러싸서 통제하였다. 丁(Ⓑ_관성)은 丑(Ⓐ_비겁고)을 지배한다.

※ 辛卯(ⒸⒻ), 庚寅(ⒶⒺ)**은 분리된 물질이지만 포국틀**(辛酉, 丁丑)**에 함께 둘러싸인 재물이다.**

➡ 인생이야기 ☞ 재벌의 아들로서 30대(丁亥대운)부터 아버지의 회사에 들어가 경영을 배우기 시작했다.

Ⓑ	Ⓐ	Ⓒ	Ⓓ
甲	庚	辛	丁
申	寅	亥	巳
Ⓕ	Ⓔ		

❶물질 분류 ☞ ⒶⒷⒸⒹⒺⒻ의 6가지 물질

❷생체시스템 ☞ 庚·亥〔일간·식상〕

➡庚〔자신〕이 사용할 수 있는 물질이 없기에 辛〔비겁〕의 亥〔식상〕에게 의존한다.

❸물질상호관계 ☞ 庚〔Ⓐ_자신〕이 辛〔Ⓒ_비겁〕의 능력인 亥〔Ⓐ_식상〕를 사용하여 寅亥합으로 寅〔Ⓔ_재성〕을 가져왔지만 경쟁세력〔ⒹⒻ_丁巳, 申〕에게 寅巳申 삼형으로 붕괴되었다. 甲〔Ⓑ_재성〕은 申〔Ⓕ_겁재〕을 따른다.

➡ 인생이야기 ☞ 학원사업을 하다가 30대〔戊申대운〕에 파산하고 가정이 깨졌으며 40대〔丁未대운〕부터 무일푼으로 지인에게 의존하여 살았다.

5 일시주(日時柱)·일월주(日月柱) system

	Ⓐ	Ⓑ	Ⓒ
戊	丙	辛	壬
戊	子	亥	午
	Ⓓ		Ⓔ

❶물질 분류 ☞ ⒶⒷⒸⒹⒺ의 5가지 물질

❷생체시스템 ☞ 丙·戊戊〔일간·식상〕

➡포국이 성립되면 포국틀〔壬午, 戊戊〕을 생체시스템으로 사용한다. 戊〔식상〕은 火〔午, 丙〕를 입묘시킨 비겁고(比劫庫)와 생체시스템의 역할을 동시에 한다.

❸물질상호관계 ☞ 丙〔Ⓐ_자신〕이 火〔ⒶⒺ_丙, 午〕를 입묘시킨 戊戊〔식상_비겁고〕을 사용하여 양(陽) 자기세력〔ⒸⒺⒶ_壬, 午, 戊戊〕으로 음(陰) 경쟁세력〔ⒷⒶⒹ_辛亥, 丙, 子〕을 午戊합으로 둘러싸서 통제하였다. 壬〔Ⓒ_관성〕은 壬午자합으로 午〔Ⓔ_비겁〕를 따르고 丙子〔ⒶⒹ〕는 분리된 물질이지만 포국틀〔壬午, 戊戊〕에 함께 둘러싸인 재물이다.

➡ 인생이야기 ☞ 대형 제철공장 이사장으로 30대〔甲寅대운〕부터 일어나 큰 부자가 되었다.

Ⓑ	Ⓐ		Ⓒ
癸	丁	戊	壬
卯	亥	申	寅
	Ⓓ		

❶물질 분류 ☞ ⒶⒷⒸⒹ의 4가지 물질

❷생체시스템 ☞ 丁·戊申〔일간·식상·재성〕

❸물질상호관계 ☞ 양(陽) 경쟁세력〔ⒸⒷ_壬寅, 癸卯〕에게 음(陰) 자기세력〔ⒶⒹ_丁·戊申, 亥〕이 둘러싸여 통제되었다. 亥〔Ⓓ_관성〕는 자신〔Ⓐ_丁·戊申〕과 丁亥자합했지만 申亥천으로 좋은 관계가 아니다.

➡ 인생이야기 ☞ 가난한 집에서 태어나 빈곤으로 고통을 받다가 22세〔庚戌대운 癸亥년〕에 절도죄로 감옥에 갔고 39세~42세〔壬子대운 庚辰년, 辛巳년, 壬午년, 癸未년〕에는 해마다 감옥에 들어갔다.

Ⓑ	Ⓐ		Ⓒ
戊	庚	癸	戊
寅	寅	亥	子
Ⓔ	Ⓓ		Ⓕ

❶물질 분류 ☞ ⒶⒷⒸⒹⒺⒻ의 6가지 물질

❷생체시스템 ☞ 庚·癸亥〔일간·식상〕

➡戊戊〔인성〕는 癸亥〔식상〕와 戊癸합〔사회관계〕으로 연결된 다른 물질이다.

❸물질상호관계 ☞ 庚〔Ⓐ_자신〕이 癸亥〔Ⓐ_식상〕를 사용하여 새물〔ⒷⒸⒹⒺ_戊, 戊, 寅, 寅〕을 戊癸합·寅亥합으로 가져왔다. 子〔Ⓕ_식상〕는 戊子자합으로 戊〔Ⓒ_인성〕를 따른다.

※ **己巳대운에 癸己극·巳亥충으로 癸亥〔식상〕가 무너지면서 사망하였다.**

➡ 인생이야기 ☞ 빈손으로 시작하여 제과업계의 큰 부자가 되었으나 65세〔己巳대운 壬辰년〕에 당뇨 등 모든 병이 발병하고 뇌물과 탈세혐의로

검찰조사를 받자 건물에서 뛰어내려 자살하였다.

6 일시(日時)·일월(日月) system

	Ⓐ	Ⓑ	Ⓒ
庚	庚	辛	辛
辰	子	丑	亥

❶물질 분류 ☞ ⒶⒷⒸ의 3가지 물질

❷생체시스템 ☞ 庚子·庚辰〔일간·식상·비겁·인성〕

➡辰〔인성〕은 겁재〔辛亥, 辛丑〕가 입묘된 권력창고와 생체시스템의 역할을 동시에 한다.

❸물질상호관계 ☞ 경쟁세력〔ⒸⒷ_辛亥, 辛丑〕과 자신〔Ⓐ_庚子〕이 입묘한 辰〔Ⓐ_권력창고〕을 庚시간〔Ⓐ_자신〕이 지배하였다.

※ **어릴 때부터** 木火**대운을** 60**년간 만나면서 경쟁세력**〔辛亥, 辛丑〕**의 입묘 작용이 끊임없이 일어나 부귀가 계속 높아졌다.**

➡ 인생이야기 ☞ 서울대학교 법과대학을 졸업하고 사법고시에 합격하여 판사가 되었다.

Ⓑ	Ⓐ		Ⓒ
甲	辛	癸	甲
午	酉	酉	寅

❶물질 분류 ☞ ⒶⒷⒸ의 3가지 물질

❷생체시스템 ☞ 辛酉·癸酉〔일간·비겁·식상〕

❸물질상호관계 ☞ 양(陽) 경쟁세력〔ⒸⒷ_甲寅, 甲午〕에게 음(陰) 자신〔Ⓐ_辛酉·癸酉〕이 寅午합으로 둘러싸여 통제되었다.

※ **해원명리는** 年月 **경쟁세력에게** 月日 **자기세력이 둘러싸여 통제되면 역포국(逆包局)으로 정의한다.** 辛酉·癸酉〔자신〕**는** 午酉**파로** 甲午〔권력세력〕**에게 대항했기에 법률**〔감옥_寅午합〕**의 제재를 받았다.**

➡ 인생이야기 ☞ 23세〔乙亥대운 丙子년〕에 친구들과 함께 강도짓을 하다가 구속되었다.

7 일월시(日月時)·일년월(日年月) system

Ⓐ			Ⓑ
甲	甲	甲	己
戊	戊	戊	酉
Ⓒ	Ⓓ	Ⓔ	

❶물질 분류 ☞ ⒶⒷⒸⒹⒺ의 5가지 물질

❷생체시스템 ☞ 甲甲甲〔일간·비겁〕

❸물질상호관계 ☞ 甲甲甲〔Ⓐ_자신〕이 월일시(月日時)의 戊, 戊, 戊〔ⒺⒹⒸ_식상고〕을 지배하고 己酉〔Ⓑ_관성〕를 甲己합·酉戌천으로 제압했다.

※甲甲甲〔자신〕**이** 戊戊戊〔제자들〕**을 모두 지배하여** 己酉〔환자〕**를 완벽하게 제압했기에 의술이 뛰어나고 부귀도 매우 높다.**

➡ 인생이야기 ☞ 서울대학교 의대교수〔남자〕, 국가 자문위원, 재정경제원 자문위원을 역임하였다.

Ⓑ	Ⓐ	Ⓒ	Ⓓ
甲	庚	甲	庚
申	辰	申	寅
			Ⓔ

❶물질 분류 ☞ ⒶⒷⒸⒹⒺ의 5가지 물질

❷생체시스템 ☞ 庚辰·申申〔일간·인성·비겁〕

❸물질상호관계 ☞ 庚辰〔Ⓐ_자신〕이 육체〔Ⓐ_申·申〕를 사용하여 타인〔Ⓓ_庚〕의 재물〔Ⓔ_寅〕을 寅申충으로 제압했다. 甲, 甲〔ⒷⒸ_재성〕은 申, 申〔Ⓐ_비겁〕에 의존한다.

※**몸**〔申申〕**으로 싸워서**〔寅申충〕**으로 부귀**(庚寅)**를 쟁취하였다.**

➡ 인생이야기 ☞ 국민적인 영웅이었던 권투선수 홍수환의 사주로 28세〔丙戌대운 丁巳년〕에 세계 챔피언이 되었다.

	Ⓐ		Ⓑ
乙	丁	乙	壬
巳	酉	巳	戌
	Ⓒ		Ⓓ

❶물질 분류 ☞ ⒶⒷⒸⒹ의 4가지 물질

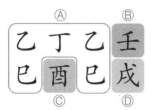

❷생체시스템 ☞ 丁·乙巳·乙巳〔일간·인성·비겁〕

❸물질상호관계 ☞ 자신〔Ⓐ_丁〕의 몸〔Ⓐ_乙巳·乙巳〕이 병원〔Ⓓ_戌〕에 입묘하여 **酉戌천·巳酉합**으로 환자〔Ⓒ_酉〕를 둘러싸서 통제하였다. 壬〔Ⓑ_관성〕은 戌〔Ⓓ_병원〕을 지배하였다.

※ **자신의 육체**〔丁·乙巳·乙巳〕**가** 戌〔火 비겁고〕**에 입묘하여 환자**〔酉〕**를 관리**〔巳酉합〕**하고 치료**〔酉戌천〕**하였다.**

➡ 인생이야기 ☞ 서울대학교 병원에서 근무하는 간호사〔여자〕다.

Ⓑ	Ⓐ		
壬	戊	戊	庚
戌	申	寅	戌
Ⓓ	Ⓒ	Ⓔ	

❶물질 분류 ☞ ⒶⒷⒸⒹⒺ의 5가지 물질

❷생체시스템 ☞ 戊戊·庚戌〔일간·식상·비겁〕

➡포국이 성립되면 포국틀〔庚戌, 壬戌〕을 생체시스템으로 사용한다.

❸물질상호관계 ☞ 자신〔Ⓐ_戊戊·庚戌〕이 양(陽) 자기세력〔ⒶⒺⒷⒹ_庚戌, 戊, 寅, 壬, 戌〕으로 음(陰) 경쟁세력〔ⒶⒸ_戊, 申〕을 **寅戌합·戌戌연합**으로 둘러싸서 통제하였다. 壬〔Ⓑ_재성〕은 戌〔Ⓓ_기업〕을 지배한다.

※ 戊申〔ⒶⒸ〕**은 분리된 물질이지만 포국틀**〔庚戌, 戊寅, 壬戌〕**에 함께 둘러싸인 재물이다.** 壬〔자식_이건희 회장〕**은 포국틀**〔戌〕**을 지배했기에 경영능력이 뛰어나고 삼성그룹을 크게 발전시켰다.**

➡ 인생이야기 ☞ 삼성그룹을 창업한 이병철 회장으로 삼성전자를 만들어 한국의 경제발전에 크게 이바지하였다.

8 일년월시(日年月時) system

	Ⓐ		
丙	丙	丙	丙
申	午	申	申
Ⓑ		Ⓒ	Ⓓ

❶물질 분류 ☞ ⒶⒷⒸⒹ의 4가지 물질

❷생체시스템 ☞ 丙午 · 丙丙丙〔일간 · 비겁〕

❸물질상호관계 ☞ 丙午 · 丙丙丙〔Ⓐ_자신〕이 申, 申, 申〔ⒹⒸⒷ_金 재성〕을 모두 지배하였다.

※ **음양(陰陽) 충돌로 생동한 경쟁세력〔陰_申申申〕을 자신〔丙丙丙丙〕이 천간에서 내리눌러서 지배하였다.**

➡ 인생이야기 ☞ 큰 부잣집에서 태어나 10대〔戊戌대운〕에 과거에 합격하고 계속 벼슬이 높아져 총독이 되었다.

	Ⓐ		
丙	戊	丙	丙
辰	寅	申	戌
Ⓒ	Ⓑ	Ⓓ	

❶물질 분류 ☞ ⒶⒷⒸⒹ의 4가지 물질

❷생체시스템 ☞ 戊丙丙 · 丙戌〔일간 · 인성 · 비겁〕

❸물질상호관계 ☞ 자신〔Ⓐ_戊丙丙 · 丙戌〕이 양(陽) 자기세력〔ⒶⒷ_戊丙丙 · 丙戌, 寅〕으로 음(陰) 경쟁세력〔ⒹⒸ_申, 辰〕을 천간에서 누르고 지지에서 辰戌충 · 寅申충으로 제압했다.

※ **천간(天干)을 장악하고 지지(地支)에서 제압(制壓)했기에 권력이 매우 높지만 제압이 완벽하지 못하다. 이 사주는 戊〔인성고〕이 운명을 결정하기에 卯戌합으로 기능을 상실되면 안 된다.**

➡ 인생이야기 ☞ (고)노무현 대통령으로 壬寅대운에 寅戌합으로 戌〔인성고_권력〕이 생동하자 辰戌충 · 寅申충이 활발하게 일어나 대통령이

되었고 癸卯대운에 卯戌합으로 戌(인성고_권력)이 정지되자 정치적 인 문제로 죽음을 선택하였다.

Ⓑ	Ⓐ		
己	乙	乙	癸
卯	卯	卯	卯

❶물질 분류 ☞ ⒶⒷ의 2가지 물질

❷생체시스템 ☞ 乙卯·乙卯·癸卯·卯(일간·비겁·인성)

❸물질상호관계 ☞ 자신(Ⓐ_乙卯·乙卯·癸卯·卯)이 재물(Ⓑ_己)을 손상시켰다.

➡ **인생이야기** ☞ 남자복(재물)이 없는 여성으로 23세(丁巳대운 乙丑년)에 연애결혼을 했지만 29세(戊午대운 辛未년)에 부부싸움으로 이혼하였다.

			Ⓐ
癸	癸	癸	癸
亥	亥	亥	亥

❶물질 분류 ☞ Ⓐ의 1가지 물질

❷생체시스템 ☞ 癸亥·癸亥·癸亥·癸亥(일간·비겁)

❸물질상호관계 ☞ 水(자기)에너지(Ⓐ_癸亥·癸亥·癸亥·癸亥)가 木(식상)에너지(亥亥亥亥 중 甲甲甲甲)로 누설되었다.

➡ **인생이야기** ☞ 20대(辛酉대운)에 우수한 성적으로 명문대에 들어갔고 졸업과 동시에 대기업에 입사하였다.

2
사주팔자는 사회적 유기체(Social Organism)다

해원명리는 ❶ "사주팔자는 8개 원소(元素)의 물리화학작용"이라는 유물론(materialism)과 ❷ "사주팔자는 자신과 타인들과의 인간사회관계"라는 사회적 유기체론(Social Organism)을 기초로 설계되었다.

물질의 연속성으로 정의된 생체시스템〔인성·비겁·식상〕은 ❶ 개인적인 육체와 ❷ 사회적인 기능을 동시에 가지는데 지성(知性)의 높낮이에 의해서 ❶ 육체와 ❷ 정신의 비중이 달라진다.

지성(知性)이 낮으면 인성(印星)은 살(肉質), 비겁(比劫)은 정력(精力), 식상(食傷)은 성기(性器)로 발달하고 지성(知性)이 높으면 인성(印星)은 통제력, 비겁(比劫)은 지배력, 식상(食傷)은 통솔력으로 발달한다. 다음은 지성(知性)의 높낮이에 따라 달라지는 생체시스템의 능력〔육체·정신〕을 보여주는 예이다.

【지성의 높낮이와 생체시스템】

	높은 지성	낮은 지성
인성	통제력	살(肉質)
비겁	지배력	정력(精力)
식상	통솔력	성기(性器)

			(남)
甲	丁	甲	癸
辰	酉	子	巳

⊙대운

86	76	66	56	46	36	26	16	6
乙	丙	丁	戊	己	庚	辛	壬	癸
卯	辰	巳	午	未	申	酉	戌	亥

이 사주는 모택동 주석이다.

丁일간〔자신〕이 甲시간〔인성〕으로 辰시지〔권력창고〕를 지배하고 음(陰) 자기세력〔甲子월, 丁酉일, 甲辰시〕으로 양(陽) 경쟁세력〔癸巳년〕을 제압했다. 인성〔甲〕이 강력한 통치력으로 사용되었다.

			(남)
戊	丁	甲	壬
申	丑	辰	寅

⊙대운

89	79	69	59	49	39	29	19	9
癸	壬	辛	庚	己	戊	丁	丙	乙
丑	子	亥	戌	酉	申	未	午	巳

이 사주는 대학교 부총장이다.

丁일간〔자신〕이 甲월간〔인성〕으로 재물〔壬寅년, 丁丑일, 戊申시〕이 입묘한 辰월지〔재물창고〕을 지배하였다. 인성〔甲〕이 통제력으로 사용되었다.

			(여)
辛	癸	辛	庚
酉	丑	巳	戌

⊙ 대운

89	79	69	59	49	39	29	19	9
壬	癸	甲	乙	丙	丁	戊	己	庚
申	酉	戌	亥	子	丑	寅	卯	辰

이 사주는 여자직원들을 고용하여 피부 맛사지샵을 운영하였다.

癸일간〔자신〕이 巳酉丑 삼합〔인성삼합_몸덩어리〕으로 庚戌년〔여성재물창고〕을 丑戌형·酉戌천으로 제압했다. 여직원 육체〔辛巳, 辛酉〕가 입묘한 피부덩어리〔丑_인성고〕로 여성손님 육체〔戌_재고〕를 비볐기에〔丑戌형·酉戌천〕 인성〔巳酉丑〕이 살〔肉質〕로 사용되었다.

			(여)
己	辛	丙	丙
丑	丑	申	午

⊙ 대운

81	71	61	51	41	31	21	11	1
丁	戊	己	庚	辛	壬	癸	甲	乙
亥	子	丑	寅	卯	辰	巳	午	未

이 사주는 식당보조로 일을 하였다. 자신의 몸〔丑丑_인성〕이 丙午년〔관성_재물〕과 빠르게 마찰〔午丑천〕했다. "午丑천은 속도감 있게 움직인다."는 의미로서 인성〔丑丑〕이 살〔肉質〕로 사용되었다.

			(남)
乙	甲	戊	癸
丑	辰	午	未

⊙ 대운

83	73	63	53	43	33	23	13	3
己	庚	辛	壬	癸	甲	乙	丙	丁
酉	戌	亥	子	丑	寅	卯	辰	巳

이 사주는 수천억대의 자산을 보유한 기업 대표이사이다.

甲일간〔자신〕이 재물〔癸未년, 戊午월, 乙丑시〕이 입묘한 辰일지〔재물창고〕를 지배하였다. 비겁〔甲〕이 지배력으로 사용되었다.

			(남)
丙	庚	庚	己
戌	戌	午	巳

◉ 대운

89	79	69	59	49	39	29	19	9
辛	壬	癸	甲	乙	丙	丁	戊	己
酉	戌	亥	子	丑	寅	卯	辰	巳

이 사주는 병원과 대학교를 운영하는 큰 부자이다.

庚일간〔자신〕이 재물〔己巳년, 庚午월, 丙戌시〕이 입묘한 戌일지〔재물창고〕를 지배하였다. 비겁〔庚〕이 지배력으로 사용되었다.

			(남)
丙	丁	壬	丙
午	酉	辰	辰

◉ 대운

87	77	67	57	47	37	27	17	7
辛	庚	己	戊	丁	丙	乙	甲	癸
丑	子	亥	戌	酉	申	未	午	巳

이 사주는 40세까지 결혼을 못했고 일용직 막노동으로 살았다.

丙午시〔경쟁자〕가 丙壬충으로 丁壬합으로 깨면서 丁일간〔자신〕은 막노동〔壬辰월_관살세력〕에 속박되어 살아간다. 비겁〔丁〕이 육체로 사용되었다.

			(남)
丁	癸	戊	戊
巳	亥	午	申

◉ 대운

85	75	65	55	45	35	25	15	5
丁	丙	乙	甲	癸	壬	辛	庚	己
卯	寅	丑	子	亥	戌	酉	申	未

이 사주는 50대까지 가정을 이루지 못하고 막노동으로 살았는데 공사판에서 돈이 생기면 난잡한 성관계(sex)로 모두 탕진했다.

癸亥일주〔자신〕가 육체노동〔戊癸합 · 午亥합〕으로 가져온 재물〔戊申년, 戊午월〕이 여성들〔丁巳시〕과의 성관계〔丁癸충 · 巳亥충〕로 사라졌다. 비겁〔癸亥〕이 정력(精力)으로 사용되었다.

			(남)
辛	戊	戊	丙
酉	戌	戌	辰

◉ 대운

88	78	68	58	48	38	28	18	8
丁	丙	乙	甲	癸	壬	辛	庚	己
未	午	巳	辰	卯	寅	丑	子	亥

이 사주는 천억대 부자이다.

戊일간〔자신〕이 辛酉시〔식상〕를 사용하여 丙辰년〔타인〕과 음(陰) 자기세력〔丙辰년, 辛酉시〕으로 양(陽) 경쟁세력〔戊戌월, 戊戌일〕을 丙辛합 · 酉辰합으로 둘러싸서 통제하였다. 식상〔辛酉〕이 통솔력으로 사용되었다.

			(남)
癸	甲	戊	庚
酉	午	子	辰

◉ 대운

87	77	67	57	47	37	27	17	7
丁	丙	乙	甲	癸	壬	辛	庚	己
酉	申	未	午	巳	辰	卯	寅	丑

이 사주는 31세〔辛卯대운 庚戌년〕에 다니던 직장에서 공금을 횡령하고 그 돈으로 유흥업소 여성과 즐기다가 3년간 감옥살이를 하였고, 40대까지 섹스에만 집착하다가 결국 파산하였다. 음(陰) 경쟁세력〔庚辰년, 戊子월, 癸酉시〕에게 甲午일주〔자신〕가 酉辰합 · 子酉파로 둘러싸여 통제되었다.

자신〔甲일간〕은 午일지〔식상〕를 사용하여 여성들〔戊子월, 癸酉시〕과 끊임없이 성관계〔子午충 · 午酉파〕를 맺으면서 역포국틀〔庚辰, 戊子, 癸酉〕을 생동시켰다. 식상〔午〕이 성기(性器)로 사용되었다.

【사회구성도】

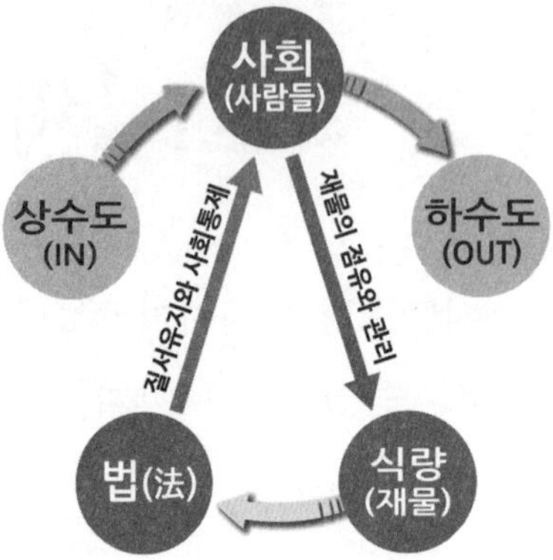

인간사회〔도시, 국가〕는 ❶마실 물이 공급되는 상수도 ❷도시건설을 위한 노동력〔사람들〕 ❸사용된 물을 배출하는 하수도 3가지가 반드시 필요하다. 상하수도가 갖추어지고 도시가 건설되면 식량과 재물을 축적하고 그것을 법(法)으로 보호한다. 위의 사회구성도는 사회적 유기체론(Social Organism)을 바탕으로 만든 것으로 재물이 생성되면 필연적으로 법(法)이 발생한다는 것을 보여준다.

해원명리는"법(法)은 재물이 생성시킨 권력으로 인간을 통제한다."고 정의한다. 어떤 사회든지 법(法)을 만들어 사람들을 통제하고 질서를 잡으려고 하기 때문에 법(法)은 해원명리에서 매우 중요하게 다룬다. 이제 사회구성도와 생체시스템을 결합시켜 해원명리의 사회적 유기체론을 완성시켜 보자.

【생체시스템과 사회적 부귀】

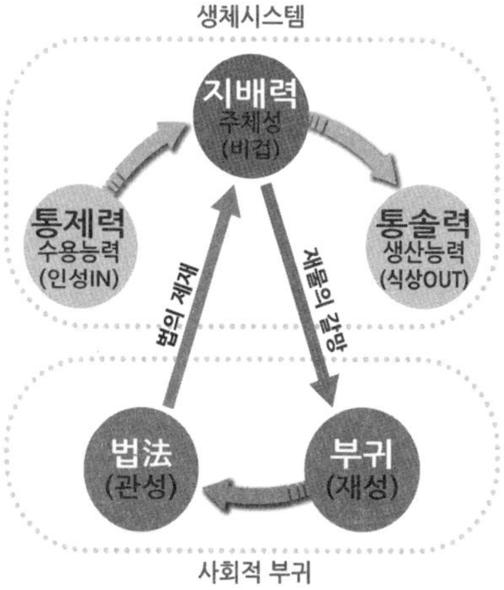

생체시스템은 재물을 가지려는 비겁(比劫)이 중심이며 사회적 부귀는 재물을 지키려는 법(法)이 중심이 된다. 생체시스템 3가지 **인성**, **비겁**, **식상**을 정리하면 다음과 같다.

인성(印星)은 몸〔비겁〕을 살찌우는 존재로 육체적으로 살〔體〕이고 정신적으로 지식(知識)의 수용능력이며 사회적으로 재물〔권력〕을 수용하고 조율하는 통제력(統制力)이다. **비겁**(比劫)은 육체적으로 몸이고 정신적으로 주체성(主體性)이며 사회적으로 독립의지로서 재물〔권력〕을 통제하는 지배력(支配力)이다. **식상**(食傷)은 몸〔비겁〕에서 튀어나온 것이며 육체적으로 가슴과 성기이고 정신적으로 지식(知識)의 방출과 기술력이며 사회적으로 재물〔권력〕을 이끄는 통솔력(統率力)이다.

사회적 부귀 2가지 **재성**, **관성**을 정리하면 **재성**(財星)은 육체적으로 여성이고 사회적으로 법(法)을 생성시켜 보호받는 사회적인 재물이며, **관성**(官星)은 육체적으로 남성이고 사회적으로 비겁(比劫)을 제재하고 재성(財星)을 보호하는 사회적인 법률(法律)이다.

〔자신과 사회관계〕

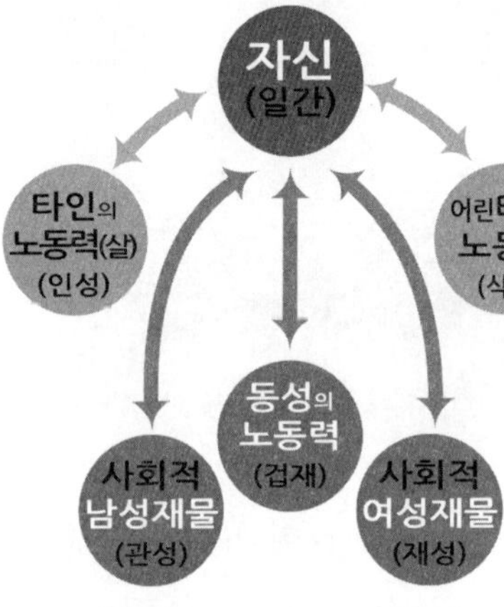

생체시스템에서 분리된 비겁·인성·식상은 타인의 육체로 정의하는데 비겁(比劫)은 동성의 노동력, 인성(印星)은 타인의 노동력〔살〕, 식상(食傷)은 어린 타인의 노동력으로 해석하고 재성(財星)은 돈, 의류, 가전제품, 의식주 등 사회에서 여성이 생산하거나 사용하는 재물, 관성(官星)은 기계, 도로, 교량, 공장 등 사회에서 남성이 생산하거나 사용하는 재물로 해석한다. 해원명리는 비겁·인성도 재물〔권력〕로 판단하기에 비겁고(比劫庫)를 지배하거나 인성고(印星庫)를 지배하면 부귀가 높다고 판단한다.

다음은 비겁고를 지배한 사주의 예이다.

			(남)
辛	辛	辛	辛
卯	酉	丑	卯

⊙대운

83	73	63	53	43	33	23	13	3
壬	癸	甲	乙	丙	丁	戊	己	庚
辰	巳	午	未	申	酉	戌	亥	子

이 사주는 호텔사업으로 엄청난 부(富)를 쌓았다.

辛辛일월간〔자신〕이 비겁〔辛卯년, 辛酉일, 辛卯시〕이 입묘한 비겁고〔丑월지〕를 지배하였다. 많은 남성들의 노동력을 지배했으니 돈과 권력이 매우 높다.

3 해원명리 육친법

해원명리는 ❶생체시스템〔인성·비겁·식상〕을 먼저 정의하고 ❷다음으로 생체시스템과 주변 물질들과의 물리화학작용을 분석하며 ❸마지막으로 사주 전체의 육친(六親)과 사회관계를 정의한다.

사주팔자의 빈부귀천(貧富貴賤)은 ❷물리화학작용에서 결정되지만 운명을 사회관계로 깊게 해석하기 위해서는 해원명리 육친법(六親法)이 반드시 필요하다.

해원명리 육친법은 자평명리와 맹파명리보다 훨씬 진보된 사상(思想)을 품고 있는데 기존의 중국명리가 사주팔자(四柱八字)를 개인의 인생문제로 평면적인 해석을 했다면 해원명리는 개인과 사회집단의 관계로 발전시켜 인생을 입체적으로 해석한다.

해원명리의 새로운 육친법을 간략한 표로 살펴보자.

[해원명리 육친표]

타고난 육체(肉體)	● 일간(日干)과 물질적으로 연결된 인성, 비겁, 식상은 생체시스템이다 ◎ 일간(日干)과 물질적으로 분리된 인성, 비겁, 식상은 타인이다
동성(同性)	● 남자에게 동성(同性)은 비겁(比劫)과 관성(官星)이다 ◎ 관성(官星)은 나와 경쟁하는 남성으로 반드시 통제나 제압해야 한다 ● 여자에게 동성(同性)은 비겁(比劫)과 재성(財星)이다 ◎ 재성(財星)은 사회적인 여성이며 이해타산으로 관계를 맺는다 ※ 관성(官星)은 사회적인 남성재물이고 재성(財星)은 사회적인 여성재물로서 그것을 통제하거나 제압하면 부귀(富貴)를 얻는다
이성(異性)	● 남자에게 재성(財星), 여자에게 관성(官星)은 사회적인 이성(異性)이다 ● 애정관계의 이성(異性)은 남자에게 식상, 재성, 관성이며 여자에게 재성, 관성인데 보금자리〔日支〕와 연관되어야 한다 ◎ 남자에게 식상(食傷)은 어리거나 불만족스러운 여성〔아내〕이다 ◎ 남자에게 재성(財星)은 만족스러운 여성〔아내〕이다 ◎ 남자에게 관성(官星)은 강하거나 자신을 지배하려는 여성〔아내〕이다 ◎ 여자에게 재성(財星)은 무능력하거나 불만족스러운 남성〔남편〕이다 ◎ 여자에게 관성(官星)은 만족스러운 남성〔남편〕이다
부모	● 남녀에게 재성(財星)과 관성(官星)은 아버지이고 인성(印星)과 비겁(比劫)과 식상(食傷)은 어머니인데 부모자리〔月支〕와 연관되어야 한다 ◎ 재성(財星)이 아버지가 아닐 때 관성(官星)으로 아버지로 정한다 ◎ 인성(印星)이 어머니가 아닐 때 비겁(比劫)이나 식상(食傷)을 어머니로 정한다
자식	● 남자에게 재성(財星)과 관성(官星)은 자식이고 여자에게 식상(食傷)과 재성(財星)은 자식인데 자식자리(時支)와 연관되어야 한다 ◎ 남자에게 재성(財星)보다 관성(官星)이 자식으로서의 가치가 높다 ◎ 여자에게 재성(財星)보다 식상(食傷)이 자식으로서의 가치가 높다 ※ 자식·부모 정의와 육친 성(星)을 궁(宮)에 연관시키는 원리는 단건업이 언급했다.

집단(庫)	•비겁고(比劫庫)는 타인의 육체들이 지배되기에 권력집단, 기업을 의미한다 •식상고(食傷庫)는 깨우침의 창고로 유치원, 학교, 종교집단을 의미한다 •재고(財庫)는 여성과 재물의 창고로서 은행이나 기업을 의미한다 •관살고(官殺庫)는 남성과 권력의 창고로서 권력집단이나 기업을 의미한다 •인성고(印星庫)는 문서의 창고로서 결재권을 가진 권력집단을 의미한다 ※고(庫)를 통제한다는 것은 타인을 지배하는 것으로 부귀(富貴)를 의미한다

1 타인의 육체(肉體)

해원명리는 생체시스템에서 분리된 인성, 비겁, 식상, 재성과 관성을 타인(他人)의 육체로 규정한다. 타인(他人)은 자신을 돕는 귀인(貴人)이 되기도 하고 자신의 부귀를 빼앗는 경쟁자가 되기도 하는데 인생의 승패는 타인(他人)과 어떤 관계를 맺느냐에 달려 있다.

다음은 인성 · 비겁 · 식상이 타인이 되는 예이다.

			(남)
戊	丙	辛	辛
戌	申	卯	亥

⊙대운

82	72	62	52	42	32	22	12	2
壬	癸	甲	乙	丙	丁	戊	己	庚
午	未	申	酉	戌	亥	子	丑	寅

이 사주는 31세〔戊子대운 辛巳년〕**에 주식투자로 빚을 지고 잠적했다. 丙일간**〔자신〕**이 丙辛합으로 辛卯월**〔재성 · 인성〕**을 생체시스템으로 사용한다. 辛卯월은 타인들**〔辛亥년, 申일지, 戊戌시〕**과 지지합**〔亥卯합 · 卯申합 · 卯戌합〕**으로 연결되어 재물을 가져오는데 子대운**〔30대 초반〕**에**

子卯파로 지지합(地支合)이 모두 무너지자 재물〔인간관계〕이 사라져 버렸다.

			(여)
庚	壬	壬	甲
戌	寅	申	辰

◉ 대운

85	75	65	55	45	35	25	15	5
癸	甲	乙	丙	丁	戊	己	庚	辛
亥	子	丑	寅	卯	辰	巳	午	未

이 사주는 20대 중반〔己巳대운〕부터 인간관계 때문에 정신질환을 앓기 시작했다.

약한 양(陽) 자기세력〔壬寅일, 庚戌시〕이 강한 음(陰) 경쟁세력〔甲辰년, 壬申월〕과 寅申충·辰戌충으로 충돌했는데 경쟁세력을 이길 방법이 없다. 己巳대운〔20대 중반〕은 寅巳申 삼형으로 잠자고 있던 사자〔甲辰, 壬申〕의 코털을 건드렸다. 壬월간은 록(祿)이 아니라 자신의 삶〔system〕을 무너뜨리는 무서운 경쟁자다.

			(남)
甲	丙	丁	乙
午	申	亥	未

◉ 대운

88	78	68	58	48	38	28	18	8
戊	己	庚	辛	壬	癸	甲	乙	丙
寅	卯	辰	巳	午	未	申	酉	戌

이 사주는 명문대를 졸업하고 30대〔甲申대운〕부터 성공하기 시작하여 40대〔癸未대운〕에는 거침없이 발전하였다.

丙일간〔자신〕이 甲午시〔인성·비겁〕를 사용하여 양(陽) 자기세력〔乙未년, 甲午시〕으로 음(陰) 경쟁세력〔丁亥월, 丙申일〕을 午未합으로 둘러싸서 통제하였다. 乙未년〔인성·식상〕은 생체시스템에서 분리된 타인(他人)이며 부귀(富貴)를 가져다주는 핵심요소이다.

2 동성(同性)

해원명리는 남자에게 동성(同性)은 비겁(比劫)과 관성(官星)이고 여자에게 동성(同性)은 비겁(比劫)과 재성(財星)으로 정의한다. 자평명리나 맹파명리가 동성(同性)을 비겁(比劫)으로만 한정하는 것에 비하면 매우 혁신적인 정의인데 남자에게 관성(官星)은 재성(財星_여성)의 도움을 받기에 사회적인 남성(男性)이고 여자에게 재성(財星)은 관성(官星_남성)을 돕기에 사회적인 여성(女性)이다.

남자에게 동성(同性)인 비겁(比劫)과 관성(官星)의 차이점은 무엇일까? 비겁(比劫)은 인간관계로 맺어진 남성으로 자신을 돕거나 해를 끼치는 양면성을 가졌지만 관성(官星)은 사회에서 경쟁해야 하는 남성으로서 해만 끼친다. 관성(官星)이 많으면 세상에서 많은 남성 경쟁자와 싸워야 하기에 관성을 통제하거나 제압하면 남성 경쟁자들을 물리치고 크게 부귀(富貴)를 얻지만 그렇지 못하면 남성 경쟁자에게 짓밟혀 인생이 부서지고 몸이 상한다.

여자에게 동성(同性)인 비겁(比劫)과 재성(財星)의 차이점은 무엇일까? 비겁(比劫)은 인간관계로 맺어진 여성으로 자신을 돕거나 해를 끼치는 양면성을 가지고 재성(財星)은 사회관계로 맺어진 여성으로서 물질적인 이해타산 관계를 가진다. 재성(財星)과 관계 형성이 좋은 여자는 사회에서 여성들이 도움으로 부귀(富貴)를 얻는다.

남녀 모두에게 관성(官星)은 사회적인 남성의 재물이고 재성(財星)

은 사회적인 여성의 재물이기에 사주팔자에서 그것을 통제하거나 제압하면 경쟁자를 물리치고 부귀(富貴)를 얻는다. 만약 재고(財庫)나 관살고(官殺庫)를 제압하거나 통제하면 여성무리〔재고〕나 남성무리〔관살고〕를 지배한 것으로서 부귀(富貴)의 규모가 매우 커진다.

			(남)
丙	庚	丙	乙
戌	戌	戌	巳

◉ 대운

90	80	70	60	50	40	30	20	10
丁	戊	己	庚	辛	壬	癸	甲	乙
丑	寅	卯	辰	巳	午	未	申	酉

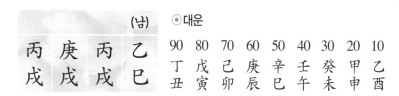

이 사주는 40대〔壬午대운〕부터 20년〔火대운〕간 국회의원으로 크게 영광을 누리다가 60대〔庚辰대운〕에 정치권에서 물러났다.

庚일간〔자신〕이 火 관살들〔乙巳년, 丙戌월, 丙戌시〕이 입묘한 戌일지〔관살고_권력창고〕를 지배하였다. 관살고(官殺庫)를 지배했다는 것은 남성 경쟁자들보다 훨씬 뛰어나다는 것을 의미한다. 60대〔庚辰대운〕에는 辰戌충으로 戌일지〔관살고〕가 깨지면서 경쟁자들에 대한 지배력〔권력〕이 사라졌다.

			(남)
丙	庚	庚	丁
戌	戌	戌	未

◉ 대운

81	71	61	51	41	31	21	11	1
辛	壬	癸	甲	乙	丙	丁	戊	己
丑	寅	卯	辰	巳	午	未	申	酉

이 사주는 호텔 나이트클럽 웨이터로 일하다가 28세〔丁未대운 甲戌년〕에 호텔화재로 사망하였다. 어려운 가정환경 때문에 중학교만 졸업하고 집을 뛰쳐나와 일찍부터 돈을 벌었지만 그를 기다린 것은 싸늘한 죽음이었다.

복음(伏吟) 庚庚일월간〔자신〕이 火관성〔丙戌시〕을 입묘시킨 戌戌일월지〔관살고_재물창고〕를 지배했지만 丁未년〔관성_남성 경쟁자〕에게 戌未형으로 깨지면서 지배에서 벗어난 관살무리〔官殺_남성 경쟁자〕에게 무참히 짓밟혔다.

관살(官殺)이 많은 사주는 힘으로 관살이 제압하거나 입묘시켜 지배하거나 인성으로 타협해야지 맞서면 안 된다. 관살(官殺)은 관용(寬容)이 없기 때문이다.

			(여)
乙	庚	乙	丙
酉	辰	未	辰

⊙ 대운

87	77	67	57	47	37	27	17	7
丙	丁	戊	己	庚	辛	壬	癸	甲
戌	亥	子	丑	寅	卯	辰	巳	午

이 사주는 여성의류만 판매하고 여성만 좋아했는데 30대 중반〔辰대운〕에 돈을 많이 벌었지만 40대 초반〔辛대운〕에 乙庚합이 乙辛충으로 깨지면서 파산했다.

庚일간〔자신〕이 재성〔乙未월, 乙酉시〕과 乙庚합을 하면서 여성들〔乙未, 乙酉〕이 자신〔庚〕에게 재물이자 이상(理想)이 되었다. 남성〔丙辰년〕은 자신의 인생〔system〕에서 영향력이 없기에 전혀 관심이 없다.

3 이성(異姓)

해원명리는 사회적인 이성(異性)과 애정관계 이성(異性)을 구분한다. 사회적인 이성(異性)이란 자평명리에서 말하는 남자의 재성(財星)과 여자의 관성(官星)으로서 사회생활에서 접하는 이성(異性)을 말한다. 애정관계 이성(異性)은 자신과 사랑을 나누고 성관계를 갖는 존재로서 사회적인 이성(異性)과는 전혀 다른 개념이다.

우리는 남자에게 재성(財星)이 있고 여자에게 관성(官星)이 있는데도 결혼을 못하고 남자에게 재성(財星)이 없고 여자에게 관성(官星)이 없어도 결혼하는 경우를 너무도 많이 보아왔다. 자평명리의 이성(異性)에 대한 그릇된 정의를 해원명리가 이제 바로 잡겠다.

사회적인 이성(異性)은 인생을 살아가는 환경이다. 남성들이 많은 회사에서 일하는 여사원이나 임산부를 다루는 산부인과 남자의사는 사회적인 이성(異性)이 많은 것이지 애정관계 이성(異性)이 많은 것이 아니다. 사회적인 이성(異性)과 애정관계 이성(異性)을 구별하는 기준은 자신의 보금자리(日支)와의 연관성이다.

다음은 사회적인 이성(異性)의 예이다.

			(여)
壬	丙	乙	癸
辰	午	卯	卯

◉ 대운

86	76	66	56	46	36	26	16	6
甲	癸	壬	辛	庚	己	戊	丁	丙
子	亥	戌	酉	申	未	午	巳	辰

이 사주는 예술과 문학을 사랑하면서 평생을 독신으로 살았다.

癸卯년〔관성〕은 午卯파로 午일지(日支)에 들어오지 못하고 壬辰시〔관성〕는 보금자리〔午일지〕와 연관성이 없다. 2개의 관성(官星)은 사회적인 남성으로 애정을 나누는 사이가 아니다.

			(여)
辛	庚	丙	丁
巳	子	午	巳

◉ 대운

88	78	68	58	48	38	28	18	8
乙	甲	癸	壬	辛	庚	己	戊	丁
卯	寅	丑	子	亥	戌	酉	申	未

이 사주는 관성〔丁巳년, 丙午월, 辛巳시〕은 많지만 남자에게 관심이 없다. 두뇌가 명석하여 명문대를 졸업하고 주변에 뛰어난 남자들이 많았지만 애정관계(sex)가 없었고 40대가 넘도록 결혼 생각이 없다. 3개의 관성(丁巳, 丙午, 辛巳)은 子일지(日支)에 들어오지 못하기에 사회적인 남성이다.

			(남)
甲	甲	乙	癸
子	午	丑	亥

◉ 대운

83	73	63	53	43	33	23	13	3
丙	丁	戊	己	庚	辛	壬	癸	甲
辰	巳	午	未	申	酉	戌	亥	子

이 사주는 독신으로 살다가 53세〔庚申대운 丙辰년〕에 정신병자가 되었다. 乙丑월〔재성〕은 午丑천으로 보금자리〔午일지〕가 거부했기에 사회적인 여성이다.

			(남)
辛	乙	己	乙
巳	亥	丑	卯

◉ 대운

86	76	66	56	46	36	26	16	6
庚	辛	壬	癸	甲	乙	丙	丁	戊
辰	巳	午	未	申	酉	戌	亥	子

이 사주는 자동차 정비업체에서 일했는데 40대까지 여자를 사귀지 못했고 재산도 모으지 못했다. 己丑월〔재성〕은 亥일지(日支)와 관계가 없기에 사회적인 여성이다. 乙亥일주〔자신〕는 乙卯년〔비겁_남성〕과 亥卯합하고 辛巳시〔관성_경쟁자〕와 巳亥충하여 인생〔system〕이 모두

남성들과의 관계로 이루어졌다.

애정관계 이성(異性)은 남자에게 식상(食傷), 재성(財星), 관성(官星)이고 여자에게 재성(財星), 관성(官星)인데 단순한 만남이 아니라 성관계(sex)를 갖기에 보금자리〔日支〕와 연관된다.

남자에게 애정관계 이성(異性)이 식상(食傷)이면 재성에 이르지 못한 미성숙한 여성으로 어리거나 만족감이 떨어지고 재성(財星)이면 성숙한 여성으로 만족감이 강하며 관성(官星)이면 강한 여성으로 자신을 휘어잡는다. 여자에게 애정관계 이성(異性)이 재성(財星)이면 풋사과처럼 미성숙한 남성으로 재미가 없고 유약하거나 폭력적이기에 만족감이 떨어지고 관성(官星)이면 탐스럽게 익은 사과처럼 성숙한 남성으로 만족감이 강하다. 보통 재성(財星)을 남편으로 가진 여자는 애정이 약하여 이혼하거나 외도하는 경우가 많다.

다음은 남녀의 애정관계 이성(異性)의 예이다.

			(남)
辛	癸	乙	辛
酉	亥	未	丑

◉ 대운

87	77	67	57	47	37	27	17	7
丙	丁	戊	己	庚	辛	壬	癸	甲
戌	亥	子	丑	寅	卯	辰	巳	午

이 사주는 보금자리〔亥일지〕가 亥未합한 식상(食傷) 乙未월이 애정관계 여성이다. 아내는 아들〔辛丑년〕을 낳아주었지만 사랑이 깊지 못하여 계속 갈등했고 결국은 이혼하고 혼자서 아들을 키웠다.

			(남)
己	丁	丙	丙
酉	丑	申	申

◉ 대운

81	71	61	51	41	31	21	11	1
乙	甲	癸	壬	辛	庚	己	戊	丁
巳	辰	卯	寅	丑	子	亥	戌	酉

이 사주는 보금자리〔丑일지〕가 재고〔財庫_여자창고〕로서 재성들〔丙申년, 丙申월, 丑일지, 己酉시〕 모두가 애정관계(sex) 여성으로서 많은 애인들과 성관계를 가졌고 여성들에게 매우 인기가 높았던 전설적인 바람둥이다.

			(남)
甲	乙	辛	癸
申	丑	酉	卯

◉ 대운

84	74	64	54	44	34	24	14	4
壬	癸	甲	乙	丙	丁	戊	己	庚
子	丑	寅	卯	辰	巳	午	未	申

이 사주는 의사인데 보금자리〔丑일지〕가 관살고(官殺庫)로서 관성(官星) 2개가 아내이다.

첫째 아내〔辛酉월〕는 乙辛충〔부부갈등〕으로 乙일간〔자신〕을 많이 괴롭혔고 둘째 아내〔甲申시〕는 강렬한 성격의 소유자였지만 자신〔乙일간〕을 괴롭히지 않았기에 평화로웠다.

			(여)
壬	辛	癸	己
辰	卯	酉	酉

◉ 대운

88	78	68	58	48	38	28	18	8
壬	辛	庚	己	戊	丁	丙	乙	甲
午	巳	辰	卯	寅	丑	子	亥	戌

이 사주의 남편은 卯일지〔재성〕로서 보금자리〔日支〕에 정확히 들어왔기에 가정에는 충실했지만 辛일간〔자신〕에게 만족감을 주지 못했다.

卯일지〔남편〕가 卯酉충·卯辰천으로 손상되어 매우 불길한데, 49세〔丁

丑대운 丁酉년) 때 남편이 운영하던 회사가 갑자기 부도가 났고 남편은 행방불명으로 사라져 버렸다.

			(여)
甲	丁	己	戊
辰	酉	未	午

⊙ 대운

89	79	69	59	49	39	29	19	9
庚	辛	壬	癸	甲	乙	丙	丁	戊
戌	亥	子	丑	寅	卯	辰	巳	午

이 사주의 남편은 酉일지〔재성〕로서 가정적이고 착한 공무원이었지만 丁일간〔자신〕에게 만족감을 주지 못하여 40세〔乙卯대운 丁酉년〕에 결국 이혼하였다. 주변 사람들은 착하고 성실하며 외모까지 잘생긴 남편과 왜 이혼하는지를 이해하지 못했다.

			(여)
己	乙	己	戊
卯	未	未	午

⊙ 대운

88	78	68	58	48	38	28	18	8
庚	辛	壬	癸	甲	乙	丙	丁	戊
戌	亥	子	丑	寅	卯	辰	巳	午

이 사주는 성실하고 가정적인 남편〔未일지〕과 살았지만 감성적으로 만족하지 못했고 몰래 바람을 피웠다. 乙일간〔자신〕의 남편 未일지(日支)는 재성(財星)으로서 만족감을 주지 못한다.

			(여)
甲	戊	丙	甲
寅	戌	寅	辰

⊙ 대운

85	75	65	55	45	35	25	15	5
丁	戊	己	庚	辛	壬	癸	甲	乙
巳	午	未	申	酉	戌	亥	子	丑

이 사주에서 애정관계 남성은 보금자리〔戌일지〕를 품은 丙寅월〔관성〕 1명이다. 甲辰년〔관성〕과 甲寅시〔관성〕는 辰戌충·寅戌합으로 관계를

맺지만 보금자리〔戌일지〕와 연계성이 약하기에 사회적인 남성이다. 이분은 한 번의 결혼으로 만족했고 남편〔丙寅월〕 외에는 애정관계가 없었으며 노름과 술을 좋아하는 남편을 존중하였다.

4 부모

남녀 모두에게 재성(財星)과 관성(官星)이 아버지이고 인성(印星)과 비겁(比劫)과 식상(食傷)이 어머니인데 부모자리〔月支〕로 정의한다. 일반적으로 재성(財星) 아버지와 인성(印星) 어머니가 선명하게 드러나면 자신의 감성을 채워주지만 부모(父母)의 가치는 자신이 부귀(富貴)를 얻는데 어떤 영향력을 주느냐에 달려 있다.

다음은 남녀 부모의 예이다.

			(남)
戊	丁	甲	壬
申	丑	辰	寅

◉ 대운

89	79	69	59	49	39	29	19	9
癸	壬	辛	庚	己	戊	丁	丙	乙
丑	子	亥	戌	酉	申	未	午	巳

이 사주는 어머니에게서 5백억의 유산을 물려받았고 노모를 지극 정성으로 모셨다. 丁일간〔자신〕이 甲월간〔인성〕을 사용하여 재물〔壬寅년, 丁丑일, 戊申시〕이 입묘한 辰월지〔재물창고〕를 지배했기에 어머니〔甲辰_인성·식상〕는 자신에게 부귀(富貴)를 물려주는 위대한 존재이다.

			(남)
甲	壬	己	戊
辰	午	未	辰

◉ 대운

84	74	64	54	44	34	24	14	4
戊	丁	丙	乙	甲	癸	壬	辛	庚
辰	卯	寅	丑	子	亥	戌	酉	申

이 사주는 壬일간〔자신〕이 甲시간〔식상〕으로 辰시지〔비겁고_기업체〕를 지배했고 재물〔己未월, 壬午일〕은 戊辰년〔타기업〕과 辰시지〔자기기업〕 양쪽으로 입묘하였다.

己未월〔관성〕 아버지는 甲己합으로 甲辰시〔무역회사〕를 운영하고 壬일간〔비겁〕 어머니는 壬午자합하여 午未합으로 사업을 도우며 戊辰년〔거래회사〕은 사업이윤〔己未, 壬午〕의 절반을 가져간다. 자신〔壬甲〕은 가업(家業_辰비겁고)을 물려받아 경영자의 길을 걷고 있기에 부자(父子)의 애착관계가 매우 강하다.

			(여)
癸	癸	己	庚
亥	巳	丑	戌

◉ 대운

81	71	61	51	41	31	21	11	1
庚	辛	壬	癸	甲	乙	丙	丁	戊
辰	巳	午	未	申	酉	戌	亥	子

이 사주는 음(陰) 자기세력〔己丑월, 癸일간, 癸亥시〕으로 양(陽) 경쟁세력〔庚戌년, 巳일지〕을 제압했지만 강대강(强大强)으로 대립하면서 파란만장한 인생이 펼쳐지게 되었다.

10대〔丁亥대운〕까지는 水대운을 만나면서 가난하게 살았고 20대〔丙戌대운〕는 경쟁세력〔庚戌, 巳〕에게 순응하면서 공무원이 되었지만 丑戌형으로 시부모가 사망했고 30대〔乙酉대운〕는 경쟁세력〔庚戌, 巳〕을 酉戌천→丑戌형 · 巳酉丑 삼합으로 자극하면서 남편과 아버지가 사망하고 재산이 날아갔다. 己丑월〔관성〕이 아버지이고 巳丑합한 癸일간〔비겁〕이 어머니이며 巳일지〔재성〕가 남편이다. 乙酉대운은 己丑월〔아버지〕과 巳일지〔남편〕가 巳酉丑 삼합으로 사라지는데 38세〔乙酉대운 戊子년〕에 아버지가 사망하고 39세〔乙酉대운 己丑년〕에 남편이 사망했다.

이 사주는 음양(陰陽)의 대립에서 부모(父母)가 음(陰) 자기세력이 되어주었기에 부모에게서 재산은 받지 못했지만 부모를 존중하고 마음으로 아꼈다.

			(남)
壬	癸	辛	壬
戌	亥	亥	子

◉ 대운

83	73	63	53	43	33	23	13	3
庚	己	戊	丁	丙	乙	甲	癸	壬
申	未	午	巳	辰	卯	寅	丑	子

이 사주는 水〔자기〕에너지〔壬子, 辛亥, 癸亥〕를 木〔식상〕에너지〔亥亥 중 甲甲〕로 누설했는데 부모는 辛亥월〔인성·식상〕 어머니와 辛亥월〔어머니〕의 보금자리〔亥월지_水식상〕가 품은 壬戌시〔관성〕 아버지다.
水〔자기〕에너지〔壬子, 辛亥, 癸亥〕에 속하는 어머니〔辛亥월〕는 자기세력이 되어주어 가치가 높지만 사주팔자에서 아무런 작용력이 없는 아버지〔壬戌시〕는 의미가 없기에 가치가 떨어진다.
이분은 10대〔癸丑대운〕에 아버지〔壬戌시〕가 丑戌형으로 사망하면서 홀어머니〔辛亥월〕 밑에서 자랐고 아버지에 대한 아무런 추억이 없다.

			(남)
丁	丙	己	庚
酉	午	卯	申

◉ 대운

81	71	61	51	41	31	21	11	1
戊	丁	丙	乙	甲	癸	壬	辛	庚
子	亥	戌	酉	申	未	午	巳	辰

이 사주는 음(陰) 경쟁세력〔庚申년, 丁酉시〕에게 양(陽) 자기세력〔己卯월, 丙午일〕이 둘러싸여 통제되면서 빈곤해졌다.
己卯월〔식상·인성〕 어머니와 庚申년〔재성〕 아버지는 卯申합〔생계〕으로 살았는데 26세〔壬午대운 乙酉년〕는 午卯파·卯酉충으로 생계〔卯申

합〕가 무너지자 어머니가 교통사고로 사망했고 1개월 뒤에 아버지도 우울증으로 자살했다. 부모의 사망으로 젊은 자신의 인생〔부귀〕은 크게 무너졌다.

5 자식(子息)

남자에게 재성(財星)과 관성(官星)이 자식이고 여자에게 식상(食傷)과 재성(財星)이 자식인데 자식자리〔時支〕로 정의한다. 남자에게 자식이 관성(官星)이면 재성(財星)보다 존재감이 더 강하고 여자에게 자식이 식상(食傷)이면 재성(財星)보다 더 헌신적으로 사랑한다.

일반적으로 관성(官星)이나 식상(食傷)이 선명하게 드러나면 감성적인 만족을 주지만 자식(子息)의 가치는 자신의 부귀성취(富貴成就)와 관련된다.

다음은 남녀 자식의 예이다.

			(남)
甲	己	辛	丙
戌	酉	丑	子

⊙ 대운

84	74	64	54	44	34	24	14	4
庚	己	戊	丁	丙	乙	甲	癸	壬
戌	酉	申	未	午	巳	辰	卯	寅

이 사주는 음(陰) 자기세력〔丙子년, 辛丑월, 己酉일〕이 양(陽) 경쟁세력〔甲戌시〕을 제압하여 부귀(富貴)가 매우 높기에 가난한 시골에서 태어났지만 명문대를 졸업하고 행복한 가정을 꾸렸으며 아들은 서울대학교 공과대학을 졸업하고 미국으로 유학했고 딸은 KAIST 박사를 만나 결혼하였다.

甲戌시〔관성 · 자식자리〕가 아들이며 자식자리〔戊일지_火식상〕를 품은

丙子년〔재성〕이 딸이다. 자식들이 제압(制壓)에 참여하여 자신의 부귀(富貴)를 완성시키기에 가치가 매우 높다.

(남)

甲	甲	辛	甲
戌	申	未	戌

◉대운

89	79	69	59	49	39	29	19	9
庚	己	戊	丁	丙	乙	甲	癸	壬
辰	卯	寅	丑	子	亥	戌	酉	申

이 사주는 병원장〔의사〕인데 아들〔甲戌시〕도 의사이다. 복음(伏吟) 甲甲일시간〔자신〕이 戌시지〔식상고〕를 지배하고 양(陽) 자기세력〔甲戌년, 辛未월, 甲戌시〕으로 음(陰) 경쟁세력〔甲申일〕를 둘러싸서 통제하였다. 甲戌시〔재성〕 아들은 포국(包局)을 성립시키는 중요한 요소로서 가치가 매우 높다.

(남)

丁	庚	乙	丙
亥	子	未	子

◉대운

87	77	67	57	47	37	27	17	7
甲	癸	壬	辛	庚	己	戊	丁	丙
辰	卯	寅	丑	子	亥	戌	酉	申

이 사주는 서울대학교 의과대학을 졸업하고 슬하에 1남 1녀를 두고 부유하게 살았는데 58세〔辛丑대운 癸酉년〕에 아들〔丙子년〕이 교통사고로 갑작스럽게 사망했다.

음(陰) 자기세력〔丙子년, 庚子일, 丁亥시〕이 양(陽) 경쟁세력〔乙未월〕을 둘러싸서 통제했기에 丁亥시〔관성〕 딸과 자식자리〔亥시지_水관성〕를 품은 丙子년〔관성〕 아들은 포국(包局)을 이루는 요소로서 가치가 매우 높다. 하지만 사주원국에서 子未천으로 아들자리가 상하여 불길한데 辛丑대운〔50대 후반〕에 丙辛합으로 丙년간〔아들〕의 형상이 손상되고, 子丑합→子未천으로 아들자리〔子년지〕가 무너지면서 아들이 급사했다.

			(여)
庚	庚	乙	乙
辰	辰	酉	未

⊙대운

88	78	68	58	48	38	28	18	8
甲	癸	壬	辛	庚	己	戊	丁	丙
午	巳	辰	卯	寅	丑	子	亥	戌

이 사주는 평생 동안 장사하여 모은 재산을 첫째 아들〔乙酉월〕이 사업한다고 모두 날렸고 둘째 아들〔乙酉월〕은 병약하여 사회생활을 못하고 자신에게 의탁하였다.

재물〔乙未월〕이 입묘한 辰辰일시지〔재물창고〕를 복음(伏吟) 庚庚일시간〔자신〕이 지배했지만 乙庚합 때문에 지배력이 상실되었다. 자식은 辰시지에 입묘한 乙未년〔재성〕 딸과 酉辰합한 乙酉월〔재성〕 아들 2명인데 아들〔乙酉월〕이 乙庚합으로 자신의 인생을 무너뜨렸다.

			(남)
壬	丁	甲	戊
寅	巳	子	午

⊙대운

85	75	65	55	45	35	25	15	5
癸	壬	辛	庚	己	戊	丁	丙	乙
酉	申	未	午	巳	辰	卯	寅	丑

이 사주는 서울대학교 경제학과를 졸업하고 금융회사로 무난히 취업했지만 아내가 기형아를 낳으면서 무너지기 시작했다.

丁巳일주〔자신〕가 양(陽) 자기세력〔戊午년, 丁巳일, 壬寅시〕으로 음(陰) 경쟁세력〔甲子월〕를 둘러싸서 통제하여 부귀를 얻었지만 寅巳형으로 아들〔壬寅시〕이 손상되면서 불길해졌다. 아내는 아들〔壬寅시〕을 낳은 이후 가정을 팽개치고 세계여행을 다녔고 자신은 1억이 넘는 연봉을 받고도 항상 궁핍했다.

9 집단(庫)

집단〔庫〕을 지배한다는 것은 고(庫)에 입묘된 노동력을 통제하는 것을 의미한다. 고(庫)를 지배하는 방법은 천간(天干)이 지지(地支)를 직접 누르거나 천간합(天干合)으로 지배된 집단(庫)을 가져오는 2가지이다. 일반적으로 비겁고(比劫庫)는 경쟁자들의 육체가 지배되기에 권력집단이나 기업을 의미하고 식상고(食傷庫)는 깨우침의 창고로서 유치원, 학교, 종교집단을 의미한다. 재고(財庫)는 여성노동력과 재물창고이기에 은행이나 기업을 의미하고 관살고(官殺庫)는 남성노동력과 권력창고로서 국가권력이나 기업〔조직체〕을 의미하며 인성고(印星庫)는 결재권을 가진 권력집단을 의미한다.

다음은 집단〔庫〕의 예이다.

			(남)
丁	丁	壬	戊
未	丑	戌	辰

◉ 대운

83	73	63	53	43	33	23	13	3
辛	庚	己	戊	丁	丙	乙	甲	癸
未	午	巳	辰	卯	寅	丑	子	亥

이 사주는 원나라를 무너뜨리고 명나라를 건국한 주원장(朱元章)으로 丁일간〔자신〕이 丁壬합으로 戌월지〔비겁고_군중의 육체〕를 지배하고 양(陽) 자기세력〔壬戌월, 丁일간, 丁未시〕으로 음(陰) 경쟁세력〔戊辰년, 丑일지〕을 제압(制壓)했다.

이 사주는 대운(大運)이 승패를 갈랐는데 亥子丑〔水〕대운은 음(陰) 경쟁세력이 힘을 얻어 배고픈 폭도로서 힘든 싸움을 하였고 丙寅대운부터 양(陽) 자기세력이 강해지자 음(陰) 경쟁세력〔원나라〕을 무너뜨리고 명나라를 건설하였다.

			(여)
庚	庚	辛	辛
辰	子	丑	亥

◉ 대운

89	79	69	59	49	39	29	19	9
庚	己	戊	丁	丙	乙	甲	癸	壬
戌	酉	申	未	午	巳	辰	卯	寅

이 사주는 서울대학교 법과대학을 졸업하고 판사가 되었다.

복음(伏吟) 庚庚일시간〔자신〕이 사람들〔辛亥년, 辛丑월, 庚子일〕이 입묘한 辰시지〔권력창고〕를 지배하였다. 辰시지는 식상고(食傷庫)지만 金 경쟁자들〔辛亥, 辛丑〕이 입묘했기에 권력창고〔比劫庫_비겁고〕다.

			(남)
戊	庚	壬	丙
寅	申	辰	子

◉ 대운

89	79	69	59	49	39	29	19	9
辛	庚	己	戊	丁	丙	乙	甲	癸
丑	子	亥	戌	酉	申	未	午	巳

이 사주는 가난한 집에서 태어났지만 서울대학교 정치학과를 졸업하고 60억대 자산을 소유한 정치인으로 활동했고 자식은 의사와 사업가로 모두 성공하였다.

申子辰 삼합이 寅申충으로 깨지면서 辰월지〔식상고〕가 생기를 얻었다. 辰월지는 庚申일주〔자신〕가 申辰합으로 얻은 재물창고로서 재고(財庫)나 관살고(官殺庫)만큼 거대하지는 않지만 삼합고(三合庫)의 위력을 충분히 발휘하였다.

(남)			
庚	壬	乙	壬
戌	午	巳	辰

◉ 대운

81	71	61	51	41	31	21	11	1
甲	癸	壬	辛	庚	己	戊	丁	丙
寅	丑	子	亥	戌	酉	申	未	午

이 사주는 40대〔庚戌대운〕부터 학원강사로 돈을 벌기 시작하여 60대〔壬子대운〕에 부동산 투자로 2천억대 자산가가 되었다.

壬일간〔자신〕이 庚戌시〔인성 · 재고〕를 사용하여 양(陽) 자기세력〔乙巳월, 壬午일, 庚戌시〕으로 음(陰) 경쟁세력〔壬辰년〕을 제압했다. 재성〔乙巳, 壬午〕이 입묘한 戌시지〔재고〕를 사용하여 辰년지〔비겁고〕를 辰戌충으로 제압했기에 부귀가 매우 높다.

(남)			
戊	辛	丙	乙
戌	亥	戌	巳

◉ 대운

85	75	65	55	45	35	25	15	5
丁	戊	己	庚	辛	壬	癸	甲	乙
丑	寅	卯	辰	巳	午	未	申	酉

이 사주는 30대 중반〔壬午대운〕부터 엄청난 돈을 벌어 부자가 되었다.

辛亥일주〔자신〕가 관성〔乙巳, 丙戌〕이 입묘한 戊戌시〔인성 · 관살고〕를 사용하여 양(陽) 자기세력〔乙巳년, 丙戌월, 戊戌시〕으로 음(陰) 경쟁세력〔辛亥일〕을 둘러싸서 통제하였다. 壬午대운〔30대 중반〕부터 포국틀〔乙巳, 丙戌, 戊戌〕이 생동하면서 크게 재물이 일어났다.

(남)			
戊	丙	辛	丁
戌	辰	亥	亥

◉ 대운

88	78	68	58	48	38	28	18	8
壬	癸	甲	乙	丙	丁	戊	己	庚
寅	卯	辰	巳	午	未	申	酉	戌

이 사주는 가난하게 태어났지만 30대〔戊申대운〕부터 사업을 시작하여

40대〔丁未대운〕에 수백억대 부자가 되었다.

丙일간〔자신〕이 관성〔丁亥, 辛亥〕이 입묘한 辰일지〔관살고〕를 지배하고 음(陰) 자기세력〔丁亥년, 辛亥월, 丙辰일〕으로 양(陽) 경쟁세력〔戊戌시〕을 辰戌충으로 제압했다. 辰일지〔관살고〕는 남성창고인데 戊申대운〔30대〕부터 택시회사 운영과 고철사업으로 일어났다.

지금까지 해원명리 육친법을 살펴보았다.

해원명리

해원명리는 ❶물질의 연속성(連續性)에서 시작하는 생체시스템(生體system)을 먼저 정의하고 ❷생체시스템과 주변 물질들과의 물리화학작용을 분석하고 ❸해원명리 육친법으로 사주팔자의 인간사회관계를 파악하는 3가지 단계를 거친다.

생체시스템과 육친을 정확하게 이해하려면 천간(天干)과 지지(地支)가 결합한 간지(干支)의 물질적인 특성을 이해해야 한다. 간지(干支)는 결합방식에 따라 각기 다른 능력을 가진다.

4

간지(干支)의 물질조합

60간지(干支)는 천간 10개의 원소(元素)와 지지 12개의 원소(元素)가 만나 이루어진 물질(物質)로서 품고 있는 능력이 각각 다르다. 간지(干支)를 이해하는 것은 물질의 특성을 알고 육친(六親)을 올바르게 파악하기 위해서 반드시 필요하다.

자평명리는 60간지(干支)를 주로 오행, 12운성, 신살 등으로 설명하지만 해원명리는 물질의 연속성(連續性)에서 정의한 선천적인 육체〔인성, 비겁, 식상〕를 기준으로 설명한다.

60간지(干支)의 능력은 그 자체가 좌우하는 것이 아니라 사주팔자〔system〕에서 어떤 역할을 하느냐에 따라 달라진다. 예를 들면 甲辰 일주는 甲일간〔자신〕이 辰〔재고〕을 지배했기에 매우 훌륭한 간지(干支)지만 辰〔재물창고〕으로의 입묘작용이 없고 辰戌충으로 부서지면

능력이 하락한다. 庚寅일주는 庚일간〔자신〕이 절지(絕地)에 앉아 결함이 있지만 癸亥월〔식상〕을 만나면 강한 식상(통솔력)으로 사주팔자〔system〕를 구성해 나갈 수 있다.

지금부터 60간지(干支)의 물질적인 특징을 종류별로 살펴보겠다.

1 비겁(比劫)

甲	乙	丙	丁	庚	辛	壬	癸
寅	卯	午	巳	申	酉	子	亥

비겁(比劫)으로 구성된 간지(干支)는 8가지인데 甲寅·丁巳·庚申·癸亥 4가지는 식상(食傷)을 품고 있고 乙卯·丙午·辛酉·壬子 4가지는 비겁(比劫)으로만 구성되어 있다.

식상(食傷)을 지지(地支)에 품고 있는 甲寅〔寅 중 丙〕, 丁巳〔巳 중 戊〕, 庚申〔申 중 壬〕, 癸亥〔亥 중 甲〕는 비겁(比劫)이 강해지면 식상(食傷)으로 누설할 수 있는 장점이 있지만 순수하게 비겁(比劫)으로만 구성된 乙卯·丙午·辛酉·壬子는 식상(食傷)이 없기에 생체시스템에서 식상(食傷)이나 인성(印星)을 얻는 것이 중요하다.

비겁(比劫) 간지(干支)는 분리되지 않는 하나의 몸〔一體〕으로서 자아(自我)가 강하고 보금자리〔日支〕에 비겁(比劫)이 들어왔기에 자기중심적인 애정관계를 가진다.

2 인성(印星)

甲	乙	丙	丁	戊	己	壬	癸
子	亥	寅	卯	午	巳	申	酉

인성(印星)으로 구성된 간지(干支)는 8가지인데 乙亥·丙寅·己巳·壬申 4가지는 비겁(比劫)을 품고 있고 甲子·丁卯·戊午·癸酉 4가지는 인성(印星)으로만 구성되었다.

비겁(比劫)을 지지(地支)에 품고 있는 乙亥〔亥 중 甲〕, 丙寅〔寅 중 丙〕, 己巳〔巳 중 戊〕, 壬申〔申 중 壬〕은 인성(印星) 에너지를 비겁(比劫)으로 연결하여 자신(天干)의 기운을 보충할 수 있는 장점이 있지만 순수하게 인성(印星)으로만 구성된 甲子·丁卯·戊午·癸酉는 인성(印星)이 비겁(比劫)을 돕지 않는다.

인성(印星) 간지(干支)는 하나의 몸〔一體〕으로서 주관(主觀)이 강하고 보금자리〔日支〕에 인성(印星)이 들어 있어 애정관계에 어머니가 관여한다

3 식상(食傷)

甲	乙	戊	己	庚	辛	壬	癸
午	巳	申	酉	子	亥	寅	卯

식상(食傷)으로 구성된 간지(干支)는 8가지인데 乙巳·戊申·辛亥·壬寅 4가지는 재성(財星)을 품고 있고 甲午·己酉·庚子·癸卯 4가지는 식상(食傷)으로만 구성되었다.

재성(財星)을 지지(地支)에 품고 있는 乙巳〔巳 중 戊〕, 戊申〔申 중 壬〕, 辛亥〔亥 중 甲〕, 壬寅〔寅 중 丙〕은 식상(食傷)의 에너지를 재성(財星)으로 만드는 능력을 가졌지만 순수하게 식상(食傷)으로만 구성된 甲午·己酉·庚子·癸卯는 사주팔자〔system〕에서 재물과 연결되어야 한다.

식상(食傷) 간지(干支)는 분리되지 않는 하나의 몸〔一體〕이고 생산력〔표현력〕이 강하며 보금자리〔日支〕에 성기(性器)를 드러냈기에 애정관계에 적극적이다.

4 재성(財星)

丙	丁	庚	辛
申	酉	寅	卯

자합(自合)을 제외한 재성(財星)으로 구성된 간지(干支)는 4가지인데 재성(財星)을 지배하는 丙申·丁酉와 재성(財星)을 원만하게 지배하지 못하는 庚寅·辛卯로 나눈다.

천간(天干) 화(火)가 지지(地支) 금(金)을 지배한 丙申·丁酉에서 丙申은 申중 壬〔관성〕을 품고 있어 재관(財官)을 모두 지배하고 丁酉는 재성(財星)만 지배한다.

천간(天干) 금(金)과 지지(地支) 목(木)이 충돌한 庚寅·辛卯는 반발하는 2가지의 물질이 결합한 것으로 생체시스템의 효율성이 지배력을 결정한다. 예로 庚寅일주가 癸亥월〔식상〕을 얻는다면 寅亥합으로 寅일지〔재성〕를 통제할 수 있는 것이다.

丙申·丁酉는 보금자리〔日支〕가 지배되어 애정관계가 좋지만 庚寅·辛卯는 자신〔天干〕과 보금자리〔日支〕가 충돌하여 애정관계가 나쁘다.

5 관성(官星)

甲	乙	丙	戊	己	庚
申	酉	子	寅	卯	午

자합(自合)을 제외한 관성(財星)으로 구성된 간지(干支)는 6가지인데 인성(印星)을 품고 있는 甲申·戊寅과 관성(官星)만 있는 乙酉·丙子·己卯·庚午로 나눈다. 인성(印星)을 품고 있는 甲申·戊寅은 관성(官星)이 자신〔天干〕을 도울 수 있지만 인성(印星)을 품지 않은 乙酉·丙子·己卯·庚午는 자신을 돕지 못한다.

관성(官星) 간지(干支)는 지지(地支)가 천간(天干)에게 반발하는 2가지 물질의 결합으로 생체시스템의 효율성으로 극복할 수 있다. 예로 乙酉일주가 巳시지〔식상〕을 얻으면 巳酉합으로 酉일지〔관성〕를 통제할 수 있다. 관성(官星) 간지(干支)는 보금자리〔日支〕가 반발하기에 애정관계가 나쁘고 일반적으로 배우자가 수명이 더 길다.

6 자합(自合)

丁	戊	己	辛	壬	癸
亥	子	亥	巳	午	巳

성질이 다른 간지(干支)의 물질이 결합하는 자합(自合)은 6가지인

데 戊子·己亥·壬午·癸巳 4가지는 재성(財星)과 결합하고 丁亥·辛巳 2가지는 관성(官星)과 결합한다.

戊子자합은 戊〔천간〕와 子〔子 중 癸〕, 己亥자합은 己〔천간〕와 亥〔亥 중 甲〕, 壬午자합은 壬〔천간〕과 午〔午 중 丁〕, 癸巳자합은 癸〔천간〕와 巳〔巳 중 戊〕, 丁亥자합은 丁〔천간〕과 亥〔亥 중 壬〕, 辛巳자합은 辛〔천간〕과 巳〔巳 중 丙〕의 결합을 말한다.

자합(自合)은 천간(天干)이 지지(地支)를 자신의 몸처럼 사용하며 효율적으로 통제하지만 애정관계에서는 보금자리〔日支〕 자체가 이성(異性)이기에 이상적인 사랑에 속박(束縛)된다.

7 고(庫)

〈비겁고(比劫庫)〉

乙	丙	辛	壬
未	戌	丑	辰

〈인성고(印星庫)〉

甲	丁	戊	癸
辰	未	戌	丑

〈식상고(食傷庫)〉

甲	己	庚	癸
戌	丑	辰	未

〈재고(財庫)〉

丁	戊	辛	壬
丑	辰	未	戌

〈관살고(官殺庫)〉

乙	丙	己	庚
丑	辰	未	戌

고(庫)는 비겁고(比劫庫)·식상고(食傷고)·인성고(印星庫)·재고(財庫)·관살고(官殺庫) 5가지인데 지지(地支)가 비겁, 식상, 인성이면 생체시스템과 고(庫)의 2가지 역할을 동시에 하지만 재성, 관성이면 생체시스템〔비겁·식상·인성〕이 지배해야만 사용이 가능하다.

고(庫_창고)는 20가지인데 지지(地支)가 辰戌丑未〔土〕면 모두 고(庫)에 해당되고 많이 담길수록 규모가 커진다. 고(庫)의 명칭은 담겨 있는 물질에 따라 정하기도 하고 간지(干支)를 대비시켜 정하기도 한다. 예로 甲辰은 辰〔水庫〕이 인성고(印星庫)지만 일반적으로 甲〔天干〕의 입장에서 辰〔地支〕이 재성(財星)이기에 재고(財庫)라고 부르며 丁丑은 丁〔天干〕의 입장에서 丑〔地支〕이 식상(食傷)이지만 일반적으로 재성〔金〕을 담고 있기에 재고〔金庫〕라고 부른다.

고(庫)는 채워야 하고 충형파천(沖刑破穿) 등으로 깨지면 제압(制壓)으로 사용되며 삼합(三合)을 만나면 사라지고 육합(六合)에서 정지되는 특징이 있다. 예로 辛丑일주〔자신〕에게 연월시(年月時)의 金〔庚·辛·申·酉〕이 모두 입묘했다면 비겁고〔권력창고〕로서 강한 권력을 행사하고 丑戌형이나 丑未충 등으로 고(庫)가 깨져 있다면 제압(制壓)으로 사용하며 巳酉丑 삼합을 이루면 고(庫)가 사라지고 子丑합을 하면 고(庫)의 기능이 정지된다.

고(庫)를 보금자리〔日支〕로 가지면 애정관계가 묻히기에 고(庫) 밖으로 나오지 않으면 만족감이 떨어진다. 예를 들면 丁丑일주〔남자〕는 丑일지〔재고_여자창고〕를 가졌기에 金〔庚·辛·申·酉〕이 밖으로 나오면 많은 여성들과 만족스러운 애정관계를 갖지만 金〔재성〕이 고(庫) 속에 있으면 애정관계가 불만족스럽다. 특히 己丑일주와 己未일주 경우는 재관(財官)이 비겁고(庫)에 들어갔기에 보금자리〔日支〕로 들어온 이성(異性)은 무력하다.

지금까지 60간지(干支)의 물질적인 특성을 구별하고 살펴보았다. 자평명리는 월령(月令)를 중심으로 음양(陰陽)의 중화(中和)를 추구했기에 태어난 월〔계절〕이 인생의 모든 것을 결정하고 태어난 시(時)

는 월령(月令)을 조율하는 수준으로 보았다. 하지만 해원명리는 태어난 시(時)가 인생의 승패를 결정한다.

해원명리

해원명리는 태어난 시(時)가 인생의 승패를 결정하고 참다운 성공은 인생 후반기〔45세 이후 판단〕**로 판단한다.**

다음으로 해원명리가 왜 태어난 시(時)를 중요하게 다루는지 살펴보겠다.

5

태어난 시(時)가 운명을 결정한다

자평명리는 월(月_계절)에서 생성된 월령(月令)을 기준으로 "중화(中和)가 인생의 모든 것을 결정한다."고 주장한다. 월(月)은 자신이 태어나고 자란 가정환경〔부모 능력〕이며 인생 중반기까지의 학업성취, 출세〔사업〕, 부귀(富貴)를 의미하기에 자평명리가 말하는 이상적인 삶이란 명문가에서 태어나 공부를 잘하여 최고의 대학교를 졸업하고 빨리 출세하여 재물과 권력을 선점하는 것을 의미한다.

자평명리를 만들었던 서자평(徐子平)은 성리학자의 눈으로 세상을 바라보았기에 가장 이상적인 부귀(富貴)를 명문가문 출신의 고관대작(高官大爵)에서 찾았다. 유교(儒教)가 지배하던 봉건시대 중국에서는 귀족가문에서 태어나 최고의 교육을 받고 장원급제하여 빨리 벼슬길에 올라 출세가도를 달리는 것이 최고의 이상(理想)이었기에 좋은 혈통(月_부모)은 운명을 결정지었다. 하지만 현재 우리가 살고 있는 사회는 왕이 지배하는 봉건사회(封建社會)가 아니라 경제중심의 자본주의(資本主義)로서 혈통(月_부모)이 나빠도 미래(부귀)를 꿈꿀 수 있다. 자평명리의 월령(月令_과거) 철학은 인생 중반기까지의 출세를 인생의 성공이라고 말하지만 그것은 언제든지 변할 수 있기에 진정한 성공은 인생 후반기(時_미래)에 있다.

2015년 서울에서는 명문대 경영학과를 졸업하고 외국계 IT기업에 들어가 중견간부까지 승진했던 40대 남자가 아내와 두 딸을 살해하고 자살을 기도한 충격적인 사건이 있었다. 그는 인생 중반기까지 성공만 하였고 강남의 40평대 고급 아파트에서 행복하게 살았지만 외국계 회사에서 나와 사업에 실패하고 주식투자로 3억을 날리자 미래를 포기해 버렸다. 2003년 부산에서는 30대 후반의 남자가 부부싸움 도중에 아내를 목 졸라 살해하고 자살한 사건이 있었다. 그는 호텔사업으로 엄청난 부(富)를 이루었던 아버지로부터 풍부하게 돈을 지원받아 부유하게 살았지만 아내와의 불화를 극복하지 못하였다.

세상에서 빛이 된 많은 사람들은 가난한 집에서 태어나 중년까지 힘든 삶을 살다가 인생 후반기에 금자탑(金字塔)을 쌓아올렸다. 42대 미국 대통령 클린턴(Bill Clinton)은 자신이 태어나기 3개월 전에 중장비를 운전했던 아버지가 교통사고로 숨졌고 4살 때부터 의붓아버지의 폭력에 시달렸지만 가난한 가정형편을 딛고 대통령이 되었으며 재임기간(1993~2000년) 동안 미국을 유일한 세계 강대국으로 올려놓았다. 정주영 회장은 가난 때문에 초등학교만 졸업했고 19세에 가출하여 막노동을 하였지만 50대에 현대그룹을 창립하고 한국경제발전에 크게 이바지하였다. 청쿵그룹 이가성 회장은 아버지가 폐병으로 사망하자 16세에 완구판매원으로 취직하여 매일 16시간의 격무에 시달렸지만 정직과 성실함으로 사업을 일으켜 37조원의 아시아 최고 재벌이 되었다.

해원명리는 자평명리가 중요시하는 월령〔月令_과거, 부모〕이 부귀(富貴)를 결정하지 않고 태어난 시〔時_미래, 자식〕가 부귀(富貴)를 결정한다고 본다. 빈곤한 집안에서 태어나 공부를 못하고 과거가 암울하더라도 "자신의 노력으로 인생 후반기〔時〕에 얼마든지 부귀(富貴)를 쌓을 수 있다."고 판단하는 것이다. 선대(先代)의 막대한 재물을 물려받았지만 몰락한 부자는 태어난 월(月)은 좋지만 태어난 시(時)가 나쁜 것으로 인생 후반기〔45세~〕에 사업이 실패하거나 자식으로 인하여 무너진다. 어린 시절에 가난하게 살았지만 성공한 부자는 태어난 월(月)은 나쁘지만 태어난 시(時)가 좋은 것으로 인생 후반기〔45세~〕에 사업이 성공하고 자식은 훌륭하게 성장한다.

중국의 봉건사회(封建社會)를 품은 자평명리는 부모〔月〕의 혈통이 인생〔신분〕을 결정했지만 자본주의(資本主義)를 품은 해원명리는 미래〔時_자식〕를 꿈꾸고 노력하는 자가 부귀(富貴)를 얻고 신분(身分)을 상승시킨다.

			(남)
丁	甲	癸	辛
卯	辰	巳	丑

◉ 대운

82	72	62	52	42	32	22	12	2
甲	乙	丙	丁	戊	己	庚	辛	壬
申	酉	戌	亥	子	丑	寅	卯	辰

			(남)
戊	甲	癸	辛
辰	辰	巳	丑

◉ 대운

82	72	62	52	42	32	22	12	2
甲	乙	丙	丁	戊	己	庚	辛	壬
申	酉	戌	亥	子	丑	寅	卯	辰

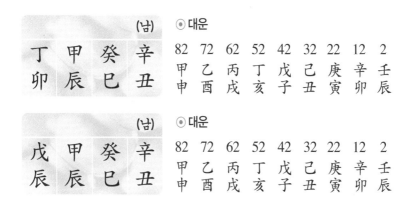

이 사주는 필자와의 상담에서 파란만장했던 인생이야기를 들려주었다.

"선생님! 저는 예술가이고 서울시 강남의 아파트에 살고 있으며 辰시〔7시 30분~9시 30분〕에 태어났습니다. 두 번의 결혼에 실패했는데 제가 왜 기구한 삶을 살아야 하는지 알고 싶습니다."

"사주를 해석하기 전에 태어난 시(時)의 확인이 필요합니다. 산부인과에서 출생한 젊은 세대들은 태어난 시(時)가 정확하지만 40세를 넘긴 중년이나 시골에서 출생한 분은 태어난 시(時)가 정확하지 않은 경우가 많습니다. 정말 辰시〔7시 30분~9시 30분〕에 태어나셨는지요? 辰시가 아닌 것 같은데요?"

"어머니는 제가 아침 7시에서 8시 무렵에 태어났다고 하였습니다. 그리고 지금까지 모든 철학관에서 辰시〔7시 30분~9시 30분〕로 사주를 보았습니다."

"태어난 시(時)는 운명을 결정합니다. 아침 7시와 8시 사이는 辰시〔7시 30분~9시 30분〕일 수도 있고 卯시〔5시 30분~7시 29분〕일 수도 있습니다. 辰시와 卯시는 확연히 다르니 저의 설명과 살아왔던 삶을 비교해 보시기 바랍니다."

"네 알겠습니다."

"辰시와 卯시의 인생은 극단적으로 다릅니다.

❶ 辰시에 태어났다면 40대〔戊子대운〕에 돈을 많이 벌어 적어도 50억 이상의 자산을 소유하고 있을 것이나 卯시에 태어났다면 40대〔戊子대운〕에 파산하여 재산이 아예 없을 것입니다. 서울시 강남의 아파트에 살더라도 卯시라면 자기 소유가 아닐 것입니다.

➡ 저는 40대〔戊子대운〕에 파산했고 강남의 아파트는 지인의 전셋집으로 현재 얹혀서 살고 있습니다.

❷ 辰시라면 연예기획사나 예술관련 사업을 했을 것이나 卯시라면 예술가로 활동했을 것이며 만약 사업을 했다면 망했을 것입니다.

➡ 예술가로 계속 활동하다가 예술관련 사업에 뛰어들었다가 망했습니다.

❸ 辰시면 남자들이 해를 끼치지 않지만 卯시면 남자들의 시기와 질투 때문에 사업을 망치게 됩니다.

➡ 저는 남자들을 도와주었지만 그들은 오히려 저를 배신하고 사업을 망쳤습니다.

❹ 辰시면 아내의 도움으로 부자가 되지만 卯시면 아내 때문에 자신의 재물이 날아갑니다.

➡ 2명의 아내는 결혼생활과 이혼 과정에서 저의 재산을 모두 날려버렸습니다.

❺ 辰시면 현모양처와 애인〔여성〕을 동시에 두면서 원만한 결혼생활을 하지만 卯시면 아내가 급작스럽게 외간남자와 눈이 맞아 가정을 깨버렸을 것입니다.

➡ 2번의 이혼은 아내가 외간남자와 바람을 피웠기 때문입니다. 두 아내의 외도는 모두 번개처럼 순식간에 일어났습니다.

❻ 卯시는 매우 뚜렷한 특징이 하나 있습니다. 만약 卯시에 태어났다면 여자를 다루는 실력이 뛰어나 처음 만나는 여성이라도 바로 성관계(sex)가 가능했을 것이고 세상의 많은 여성들과 원하는 대로 애정관계를 가졌을 것입니다.

➡ 저는 어디를 가든지 여성들에게 인기가 많았고 처음 만나는 여성과도 쉽게 성관계(sex)를 가졌으며 원하는 대로 사랑을 나누었습니다. 하지만 부부 관계는 너무도 불행했고 저에게 너무도 큰 고통을 주었습니다. 선생님! 과연 이것이 저의 운명인가요?"

이 사주가 辰시에 태어났다면 사업가로서 크게 성공하고 아내와 행복한 인생 후반기를 보냈겠지만 卯시에 태어났기에 예술가로서 세상의 많은 여성들의 마음을 얻었지만 아내의 사랑은 얻지 못했다.

辰시와 卯시는 생체시스템이 다르기 때문에 운명도 다르다. 해원명리는 생체시스템의 효율성이 인생의 부귀(富貴)를 결정한다고 거듭 말한다.

2가지 시(時)의 차이점은 다음과 같다.

1 丁卯시 → 일시주(日時柱) system

	Ⓐ	Ⓑ	Ⓒ
丁	甲	癸	辛
卯	辰	巳	丑
	Ⓓ	Ⓔ	

❶물질 분류 ☞ ⒶⒷⒸⒹⒺ의 5가지 물질

❷생체시스템 ☞ 甲·丁卯〔일간·식상·비겁〕

➡癸〔인성〕와 巳〔식상〕는 丁卯〔식상·비겁〕와 추구하는 방향이 다르기에 같은 물질이 아니다.

❸물리화학작용 ☞ 자신〔Ⓐ_甲〕이 재물〔ⒸⒷ_辛丑, 癸〕이 입묘된 재물창고〔Ⓓ_辰〕를 지배했지만 丁卯〔Ⓐ_자기 육체〕가 卯辰천으로 무너뜨렸다. 巳〔Ⓔ_식상〕는 癸巳자합하여 癸〔Ⓑ_인성〕를 따른다.

※ 卯辰천〔卯가 辰을 훼손하다〕**으로** 辰〔재물창고, 여성, 아내〕**은** 丁卯〔자신의 몸〕**로 인하여 손상되었다. 그리고 자기 육체**〔丁卯〕**와 여성들**〔辰재고〕**은** 卯辰천〔빠르게 애정관계를 맺는 것〕**으로 관계를 형성하였다.**

2 戊辰시 → 일간(日干) system

Ⓑ	Ⓐ	Ⓒ	Ⓓ
戊	甲	癸	辛
辰	辰	巳	丑
	Ⓔ	Ⓕ	

❶물질 분류 ☞ ⒶⒷⒸⒹⒺⒻ의 6가지 물질

❷생체시스템 ☞ 甲〔일간〕

❸물리화학작용 ☞ 자신〔Ⓐ_甲〕이 재물〔ⒹⒸ_辛丑, 癸〕이 입묘된 재물창고〔Ⓔ_辰일지〕를 지배했다. 巳〔Ⓕ_식상〕는 癸巳자합으로 癸〔Ⓒ_인성〕를 따르고 재물〔ⒹⒸ_辛丑, 癸〕은 戊辰〔Ⓑ_타인 재물창고〕에게도 입묘한다.

※ 甲〔자신〕**은 재물**〔辛丑, 癸〕**이 입묘된 辰일지**〔재물창고〕**를 지배하면서 식상**〔火〕**을 사용하는 예술가가 아닌 사업가의 기질을 가진다.**

(남)			
丙	丁	戊	丁
午	卯	申	未

⊙대운

88	78	68	58	48	38	28	18	8
己	庚	辛	壬	癸	甲	乙	丙	丁
亥	子	丑	寅	卯	辰	巳	午	未

이 사주는 서울대학교 의과대학박사를 수료하고 40대〔甲辰대운〕에 화려하게 서울시 강남 중심가에 병원을 개업했다가 49세〔癸卯대운 乙未년〕에 망했고 50세〔癸卯대운 丙申년〕부터 출장의사로 일하면서 겨우 생계를 유지했다. 같은 시기에 의사였던 아내는 암(癌)에 걸려 투병생활을 시작하였다.

이 사주에서 생체시스템은 丁卯일주〔일간·인성〕이고 戊申월〔재성〕은 卯申합으로 맺어진 다른 물질이다. 丁卯일주〔자신〕는 卯未합·卯申합으로 丁未년〔비겁〕과 연합하여 戊申월〔재성〕을 통제하였다. 연월일(年月日)이 좋으니 인생 중반기까지의 성공은 보장되었다. 문제는 丙午시〔겁재〕의 등장이다. 丙午시〔겁재〕는 午卯파로 자신〔丁卯일주〕과 丁未년〔비겁〕의 연합관계〔卯未합〕를 깨고 午未합으로 丁未년〔비겁〕과 새로운 연합관계를 만들었다.

자신〔丁卯일주〕이 인생 후반기〔時〕에 주도권을 상실하고 타인〔丙午시〕이 운영하는 병원에서 굴욕적인 출장의사가 된 것과 아내가 악성종양으로 시달리게 된 것은 丙午시〔時_인생 후반기〕의 午卯파 때문이다.

만약 丙午시가 아닌 乙巳시를 만났다면 어떻게 되었을까?

			(남)
乙	丁	戊	丁
巳	卯	申	未

⊙ 대운

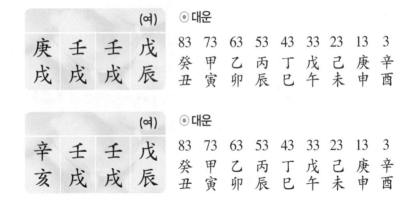

88	78	68	58	48	38	28	18	8
己	庚	辛	壬	癸	甲	乙	丙	丁
亥	子	丑	寅	卯	辰	巳	午	未

乙巳시에 태어났다면 일시주(日時柱) 생체시스템으로 자신〔丁·乙巳〕과 비겁〔丁未년〕이 양(陽) 자기세력을 안전하게 형성하고 음(陰) 재물〔戊申월〕을 巳申합·巳卯未연합으로 깔끔하게 통제하여 50대〔癸卯대운〕에 망하거나 아내가 암으로 투병하는 일 없이 순조롭게 병원사업에 성공했을 것이다.

			(여)
庚	壬	壬	戊
戌	戌	戌	辰

⊙ 대운

83	73	63	53	43	33	23	13	3
癸	甲	乙	丙	丁	戊	己	庚	辛
丑	寅	卯	辰	巳	午	未	申	酉

			(여)
辛	壬	壬	戊
亥	戌	戌	辰

⊙ 대운

83	73	63	53	43	33	23	13	3
癸	甲	乙	丙	丁	戊	己	庚	辛
丑	寅	卯	辰	巳	午	未	申	酉

위의 2개 사주는 태어난 연월일(年月日)은 동일하고 시(時)만 다른데 庚戌시는 갑부(甲富)로 살았고 辛亥시는 빈곤하게 살았다.

庚戌시와 辛亥시는 어떤 차이점이 있었기에 극단적인 삶이 펼쳐졌을까?

庚戌시는 일월시간(日月時干_壬일간, 壬월간, 庚시간) 생체시스템으로 일월시지(日月時支)의 재고〔戌일지, 戌월지, 戌시지〕 3개를 지배하여 戊辰년〔겁재고_경쟁세력〕을 辰戌충으로 제압했다. 戌戌戌〔재고〕도 거대하고 戊辰〔겁재고_부귀〕도 매우 크기에 갑부다.

반면 辛亥시는 일월시주(日月時柱_壬일간, 壬월간, 辛亥시) 생체시스템을 사용하여 음(陰) 자기세력〔戊辰년, 辛亥시〕으로 양(陽) 경쟁세력〔壬戌월, 壬戌일〕을 둘러싸서 통제했지만 亥와 1개의 辰〔겁재고〕으로는 2개의 戌〔재고〕의 힘을 감당할 수 없다. 약한 자기세력으로 강한 경쟁세력을 다스리려고 했으니 당연히 빈곤하다.

지금까지 운명의 열쇠는 자평명리가 말하는 태어난 월(月_부모, 혈통, 계절)이 아니라 해원명리가 말하는 태어난 시(時_미래, 자식, 노력)에 있다는 것을 알았다.

이제 자평명리의 또 다른 허상(虛想)을 깨야 한다.

자평명리는 중국의 봉건사회를 대표하는 사상(思想)으로 혈통〔月〕만큼이나 지위(地位)를 매우 중요시한다. 자평명리가 만들어졌던 500년 전 중국사회는 귀족가문에서 태어나 벼슬을 얻으면 부귀영화가 결정되었기에 지위(地位)는 운명을 결정지었다. 하지만 지금은 봉건사회가 아니라 자본주의로서 지위가 운명을 결정하지 않고 부귀(富貴)를 얻는 방법도 다양하다.

이제 지위가 왜 봉건시대의 유물(遺物)인지 살펴보자.

6
지위가 부귀를 말하지 않는다

자평명리가 뿌리를 내렸던 중국의 봉건시대와 조선시대에서 지위(地位)는 곧 빈부귀천(貧富貴賤)을 의미했다. 왕(王)은 절대 권력을 누렸고 사대부(士大夫)는 등급에 따라 부귀(富貴)를 얻었지만 서민들은 나쁜 혈통 때문에 빈곤함을 면하기 힘들었다.

"모든 만물은 위계질서를 갖는다."는 성리학(性理學)의 차별론(差別論)은 신분제도를 고착화시켜 사회의 변혁(變革)을 막고 소수의 왕족과 사대부가 세상의 부귀를 탐욕스럽게 독식(獨食)할 수 있도록 만들었다. 성리학은 나라를 사대부 중심의 관료제(官僚制)로 통치하도록 사상적인 배경이 되었고 불평등한 신분사회를 도덕(道德)이라는 이름으로 합리화하였다. "인간은 본래 도덕적 본성〔本然之性〕인 선(善)을 지녔는데 육체와 감각을 따르는 인욕(人欲_氣質之性)으로 인하여 악(惡)

으로 흐르니 천리(天理)를 따라 인욕(人欲)을 버리고 도덕(道德)을 실천하여 인간 본성〔本然之性〕을 찾아야 한다."는 성리학의 인간관(人間觀)은 모순된 계급사회를 개인의 인격문제로 치부하고 가부장적인 가족질서, 신분제도와 관료제적 통치질서를 도덕적으로 강요하였다.

성리학자 서자평(徐子平)이 만든 자평명리는 성리학의 정신을 뼛속 깊이 흡수하여 중용(中庸)을 실현하기 위해서 음양(陰陽)의 중화(中和)를 끊임없이 거론했고 부족한 오행(五行)을 메우라고 강요하며 개인의 인성(人性)을 문제 삼았다. 예로 화(火)가 부족하면 그것을 직업의 물상으로 삼아 중화(中和)를 얻으라고 압박하고 인생의 승패(勝敗)는 국가사회문제가 아닌 개인의 인성문제로 몰아붙여 세상의 부조리를 보지 못하게 하였다.

성리학의 관료제적 이상(理想)은 자평명리에게 기술자나 사업가보다는 판검사나 교수, 관료〔고위공무원〕를 우선시하는 사고를 심어주어 사회발전에 큰 걸림돌을 만들었다. 관료제에 빠져 기술발전을 등한시한 조선(朝鮮)이 왜 식민지가 되었는지 생각해보라! 기술을 앞세워 나라를 일으킨 독일이 어떻게 강대국이 되어 유럽을 호령하고 있는지를 살펴보라! 독일은 유럽에서 낙후된 민족이었지만 끊임없는 고뇌의 철학(哲學)과 예술(藝術)로 민족정신을 개도(開導)하여 국가를 만들고 기술 중심의 세계 강대국이 되었다. 지위(地位)를 이상으로 삼는 자평명리의 사고를 깨지 못하면 한국민족의 미래는 없다. 한국이 세계 강대국이 되기 위해서는 중국의 중화사상(中華思想)에서 벗어나 민족철학을 일으켜 문화와 기술 발전에 힘을 쏟아야 한다.

우루과이를 4년(2010~2014년) 동안 통치했던 무히카(Mujica)는 세상에서 가장 가난했던 대통령으로 널리 알려져 있다.

그는 군부독재정권에 맞서 여섯 번의 총상과 14년의 감옥생활을 겪으며 힘들게 대통령에 당선되었지만 방 한 개와 작은 거실이 있는 소박한 집을 대통령 관저로 사용하면서 트랙터로 농사를 짓고 직접 요리를 하며 다리 하나를 잃은 강아지를 보살폈다. 대통령 월급의 90%를 기부하고 정치비리는 한 건도 없었으며 30년 된 2백만원짜리 낡은 자동차가 전 재산이었던 무히카는 "대통령과 국민 사이에는 거리가 없어야 한다. 그러기 위해서는 대통령을 지나치게 모시는 풍조를 없애야 한다."고 말하였다. 그는 '자리가 사람을 만든다'는 말을 뒤집어 지위(地位)가 얻을 수 있는 탐욕을 내려놓으면서 우루과이의 정신문화와 경제발전을 이끌었다.

			(남)
庚	庚	辛	丙
辰	辰	丑	申

◉ 대운

84	74	64	54	44	34	24	14	4
庚	己	戊	丁	丙	乙	甲	癸	壬
戌	酉	申	未	午	巳	辰	卯	寅

이 사주는 제1공화국 시절에 절대 권력을 누리다가 아들에게 살해되었던 이기붕 부통령이다.

1945년(49세_丙午대운 乙酉년)에 이승만 대통령의 비서로 정계에 입문하여 1949년(53세_丙午대운 己丑년)에 서울시장과 1951년(55세_丁未대운 辛卯년)에 국방부장관을 역임하고 1953년(57세_丁未대운 癸巳

년〕에 자유당(自由黨)의 실권자가 되었으며 1954년〔58세_丁未대운 甲午년〕에는 이승만 대통령의 종신집권 가결을 강행하였다. 그는 1960년〔64세_丁未대운 庚子년〕 3·15부정선거로 부통령의 꿈을 이루었지만 4·19혁명으로 사임하였고 들끓는 민심을 피해 경무대〔청와대〕에 피신했다가 아들의 권총에 맞아 가족과 함께 죽음을 맞았다.

이 사주는 복음(伏吟) 庚庚일시간〔자신〕이 경쟁세력〔丙申년, 辛丑월〕을 입묘시킨 辰辰일시지〔권력창고〕를 지배하여 부귀(富貴)가 높지만 음(陰)으로만 이루어져 반드시 木火대운〔陽〕을 만나야 하는데 초년부터 木火대운으로 흐르면서 부귀(富貴)가 하늘처럼 치솟았다. 하지만 金水대운에 다다르자 부귀가 먼지처럼 사라졌다.

왕(王)은 얼마만큼의 부귀(富貴)를 누릴 수 있을까?

훌륭한 왕(王)은 부귀(富貴)를 키워 국민들과 같이 나누어 즐기고 국가를 윤택하게 만든다. 세종대왕(世宗大王)은 불안정했던 조선(朝鮮)의 법학, 공학, 철학, 경제, 천문학, 농업, 군사, 언어, 음악에 이르는 모든 분야를 비약적으로 발전시켜 조선왕조 5백년의 뿌리를 만들었다. 특히 한글 창제는 한국인(韓國人)의 위대한 민족문화의 새로운 시작이자 중국의 한자(漢字)로부터 정신문화를 독립시킨 역사적인 사건이다.

중국은 세종대왕과 비교되는 강희제(康熙帝) 같은 훌륭한 황제도 있었지만 연산군처럼 쾌락에 빠져 국가는 고사하고 자신도 지키지 못한 황제도 있었다.

			(남)
戊	丁	戊	辛
申	酉	戌	亥

◉ 대운

89	79	69	59	49	39	29	19	9
己	庚	辛	壬	癸	甲	乙	丙	丁
丑	寅	卯	辰	巳	午	未	申	酉

이 사주는 명나라 제10대 정덕제(正德帝)로 15세〔丁酉대운 乙丑년〕에 황제에 올라 매일 술과 음악을 즐기면서 후궁뿐만 아니라 신하의 처첩, 임산부, 백성들의 부녀자까지 닥치는 대로 겁탈하여 쾌락〔sex〕만 추구하다가 나라를 망쳤다.

그는 배고픈 국민들이 20세〔丙申대운 庚午년〕와 29세〔丙申대운 己卯년〕 때 반란을 일으키자 진압하지만 31세〔乙未대운 辛巳년〕에 배가 뒤집혀 물에 빠지면서 병을 얻어 사망하였다.

			(남)
丁	庚	乙	庚
亥	午	酉	午

◉ 대운

86	76	66	56	46	36	26	16	6
甲	癸	壬	辛	庚	己	戊	丁	丙
午	巳	辰	卯	寅	丑	子	亥	戌

이 사주는 남북조시대 송나라 제4대 효무제(孝武帝)로 24세〔丁亥대운 癸巳년〕에 형이 성군(聖君)이었던 아버지를 죽이고 왕위를 빼앗자 형을 죽이고 황제에 올랐다. 그는 즉위하자 사촌누이 4명을 모두 궁궐로 데려와 후궁으로 삼아 잠자리를 가졌고, 화가 난 삼촌이 반란을 일으키자 진압하여 삼촌과 16명의 사촌형제 모두를 죽였다.

잔인한 친족 숙청과 쾌락에만 몰두했던 그의 삶은 35세〔戊子대운 甲辰년〕에 질병으로 끝났지만 왕위를 이어받은 아들〔유자업〕은 잔악함을 이어받아 천하의 패륜아가 되어 송나라의 짧은 역사〔8대 59년〕를 재촉했다. 유자업(劉子業)은 황제가 되자 가장 먼저 이복동생 유자난〔7세〕을 죽였는데 그는 끌려가면서 "다음 생에는 다시는 황제의 자손으로 태어나고 싶지 않습니다."라는 말을 남겼다.

우리는 5백년 조선왕조(朝鮮王朝)만 살펴보아도 왕들의 굴곡진 부귀(富貴)를 이해할 수 있다. 왕(王)이 된다고 모든 것을 얻지 못하며 왕족의 피를 타고났어도 암살당하고 단명한다면 일반인으로 태어나 일평생 풍족하게 살면서 장수하는 것보다 못하다. 왕(王)을 절대적인 부귀(富貴)로 올려놓은 것은 성리학(性理學)이 만들어놓은 지배의식〔군신유의_君臣有義〕 때문이다.

직업은 귀천(貴賤)이 없고 지위(地位)는 부귀(富貴)를 의미하지 않지만 성리학이 심어준 관료중심의 봉건사상(封建思想)은 겉으로 보이는 직업〔지위〕으로 부귀(富貴)를 판단하는 자평명리의 고질병을 낳았다. 예를 들면 의사가 직업이면 부귀(富貴)하고 교사가 직업이면 품위 있는 중산층이라는 식의 사고방식은 직업과 부귀(富貴)를 연결시키는 오류를 범하며 역학카페마다 사주를 올려놓고 직업을 맞추라는 문제를 즐비하게 하였다.

필자는 교직에서 품위 있는 중산층이라는 사회적인 이미지와 다르게 살아가는 교사를 많이 보았다. 어떤 여교사는 남편이 노름으로 5억을 날리자 이혼했고 패륜아 아들에게 맞고 살았다. 중학교에 근무했던 50대의 소박한 여교사는 퇴근하면 늘 허름한 옷차림으로 채소밭을 가꾸었는데 그녀는 산언덕에 거대한 골프연습장을 소유한 엄청난 부자였다. 어느 고등학교의 교사 두 분은 너무도 상반된 삶을 살았는데 한 분은 15평 낡은 아파트에 홀로 가난하게 살면서 아들 1명만 바라보았고 한 분은 무일푼에서 20층짜리 건물을 소유한 큰 부자로 성공하여 의사인 아들과 하버드 대학교를 다니는 딸을 슬하에 두었다. 그분은 늘 운동장에서 잡초를 뽑고 있었는데 부자 교사보다는 학교시설을 관리하는 소박한 주사처럼 보였다.

			(남)
丙	庚	辛	丙
戌	申	丑	辰

◉ 대운

86	76	66	56	46	36	26	16	6
庚	己	戊	丁	丙	乙	甲	癸	壬
戌	酉	申	未	午	巳	辰	卯	寅

이 사주는 9조원의 재산을 소유했던 대만플라스틱 왕영경 회장이다.

그는 가난한 농가에서 태어나 가족들이 굶어죽을 지경에 이르자 15세(壬寅대운 辛未년)에 중학교를 그만두고 작은 쌀집부터 시작하여 38세(乙巳대운 甲午년)에 대만플라스틱을 창업하여 직원 7만 명에 자산이 60조원에 이르는 대만 최대의 기업으로 성장시켰다.

양복 한 벌로 20년을 입고 목욕 수건 한 장으로 27년을 사용할 정도로 근검 절약했지만 가난한 사람들을 위해서 비영리재단 장껑기념병원을 설립하는데 아낌없이 740억을 기부했던 그는 91세에 세상을 떠나면서 전 재산(9조원)과 기업을 사회에 환원하였다.

해원명리는 지위가 세상을 지배하는 자평명리의 관료중심의 봉건사상을 배격하고 물질세계를 추구하는 자본주의를 새로운 사회질서에 올려놓았다. 세상의 중심을 사람들을 지배하고 권력을 쫓는 관료가 아니라 경제를 발전시켜 물질적인 풍요를 사람들과 나누는 경제인으로 바꾼 것이다. 부디 경제인들이 세상을 발전시켜 많은 사람들과 물질적인 풍요를 나눌 수 있기를 바란다.

이제 사주팔자(四柱八字)의 물리화학작용을 살펴보겠다.

해원명리

해원명리에서 부귀(富貴)는 생체시스템의 효율적인 물리화학작용에서 결정된다. 인간은 영혼을 가진 인격체이기 이전에 원소(元素)들의 집합체(集合體)이기에 물리화학작용은 물질덩어리[四柱八字]의 생명력[부귀]을 결정한다.

海原 命理學

해원 명리학

제 5 장
물리화학작용

海原 命理學

해원 명리학

1 물리화학작용

사주팔자(四柱八字)는 물질덩어리이며 물리화화작용이 생명력〔부귀〕을 결정한다.

물리작용은 2~3개의 물질이 합하여 힘이 증가하는 결합작용(A+B⇨AB, A+B+C⇨ABC)과 2~3개의 물질이 충돌하여 한쪽이 깨지거나 모두 부서지는 충돌작용(A↔B⇨A⇒B, A⇐B, A⇔B, A↔B↔C⇨AB⇒C, A⇐BC, A⇔B⇔C)을 말한다.

화학작용(A+B⇨C, A+B+C⇨D)은 2~3개의 물질이 융합하여 본성을 잃고 새로운 물질이 생성되는 것을 말하며 물리화학작용(A+B⇨AB+C, A+B+C⇨ABC+D)은 2~3개의 물질이 결합하여 본성을 유지하고 새로운 에너지를 얻는 것을 말한다.

일반적으로 자평명리는 상반된 물리화학작용이 겹칠 경우에 작용력이 해소된다고 설명하지만 해원명리는 사주팔자(四柱八字)의 모든 물리화학작용은 일어나며 발생하는 시점만 다르다고 해석한다.

(남)			
庚	壬	己	丁
戌	辰	酉	巳

◉ 대운

88	78	68	58	48	38	28	18	8
庚	辛	壬	癸	甲	乙	丙	丁	戊
子	丑	寅	卯	辰	巳	午	未	申

이 사주는 辰戌충으로 酉辰합이었던 보금자리〔辰일지〕가 깨지기에 일생동안 애정문제로 고생하였다. 이분은 30세〔丙午대운 丙戌년〕에 결혼했지만 31세〔丙午대운 丁亥년〕에 바람을 피우다가 들켜서 아내에게 이혼을 당하였다.

사주원국의 辰戌충은 酉辰합으로 해소되는 것이 아니라 먼저 酉辰합〔결합작용〕이 일어나고 辰戌충〔충돌작용〕이 뒤에 일어나 酉辰합을 깨는 작용을 한다.

이제 천간합(天干合)부터 물리화학작용을 설명하겠다.

물리 화학 작용

❶물리작용 ☞ 2~3개의 물질이 합하여 힘이 증가하는 결합작용(A+B⇨AB, A+B+C⇨ABC)과 2~3개의 물질이 충돌하여 한쪽이 깨지거나 모두 부서지는 충돌작용(A↔B⇨A⇒B, A⇐B, A⇔B, A↔B↔C⇨AB⇒C, A⇐BC, A⇔B⇔C)이 물리작용이다.

❷화학작용 ☞ 2~3개의 물질이 결합하여 본성을 잃고 새로운 에너지를 생성하는 것이 화학작용(A+B⇨C, A+B+C⇨D)이다.

❸물리화학작용 ☞ 2~3개의 물질이 결합하여 물질의 본성은 유지하면서 새로운 에너지를 얻는 것이 물리화학작용(A+B⇨AB+C, A+B+C⇨ABC+D)이다.

※ **사주팔자의 모든 물리화학작용은 일어나며 상반된 작용력이 있어도 해소되지 않는다. 예로 戌辰酉〔時日月〕의 3개 원소(元素)가 나열되었다면 辰戌충이 酉辰합으로 해소되는 것이 아니라 酉辰합이 먼저 일어나고 辰戌충이 뒤에 발생하여 酉辰합을 깨게 된다.**

2 천간합(天干合)

甲己　乙庚　丙辛　丁壬　戊癸

천간합(天干合)은 물질〔원소〕끼리의 결합으로 서자평의 『연해자평』은 "서로 합한다."는 물리작용으로 설명했지만 후대 명나라 『삼명통회』는 "甲己합은 토(土)로 변하고 乙庚합은 금(金)으로 변하며 丙辛합은 수(水)로 변하고 丁壬합은 목(木)으로 변하며 戊癸합은 토(土)로 변한다."는 화학작용으로 설명하였다.

이것은 자평명리 초기의 천간합(天干合) 정의〔물리작용〕가 후대에 바뀐〔화학작용〕 것으로 오늘날까지 명확한 정의 없이 혼란 속에서 "합하는 대상끼리의 강약(强弱)으로 득실(得失)을 판단한다."고 모호하게 설명되고 있다.

맹파명리는 천간합(天干合)을 간지허실(干支虛實)로 신강신약을 따지고 "강한 간지(干支)가 약한 간지(干支)를 제압한다."는 약육강식의 논리로써 재관(財官)을 얻는 방법으로 설명하였다.

해원명리는 자평명리나 맹파명리와는 다르게 **물리작용과 화학작용으로 구분하여 판단**한다.

1 물리작용

천간합(天干合)은 기본적으로 물리작용(A+B⇨AB)이며 고(庫)를 지배하는 연월시간(年月時干)을 일간〔자신〕이 합(合)하면 그것을 사용한다. 천간합은 연월일시(年月日時)가 떨어져 있어도 성립된다.

			(여)
己	己	丙	甲
巳	酉	子	辰

⊙ 대운

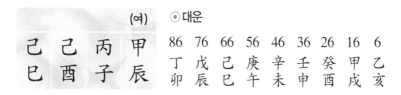

86	76	66	56	46	36	26	16	6
丁	戊	己	庚	辛	壬	癸	甲	乙
卯	辰	巳	午	未	申	酉	戌	亥

○생체시스템 ➡ 己酉〔일간 · 식상〕

●생체시스템 변화 ➡ 甲己합으로 甲辰년〔관성 · 재고〕을 생체시스템으로 사용한다.

○물리작용 ➡ 제압〔양←음음음〕, 음〔甲辰, 丙子, 己酉〕이 양〔己巳〕을 제압했다.

이 사주는 己일간〔사신〕이 甲己합〔물리작용〕으로 甲辰년〔남편, 사업체〕을 생체시스템으로 사용하여 酉辰합 · 子辰합으로 연합한 음(陰) 자기세력〔甲辰년, 丙子월, 己酉일〕으로 양(陽) 경쟁세력〔己巳시〕을 제압했다. 이분은 5백억대 남편 회사의 지분 80%를 소유하고 있다.

2 화학작용

고(庫)를 지배하는 생체시스템〔인성·비겁·식상〕이 천간합(天干合)을 당하거나 외로운 천간(天干)이 대운(大運)에서 천간합(天干合)을 당하면 화학작용(A+B⇨C)으로 본성을 잃고 지배력이 무너진다.

			(여)
乙	丙	辛	辛
未	辰	丑	丑

◉대운

86	76	66	56	46	36	26	16	6
庚	己	戊	丁	丙	乙	甲	癸	壬
戌	酉	申	未	午	巳	辰	卯	寅

○생체시스템 ➡ 丙辰〔일간·식상〕

○화학작용 ➡ 입묘〔辰⌒丑丑未〕, 丙〔자신〕이 丙辛합으로 재물〔辛丑, 辛丑, 乙未〕이 입묘한 辰〔관살고〕을 지배하는 능력을 상실했다.

이 사주는 丙일간〔자신〕이 재물〔辛丑년, 辛丑월, 乙未시〕이 입묘한 재물창고〔辰일지_관살고〕를 지배했지만 丙辛합〔화학작용〕으로 丙일간〔자신〕의 지배력이 무너지면서 한 달에 천만원을 벌었지만 병든 가족 치료비와 생활비로 남는 돈이 없었다.

			(남)
丁	壬	壬	壬
未	辰	子	子

◉대운

83	73	63	53	43	33	23	13	3
辛	庚	己	戊	丁	丙	乙	甲	癸
酉	申	未	午	巳	辰	卯	寅	丑

○생체시스템 ➡ 壬〔일간〕

○화학작용 ➡ 입묘〔辰⌒子子未〕, 壬〔자신〕이 丁壬합으로 재물〔壬子, 壬子, 丁未〕이 입묘한 辰〔비겁고〕을 지배하는 능력을 상실했다.

이 사주는 壬일간〔자신〕이 재물〔壬子년, 壬子월, 丁未시〕가 입묘한 재물창고〔辰일지_비겁고〕를 지배했지만 丁壬합〔화학작용〕으로 壬일간〔자신〕의 지배력이 무너지면서 40대 중반〔丁巳대운〕까지 홀로 살면서 일용직 막노동으로 겨우 먹고 살았다.

3 물리화학작용

물리작용이나 화학작용은 사주원국을 먼저 살펴야 한다. 천간합(天干合)은 ❶ 사주원국(四柱原局) 〉 ❷ 대운(大運) 〉 ❸ 세운(歲運) 순서대로 강도(强度)를 가지기에 사주원국이 매우 중요하다.

			(여)
癸	戊	丙	丁
亥	午	午	亥

⊙ 대운

90	80	70	60	50	40	30	20	10
乙	甲	癸	壬	辛	庚	己	戊	丁
卯	寅	丑	子	亥	戌	酉	申	未

○생체시스템 ➡ 戊午 · 丙午〔일간 · 인성〕

●생체시스템 변화 ➡ 戊癸합으로 癸亥시〔재성〕를 생체시스템으로 사용한다.

○물리작용 ➡ 포국〔음→양양←음〕, 음〔丁亥, 癸亥〕이 양〔丙午, 戊午〕을 둘러싸서 통제하였다.

이 사주는 빈곤한 가정에서 태어나 18세〔丁未대운 甲辰년〕부터 사회에 나가 일을 시작했지만 20대〔戊申대운〕, 30대〔己酉대운〕에 순조롭게 재물을 모았고 42세〔庚戌대운 戊辰년〕에 자금을 빌려서 식품가공 공장을 세웠으며 57세〔辛亥대운 癸未년〕에는 수백억대 자산을 가진 부자가 되었다.

❶사주원국(四柱原局) ➡ 戊일간〔자신〕이 戊癸합〔물리작용〕으로 癸亥시〔재성〕를 사용하면서 음(陰) 자기세력〔丁亥년, 癸亥시〕으로 양(陽) 경쟁세력〔丙午월, 戊午일〕을 둘러싸서 통제하였다.

❷대운(大運) ➡ 戊申대운〔20대〕부터 金水대운을 만나면서 포국틀〔丁亥, 癸亥〕이 단단해져 재물〔陽〕이 모이기 시작하여 庚戌대운〔40대〕에 직종을 바꾸었고 辛亥대운〔50대〕부터 포국틀〔丁亥, 癸亥〕이 생동하자 크게 재물〔陽〕이 일어났다.

❸세운(歲運) ➡ 庚戌대운 戊辰년〔42세〕은 사주원국의 火〔丁, 丙午, 戊午〕를 입묘시킨 戌대운〔火庫〕을 戊辰년〔42세〕이 辰戌충으로 열기에 새롭게 도약했고 辛亥대운은 포국틀〔丁亥, 癸亥〕이 생동하는 대운(大運)으로 癸未년〔57세〕에 午未합으로 재물〔陽〕을 크게 얻었다.

			(여)
己	甲	丙	癸
巳	辰	辰	巳

⊙ 대운

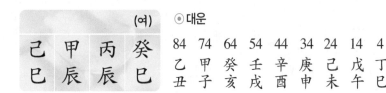

84	74	64	54	44	34	24	14	4
乙	甲	癸	壬	辛	庚	己	戊	丁
丑	子	亥	戌	酉	申	未	午	巳

○생체시스템 ➡ 甲〔일간〕

○화학작용 ➡ 입묘〔辰辰↶癸〕, 甲〔자신〕이 甲己합으로 辰〔재고〕을 지배하는 능력을 상실했다.

이 사주는 부모에게서 빌딩 2개를 물려받아 화려하게 살다가 40대 중반〔辛酉대운〕부터 무너지기 시작하여 57세〔壬戌대운 己丑년〕에 파산하고 거지가 되었다.

❶사주원국(四柱原局) ➡ 甲일간〔자신〕이 癸巳년〔재물〕이 입묘한 재물

창고〔辰일지_재고〕를 지배했지만 甲己합〔화학작용〕으로 甲일간〔자신〕의 지배력이 무너졌다. 丙辰월은 타인의 재물창고다.

❷ 대운(大運) ➡ 辛酉대운〔40대 중반〕은 甲辛극 · 酉辰합으로 자신〔甲〕의 지배력과 辰일지〔재물창고〕의 입묘 능력이 크게 약화되었고 壬戌대운〔50대 중반〕은 辰戌충으로 辰〔재물창고〕이 손상되었다.

❸ 세운(歲運) ➡ 壬戌대운에 辰戌충으로 辰〔재물창고〕이 붕괴되고 己丑년〔57세〕 甲己합〔화학작용〕으로 甲辰일주 전체가 무너지자 파산하였다.

천간합

甲己 乙庚 丙辛 丁壬 戊癸

❶ 물리작용 ☞ 천간합(天干合)은 기본적으로 물리작용(A+B⇨AB)이고 고(庫)를 지배하는 연월시간(年月時干)을 일간〔자신〕이 합(合)하면 생체시스템으로 사용한다. 천간합(天干合)은 연월일시(年月日時)가 떨어져 있어도 성립된다.

❷ 화학작용 ☞ 고(庫)를 지배하는 생체시스템〔인성 · 비겁 · 식상〕이 천간합(天干合)을 당하거나 외로운 천간(天干)이 대운(大運)에서 천간합(天干合)을 당하면 화학작용(A+B⇨C)으로 본성을 잃고 지배력이 무너진다.

❸ 물리화학작용 ☞ 물리작용이나 화학작용은 사주원국(四柱原局)을 먼저 살펴야 한다. 천간합(天干合)은 ❶ 사주원국(四柱原局) 〉 ❷ 대운(大運) 〉 ❸ 세운(歲運) 순서대로 강도(强度)를 가지기에 사주원국이 매우 중요하다.

3

천간충(天干沖)

甲庚 乙辛 丙壬 丁癸 戊甲 己乙 庚丙 辛丁 壬戊 癸己

천간충(天干沖)은 甲庚충·乙辛충·丙壬충·丁癸충 4가지, 戊甲극·己乙극·庚丙극·辛丁극·壬戊극·癸己극 6가지를 합친 10가지이다.

천간충은 2개의 원소(元素)가 충돌하여 일방적으로 한쪽이 손상되는 물리작용(A↔B⇨A⇐B)으로 분리, 파괴, 사고, 사망, 수술, 질병 등의 흉사와 관련되며 특히 일간〔자신〕이 천간충을 당하면 흉(凶)이 크다. 하지만 사주팔자〔system〕에 따라 천간충을 당해도 지지합(地支合)으로 좋은 사회관계〔재물관계〕를 형성하기도 하고 자기세력이 강할 때는 오히려 사주팔자〔system〕의 활력〔부귀〕을 얻게 하기에 천간충을 모두 흉(凶)으로만 볼 수는 없다.

1 물리작용

천간충(天干沖)은 두 개의 원소(元素)가 충돌하여 일방적으로 한쪽이 파괴되는 물리작용(A↔B⇨A⇐B)이다.

(남)

庚	甲	庚	乙
午	戌	辰	未

◉대운

82	72	62	52	42	32	22	12	2
辛	壬	癸	甲	乙	丙	丁	戊	己
未	申	酉	戌	亥	子	丑	寅	卯

○생체시스템 ➡ 甲·午〔일간·식상〕

●생체시스템 변화 ➡ 포국틀〔乙未, 甲戌, 庚午〕을 생체시스템으로 사용한다.

○물리작용 ➡ 포국〔양양→음←양〕, 양〔乙未, 甲戌, 庚午〕이 음〔庚辰〕을 둘러싸서 통제하였다.

이 사주는 16세〔戊寅대운 庚戌년〕에 군대에 들어가 계속 승진하여 청나라 고위관료〔정1품〕가 되었고 부귀영화를 누리다가 70세〔癸酉대운 甲辰년〕에 사망하였다. 甲일간〔자신〕이 午시지〔식상〕을 사용하여 양(陽) 자기세력〔乙未년, 甲戌일, 庚午시〕으로 음(陰) 경쟁세력〔庚辰월〕을 午戌합·午未합으로 둘러싸서 통제하였다.

사주원국에서 음(陰) 경쟁세력이 양(陽) 자기세력보다 약하기에 金水대운을 만나야 하는데 20대 초반〔丁丑대운〕부터 水金대운으로 흐르자 부귀가 크게 일어났고 癸酉대운 甲辰년〔70세〕에 이르자 午酉파·酉戌천·辰戌충으로 포국틀〔乙未, 甲戌, 庚午〕이 깨지면서 사망하였다.

이 사주는 甲일간〔자신〕이 양쪽에서 甲庚충을 맞았지만 양(陽) 자기세력〔乙未년, 甲戌일, 庚午시〕에 속한 庚午시〔관성〕는 자신을 돕기에 흉(凶)이 아니고 길(吉)이며 음(陰) 경쟁세력 庚辰월〔관성〕 또한 사주팔자의 활력〔부귀〕을 주기에 흉(凶)이 아니고 길(吉)이다. 하지만 癸酉대운 甲辰년〔70세〕에 이르면 양(陽) 자기세력〔乙未년, 甲戌일, 庚午시〕이 와해되기에 甲庚충은 길(吉)에서 흉(凶)으로 변하여 자신〔일간〕을 손상시킨다.

			(남)
甲	戊	甲	癸
寅	午	寅	未

◉ 대운

88	78	68	58	48	38	28	18	8
乙	丙	丁	戊	己	庚	辛	壬	癸
巳	午	未	申	酉	戌	亥	子	丑

○생체시스템 ➡ 戊午〔일간·인성〕

●생체시스템 변화 ➡ 戊癸합으로 癸未년〔재성·관살고〕을 생체시스템으로 사용한다.

○물리작용 ➡ 입묘〔寅寅午 ⌒➘ 未〕, 戊午〔자신〕가 戊癸합으로 재물〔甲寅, 甲寅, 戊午〕이 입묘한 癸未〔재물창고〕를 지배하였다.

이 사주는 서울에서 빌딩임대업을 하는 큰 부자이다.

戊午일주〔자신〕와 관성〔官星_甲寅월, 甲寅시〕이 입묘한 癸未년〔재물창고_빌딩〕을 戊癸합으로 지배하면서 甲寅월과 甲寅시는 戊일간〔자신〕을 양쪽에서 戊甲극을 하였지만 이미 입묘되었기에 흉(凶)하지 않고 재물창고〔癸未년〕를 채워주기에 오히려 길(吉)하다.

			(남)
甲	戊	甲	戊
寅	寅	寅	戌

◉ 대운

81	71	61	51	41	31	21	11	1
癸	壬	辛	庚	己	戊	丁	丙	乙
亥	戌	酉	申	未	午	巳	辰	卯

○생체시스템 ➡ 戊〔일간〕

○물리작용 ➡ 지지합〔寅寅寅戌〕, 戊〔자신〕가 寅일지〔관성〕에 의존하여 寅戌합으로 살아간다.

이 사주는 찢어지게 가난한 집에 태어나 5세〔乙卯대운 壬寅년〕에 아버지를 잃었으며 중학교를 중퇴하고 육체노동을 시작하여 뼈에 사무칠 정도로 배고프게 살다가 30세〔丁巳대운 丁卯년〕에 중풍으로 반신불수가 되었다.

戊일간〔자신〕이 오직 寅일지〔관성_남성〕에 의존하여 戊戌년〔비겁_남성〕과 寅戌합으로 살아가는데 관성〔관성_甲寅월, 寅일지, 甲寅시〕이 통제되지 않아 양쪽의 戊甲극은 매우 흉(凶)하다.

丁巳대운은 寅巳형으로 유일한 밥그릇인 寅戌합〔육체노동〕이 날아가고 戊午대운은 寅午戌 삼합〔화학작용〕으로 寅戌합〔생계〕이 사라지기에 오래 살지 못했다.

			(남)
乙	戊	己	壬
卯	寅	酉	辰

⊙대운

83	73	63	53	43	33	23	13	3
戊	丁	丙	乙	甲	癸	壬	辛	庚
午	巳	辰	卯	寅	丑	子	亥	戌

○생체시스템 ➡ 戊·酉〔일간·식상〕

○물리작용 ➡ 지지합충〔卯酉辰〕, 戊〔자신〕가 酉辰합에 의존하여 살아가다가 卯酉충으로 깨졌다.

이 사주는 50대 중반〔乙卯대운〕에 알거지가 되어 청계천 노숙자가 되었다.

戊일간〔자신〕이 己酉월〔비겁의 식상〕을 사용하여 壬辰년〔재물〕을 酉

辰합으로 가져오기에 己酉월〔자신을 돕는 타인〕이 없으면 굶어죽는다. 乙卯시〔관성〕는 己乙극·卯酉충으로 자신이 의존하는 己酉월〔조력자〕를 손상시키고 酉辰합〔생계〕을 깨버리기에 매우 흉(凶)한 존재이다. 인생 후반기〔乙卯대운〕의 파산은 태어난 시(時)를 잘못 만나면서 운명적으로 결정되었다.

천간충

甲庚 乙辛 丙壬 丁癸 戊甲

己乙 庚丙 辛丁 壬戊 癸己

❶물리작용 ☞ 천간충(天干沖)은 두 개의 원소(元素)가 충돌하여 일방적으로 한쪽이 파괴되는 물리작용(A↔B⇨A⇐B)이다.

4
자합(自合)

丁亥　己亥　戊子　辛巳　癸巳　壬午

자합(自合)은 丁亥자합〔丁+亥 중 壬〕, 己亥자합〔己+亥 중 甲〕, 戊子자합〔戊+子 중 癸〕, 辛巳자합〔辛+巳 중 丙〕, 癸巳자합〔癸+巳 중 戊〕, 壬午자합〔壬+午 중 丁〕 6가지다.

자평명리와 맹파명리에서는 자합(自合)을 크게 보지 않지만 **해원명리(海原命理)**는 **자합(自合)을 매우 중요시**한다.

자합(自合)은 천간(天干)이 지지(地支)와 직접 결합하기에 효율적으로 지지(地支)를 통제할 수 있다. 특히 戊子자합은 辰〔水庫〕을 사용할 수 있다는 점에서 효율성이 매우 높다.

1 물리작용

자합(自合)은 천간(天干)과 지지(地支)가 결합하는 물리작용(A+B⇨AB)이다.

			(남)
丙	壬	甲	庚
午	午	申	戌

⊙대운

83	73	63	53	43	33	23	13	3
癸	壬	辛	庚	己	戊	丁	丙	乙
巳	辰	卯	寅	丑	子	亥	戌	酉

○생체시스템 ➡ 壬〔일간〕

●생체시스템 변화 ➡ 포국틀〔庚戌, 壬午, 丙午〕을 생체시스템으로 사용한다.

○물리작용 ➡ 포국〔양양→음←양〕 입묘〔午午⌒戌〕, 壬午자합하여 양〔庚戌, 壬午, 丙午〕이 음〔甲申〕을 둘러싸서 통제하였다.

이 사주는 5천억대 자산가이다.

壬일간〔자신〕이 壬午자합하여 양(陽) 자기세력〔庚戌년, 壬午일, 丙午시〕으로 음(陰) 경쟁세력〔甲申월〕을 午戌합으로 둘러싸서 통제하였다.

			(남)
戊	丙	甲	庚
子	子	申	子

⊙대운

88	78	68	58	48	38	28	18	8
癸	壬	辛	庚	己	戊	丁	丙	乙
巳	辰	卯	寅	丑	子	亥	戌	酉

○생체시스템 ➡ 丙戊〔일간·식상〕

○물리작용 ➡ 지지합〔子子申子〕, 戊子자합하여 子子申子합으로 재물〔庚子, 甲申, 子, 子〕을 가져왔다.

이 사주는 수백억대 부자이다.

丙일간〔자신〕이 戊시간〔식상〕으로 戊子자합하여 子시지〔관성〕를 사용

하면서 재성〔甲申월〕과 관성〔庚子년, 子일지, 子시지〕의 재물을 子申子子합으로 얻었다. 戊子대운〔40대〕은 戊子자합이 생동하면서 자산이 2배로 크게 늘어났다.

(남)			
己	癸	己	戊
未	巳	未	申

◉ 대운

85	75	65	55	45	35	25	15	5
戊	丁	丙	乙	甲	癸	壬	辛	庚
辰	卯	寅	丑	子	亥	戌	酉	申

○생체시스템 ➡ 癸〔일간〕

○물리작용 ➡ 제압〔양양양→음〕, 癸巳자합하여 양〔己未, 癸巳, 己未〕이 음〔戊申〕을 제압했다.

이 사주는 부잣집에서 태어나 막힘없이 사업에 성공하여 갑부가 되었다. 癸일간〔자신〕이 癸巳자합하여 양(陽) 자기세력〔己未월, 癸巳일, 己未시〕으로 음(陰) 경쟁세력〔戊申년〕을 戊癸합 · 巳申합하여 제압했다.

(남)			
辛	癸	己	壬
酉	巳	酉	申

◉ 대운

83	73	63	53	43	33	23	13	3
戊	丁	丙	乙	甲	癸	壬	辛	庚
午	巳	辰	卯	寅	丑	子	亥	戌

○생체시스템 ➡ 癸〔일간〕

○물리작용 ➡ 지지합〔酉巳酉申〕, 癸巳자합하여 재물〔壬申, 己酉, 辛酉〕을 巳酉합 · 巳申합으로 가져왔다.

이 사주는 대만에서 숙박업의 제왕으로 불리었던 분으로 40대〔丑대운, 甲대운〕에 엄청난 돈을 벌어 거부가 되었다.

癸일간〔자신〕이 癸巳자합하여 재물〔壬申년, 己酉월, 辛酉시〕을 巳酉합·巳申합으로 가져왔다.

			(여)
丁	己	甲	癸
卯	亥	寅	卯

⊙대운

83	73	63	53	43	33	23	13	3
癸	壬	辛	庚	己	戊	丁	丙	乙
亥	戌	酉	申	未	午	巳	辰	卯

○생체시스템 ➡ 己〔일간〕

○물리작용 ➡ 지지합〔卯亥寅卯〕, 己亥자합하여 재물〔癸卯, 甲寅, 丁卯〕을 亥卯합·寅亥합으로 가져왔다.

이 사주는 치과의사이다.

己일간〔자신〕이 己亥자합으로 재물〔癸卯년, 甲寅월, 丁卯시〕을 亥卯합·寅亥합으로 가져왔다.

자합

丁亥 己亥 戊子 辛巳 癸巳 壬午

❶물리작용 ☞ 자합(自合)은 천간(天干)과 지지(地支)가 직접 결합하는 물리작용(A+B⇨AB)으로 천간(天干)이 지지(地支)를 효율적으로 통제할 수 있다.

5

지지육합(地支六合)

子丑 寅亥 卯戌 辰酉 巳申 午未

지지육합(地支六合)은 子丑합〔土〕, 寅亥합〔木〕, 卯戌합〔火〕, 辰酉합〔金〕, 巳申합〔水〕, 午未합 6가지이다.

자평명리는 물리작용(A+B⇨AB)이냐 화학작용(A+B⇨C)이냐의 오랜 논란 속에서 물리작용(A+B⇨AB)을 근간으로 화학작용(A+B⇨C)을 첨가했으며 寅亥합과 寅亥파, 巳申합과 巳申형의 상충되는 물리작용을 寅亥합파와 巳申합형으로 공존시켰다.

맹파명리는 지지육합을 "寅亥합, 辰酉합, 午未합은 상생(相生)하고 卯戌합, 巳申합은 극합(克合)하며 子丑합, 卯戌합, 辰酉합, 午未합은 묘고(墓庫)의 기(氣)가 폐기된다."고 설명하였다.

해원명리는 자평명리나 맹파명리와는 다르게 **물리작용과 불완전 화학작용**으로 **구분**하여 **판단**한다.

1 물리작용

지지육합(地支六合)은 물리작용(A+B⇨AB)이며 寅亥합과 寅亥파, 巳申합과 巳申형은 합(合)작용만 인정한다.

			(남)
己	己	戊	壬
巳	酉	申	辰

⊙ 대운

83	73	63	53	43	33	23	13	3
丁	丙	乙	甲	癸	壬	辛	庚	己
巳	辰	卯	寅	丑	子	亥	戌	酉

○생체시스템 ➡ 己酉〔일간 · 식상〕

○물리작용 ➡ 지지합〔巳酉申辰〕, 재물〔壬辰, 戊申, 己巳〕을 酉辰합·巳酉합으로 가져왔다.

이 사주는 자동차 부품회사를 30대 중반〔壬子대운〕부터 운영하면서 돈을 벌기 시작하여 부동산 투자로 5백억대 자산을 이루었다.

己일간〔자신〕이 酉일지〔식상〕을 사용하여 재물〔壬辰년, 戊申월, 己巳시〕을 酉辰합 · 巳酉합으로 가져왔다.

			(여)
辛	乙	甲	壬
巳	酉	辰	子

⊙ 대운

86	76	66	56	46	36	26	16	6
乙	丙	丁	戊	己	庚	辛	壬	癸
未	申	酉	戌	亥	子	丑	寅	卯

○생체시스템 ➡ 乙·巳〔일간 · 식상〕

○물리작용 ➡ 지지합〔巳酉辰〕 입묘〔辰↶壬〕, 巳酉합·酉辰합으로 재물〔壬子〕이 입묘한 辰〔재고〕을 가져왔다.

이 사주는 금슬이 좋은 가정주부인데 남편이 20대 후반〔辛丑대운〕부터 사업을 시작하여 40대 중반〔庚子대운〕까지 돈을 많이 벌었다.

남편〔酉일지〕이 酉辰합으로 壬子년〔인성_재물〕이 입묘한 甲辰월〔재고_사업체〕을 가져왔고 乙일간〔자신〕은 巳시지〔식상〕를 사용하여 巳酉합으로 남편〔酉일지〕과 연결되었다. 辛丑대운과 庚子대운은 재물〔辛丑, 庚子〕이 甲辰월〔재고_사업체〕에 모두 입묘되기에 재물창고〔辰〕가 커지면서 사업이 크게 번창하였다.

			(남)
壬	癸	乙	癸
子	丑	丑	丑

◉ 대운

82	72	62	52	42	32	22	12	2
丙	丁	戊	己	庚	辛	壬	癸	甲
辰	巳	午	未	申	酉	戌	亥	子

○생체시스템 ➡ 癸乙〔일간 · 식상〕

○물리작용 ➡ 지지합〔子丑丑丑〕, 자신〔癸乙〕이 재물〔丑丑월일지〕을 지배하고 子丑합으로 丑년지〔재물〕를 얻었다.

이 사주는 음악대학 교수로, 아버지가 교수이고 어머니가 약사이다.

癸일간〔자신〕이 乙월간〔식상〕을 사용하여 丑丑월일지〔관성_재물〕를 지배하고 癸丑년〔관성_재물〕도 子丑합으로 연관시켰다.

2 불완전 화학작용

자신〔생체시스템〕이 고(庫_辰戌丑未)를 지배하는데 지지육합〔子丑합 · 卯戌합 · 辰酉합 · 午未합〕을 만나면 불완전한 화학작용(A+B⇨~~AB~~)으로 고(庫)의 기능이 정지되고 제압에 사용되는 원소(元素)가 지지육합〔子丑합 · 寅亥합 · 卯戌합 · 辰酉합 · 巳申합 · 午未합〕을 만나면 불완전한 화학작용(A+B⇨~~AB~~)으로 제압기능이 정지된다.

			(남)
癸	壬	甲	己
卯	戌	戌	酉

◉ 대운

82	72	62	52	42	32	22	12	2
乙	丙	丁	戊	己	庚	辛	壬	癸
丑	寅	卯	辰	巳	午	未	申	酉

○생체시스템 ➡ 壬甲〔일간 · 식상〕

○물완전 화학작용 ➡ 제압〔양+양양→음〕, 양〔甲戌, 壬戌〕이 음〔己酉〕을 제압〔酉戌천〕하려는데 卯戌합으로 양〔戌戌〕의 제압기능이 정지되었다.

이 사주는 아내와 이혼하고 애먹이는 아들 1명을 키우면서 40대 초반〔己巳대운〕부터 가난하게 살았다.

壬일간〔자신〕이 甲월간〔식상〕을 사용하여 戌戌월일지〔관성〕를 지배하고 양(陽) 자기세력〔甲戌월, 壬戌일〕으로 음(陰) 경쟁세력〔己酉년〕을 酉戌천으로 제압했지만 戌戌〔관성〕이 癸卯시〔겁재_자식〕와 卯戌합을 하면서 제압기능이 정지되었다.

지지육합

子丑 寅亥 卯戌 辰酉 巳申 午未

❶ 물리작용 ☞ 지지육합(地支六合)은 물리작용(A+B⇨AB)이며 寅亥합과 寅亥파, 巳申합과 巳申형은 합(合)작용만 인정한다.

❷ 불완전 화학작용 ☞ 자신〔생체시스템〕이 고(庫_辰戌丑未)를 지배하는데 지지육합〔子丑합 · 卯戌합 · 辰酉합 · 午未합〕을 만나면 불완전한 화학작용(A+B⇨~~AB~~)으로 고(庫)의 기능이 정지되고 제압에 사용되는 원소(元素)가 지지육합〔子丑합 · 寅亥합 · 卯戌합 · 辰酉합 · 巳申합 · 午未합〕을 만나면 불완전한 화학작용(A+B⇨~~AB~~)으로 제압기능이 정지된다.

6

지지충(地支沖)

子午 丑未 寅申 卯酉 辰戌 巳亥

지지충(地支沖)은 **子午충 · 丑未충 · 寅申충 · 卯酉충 · 辰戌충 · 巳亥충** 6가지인데 자평명리는 주로 파괴와 분열, 사고, 불화, 육친의 흉(凶)으로 설명하고 맹파명리는 교류, 붕괴, 움직임, 개고 등으로 설명한다.

해원명리

해원명리는 2개의 원소(元素)가 충돌하여 한쪽이 손상되는 물리작용(A↔B⇨A⇒B, A⇐B)으로 "자기세력이 강하면 길(吉)하고 자기세력이 약하면 흉(凶)하다."고 정의한다.

庚	丁	癸	癸	丁	丁	癸	戊
子	巳	亥	亥	未	巳	亥	午

위 2개의 丁巳일주는 같은 癸亥월과 巳亥충을 했지만 길흉(吉凶)은 극단적으로 다르다. 癸亥년생 丁巳일주〔왼쪽〕는 약한 양(陽) 자기세력〔丁巳일주〕이 강력한 음(陰) 경쟁세력〔癸亥년, 癸亥월, 庚子시〕에게 통제되었기에 巳亥충은 흉(凶)하고 가난하게 태어나 병마(病魔)에 시달리다가 단명한다. 반면 戊午년생 丁巳일주〔오른쪽〕는 강한 양(陽) 자기세력〔戊午년, 丁巳일, 丁未시〕으로 음(陰) 경쟁세력〔癸亥월〕을 통제했기에 巳亥충은 길(吉)하고 부잣집에서 태어나 건강한 몸으로 일평생 부귀를 누린다. 이처럼 지지충(地支沖)은 자기세력이 반드시 강해야 올바른 부귀(富貴)를 쟁취할 수 있다.

1 물리작용

지지충(地支沖)은 2개의 원소(元素)가 충돌하여 한쪽이 손상되는 물리작용(A↔B⇨A⇒B, A⇐B)이다.

			(남)
戊	丙	辛	丁
戌	辰	亥	亥

⊙ 대운

88	78	68	58	48	38	28	18	8
壬	癸	甲	乙	丙	丁	戊	己	庚
寅	卯	辰	巳	午	未	申	酉	戌

○생체시스템 ➡ 丙辰〔일간 · 식상〕

○물리작용 ➡ 제압〔양←음음음〕 입묘〔辰⌒亥亥〕, 음〔丁亥, 辛亥, 丙辰〕이 양〔戊戌〕을 제압했다.

이 사주는 가난한 집에서 태어나 30대〔戊申대운〕에 고물상과 택시회사 운영으로 사업을 시작했고 40대〔丁未대운〕부터 재물이 쌓이기 시작하여 50대〔丙午대운〕에는 5백억대 부자가 되었다.

丙일간〔자신〕이 관성〔남성_丁亥, 辛亥〕이 입묘한 辰〔관살고〕를 지배하고 음(陰) 자기세력〔丁亥년, 辛亥월, 丙辰일〕으로 양(陽) 경쟁세력〔戊戌시〕을 辰戌충으로 제압했다.

(남)

己	癸	丁	己
未	丑	丑	卯

◉ 대운

82	72	62	52	42	32	22	12	2
戊	己	庚	辛	壬	癸	甲	乙	丙
辰	巳	午	未	申	酉	戌	亥	子

○생체시스템 ➡ 癸〔일간〕

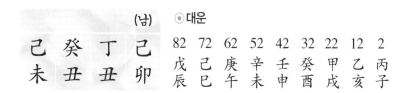

○물리작용 ➡ 역포국〔양→음음←양〕, 양〔己卯, 己未〕에게 음〔丁丑, 癸丑〕이 둘러싸여 통제되었다.

이 사주는 부잣집에서 태어나 30대〔癸酉대운〕에 아내와 이혼했지만 건축업으로 계속 성공하여 40대〔壬申대운〕에 크게 부자가 되었다가 50대〔辛未대운〕에 큰 건물을 짓다가 망했고 50세〔壬申대운 己巳년〕 때 재혼했던 둘째 아내와도 이혼하였다.

양(陽) 경쟁세력〔己卯년, 己未시〕에게 음(陰) 자기세력〔丁丑월, 癸丑일〕이 卯未합·丑未충으로 둘러싸여 통제되면서 운명이 불길하다. 50대〔辛未대운〕는 卯未합·丑未충으로 역포국틀〔己卯, 己未〕이 생동하면서 사업이 무너졌다.

(남)			
戊	庚	丁	庚
寅	申	亥	辰

◉ 대운

88	78	68	58	48	38	28	18	8
丙	乙	甲	癸	壬	辛	庚	己	戊
申	未	午	巳	辰	卯	寅	丑	子

○생체시스템 ➡ 庚申〔일간·비겁〕

○물리작용 ➡ 제압(양←음음음) 입묘〔亥⌒➝辰〕, 음〔庚辰, 丁亥, 庚申〕이 양〔戊寅〕을 제압했다.

이 사주는 유명한 정형외과 병원장이다. 庚申일주〔자신〕가 음(陰) 자기세력〔庚辰년, 丁亥월, 庚申일〕으로 양(陽) 경쟁세력〔戊寅시〕을 寅申충으로 제압했다. 대운을 살펴보면 30대〔庚寅대운〕부터 木火대운을 60년간 만나면서 양(陽) 경쟁세력〔재물〕이 계속 커졌다.

(남)			
乙	丁	癸	甲
巳	亥	酉	戌

◉ 대운

89	79	69	59	49	39	29	19	9
壬	辛	庚	己	戊	丁	丙	乙	甲
午	巳	辰	卯	寅	丑	子	亥	戌

○생체시스템 ➡ 丁·乙巳〔일간·인성·비겁〕

●생체시스템 변화 ➡ 포국틀〔甲戌, 乙巳〕을 생체시스템으로 사용한다.

○물리작용 ➡ 포국〔양→음음←양〕 입묘〔巳丁⌒➝戌〕, 양〔甲戌, 乙巳〕이 음〔癸酉, 丁亥〕을 둘러싸서 통제하였다.

이 사주는 대기업 사장으로 50대〔戊寅대운〕부터 일어나 60대〔己卯대운〕에 큰 부자가 되었다. 丁일간〔자신〕이 乙巳시〔인성·비겁〕를 사용하여 양(陽) 자기세력〔甲戌년, 乙巳시〕으로 음(陰) 경쟁세력〔癸酉월, 丁亥일〕을 巳亥충·巳戌입묘로 둘러싸서 통제하였다.

			(남)
癸	丁	甲	甲
卯	酉	戌	午

◉ 대운

85	75	65	55	45	35	25	15	5
癸	壬	辛	庚	己	戊	丁	丙	乙
未	午	巳	辰	卯	寅	丑	子	亥

○생체시스템 ➡ 丁甲〔일간 · 인성〕

●생체시스템 변화 ➡ 포국틀〔甲午, 甲戌, 癸卯〕을 생체시스템으로 사용한다.

○물리작용 ➡ 포국〔양→음←양양〕 입묘〔戌↶丁午〕, 양〔甲午, 甲戌, 癸卯〕이 음〔丁酉〕을 둘러싸서 통제하였다.

이 사주는 11세〔乙亥대운 甲辰년〕 때 무대에 데뷔하여 26세〔丙子대운 己未년〕부터 일본 · 미국 · (구)소련으로 순회공연을 하며 경극을 세계에 널리 알리고 중국혁명과 항일투쟁에도 적극적으로 참여했던 중국의 경극배우 매란방(梅蘭芳)이다.

丁일간〔자신〕이 甲월간〔인성〕을 사용하여 戌월지〔비겁고〕를 지배하고 양(陽) 자기세력〔甲午년, 甲戌월, 癸卯시〕으로 음(陰) 경쟁세력〔丁酉일〕을 卯酉충 · 卯戌합 · 卯午파로 둘러싸서 통제하였다.

			(남)
丙	庚	丙	壬
子	午	午	子

◉ 대운

90	80	70	60	50	40	30	20	10
乙	甲	癸	壬	辛	庚	己	戊	丁
卯	寅	丑	子	亥	戌	酉	申	未

○생체시스템 ➡ 庚 · 子〔일간 · 식상〕

●생체시스템 변화 ➡ 포국틀〔壬子, 丙子〕을 생체시스템으로 사용한다.

○물리작용 ➡ 포국〔음→양양←음〕, 음〔壬子, 丙子〕이 양〔丙午, 庚午〕을 둘러싸서 통제하려고 하지만 역부족이다.

이 사주는 37세〔己酉대운 戊子년〕에 고인이 된 탤런트 안재환이다.

庚일간〔자신〕이 子시지〔식상〕를 사용하여 음(陰) 자기세력〔壬子년, 丙子시〕으로 양(陽) 경쟁세력〔丙午월, 庚午일〕을 둘러싸서 통제하려고 하지만 관살(官殺) 경쟁세력이 너무 강하여 역부족이다. 관살(官殺)은 ❶입묘시켜 지배하거나 ❷강력한 자기세력으로 제압하거나 ❸인성(印星)으로 타협해야 하는데 3가지 중 어느 것에도 해당되지 않아 매우 불길하다.

丁未대운〔10대〕과 戊申대운〔20대〕은 관살(官殺)에게 순응하여 좋았지만 己酉대운 戊子년〔37세〕은 午酉파·子午충으로 火관살〔경쟁세력〕이 생동하고 子酉파로 포국틀〔壬子, 丙子〕까지 무너지면서 사업실패의 압박을 견딜 수가 없었다.

지지충	子午 丑未 寅申 卯酉 辰戌 巳亥 ❶물리작용 ☞ 지지충(地支沖)은 2개의 원소(元素)가 충돌하여 한쪽이 손상되는 물리작용(A↔B⇨A⇒B, A⇐B)이다.

7 삼합(三合)

寅午戌 亥卯未 巳酉丑 申子辰

5백년 전『연해자평』은 삼합(三合)을 "亥卯未는 木局이고 寅午戌은 火局이며 巳酉丑은 金局이고 申子辰은 水局이며 辰戌丑未는 土局."이라고 매우 간결하게 설명했고 자평명리와 맹파명리는 아직까지도 물리작용(A+B+C⇨ABC)인지 화학작용(A+B+C⇨D)인지 물리화학작용(A+B+C⇨ABC+D)인지를 구별하지 못하고 있다.

일반적으로 자평명리는 "삼합(三合)은 물리화학작용(A+B+C⇨ABC+D)이 강하고 반합(半合)은 물리화학작용(A+B⇨AB+D, A+C⇨AC+D, B+C⇨BC+D)이 약하다."는 선에서 설명하고 맹파명리는 "삼합(三合)은 유일하게 합화(合化_물리화학작용)하며 중심〔子·午·卯·酉〕

이 주(主_주인)에게 있으면 대길(大吉)이고 빈(賓_손님)에게 있으면 차길(次吉)이며 반합은 역량이 작다."고 설명하였다.

그리고 자평명리와 맹파명리 모두 삼합(三合)은 물리화학작용(A+B+C⇨ABC+D)이며 "삼합(三合)은 반드시 깨지면 안 된다."고 강조하였다.

해원명리

해원명리는 "삼합(三合)은 연월일(年月日) 또는 월일시(月日時)로 연결되어야만 성립"되고 "삼합(三合)은 화학작용(A+B+C⇨D)이기에 3가지 원소(元素)가 융합되어 본성을 상실"하며 "삼합(三合)이 물리화학작용(A+B+C⇨ABC+D)으로 3가지 원소(元素)의 본성을 유지하고 삼합 에너지를 얻으려면 상반된 삼합(三合) 에너지를 충돌[地支沖]시켜 삼합(三合)의 융합작용을 막아야 한다."고 명확하게 정의한다.

1 화학작용

삼합(三合)의 3원소(元素)가 온전하면 화학작용(A+B+C⇨D)이 일어나고 예외로 관살삼합(官殺三合)은 상반된 삼합(三合) 에너지가 충돌〔地支沖〕하거나 관살고(官殺庫)가 손상될 때 화학작용(A+B+C⇨D)이 일어난다.

時	日	月	年 (여)
癸	戊	甲	戊
丑	辰	子	申

◉대운

86	76	66	56	46	36	26	16	6
乙	丙	丁	戊	己	庚	辛	壬	癸
卯	辰	巳	午	未	申	酉	戌	亥

○생체시스템 ➡ 戊辰〔일간 · 비겁〕

○화학작용 ➡ 삼합〔申子辰〕 입묘〔辰⌒申子丑〕, 申子辰 삼합으로 재물〔戊申, 甲子, 癸丑〕을 입묘한 辰〔재고〕이 사라졌다.

이 사주는 '한국인의 영원한 연인'이었던 고인이 된 최진실이다. 申子辰 삼합 화학작용(A+B+C⇨D)으로 연월일〔戊申_동생, 甲子_남편, 戊辰_자신〕이 모두 사라졌다.

申子辰 삼합 화학작용(A+B+C⇨D)으로 어린 시절 불우했던 그녀는 戊대운〔22~26세〕에 辰戌충으로 申子辰 삼합이 깨지면서 물리화학작용(A+B+C⇨ABC+D)으로 한국 최고의 인기스타가 되었다. 하지만 庚申대운에 申子辰 삼합 화학작용(A+B+C⇨D)이 생동하자 41세〔庚申대운 戊子년〕에 스스로 목숨을 끊고 세상을 떠났다.

時	日	月	年 (남)
乙	戊	庚	丙
卯	申	子	辰

◉대운

85	75	65	55	45	35	25	15	5
己	戊	丁	丙	乙	甲	癸	壬	辛
酉	申	未	午	巳	辰	卯	寅	丑

○생체시스템 ➡ 戊申〔일간 · 식상〕

○화학작용 ➡ 삼합〔申子辰〕 입묘〔申子⌒辰〕, 申子辰 삼합으로 재물〔庚子, 戊申〕을 입묘한 辰〔재고〕이 사라졌다.

이 사주는 18세〔壬寅대운 癸酉년〕에 자살하였다. 申子辰 삼합 화학작용

(A+B+C⇨D)으로 연월일〔丙辰, 庚子, 戊申〕이 모두 사라졌기에 자신〔육체〕이 세상에서 존재하지 않는다.

壬寅대운에 寅申충으로 申子辰 삼합이 생동하고 癸酉년〔18세〕에 戊癸합으로 자신〔戊〕의 형상이 손상되자 미련없이 삶을 버렸다. 乙卯시의 卯辰천·子卯파는 申子辰 삼합을 깨지 못한다.

			(여)
甲	壬	庚	戊
辰	辰	申	子

◉ 대운

89	79	69	59	49	39	29	19	9
辛	壬	癸	甲	乙	丙	丁	戊	己
亥	子	丑	寅	卯	辰	巳	午	未

○생체시스템 ➡ 壬甲〔일간·식상〕

○화학작용 ➡ 삼합〔申子辰〕 입묘〔辰辰⌒申子〕, 申子辰 삼합으로 재물〔戊子, 庚申〕을 입묘한 辰辰〔비겁고〕이 사라졌다.

이 사주는 45세〔丙辰대운 壬申년〕에 이혼하고 47세〔丙辰대운 甲戌년〕에 대학생 딸이 사고로 갑자기 사망하자 실의에 빠져 모든 사회활동을 접었다. 申子辰 삼합 화학작용(A+B+C⇨D)으로 연월일시〔戊子, 庚申, 壬辰, 甲辰〕가 사라져 버렸다.

丙辰대운 壬申년〔45세〕은 申子辰 삼합으로 남편〔辰일지〕과 이혼하였고, 甲戌년〔47세〕은 辰戌충으로 申子辰 삼합이 생동하면서 딸〔甲辰시〕이 사망하였다.

			(여)
戊	甲	壬	壬
辰	申	子	子

◉ 대운

84	74	64	54	44	34	24	14	4
癸	甲	乙	丙	丁	戊	己	庚	辛
卯	辰	巳	午	未	申	酉	戌	亥

○생체시스템 ➡ 甲(일간)

○화학작용 ➡ 삼합(申子辰) 입묘(辰↶申子子), 申子辰 삼합으로 재물(壬子, 壬子, 甲申)을 입묘한 辰(인성고)이 사라졌다.

이 사주는 9세(辛亥대운 庚申년)에 아버지가 사망했고 26세(己酉대운 丁丑년)에 어린 자식이 사망했으며 27세(己酉대운 戊寅년)에 남편과 이혼하였다. 申子辰 삼합 화학작용(A+B+C⇨D)으로 연월일시(壬子, 壬子, 甲申, 戊辰)가 사라졌다.

			(여)
丙	戊	戊	丁
辰	子	申	亥

⊙대운

81	71	61	51	41	31	21	11	1
丁	丙	乙	甲	癸	壬	辛	庚	己
巳	辰	卯	寅	丑	子	亥	戌	酉

○생체시스템 ➡ 戊(일간)

○화학작용 ➡ 삼합(申子辰) 입묘(辰↶子申亥), 申子辰 삼합으로 재물(丁亥, 戊申, 戊子)을 입묘한 辰(재고)이 사라졌다.

이 사주는 중학교 때부터 남자들과 성관계를 가지기 시작하여 여러 남자들을 거치면서 동거생활을 했지만 모두 돈 없는 남자였기에 빈곤하게 살았다. 申子辰 삼합 화학작용(A+B+C⇨D)으로 연월일시(丁亥, 戊申, 戊子, 丙辰)가 사라졌기에 자신(육체)을 버리고 낙엽처럼 살았다.

			(여)
癸	戊	壬	甲
亥	子	申	辰

⊙대운

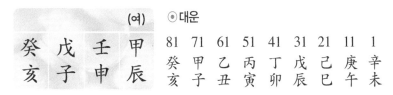

81	71	61	51	41	31	21	11	1
癸	甲	乙	丙	丁	戊	己	庚	辛
亥	子	丑	寅	卯	辰	巳	午	未

○생체시스템 ➡ 戊(일간)

○화학작용 ➡ 삼합〔申子辰〕 입묘〔亥子申⌒辰〕, 申子辰 삼합으로 재물〔壬申, 戊子, 癸亥〕을 입묘한 辰〔재고〕이 사라졌다.

이 사주는 평범한 가정에서 태어났지만 14세〔庚午대운 丁巳년〕에 모친이 사망하자 방황을 시작하였고 16세〔庚午대운 己未년〕에 고등학교를 자퇴했으며 17세〔庚午대운 庚申년〕부터 여러 유부남과 성관계를 가지며 자신을 버리고 방탕하게 살았다. 申子辰 삼합 화학작용(A+B+C⇨D)으로 연월일시〔甲辰, 壬申, 戊子, 癸亥〕가 사라졌다.

			(남)
乙	甲	甲	壬
丑	申	辰	子

◉ 대운

84	74	64	54	44	34	24	14	4
癸	壬	辛	庚	己	戊	丁	丙	乙
丑	子	亥	戌	酉	申	未	午	巳

○생체시스템 ➡ 甲〔일간〕

○화학작용 ➡ 삼합〔申子辰〕 입묘〔丑申子⌒辰〕, 申子辰 삼합으로 재물〔壬子, 甲申, 乙丑〕을 입묘한 辰〔인성고〕이 사라졌다.

이 사주는 7세〔乙巳대운 戊午년〕 때 계단에서 굴러 머리를 다치면서 반신불구가 되었다. 申子辰 삼합 화학작용(A+B+C⇨D)으로 연월일시〔壬子, 甲辰, 甲申, 乙丑〕 모두가 사라졌다. 乙巳대운 戊午년〔7세〕은 子午충으로 申子辰 삼합이 생동하기에 자신〔육체〕이 손상되는 것을 막지 못했다.

			(남)
丙	辛	癸	辛
申	酉	巳	丑

◉ 대운

87	77	67	57	47	37	27	17	7
甲	乙	丙	丁	戊	己	庚	辛	壬
申	酉	戌	亥	子	丑	寅	卯	辰

○생체시스템 ➡ 辛酉(일간·비겁)

○화학작용 ➡ 삼합(巳酉丑) 입묘(申酉巳⌒丑), 巳酉丑 삼합으로 재물(癸巳, 辛酉, 丙申)을 입묘한 丑(비겁고)이 사라졌다.

이 사주는 부동산 전문가였는데 己丑대운에 도박 중독으로 모든 재산을 날리고 파산하였다. 巳酉丑 삼합 화학작용(A+B+C⇨D)으로 연월일시(辛丑, 癸巳, 辛酉, 丙申)가 사라졌다. 己丑대운은 巳酉丑 삼합이 생동하였다.

			(남)
庚	己	己	丁
午	巳	酉	丑

⊙ 대운

86	76	66	56	46	36	26	16	6
庚	辛	壬	癸	甲	乙	丙	丁	戊
子	丑	寅	卯	辰	巳	午	未	申

○생체시스템 ➡ 己巳(일간·인성)

○화학작용 ➡ 삼합(巳酉丑) 입묘(庚巳酉⌒丑), 巳酉丑 삼합으로 재물(己酉, 己巳, 庚午)을 입묘한 丑(식상고)이 사라졌다.

이 사주는 19세(丁未대운 乙未년)에 친구들과 물놀이를 갔다가 물에 빠져 사망하였다. 巳酉丑 삼합 화학작용(A+B+C⇨D)으로 연월일시(丁丑, 己酉, 己巳, 庚午)가 모두 사라졌다. 丁未대운 乙未년(19세)은 丑未충으로 巳酉丑 삼합이 생동하였다.

			(남)
癸	乙	丁	乙
未	卯	亥	卯

⊙ 대운

84	74	64	54	44	34	24	14	4
戊	己	庚	辛	壬	癸	甲	乙	丙
寅	卯	辰	巳	午	未	申	酉	戌

○생체시스템 ➡ 乙卯(일간·비겁)

○화학작용 ➡ 삼합〔亥卯未〕 입묘〔未↶卯亥卯〕, 亥卯未 삼합으로 재물〔乙卯, 丁亥, 乙卯〕을 입묘한 未〔비겁고〕가 사라졌다.

이 사주는 3세를 넘기지 못하고 사망하였다.
亥卯未 삼합 화학작용(A+B+C⇨D)으로 연월일시〔乙卯, 丁亥, 乙卯, 癸未〕가 모두 사라졌다.

			(남)
壬	癸	辛	辛
子	亥	卯	未

⊙대운

81	71	61	51	41	31	21	11	1
壬	癸	甲	乙	丙	丁	戊	己	庚
午	未	申	酉	戌	亥	子	丑	寅

○생체시스템 ➡ 癸亥〔일간·비겁〕
○화학작용 ➡ 삼합〔亥卯未〕 입묘〔亥卯↷未〕, 亥卯未 삼합으로 재물〔辛卯, 癸亥〕을 입묘한 未〔식상고〕가 사라졌다.

이 사주는 30대〔丁亥대운〕와 40대〔丙戌대운〕에 뛰어난 통역비서로 활약하다가 50대〔乙酉대운〕부터 되는 일이 없자 마약중독에 빠져 감옥을 들락거리다가 급기야 자식 3명에게 독약을 먹여 병신을 만들었다.
亥卯未 삼합 화학작용(A+B+C⇨D)으로 연월일〔辛未, 辛卯, 癸亥〕이 사라지면서 세상에서 자신〔육체〕이 존재하기 어려워졌다. 乙酉대운〔50대〕은 卯酉충으로 亥卯未 삼합이 생동하였다.

			(남)
辛	辛	丁	乙
卯	卯	亥	未

⊙대운

86	76	66	56	46	36	26	16	6
戊	己	庚	辛	壬	癸	甲	乙	丙
寅	卯	辰	巳	午	未	申	酉	戌

○생체시스템 ➡ 辛(일간)

○화학작용 ➡ 삼합(亥卯未) 입묘(卯卯亥⌒未), 亥卯未 삼합으로 재물(丁亥, 辛卯, 辛卯)을 입묘한 未(재고)가 사라졌다.

이 사주는 24세(乙酉대운 戊午년)에 범죄를 저질러 감옥에 들어갔고 27세(甲申대운 辛酉년)에 다시 범죄를 저질러 감옥에 들어갔다.

亥卯未 삼합 화학작용(A+B+C⇨D)으로 연월일시(乙未, 丁亥, 辛卯, 辛卯)가 모두 사라지면서 빈곤과 범죄에서 벗어나지 못하였다. 乙酉대운은 卯酉충으로 亥卯未 삼합이 생동하였다.

			(남)
辛	丁	己	乙
亥	卯	卯	未

⊙대운

81	71	61	51	41	31	21	11	1
庚	辛	壬	癸	甲	乙	丙	丁	戊
午	未	申	酉	戌	亥	子	丑	寅

○생체시스템 ➡ 丁卯(일간·인성)

○화학작용 ➡ 삼합(亥卯未) 입묘(亥卯卯⌒未), 亥卯未 삼합으로 재물(己卯, 丁卯, 辛亥)을 입묘한 未(인성고)가 사라졌다.

이 사주는 빈곤하게 태어나 고등학교만 졸업하고 공장에서 육체노동으로 살아가다가 46세(甲戌대운 庚辰년)에 해고당하고 52세(癸酉대운 丙戌년)에 대장암 판정을 받았다.

亥卯未 삼합 화학작용(A+B+C⇨D)으로 연월일시(乙未, 己卯, 丁卯, 辛亥)가 모두 사라졌다. 癸酉대운은 卯酉충으로 亥卯未 삼합이 생동하였다.

			(여)
己	辛	丁	壬
亥	卯	未	申

◉ 대운

87	77	67	57	47	37	27	17	7
戊	己	庚	辛	壬	癸	甲	乙	丙
戌	亥	子	丑	寅	卯	辰	巳	午

○생체시스템 ➡ 辛〔일간〕

○화학작용 ➡ 삼합〔亥卯未〕 입묘〔亥卯⌒未〕, 亥卯未 삼합으로 재물〔辛卯, 己亥〕을 입묘한 未〔재고〕가 사라졌다.

이 사주는 결혼 없이 많은 남자들과 동거만 하였는데 평생 가난을 면하지 못했다.

亥卯未 삼합 화학작용(A+B+C⇨D)으로 월일시〔丁未, 辛卯, 己亥〕가 사라졌기에 자신〔육체〕을 헌신짝처럼 버렸다.

			(여)
甲	戊	壬	乙
寅	戌	午	巳

◉ 대운

88	78	68	58	48	38	28	18	8
辛	庚	己	戊	丁	丙	乙	甲	癸
卯	寅	丑	子	亥	戌	酉	申	未

○생체시스템 ➡ 戊戌〔일간·비겁〕

○화학작용 ➡ 삼합〔寅午戌〕 입묘〔戌⌒寅午巳〕, 寅午戌 삼합으로 재물〔乙巳, 壬午, 甲寅〕을 입묘한 戌〔인성고〕이 사라졌다.

이 사주는 일평생 바쁘게 뛰어다녔지만 빈곤한 생활을 면하지 못했고 남편은 자신을 구타했으며 아들은 중학교를 자퇴하고 불량배가 되었다.

寅午戌 삼합 화학작용(A+B+C⇨D)으로 연월일시〔乙巳, 壬午, 戊戌, 甲寅〕가 모두 사라지면서 자신과 가족의 삶이 상실되었다.

			(남)
甲	甲	丙	壬
戌	寅	午	午

◉ 대운

83	73	63	53	43	33	23	13	3
乙	甲	癸	壬	辛	庚	己	戊	丁
卯	寅	丑	子	亥	戌	酉	申	未

○생체시스템 ➡ 甲寅〔일간·비겁〕

○화학작용 ➡ 삼합〔寅午戌〕 입묘〔戌↶寅午午〕, 寅午戌 삼합으로 재물〔壬午, 丙午, 甲寅〕을 입묘한 戌〔식상고〕이 사라졌다.

이 사주는 30대 중반〔庚戌대운〕에 결혼하여 40대 중반〔辛亥대운〕에 이혼했으며 심한 당뇨로 고생하다 55세〔壬子대운 丙子년〕에 사망하였다. 寅午戌 삼합 화학작용(A+B+C⇨D)으로 연월일시〔壬午, 丙午, 甲寅, 甲戌〕가 모두 사라졌다. 壬子대운 丙子년〔55세〕은 子午충으로 寅午戌 삼합이 생동하였다.

			(남)
丙	甲	戊	丙
寅	寅	戌	午

◉ 대운

86	76	66	56	46	36	26	16	6
丁	丙	乙	甲	癸	壬	辛	庚	己
未	午	巳	辰	卯	寅	丑	子	亥

○생체시스템 ➡ 甲寅〔일간·비겁〕

○화학작용 ➡ 삼합〔寅午戌〕 입묘〔丙寅午↷戌〕, 寅午戌 삼합으로 재물〔丙午, 甲寅, 丙寅〕을 입묘한 戌〔식상고〕이 사라졌다.

이 사주는 홀어머니 밑에서 가난하게 자랐고 중학교를 중퇴했으며 시골에서 농사를 짓고 살다가 22세〔庚子대운 丁卯년〕 때 학교를 마치고 귀가하던 여고생을 성폭행하고 살해하여 무기징역을 선고받았다. 寅午戌 삼합 화학작용(A+B+C⇨D)으로 연월일시〔丙午, 戊戌, 甲寅, 丙

寅)가 모두 사라졌다. 庚子대운은 子午충으로 寅午戌 삼합이 생동하였고 丁卯년(22세)은 여고생(丙午)의 겁재(劫財)가 丁(火)으로 등장하고 자신(甲寅)의 형상이 卯(木)로 등장하면서 여고생(丙午)을 성폭행하고 살해(午卯파)하였다.

			(남)
丁	壬	丙	庚
未	午	戌	寅

⊙ 대운

88	78	68	58	48	38	28	18	8
乙	甲	癸	壬	辛	庚	己	戊	丁
未	午	巳	辰	卯	寅	丑	子	亥

○생체시스템 ➡ 壬(일간)

○화학작용 ➡ 삼합(寅午戌) 입묘(午寅 → 戌), 寅午戌 삼합으로 재물(庚寅, 壬午)을 입묘한 戌(재고)이 사라졌다.

이 사주는 국회위원을 하였지만 47세(庚寅대운 丙子년)에 물에 빠져 사망하였다.

寅午戌 삼합 화학작용(A+B+C⇨D)으로 연월일(庚寅, 丙戌, 壬午)이 사라졌는데 庚寅대운 丙子년(47세)에 子午충으로 寅午戌 삼합이 생동하자 자신(육체)이 세상을 떠났다. 戌未형은 寅午戌 삼합을 깨지 못한다.

			(남)
壬	壬	甲	己
寅	午	戌	亥

⊙ 대운

86	76	66	56	46	36	26	16	6
乙	丙	丁	戊	己	庚	辛	壬	癸
丑	寅	卯	辰	巳	午	未	申	酉

○생체시스템 ➡ 壬(일간)

○화학작용 ➡ 삼합(寅午戌) 입묘(亥寅午 → 戌), 寅午戌 삼합으로 재물(己亥, 壬午, 壬寅)을 입묘한 戌(재고)이 사라졌다.

이 사주는 추구했던 일들이 모두 막히자 백수가 되었고 아내가 대신 돈을 벌었다.

寅午戌 삼합 화학작용(A+B+C⇨D)으로 연월일시〔己亥, 甲戌, 壬午, 壬寅〕가 사라졌다.

			(여)
壬	丙	戊	壬
辰	子	申	戌

◉ 대운

84	74	64	54	44	34	24	14	4
己	庚	辛	壬	癸	甲	乙	丙	丁
亥	子	丑	寅	卯	辰	巳	午	未

○생체시스템 ➡ 丙〔일간〕

○화학작용 ➡ 관살삼합〔申子辰〕 입묘〔戊↔辰←子申〕, 申子辰 관살삼합이 辰戌충으로 깨지면서 재물〔戊申, 丙子〕을 입묘한 辰〔관살고〕이 사라졌다.

이 사주는 25세〔乙巳대운 丙戌년〕에 아파트 8층에서 떨어져 사망하였다. 申子辰 관살삼합을 壬戌년〔관성〕이 辰戌충으로 깨면서 월일시〔戊申, 丙子, 壬辰〕가 화학작용(A+B+C⇨D)으로 사라졌다.

乙巳대운 丙戌년〔25세〕은 자신〔丙〕의 형상이 丙〔火〕으로 등장하고 辰戌충으로 申子辰 관살삼합이 깨지면서 화학작용(A+B+C⇨D)으로 사망하였다.

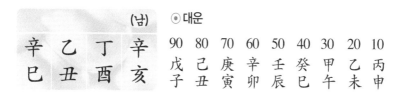

			(남)
辛	乙	丁	辛
巳	丑	酉	亥

◉ 대운

90	80	70	60	50	40	30	20	10
戊	己	庚	辛	壬	癸	甲	乙	丙
子	丑	寅	卯	辰	巳	午	未	申

○생체시스템 ➡ 乙〔일간〕

○화학작용 ➡ 관살삼합〔巳酉丑〕 입묘〔亥↔巳酉辛⌒丑〕, 巳酉丑 관살삼합이 巳亥충으로 깨지면서 재물〔辛亥, 丁酉, 辛巳〕을 입묘한 丑〔관살고〕이 사라졌다.

이 사주는 박수무당으로 고달프고 가난한 삶을 살았다.

巳酉丑 관살삼합을 辛亥년〔관성〕이 巳亥충으로 깨면서 연월일시〔辛亥, 丁酉, 乙丑, 辛巳〕가 화학작용(A+B+C⇨D)으로 사라졌기에 일생동안 자신〔육체〕을 귀신에게 맡겼다.

			(여)
戊	庚	壬	乙
寅	戌	午	未

⊙**대운**

87	77	67	57	47	37	27	17	7
辛	庚	己	戊	丁	丙	乙	甲	癸
卯	寅	丑	子	亥	戌	酉	申	未

○생체시스템 ➡ 庚戌〔일간·인성〕

○화학작용 ➡ 관살삼합〔寅午戌〕 입묘〔未↔戌⌒寅午〕, 寅午戌 관살삼합이 戌未형으로 깨지면서 재물〔壬午, 戊寅〕을 입묘한 戌〔관살고〕이 사라졌다.

이 사주는 불우한 가정에서 태어나 어린 나이에 유흥업소에서 성매매를 시작했고 일생동안 빈천함을 벗어나지 못했다.

寅午戌 관살삼합을 乙未년〔재성〕이 戌未형으로 깨면서 월일시〔壬午, 庚戌, 戊寅〕가 화학작용(A+B+C⇨D)으로 사라졌다.

2 물리화학작용

삼합(三合)의 3원소(元素)가 온전한데 상반된 삼합(三合) 에너지가 충돌〔**地支沖**〕하면 물리화학작용(A+B+C⇨ABC+D)이 일어나고 예외로 관살삼합(官殺三合)은 삼합의 3원소가 온전하게 보호될 때 물리화학작용(A+B+C⇨ABC+D)이 일어난다.

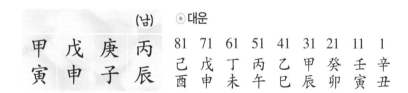

			(남)
甲	戊	庚	丙
寅	申	子	辰

⊙대운

81	71	61	51	41	31	21	11	1
己	戊	丁	丙	乙	甲	癸	壬	辛
酉	申	未	午	巳	辰	卯	寅	丑

○생체시스템 ➡ 戊申〔일간 · 식상〕

○물리화학작용 ➡ 삼합〔申子辰〕 입묘〔寅↔申⌒子辰〕, 申子辰 삼합이 寅申충으로 깨지면서 재물〔庚子, 戊申〕을 입묘한 辰〔재고〕이 생기를 얻었다.

이 사주는 명문가문에서 태어나 57세〔丙午대운 癸丑년〕에 대만 증권거래소 이사장을 역임하며 꿈같은 부귀영화를 누리다가 2조 8천억대의 재산을 남기고 89세〔己酉대운 乙酉년〕에 사망한 대만의 재벌 고진보(辜振甫)회장이다.

申子辰 삼합이 寅申충으로 깨지면서 물리화학작용(A+B+C⇨ABC+D)으로 생긴 거대한 辰년지〔재물창고_재고〕를 戊申일주〔자신〕가 申辰합으로 가져오면서 평생 동안 부귀를 누렸다.

			(남)
戊	庚	壬	丙
寅	申	辰	子

⊙대운

89	79	69	59	49	39	29	19	9
辛	庚	己	戊	丁	丙	乙	甲	癸
丑	子	亥	戌	酉	申	未	午	巳

○생체시스템 ➡ 庚申〔일간 · 비겁〕

○물리화학작용 ➡ 삼합〔申子辰〕 입묘〔寅↔申子⌒辰〕, 申子辰 삼합이 寅申충으

로 깨지면서 재물(丙子, 庚申)을 입묘한 辰(식상고)이 생기를 얻었다.

이 사주는 어린 시절을 가난하게 보내고 어렵게 공부했지만 서울대학교를 졸업하고 60억 재산을 이루었으며 자식들은 모두 출세하여 부자가 되었다.

申子辰 삼합이 寅申충으로 깨지면서 물리화학작용(A+B+C⇨ABC+D)으로 생긴 辰월지(재물창고_식상고)를 庚申일주(자신)가 申辰합으로 가져오면서 부귀가 자손까지 이어졌다.

			(남)
戊	壬	戊	甲
申	子	辰	午

◉ 대운

83	73	63	53	43	33	23	13	3
丁	丙	乙	甲	癸	壬	辛	庚	己
丑	子	亥	戌	酉	申	未	午	巳

○생체시스템 ➡ 壬子(일간·비겁)

○물리화학작용 ➡ 삼합(申子辰) 입묘(午↔子申⌒辰), 申子辰 삼합이 子午충으로 깨지면서 재물(壬子, 戊申)을 입묘한 辰(비겁고)이 생기를 얻었다.

이 사주는 7급 공무원으로 10평 전세방에서 신혼생활을 시작했지만 재테크를 잘하여 20층 빌딩과 다수의 땅을 소유한 부자로 성공하였고 아들은 의사가 되었으며 딸은 미국의 아이비리그에 들어갔다.

申子辰 삼합이 子午충으로 깨지면서 물리화학작용(A+B+C⇨ABC+D)으로 생긴 辰월지(재물창고_비겁고)를 壬子일주(자신)가 子辰합으로 가져오면서 자손까지 누릴 수 있는 부귀를 얻었다.

			(남)
甲	庚	壬	丙
申	子	辰	午

⊙대운

88	78	68	58	48	38	28	18	8
辛	庚	己	戊	丁	丙	乙	甲	癸
丑	子	亥	戌	酉	申	未	午	巳

○생체시스템 ➡ 庚子〔일간 · 식상〕

○물리화학작용 ➡ 삼합〔申子辰〕 입묘〔午↔子申⌒辰〕, 申子辰 삼합이 子午충으로 깨지면서 재물〔庚子, 甲申〕을 입묘한 辰〔식상고〕이 생기를 얻었다.

이 사주는 정부기관의 간부인데 가정이 화목하고 부귀가 높았으며 자식들은 명문대를 졸업하고 모두 성공하였다.
申子辰 삼합이 子午충으로 깨지면서 물리화학작용(A+B+C⇨ABC+D)으로 생긴 辰월지〔재물창고_식상고〕를 庚子일주〔자신〕가 子辰합으로 가져왔다.

			(남)
壬	甲	丙	庚
申	午	戌	寅

⊙대운

84	74	64	54	44	34	24	14	4
乙	甲	癸	壬	辛	庚	己	戊	丁
未	午	巳	辰	卯	寅	丑	子	亥

○생체시스템 ➡ 甲午〔일간 · 식상〕

○물리화학작용 ➡ 삼합〔寅午戌〕 입묘〔申↔寅午⌒戌〕, 寅午戌 삼합이 寅申충으로 깨지면서 재물〔庚寅, 甲午〕을 입묘한 戌〔식상고〕이 생기를 얻었다.

이 사주는 지위가 높은 통신회사 간부이다. 寅午戌 삼합이 寅申충으로 깨지면서 물리화학작용(A+B+C⇨ABC+D)으로 생긴 戌월지〔재물창고_식상고〕를 甲午일주〔자신〕가 午戌합으로 가져왔다.

(여)			
壬	戊	丙	壬
子	戌	午	寅

◉ 대운

88	78	68	58	48	38	28	18	8
丁	戊	己	庚	辛	壬	癸	甲	乙
酉	戌	亥	子	丑	寅	卯	辰	巳

○생체시스템 ➡ 戊戌〔일간·비겁〕

○물리화학작용 ➡ 삼합〔寅午戌〕 입묘〔子↔午寅⌒戌〕, 寅午戌 삼합이 子午충으로 깨지면서 재물〔壬寅, 丙午〕을 입묘한 戌〔인성고〕이 생기를 얻었다.

이 사주는 예술가 집안에서 태어나 교사를 하다가 27세〔甲辰대운 戊辰년〕부터 정부기관에 들어가 고위공무원이 되었다. 남편도 고위공무원이고 큰 부자이다.

寅午戌 삼합이 子午충으로 깨지면서 물리화학작용(A+B+C⇨ABC+D)으로 생긴 戌일지〔재물창고_인성고〕를 戊일간〔자신〕이 지배하였다. 甲辰대운은 辰戌충으로 寅午戌 삼합이 생동했다.

(여)			
丁	癸	丁	辛
巳	丑	酉	亥

◉ 대운

85	75	65	55	45	35	25	15	5
丙	乙	甲	癸	壬	辛	庚	己	戊
午	巳	辰	卯	寅	丑	子	亥	戌

○생체시스템 ➡ 癸〔일간〕

○물리화학작용 ➡ 삼합〔巳酉丑〕 입묘〔亥↔巳酉辛⌒丑〕, 巳酉丑 삼합이 巳亥충으로 깨지면서 재물〔辛亥, 丁酉, 丁巳〕을 입묘한 丑〔인성고〕이 생기를 얻었다.

이 사주는 부모가 대학교수이고 남편은 병원장〔의사〕이며 자식은 전교 1등을 놓치지 않는 수재이다. 巳酉丑 삼합이 巳亥충으로 깨지면서 물리화학작용(A+B+C⇨ABC+D)으로 생기를 얻은 丑일지〔재물창고_인성고〕를 癸일간〔자신〕이 지배하였다.

(남)			
乙	丁	辛	辛
巳	酉	丑	亥

◉ 대운

81	71	61	51	41	31	21	11	1
壬	癸	甲	乙	丙	丁	戊	己	庚
辰	巳	午	未	申	酉	戌	亥	子

○생체시스템 ➡ 丁·乙巳〔일간·인성·비겁〕

○물리화학작용 ➡ 삼합〔巳酉丑〕 입묘〔亥↔巳酉辛⌒丑〕, 巳酉丑 삼합이 巳亥충으로 깨지면서 재물〔辛亥, 丁酉, 丁巳〕을 입묘한 丑〔재고〕이 생기를 얻었다.

이 사주는 서울에 본사를 두고 있는 돈 많은 사업가다.

巳酉丑 삼합이 巳亥충으로 깨지면서 물리화학작용(A+B+C⇨ABC+D)으로 생기를 얻은 丑월지〔재물창고_재고〕를 丁일간〔자신〕이 乙巳시〔인성·비겁〕를 사용하여 巳丑합으로 가져왔다. 이분은 재고(財庫)가 생동하여 재성〔여성, 재물〕이 풍부한데 아내 몰래 애인을 만나기 위해서 지방에도 공장을 지었다.

(남)			
己	丁	辛	辛
酉	巳	丑	亥

◉ 대운

87	77	67	57	47	37	27	17	7
壬	癸	甲	乙	丙	丁	戊	己	庚
辰	巳	午	未	申	酉	戌	亥	子

○생체시스템 ➡ 丁巳〔일간·비겁〕

○물리화학작용 ➡ 삼합〔巳酉丑〕 입묘〔亥↔巳酉辛⌒丑〕, 巳酉丑 삼합이 巳亥충

으로 깨지면서 재물(辛亥, 丁巳, 己酉)을 입묘한 丑(재고)이 생기를 얻었다.

이 사주는 산부인과 의사로서 종합병원을 경영하고 있는 부자이다.

巳酉丑 삼합이 巳亥충으로 깨지면서 물리화학작용(A+B+C⇨ABC+D)으로 생기를 얻은 丑월지(재물창고_재고)를 丁巳일주(자신)가 巳丑합으로 가져왔다. 이분은 재고(財庫)가 생동하면서 임산부(여성들)가 끊임없이 자신을 찾아왔다.

			(남)
癸	丁	乙	乙
卯	巳	酉	丑

◉대운

82	72	62	52	42	32	22	12	2
丙	丁	戊	己	庚	辛	壬	癸	甲
子	丑	寅	卯	辰	巳	午	未	申

○생체시스템 ➡ 丁巳(일간 · 비겁)

○물리화학작용 ➡ 삼합(巳酉丑) 입묘(卯↔酉巳⌒丑), 巳酉丑 삼합이 卯酉충으로 깨지면서 재물(乙酉, 丁巳)을 입묘한 丑(재고)이 생기를 얻었다.

이 사주는 명문대 경제학과를 졸업하고 외국계 금융회사에 다니고 있는데 아버지의 2백억 재산 절반을 물려받을 예정이다.

巳酉丑 삼합이 卯酉충으로 깨지면서 물리화학작용(A+B+C⇨ABC+D)으로 생기를 얻은 丑년지(재물창고_재고)를 丁巳일주(자신)가 巳丑합으로 가져왔다.

			(남)
辛	辛	乙	癸
卯	巳	丑	酉

◉ 대운

81	71	61	51	41	31	21	11	1
丙	丁	戊	己	庚	辛	壬	癸	甲
辰	巳	午	未	申	酉	戌	亥	子

○생체시스템 ➡ 辛〔일간〕

○물리화학작용 ➡ 삼합〔巳酉丑〕 입묘〔卯↔酉巳辛 丑〕, 巳酉丑 삼합이 卯酉충으로 깨지면서 재물〔癸酉, 辛巳, 辛卯〕을 입묘한 丑〔비겁고〕이 생기를 얻었다.

이 사주는 3번의 국회의원을 지냈고 남자들〔비겁〕에게 인기가 좋았다. 巳酉丑 삼합이 卯酉충으로 깨지면서 물리화학작용(A+B+C⇨ABC+D)으로 생기를 얻은 丑월지〔재물창고_비겁고〕를 辛일간〔자신〕이 辛巳자합하여 巳丑합으로 가져왔다.

			(남)
己	辛	辛	丁
丑	卯	亥	未

◉ 대운

85	75	65	55	45	35	25	15	5
壬	癸	甲	乙	丙	丁	戊	己	庚
寅	卯	辰	巳	午	未	申	酉	戌

○생체시스템 ➡ 辛·辛亥〔일간·비겁·식상〕

○물리화학작용 ➡ 삼합〔亥卯未〕 입묘〔丑↔未 亥卯〕, 亥卯未 삼합이 丑未충으로 깨지면서 재물〔辛亥, 辛卯〕을 입묘한 未〔재고〕가 생기를 얻었다.

이 사주는 대기업 임원으로 많은 직원들을 통솔하는 높은 지위까지 올라갔다. 亥卯未 삼합이 丑未충으로 깨지면서 물리화학작용(A+B+C⇨ABC+D)으로 생기를 얻은 未년지〔재물창고_재고〕를 辛일간〔자신〕이 辛亥월〔비겁·식상〕을 사용하여 亥未합으로 가져왔다.

(남)			
甲	乙	癸	己
申	丑	酉	巳

⊙대운

88	78	68	58	48	38	28	18	8
甲	乙	丙	丁	戊	己	庚	辛	壬
子	丑	寅	卯	辰	巳	午	未	申

○생체시스템 ➡ 乙〔일간〕

○물리화학작용 ➡ 관살삼합〔巳酉丑〕 입묘〔丑 ← 申酉巳〕, 巳酉丑 삼합으로 재물〔己巳, 癸酉, 甲申〕을 입묘한 丑〔관살고〕이 생기를 얻었다.

이 사주는 중국의 갑부 오성원(吳星垣)으로, 청나라 말기인 30대〔庚午대운〕까지는 사업을 하는 족족 망하다가 1911년〔43세_己巳대운 辛亥년〕 신해혁명으로 청나라가 무너지고 중화민국이 건설되자 크게 일어나 50대〔戊辰대운〕에 재벌이 되었다가 59세〔丁卯대운 丁卯년〕에 사망하였다.

乙일간〔자신〕이 巳酉丑 관살삼합 물리화학작용(A+B+C⇨ABC+D)으로 생기를 얻은 丑일지〔관살고_재물창고〕를 지배하여 재벌의 운명을 타고났지만 辛未대운〔20대〕부터 庚午대운〔30대〕까지 丑未충·午丑천으로 巳酉丑 관살삼합이 손상되면서 사업이 풀리지 않았다.

己巳대운〔40대〕에 이르자 巳酉丑 관살삼합이 생동하면서 물리화학작용(A+B+C⇨ABC+D)으로 사업이 크게 일어났고 戊辰대운〔50대〕에는 酉辰합으로 巳酉丑 관살삼합이 더 커지면서 그는 재벌이 되었지만, 丁卯대운〔59세_丁卯년〕에 이르자 卯酉충으로 巳酉丑 관살삼합이 깨지고 화학작용(A+B+C⇨D)이 일어나면서 하늘의 뜻을 받들어 죽음을 맞이했다.

			(남)
丁	乙	乙	丁
丑	巳	巳	酉

◉ 대운

89	79	69	59	49	39	29	19	9
丙	丁	戊	己	庚	辛	壬	癸	甲
申	酉	戌	亥	子	丑	寅	卯	辰

○생체시스템 ➡ 乙巳·乙巳·丁丁〔일간·식상〕

○물리화학작용 ➡ 관살삼합〔巳酉丑〕 입묘〔丑 巳巳酉〕, 巳酉丑 삼합으로 재물〔丁酉, 乙巳, 乙巳〕을 입묘한 丑〔관살고〕이 생기를 얻었다.

이 사주는 서울대학교 법학대학을 나와서 40대〔辛丑대운〕에 독일의 대학교수로 채용되어 국제적인 명성을 얻었다.

巳酉丑 관살삼합 물리화학작용(A+B+C⇨ABC+D)으로 생기를 얻은 丑시지〔관살고_재물창고〕를 자신〔乙巳 · 乙巳 · 丁丁〕이 지배하였다. 辛丑대운〔40대〕은 巳酉丑 관살삼합이 생동하면서 크게 일어났다.

			(여)
丁	乙	丁	癸
丑	巳	巳	酉

◉ 대운

84	74	64	54	44	34	24	14	4
丙	乙	甲	癸	壬	辛	庚	己	戊
寅	丑	子	亥	戌	酉	申	未	午

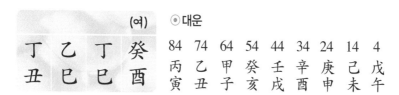

○생체시스템 ➡ 乙巳·丁巳·丁〔일간·식상〕

○물리화학작용 ➡ 관살삼합〔巳酉丑〕 입묘〔丑 巳巳酉〕, 巳酉丑 삼합으로 재물〔癸酉, 丁巳, 乙巳〕을 입묘한 丑〔관살고〕이 생기를 얻었다.

이 사주는 우수한 성적으로 서울대학교 공과대학에 입학하여 의과대학으로 편입학한 수재이다.

巳酉丑 관살삼합 물리화학작용(A+B+C⇨ABC+D)으로 생기를 얻은 丑시지〔관살고_재물창고〕를 자신〔乙巳 · 丁巳 · 丁〕이 지배하였다.

(남)			
丁	己	己	戊
卯	亥	未	午

◉ 대운

81	71	61	51	41	31	21	11	1
戊	丁	丙	乙	甲	癸	壬	辛	庚
辰	卯	寅	丑	子	亥	戌	酉	申

○생체시스템 ➡ 己〔일간〕

○물리화학작용 ➡ 관살삼합〔亥卯未〕 입묘〔卯亥⌒未〕, 亥卯未 관살삼합으로 재물〔丁卯, 己亥〕을 입묘한 未〔관살고〕가 생기를 얻었다.

이 사주는 서울대학교 법대를 졸업하고 검사가 되었고 정부 요직에서 활동하였다. 亥卯未 관살삼합 물리화학작용(A+B+C⇨ABC+D)으로 생기를 얻은 未월지〔관살고_재물창고〕를 己일간〔자신〕이 己亥자합하여 亥未합으로 가져왔다.

(남)			
丁	己	辛	己
卯	未	未	亥

◉ 대운

89	79	69	59	49	39	29	19	9
壬	癸	甲	乙	丙	丁	戊	己	庚
戌	亥	子	丑	寅	卯	辰	巳	午

○생체시스템 ➡ 己未〔일간·비겁〕

○물리화학작용 ➡ 관살삼합〔亥卯未〕 입묘〔卯亥⌒未未〕, 亥卯未 관살삼합으로 재물〔己亥, 丁卯〕을 입묘한 未未〔관살고〕가 생기를 얻었다.

이 사주는 가난하게 태어났지만 대기업 납품업으로 40대〔丁卯대운〕와 50대〔丙寅대운〕에 크게 돈을 벌어 백억대 부자가 되었다.

亥卯未 관살삼합 물리화학작용(A+B+C⇨ABC+D)으로 생기를 얻은 未일지〔관살고_재물창고〕를 己일간〔자신〕이 지배하였다. 未월지〔관살고〕는 타인의 재물창고이다. 丁卯대운과 丙寅대운은 亥卯未 관살삼합

이 생동하면서 재물이 일어났다.

3 물리작용

삼합(三合)의 2원소(元素)가 온전한 반합(半合)은 물리작용(A+B⇨AB, A+C⇨AC, B+C⇨BC)이 일어난다.

			(남)
戊	甲	甲	壬
辰	申	辰	辰

◉ 대운

89	79	69	59	49	39	29	19	9
癸	壬	辛	庚	己	戊	丁	丙	乙
丑	子	亥	戌	酉	申	未	午	巳

○생체시스템 ➡ 甲甲〔일간·비겁〕

○물리작용 ➡ 입묘〔辰辰↶壬〕 지지합〔辰申辰辰〕, 申辰합으로 辰辰辰〔재고〕이 통제되었다.

이 사주는 큰 부자인데 복음(伏吟) 甲甲일월간〔자신〕이 壬辰년〔재물창고〕이 입묘한 辰월지〔재고〕를 지배하고, 3개의 재물창고〔辰년지, 辰월지, 辰시지〕를 申辰합 물리작용(A+C⇨AC)으로 관리하였다.

			(남)
丁	丁	乙	己
未	亥	亥	未

◉ 대운

83	73	63	53	43	33	23	13	3
丙	丁	戊	己	庚	辛	壬	癸	甲
寅	卯	辰	巳	午	未	申	酉	戌

○생체시스템 ➡ 丁·丁未〔일간·비겁·식상〕

●생체시스템 변화 ➡ 포국틀〔己未, 丁未〕을 생체시스템으로 사용한다.

○물리작용 ➡ 포국〔양→음음←양〕 지지합〔未亥亥未〕, 양〔己未, 丁未〕이 음〔乙亥, 丁亥〕을 둘러싸서 통제하였다.

이 사주는 잘 나가는 의사이다.

丁일간〔자신〕이 丁未시〔비겁·식상〕와 丁亥자합을 사용하여 양(陽) 자기세력〔己未년, 丁未시〕으로 음(陰) 경쟁세력〔乙亥월, 丁亥일〕을 未亥亥未합 물리작용(A+C⇨AC)으로 둘러싸서 통제하였다.

삼합

寅午戌(火局) 亥卯未(木局) 巳酉丑(金局) 申子辰(水局)

❶화학작용 ☞ 삼합(三合)의 3원소(元素)가 온전하면 화학작용(A+B+C⇨D)이 일어나고 예외로 관살삼합(官殺三合)은 상반된 삼합(三合) 에너지가 충돌〔**地支沖**〕하거나 관살고(官殺庫)가 손상될 때 화학작용(A+B+C⇨D)이 일어난다.

❷물리화학작용 ☞ 삼합(三合)의 3원소(元素)가 온전한데 상반된 삼합(三合) 에너지가 충돌〔**地支沖**〕하면 물리화학작용(A+B+C⇨ABC+D)이 일어나고 예외로 관살삼합(官殺三合)은 삼합(三合)의 3원소(元素)가 온전하게 보호될 때 물리화학작용(A+B+C⇨ABC+D)이 일어난다.

❸물리작용 ☞ 삼합(三合)의 2원소(元素)가 온전한 반합(半合)은 물리작용(A+B⇨AB, A+C⇨AC, B+C⇨BC)이 일어난다.

8 암합(暗合)

寅丑　午亥　卯申

암합(暗合)은 寅丑합〔寅 중 甲과 丑 중 己〕, 午亥합〔午 중 丁과 亥 중 壬〕, 卯申합〔卯 중 乙과 申 중 庚〕 3가지이고 寅丑합은 암합의 성격만 갖는다. 암합은 은밀하게 합한 것으로 지지육합(地支六合)보다 약한 물리작용(A+B⇨AB)이다.

해원명리

해원명리는 지지육합(地支六合)은 이해타산적인 공개적인 합(合)이고 암합(暗合)은 개인적이고 은밀한 합(合)으로 구분한다.

1 물리작용

암합(暗合)은 지지육합(地支六合)보다 약한 물리작용(A+B⇨AB)이다.

			(남)
己	丙	丁	癸
丑	寅	巳	巳

◉ 대운

83	73	63	53	43	33	23	13	3
戊	己	庚	辛	壬	癸	甲	乙	丙
申	酉	戌	亥	子	丑	寅	卯	辰

○생체시스템 ➡ 丙寅〔일간 · 인성〕

○물리작용 ➡ 제압〔음←양양양〕, 양〔癸巳, 丁巳, 丙寅〕이 음〔己丑〕을 巳丑합 · 寅丑합하여 제압했다.

이 사주는 20대〔卯대운〕에 경찰관이 되었고 30대 중반〔癸丑대운〕부터 계속 승진하였다.

丙寅일주〔자신〕가 양(陽) 자기세력〔癸巳년, 丁巳월, 丙寅일〕으로 음(陰) 경쟁세력〔범죄자_己丑시〕을 巳丑합 · 寅丑합하여 은밀하게 제압했다.

			(남)
庚	辛	庚	丙
寅	丑	寅	寅

◉ 대운

83	73	63	53	43	33	23	13	3
己	戊	丁	丙	乙	甲	癸	壬	辛
亥	戌	酉	申	未	午	巳	辰	卯

○생체시스템 ➡ 辛丑〔일간 · 인성〕

○물리작용 ➡ 입묘〔丑⌒庚庚〕, 寅丑합으로 재성〔寅寅寅_여성〕과 은밀한 관계를 맺었다.

이 사주는 20대 중반〔癸巳대운〕부터 여성에게만 집착하고 피해망상과 심한 우울증을 앓았다. 평소 나쁜 짓을 하면서도 죄책감이 없었고 법

(法)에 걸리지 않게 은밀하게 죄를 지었기에 처벌도 받지 않았다. 26세〔癸巳대운 辛卯년〕에 결혼을 약속했던 약혼녀를 강제로 낙태시키고 바람을 피우다가 헤어졌고 27세〔癸巳대운 壬辰년〕에는 결혼을 미끼로 새로운 여자를 유혹하였다.

辛丑일주〔자신〕가 여성들〔丙寅, 庚寅, 庚寅〕과 寅丑합으로 은밀하게 연결되었다. 이 사주는 여성들〔寅寅寅〕과의 비밀스러운 관계가 끊임없이 일어난다.

			(여)
丁	庚	庚	戊
亥	午	申	午

◉대운

89	79	69	59	49	39	29	19	9
辛	壬	癸	甲	乙	丙	丁	戊	己
亥	子	丑	寅	卯	辰	巳	午	未

○생체시스템 ➡ 庚·亥〔일간·식상〕

○물리작용 ➡ 지지합〔亥午午〕, 庚〔자신〕이 亥〔식상_성기〕를 사용하여 관성〔남성재물_戊午, 午〕을 午亥합으로 얻었다.

이 사주는 18세〔己未대운 乙亥년〕에 가출하여 몸을 팔아 생활하다가 유부남의 아이를 낳자 아무도 모르게 고아원에 맡겼고, 28세〔戊午대운 乙酉년〕에 몸이 상하여 성매매를 그만둘 때까지 기둥서방의 노리개가 되었던 애처로운 여성이다.

庚일간〔자신〕이 亥시지〔식상_생식기〕를 사용하여 남성들〔戊午년, 午일지〕과 午亥합으로 은밀하게 성관계를 맺었다.

			(여)
丙	辛	丁	己
申	卯	卯	亥

◉ 대운

89	79	69	59	49	39	29	19	9
丙	乙	甲	癸	壬	辛	庚	己	戊
子	亥	戌	酉	申	未	午	巳	辰

○생체시스템 ➡ 辛〔일간〕

●생체시스템 변화 ➡ 丙辛합으로 丙申시〔관성·비겁〕를 생체시스템으로 사용한다.

○물리작용 ➡ 지지합〔申卯卯亥〕, 辛〔자신〕이 丙辛합으로 申〔육체〕을 사용하여 卯卯〔재성_남자재물〕를 卯申합으로 얻었다.

이 사주는 22세〔己巳대운 庚申년〕에 결혼했지만 남편이 경제적으로 무능력하자 24세〔己巳대운 壬戌년〕에 가출하여 바람을 피웠고, 술집 접대부로 일하기 시작했다.

辛일간〔자신〕이 丙辛합으로 丙申시〔비겁_몸〕를 사용하여 남성들〔卯卯_재성〕과 卯申합으로 은밀하게 성관계를 맺었다.

암합

寅丑 午亥 卯申

❶물리작용 ☞ 암합(暗合)은 은밀하며 지지육합(地支六合)보다 약한 물리작용(A+B⇨AB)이 일어난다.

9
형(刑)

寅申巳 戌丑未 寅巳 丑戌 戌未

형(刑)은 형벌, 관재구설, 송사, 감금, 풍파, 질병 등을 의미하는데 『연해자평』은 "寅巳형, 巳申형, 申寅형은 세력을 믿는 형이고_爲恃勢之刑 丑戌형, 戌未형, 未丑형은 은혜를 모르는 형이며_爲無恩之刑 子卯형은 예의가 없는 형이고_爲無禮之刑 辰午酉亥는 스스로를 형한다_自刑之刑."고 설명하였다.

현재까지 자평명리는 『연해자평』의 형(刑)의 정의를 고수하고 있고 맹파명리는 경험할 수 없는 辰午酉亥형을 삭제하고 형(刑)의 3요소〔寅申巳, 丑戌未〕가 모두 갖추어질 때 손괴, 폐기, 징벌 등이 명확하게 일어난다고 주장하였다.

해원명리

해원명리는 자평명리나 맹파명리와는 다르게 寅申巳형, 丑戌未형, 寅巳형, 丑戌형, 戌未형 5가지를 형(刑)으로 정의하고 한쪽이 손상되거나 모두가 파괴되는 물리적 충돌작용(A↔B⇨A⇒B, A⇐B, A⇔B, A↔B↔C⇨AB⇒C, A⇐BC, A⇔B⇔C)**으로 판단하며 특히 寅巳형을 무겁게 본다.**

1 물리작용

형(刑)은 한쪽이 깨지거나 모두가 파괴되는 물리작용(A↔B⇨A⇒B, A⇐B, A⇔B, A↔B↔C⇨AB⇒C, A⇐BC, A⇔B⇔C)이다.

			(남)
辛	丙	壬	丁
卯	午	寅	巳

◉ 대운

90	80	70	60	50	40	30	20	10
癸	甲	乙	丙	丁	戊	己	庚	辛
巳	午	未	申	酉	戌	亥	子	丑

○생체시스템 ➡ 丙午〔일간 · 비겁〕

●생체시스템 변화 ➡ 丙辛합으로 辛卯시를 생체시스템으로 사용한다.

○물리작용 ➡ 지지형파〔卯午寅巳〕, 丙辛합〔애정문제〕 때문에 모든 사람들〔丁巳, 壬寅, 丙午, 辛卯〕이 寅巳형·午卯파로 파괴되었다.

이 사주는 일본에서 1938년에 발생한 '츠야마 30인 살인사건'을 일으킨 도이 무츠오(都井睦雄)로 寅巳형의 파괴력을 보여주는 예이다.

부유한 집에서 태어났지만 유아시절〔3세〕 아버지와 어머니가 폐결핵으로 모두 사망하자 누나와 함께 친할머니 밑에서 자랐던 그는 학교에

서 반장을 할 정도로 모범생이었지만 18세〔辛丑대운 甲戌년〕에 누나가 결혼하고 떠나자 은둔형 외톨이가 되었고 요바이〔よばい_밤에 몰래 여자침실에 들어가 성관계를 갖는 일본의 옛 풍습〕에서 여자들에게 번번이 성관계를 거절당하고 약혼녀마저 다른 남자와 결혼하자 여성과 마을사람들에 대한 증오로 불타올랐다. 1938년〔22세_庚子대운 戊寅년〕 5월 20일 저녁에 실탄 200발의 엽총, 일본도, 도끼로 무장한 그는 자신을 길러준 친할머니를 먼저 죽이고 마을을 돌면서 다음날 새벽까지 30명에 이르는 사람들을 학살하는 만행을 저지르고 스스로 목숨을 끊었다.

이 사주는 丙午일주〔자신〕가 寅午합으로 타인〔壬寅월〕과 평온한 관계를 맺고 있지만 丙辛합〔여자와의 인연〕으로 午卯파가 발생하면 寅巳형·午卯파로 사주 전체〔丁巳년, 壬寅월, 丙午일, 辛卯시〕가 파괴된다. 寅巳형은 2개의 원소(元素)가 충돌하여 폭발하고 午卯파는 2개의 원소(元素)가 충돌하여 찢어지기에 이 남자와 인연을 맺은 사주팔자의 모든 사람들〔丁巳, 壬寅, 丙午, 辛卯〕은 폭발하고 찢어져 죽었다.

			(여)
壬	丁	庚	戊
寅	巳	申	午

⊙ 대운

85	75	65	55	45	35	25	15	5
辛	壬	癸	甲	乙	丙	丁	戊	己
亥	子	丑	寅	卯	辰	巳	午	未

○생체시스템 ➡ 丁巳〔일간·비겁〕

●생체시스템 변화 ➡ 포국틀〔戊午, 丁巳, 壬寅〕을 생체시스템으로 사용한다.

○물리작용 ➡ 포국〔양양→음←양〕, 양〔戊午, 丁巳, 壬寅〕이 음〔庚申〕을 둘러싸서 통제하였다.

이 사주는 부잣집에서 태어나 좋은 직업을 가졌지만 가정폭력에 시달리다가 남편을 고소하여 징역 5년형을 받게 만들었다.

丁巳일주〔자신〕가 양(陽) 자기세력〔戊午년, 丁巳일, 壬寅시〕으로 음(陰) 경쟁세력〔庚申월〕을 둘러싸서 통제하여 부귀를 얻었지만 寅巳申 삼형으로 불길해졌다. 庚申월〔부모〕은 丁巳일주〔자신〕에게 巳申합으로 부귀를 물려주었지만 丁壬합으로 인연을 맺은 남자〔壬寅시〕가 寅巳申 삼형을 일으키면서 인생을 격랑(激浪)으로 이끌었다.

			(남)
癸	丙	壬	戊
巳	寅	戌	戌

⊙대운

88	78	68	58	48	38	28	18	8
辛	庚	己	戊	丁	丙	乙	甲	癸
未	午	巳	辰	卯	寅	丑	子	亥

○생체시스템 ➡ 丙寅〔일간 · 인성〕

○물리작용 ➡ 입묘〔巳丙⌒戌戌〕, 戌戌〔비겁고〕에 입묘하는 사람들〔丙寅, 癸巳〕이 寅巳형으로 손상되었다.

이 사주는 40대 중반〔寅대운〕에 아내가 사망하고 56세〔丁卯대운 癸巳년〕 때 아들이 자살하였다.

丙寅일주〔자신〕가 戌戌〔비겁고_재물창고〕에 입묘하여 살아가는데 癸巳시〔자식〕가 寅巳형으로 보금자리〔寅일지〕와 자식자리〔巳시지〕를 손상시키면서 아내와 자식이 비명횡사하고 자신은 파산하였다.

			(여)
壬	戊	癸	丁
戌	戌	丑	未

⊙대운

82	72	62	52	42	32	22	12	2
壬	辛	庚	己	戊	丁	丙	乙	甲
戌	酉	申	未	午	巳	辰	卯	寅

○생체시스템 ➡ 戊戌〔일간 · 비겁〕

●생체시스템 변화 ➡ 포국들〔丁未, 戊戌, 壬戌〕을 생체시스템으로 사용한다.

○물리작용 ➡ 포국〔양양→음←양〕, 양〔丁未, 戊戌, 壬戌〕이 음〔癸丑〕을 둘러 싸서 통제하였다.

이 사주는 부잣집에서 태어나 사회에서 멋진 여성으로 대우를 받았지만 가정에서는 바람둥이 남편과 분노조절장애 자식 때문에 고통이 매우 심하였다.

戊戌일주〔자신〕가 양(陽) 자기세력〔丁未년, 戊戌일, 壬戌시〕으로 음(陰) 경쟁세력〔癸丑월〕을 둘러싸서 통제하여 부귀(富貴)가 작지 않다. 하지만 丑戌未 삼형으로 보금자리〔戌일지〕와 자식자리〔戌시지〕가 손상되면서 남편과 자식으로 인한 고통을 피할 수 없었다.

			(남)
壬	癸	乙	癸
戌	丑	丑	丑

◉대운

82	72	62	52	42	32	22	12	2
丙	丁	戊	己	庚	辛	壬	癸	甲
辰	巳	午	未	申	酉	戌	亥	子

○생체시스템 ➡ 癸乙〔일간 · 식상〕

○물리작용 ➡ 제압〔양←음음음〕, 음〔癸丑, 乙丑, 癸丑〕이 양〔壬戌〕을 제압했다.

이 사주는 잘 나가는 변호사로서 각종 형사소송을 담당하였다.

癸일간〔자신〕이 乙월간〔식상〕을 사용하여 丑丑월일지〔관성〕를 지배하고 음(陰) 자기세력〔癸丑년, 乙丑월, 癸丑일〕으로 양(陽) 경쟁세력〔壬戌시〕을 깔끔하게 제압하여 부귀가 높다. 하지만 丑戌형으로 보금자리〔丑일지〕와 자식자리〔戌시지〕가 손상되면서 아내와 이혼했고 자식들은 아내를 따라갔다.

			(여)
戊	辛	戊	庚
戌	未	寅	寅

◉ 대운

81	71	61	51	41	31	21	11	1
己	庚	辛	壬	癸	甲	乙	丙	丁
巳	午	未	申	酉	戌	亥	子	丑

○생체시스템 ➡ 辛未〔일간 · 인성〕

○물리작용 ➡ 입묘〔未←寅寅〕, 戌未형으로 재물〔庚寅, 戊寅〕이 입묘한 未〔재물창고〕와 戊戌〔자식〕이 손상되었다.

이 사주는 2명의 딸이 있었는데 56세〔壬申대운 乙酉년〕 때 큰딸이 목을 매어 자살했고 사위도 아파트에서 뛰어내려 자살했으며 57세〔壬申대운 丙戌년〕 때 작은 딸마저 아파트에서 뛰어내려 자살하였다.

辛일간〔자신〕이 재성〔庚寅년, 戊寅월〕이 입묘한 未일지〔재고〕를 지배했지만 戊戌시〔자식_인생 후반기〕를 만나면서 재물창고〔未일지〕와 자식자리〔戌시지〕가 戌未형으로 손상되어 자신은 파산하고 자식들은 비참하게 죽었다. 己亥시에 태어났다면 모두가 부귀하고 행복하게 살았을 것이다.

형

寅申巳 戌丑未 寅巳 丑戌 戌未

❶물리작용 ☞ 형(刑)은 형벌, 관재구설, 송사, 감금, 풍파, 질병 등을 의미하는데 한쪽이 손상되거나 모두가 파괴되는 중대한 물리적인 충돌작용(A↔B⇨A⇒B, A⇐B, A⇔B, A↔B↔C⇨AB⇒C, A⇐BC, A⇔B⇔C)이다. 특히 寅巳형은 매우 중대하다.

10
천(穿)

子未 丑午 卯辰 申亥 酉戌

『연해자평』에서 천(穿)은 子未천 · 丑午천 · 寅巳천 · 卯辰천 · 申亥천 · 酉戌천 6가지라고 말하는데 해원명리는 寅巳천은 寅巳형과 겹치기에 형(刑)으로 다룬다.

천(穿)은 자평명리에서 해(害)로 표현되며 장애, 시비구설, 형액 등으로 흉(凶)하다고 설명하고 맹파명리는 불용, 배척, 폭력, 파괴 등으로 살상력이 충(沖)보다 강한 대흉(大凶)이라고 설명한다.

해원명리

해원명리는 빠르게 한쪽이 손상되거나 모두가 파괴되는 물리적 충돌작용(A↔B⇨A⇒B, A⇐B, A⇔B)**으로 판단한다.**

1 물리작용

천(穿)은 빠르게 한쪽이 깨지거나 모두가 파괴되는 물리작용(A↔B ⇨A⇒B, A⇐B, A⇔B)이다.

			(남)
癸	庚	己	甲
未	子	巳	戌

◉ 대운

83	73	63	53	43	33	23	13	3
戊	丁	丙	乙	甲	癸	壬	辛	庚
寅	丑	子	亥	戌	酉	申	未	午

○생체시스템 ➡ 庚·己巳〔일간·인성·관성〕

●생체시스템 변화 ➡ 포국틀〔甲戌, 己巳, 癸未〕을 생체시스템으로 사용한다.

○물리작용 ➡ 포국〔양→음←양양〕 입묘〔巳⌒戌〕, 양〔甲戌, 己巳, 癸未〕이 음〔庚子〕을 둘러싸서 통제하였다.

이 사주는 유명한 사업가로서 자산이 1조원에 이르렀다. 庚일간〔자신〕이 己巳월〔인성·관성〕을 사용하여 양(陽) 자기세력〔甲戌년, 己巳월, 癸未시〕으로 음(陰) 경쟁세력〔庚子일〕을 子未천·戌未형으로 둘러싸서 통제하였다.

이 사주는 양(陽_甲戌, 己巳, 癸未)이 사주팔자의 기준이고 음(陰_庚子)은 재물이기에 20대 중반〔壬申대운〕부터 음(陰)이 커지는 金水대운을 60년간 만나면서 빠르게 재벌이 되었다.

			(여)
丙	乙	癸	丙
子	未	巳	午

◉ 대운

90	80	70	60	50	40	30	20	10
甲	乙	丙	丁	戊	己	庚	辛	壬
申	酉	戌	亥	子	丑	寅	卯	辰

○생체시스템 ➡ 乙〔일간〕

○물리작용 ➡ 제압〔음←양양양〕, 양〔丙午, 癸巳, 乙未〕이 음〔丙子〕을 제압했다.

이 사주는 첫째 아들〔癸巳월〕**이 공무원이고 둘째 아들**〔丙子시〕**은 지적 장애자이다. 乙일간**〔자신〕**이 未일지**〔재성〕**를 지배하고 午未합으로 연합한 양(陽) 자기세력**〔丙午년, 癸巳월, 乙未일〕**으로 음(陰) 경쟁세력**〔丙子시〕**을 子未천 · 子午충으로 심하게 제압하면서 丙子시**〔둘째 아들〕**가 빠르게 손상되었다.**

			(남)
己	丙	癸	丁
丑	午	丑	丑

◉ **대운**

83	73	63	53	43	33	23	13	3
甲	乙	丙	丁	戊	己	庚	辛	壬
辰	巳	午	未	申	酉	戌	亥	子

○생체시스템 ➡ 丙 · 己丑〔일간 · 식상〕

●생체시스템 변화 ➡ 포국틀〔丁丑, 癸丑, 己丑〕을 생체시스템으로 사용한다.

○물리작용 ➡ 포국〔음→양←음음〕, 음〔丁丑, 癸丑, 己丑〕이 양〔丙午〕을 둘러싸서 통제하였다.

이 사주는 유명한 치과의사로 이름을 날렸다. 丙일간〔자신〕**이 己丑시**〔식상〕**을 사용하여 음(陰) 자기세력**〔丁丑년, 癸丑월, 己丑시〕**으로 양(陽) 경쟁세력**〔丙午일〕**을 午丑천으로 둘러싸서 통제하였다.**

이 사주는 음(陰) 포국틀〔丁丑, 癸丑, 己丑〕**이 사주팔자의 기준이고, 양(陽_丙午)은 재물이기에 50대 중반**〔丁未대운〕**부터 빠르게 재물이 일어났다.**

			(남)
甲	丁	甲	戊
辰	卯	寅	戌

◉대운

85	75	65	55	45	35	25	15	5
癸	壬	辛	庚	己	戊	丁	丙	乙
亥	戌	酉	申	未	午	巳	辰	卯

○생체시스템 ➡ 丁卯〔일간 · 인성〕

○물리작용 ➡ 제압〔음←양양양〕, 양〔戊戌, 甲寅, 丁卯〕이 음〔甲辰〕을 제압했다.

이 사주는 국무총리를 역임했다.

丁卯일주〔자신〕가 卯戌합 · 寅戌합으로 연합한 양(陽) 자기세력〔戊戌년, 甲寅월, 丁卯일〕으로 음(陰) 경쟁세력〔甲辰시_권력〕을 卯辰천 · 辰戌충으로 완벽하게 제압했다. 50대 중반〔庚申대운〕은 부족했던 음(陰)이 강해지면서 권력이 빠르게 높아졌다.

			(남)
乙	戊	乙	乙
卯	辰	酉	巳

◉대운

81	71	61	51	41	31	21	11	1
丙	丁	戊	己	庚	辛	壬	癸	甲
子	丑	寅	卯	辰	巳	午	未	申

○생체시스템 ➡ 戊辰〔일간 · 비겁〕

○물리작용 ➡ 역포국〔양→음음←양〕, 양〔乙巳, 乙卯〕에게 음〔乙酉, 戊辰〕이 둘러싸여 통제되었다.

이 사주는 6세〔甲申대운 庚戌년〕 때 교통사고로 사망하였다. 양(陽) 경쟁세력〔乙巳년, 乙卯시〕에게 음(陰) 자기세력〔乙酉월, 戊辰일〕이 卯辰천 · 卯巳연합으로 둘러싸여 통제되면서 인생이 불길해졌다.

甲申대운은 巳申합 · 卯申합으로 역포국틀〔乙巳, 乙卯〕을 생동하는데 庚戌년〔6세〕에 자신〔戊〕의 형상이 戌〔土〕로 등장하고 辰戌충으로 보금자리〔辰일지〕가 손상되면서 빠르게 생을 마감하였다.

(남)

甲	丁	壬	戊
辰	酉	戌	辰

◉ 대운

85	75	65	55	45	35	25	15	5
辛	庚	己	戊	丁	丙	乙	甲	癸
未	午	巳	辰	卯	寅	丑	子	亥

○생체시스템 ➡ 丁甲〔일간 · 인성〕

●생체시스템 변화 ➡ 포국틀〔戊辰, 丁酉, 甲辰〕을 생체시스템으로 사용한다.

○물리작용 ➡ 포국〔음음→양←음〕, 음〔戊辰, 丁酉, 甲辰〕이 양〔壬戌〕을 둘러싸서 통제하였다.

이 사주는 30대 중반〔丙寅대운〕부터 꾸준히 승진하여 육군 중장까지 올라갔다. 丁일간〔자신〕이 甲시간〔인성〕으로 辰시지〔관살고〕를 지배하고 음(陰) 자기세력〔戊辰년, 丁酉일, 甲辰시〕으로 양(陽) 경쟁세력〔壬戌월〕을 酉戌천 · 酉辰합으로 둘러싸서 통제하였다.

丙寅대운〔30대 중반〕은 부족했던 양(陽) 경쟁세력이 강해지면서 거침없이 빠르게 승진하였다.

천

子未 丑午 卯辰 申亥 酉戌

❶물리작용 ☞ 천(穿)은 파괴와 소멸, 서로를 훼손한다는 의미로서 빠르게 한쪽이 깨지거나 모두가 파괴되는 물리작용(A↔B⇨A⇒B, A⇐B, A⇔B)이다.

11

파(破)

子卯 子酉 午酉 午卯

파(波)는 자평명리에서 子酉파·丑辰파·寅亥파·卯午파·巳申파·未戌파 6가지로 정의하고 파괴, 분리, 절단의 흉(凶)으로 설명하고 맹파명리는 子卯파·卯午파·午酉파 3가지로 정의하고 서로 파괴하며 손상되는 흉(凶)으로 설명한다.

해원명리

해원명리는 파(波)를 子卯파·子酉파·午酉파·午卯파 4가지로 정의하는데 자평명리에서 주장하는 6가지 파(波)에서 작용력이 없는 丑辰파를 빼고 寅亥파·巳申파·未戌파는 합형(合刑)으로 판단하며 맹파명리가 제외했던 子酉파의 작용력을 인정한다.

1 물리작용

파(波)는 한쪽이 훼손되거나 모두가 파괴되는 물리작용(A↔B⇨A⇒B, A⇐B, A⇔B)이며 육친은 양쪽이 손상될 가능성이 높다.

			(남)
辛	丙	乙	戊
卯	子	卯	申

◉ 대운

90	80	70	60	50	40	30	20	10
甲	癸	壬	辛	庚	己	戊	丁	丙
子	亥	戌	酉	申	未	午	巳	辰

○생체시스템 ➡ 丙·乙卯〔일간·인성〕

○물리작용 ➡ 제압〔양→음←양→음〕, 양〔乙卯, 丙, 辛卯〕이 음〔戊申, 子〕을 제압했다.

이 사주는 밀수(密輸)로 돈을 벌어 논밭을 사들이고 대형 건설회사에 되파는 방식으로 돈을 벌어 40대 중반〔己未대운〕까지 2천억 재산을 이루었으나 불법을 많이 저질렀기에 홍콩으로 피신했다.

丙일간〔자신〕이 乙卯월〔인성〕을 사용하여 양(陽) 자기세력〔乙卯월, 丙일간, 辛卯시〕으로 음(陰) 경쟁세력〔戊申년, 子일지〕을 卯申합·子卯형으로 제압했다.

이 사주는 음(陰) 경쟁세력이 만만하지 않기에 대운의 도움이 반드시 필요한데 20대〔丁巳대운〕부터 30년간 火대운〔巳午未〕으로 흐르면서 재물을 크게 얻었다. 하지만 庚申대운〔50대〕부터는 음(陰) 경쟁세력을 돕기에 자신의 부귀는 사라진다.

			(여)
庚	丁	癸	丁
子	酉	丑	酉

◉ 대운

85	75	65	55	45	35	25	15	5
壬	辛	庚	己	戊	丁	丙	乙	甲
戌	酉	申	未	午	巳	辰	卯	寅

○생체시스템 ➡ 丁〔일간〕

○물리작용 ➡ 역포국〔음→음←음음〕 입묘〔庚酉酉⌒丑〕, 음〔丁酉, 癸丑, 庚子〕에게 음〔丁酉〕이 둘러싸여 통제되었다.

이 사주의 남편은 마약중독에 걸린 건달이었고 돈은 벌어주지 않으면서 매일 폭행을 일삼았다. 자신은 술집을 운영했는데 41세〔丁巳대운 戊寅년〕에 20대 남자를 만나면서 남편과 바로 이혼하였다. 하지만 어린 남자와 동거를 시작한 이후부터 장사가 안 되고 빚만 늘어가자 몰래 가게를 처분하고 야반도주를 하였다.

이 사주는 음(陰) 경쟁세력〔丁酉년, 癸丑월, 庚子시〕에게 음(陰) 자신〔丁酉일〕이 子酉파 · 子丑합으로 둘러싸여 통제되면서 삶이 빈곤하고 庚子시〔남성〕가 子酉파로 酉丑합〔생계〕을 깨고 보금자리〔酉일지〕를 훼손하면서 타고난 애정운도 나쁘다.

			(남)
丁	丙	壬	庚
酉	午	午	午

◉ 대운

84	74	64	54	44	34	24	14	4
辛	庚	己	戊	丁	丙	乙	甲	癸
卯	寅	丑	子	亥	戌	酉	申	未

○생체시스템 ➡ 丙午〔일간 · 비겁〕

○물리작용 ➡ 제압〔음←양양양〕, 양〔庚午, 壬午, 丙午〕이 음〔丁酉〕을 제압했다.

이 사주는 어린 시절 가난하게 살았지만 말단 경찰직에서 시작하여 독학으로 미국대학의 석사를 취득했고 꾸준히 승진하여 경찰대학교장이 되었다. 丙午일주〔자신〕의 양(陽) 자기세력〔庚午년, 壬午월, 丙午일〕이 음(陰) 경쟁세력〔丁酉시〕을 午酉파로 제압했다.

이분은 음(陰) 경쟁세력이 약하여 초년〔癸未대운〕에는 힘들었지만 20대〔申대운〕부터 60년간 金水대운을 만나면서 빈곤이 사라지고 부귀〔권력〕가 계속 올라갔다.

(남)			
丁	丙	丁	戊
酉	午	巳	子

⊙ 대운

85	75	65	55	45	35	25	15	5
丙	乙	甲	癸	壬	辛	庚	己	戊
寅	丑	子	亥	戌	酉	申	未	午

○생체시스템 ➡ 丙午〔일간 · 비겁〕

○물리작용 ➡ 역포국〔음→양양←음〕, 음〔戊子, 丁酉〕에게 양〔丁巳, 丙午〕이 둘러싸여 통제되었다.

이 사주는 9세〔戊午대운 丙申년〕에 아버지가 사망하였고 일평생 가난하게 살았다. 음(陰) 경쟁세력〔戊子년, 丁酉시〕에게 양(陽) 자기세력〔丁巳월, 丙午일〕이 午酉파 · 子酉파로 둘러싸여 통제되었다.

戊午대운〔초년〕은 子午충 · 午酉파로 역포국틀〔戊子, 丁酉〕이 생동하면서 어릴 때부터 빈곤이 시작되었다.

			(남)
戊	癸	庚	辛
午	卯	子	巳

◉대운

85	75	65	55	45	35	25	15	5
辛	壬	癸	甲	乙	丙	丁	戊	己
卯	辰	巳	午	未	申	酉	戌	亥

○생체시스템 ➡ 癸卯〔일간 · 식상〕

●생체시스템 변화 ➡ 戊癸합으로 戊午시를 생체시스템으로 사용한다.

○물리작용 ➡ 포국〔양양→음←양〕 양〔辛巳, 癸卯, 戊午〕이 음〔庚子〕을 둘러 싸서 통제하였다.

이 사주는 명문대 대학원을 졸업하고 순탄하지는 않았지만 대학교수가 되었다. 癸卯일주〔자신〕가 戊癸합으로 戊午시〔관성〕를 사용하여 양(陽) 자기세력〔辛巳년, 癸卯일, 戊午시〕으로 음(陰) 경쟁세력〔庚子월〕을 子卯파 · 子午충 · 巳午연합으로 둘러싸서 통제하였다.

丁酉대운〔20대 중반〕은 포국틀〔辛巳, 癸卯, 戊午〕이 卯酉충 · 午酉파로 무너지면서 뜻하는 바를 이룰 수 없었고 丙申대운〔30대 중반〕은 포국틀〔辛巳, 癸卯, 戊午〕이 巳申합 · 申子합으로 안정되면서 대학교수에 임용되고 출세가 순조로웠다.

			(남)
庚	己	庚	己
午	卯	午	卯

◉대운

82	72	62	52	42	32	22	12	2
辛	壬	癸	甲	乙	丙	丁	戊	己
酉	戌	亥	子	丑	寅	卯	辰	巳

○생체시스템 ➡ 己 · 午午〔일간 · 인성〕

○물리작용 ➡ 午卯파로 연월일시(年月日時)의 육친들이 모두 손상되었다.

이 사주는 백수로 살면서 술만 마셨고 평생 부모형제와 가족들을 괴롭히다가 37세〔丙寅대운 乙卯년〕에 아내가 사망하고 56세〔甲子대운 甲戌년〕에 자신도 음주 교통사고로 사망하였다. 己일간〔자신〕이 午午월 시지〔인성〕를 사용하여 사주 전체를 午卯파로 망쳐놓았다.

丙寅대운 乙卯년〔37세〕은 午卯파로 아내〔卯일지〕가 사망했고 甲子대운 甲戌년〔56세〕은 자신〔己〕의 형상이 甲己합으로 사라지고 생체시스템〔午午〕이 子午충으로 붕괴되면서 자신이 사망하였다.

파	子卯　子酉　午酉　午卯 ❶물리작용 ☞ 파(破)는 한쪽이 깨지거나 모두가 파괴되는 물리작용(A↔B⇨A⇒B, A⇐B, A⇔B)이며 육친(六親)은 양쪽이 손상될 가능성이 높다.

12

고(庫)

辰(丑未水庫)　戌(火庫)　丑(金庫)　未(木庫)

고(庫)는 통제, 저장, 많음을 의미하며 자평명리가 辰〔水의 창고〕, 戌〔火의 창고〕, 丑〔金의 창고〕, 未〔木의 창고〕 4가지로 정의했고 맹파명리에서 丑未가 辰〔水의 창고〕에 입묘한다는 내용을 추가하였다. 자평명리와 맹파명리는 고(庫)를 형충(刑沖)으로 열어야 좋다고 설명하였다.

해원명리

해원명리는 기본적으로 고(庫)는 형충파천(刑沖破穿) 등으로 깨지거나 지지합(地支合)으로 닫히면 안 되고 제압(制壓)으로 사용할 때만 형충파천(刑沖破穿) 등을 사용한다고 정의한다.

1 물리작용(입묘)

고(庫)는 천간지지(天干地支) 모두를 입묘시키는 물리작용(A⌒B, A⌒BC, A⌒BCD)이며 기본적으로 형충파천(刑沖破穿) 등으로 손상되면 안 된다.

(남)

乙	乙	辛	辛
酉	丑	丑	丑

⊙대운

87	77	67	57	47	37	27	17	7
壬	癸	甲	乙	丙	丁	戊	己	庚
辰	巳	午	未	申	酉	戌	亥	子

○생체시스템 ➡ 乙〔일간〕

○물리작용 ➡ 입묘〔丑⌒辛辛酉〕, 재물〔辛丑, 辛丑, 乙酉〕이 입묘한 丑〔재물창고〕을 乙일간〔자신〕이 지배하였다.

이 사주는 서울대학교 의과대학을 졸업하고 미국에서 의학박사를 수료한 매우 뛰어난 의사이다. 乙일간〔자신〕이 재물〔辛丑년, 辛丑월, 乙酉시〕이 입묘한 재물창고〔丑일지_관살고〕를 지배했기에 대운(大運)에서 형충(刑沖)을 만나면 안 되는데 30대 중반〔戌대운〕에 丑戌형을 만났다.

이분은 20대 후반〔己亥대운〕까지 순탄하게 발전하다가 35세〔戊戌대운 丙子년〕에 명문가문 여성과 결혼하면서 부부갈등으로 고통을 받았다. 戌대운이 지나고 丁酉대운 己卯년〔38세〕이 되자 아내가 친정으로 돌아가 이혼소송을 시작하였고 丁酉대운 辛巳년〔40세〕에 巳酉丑 삼합으로 이혼하면서 마음의 안정을 찾았다.

			(남)
庚	辛	丁	甲
寅	未	卯	申

◉ 대운

89	79	69	59	49	39	29	19	9
丙	乙	甲	癸	壬	辛	庚	己	戊
子	亥	戌	酉	申	未	午	巳	辰

○생체시스템 ➡ 辛未〔일간·인성〕

○물리작용 ➡ 입묘〔未⌒甲卯寅〕, 재물〔甲申, 丁卯, 庚寅〕이 입묘한 未〔재물창고〕를 辛〔자신〕이 지배하였다.

이 사주는 서울대학교 법학대학을 졸업하고 26세〔己巳대운 己酉년〕에 행정고시에 합격하여 사무관을 하다가 30세〔庚午대운 癸丑년〕에 사법고시에 합격하여 검사를 하였고 40대〔辛未대운〕에는 검사를 그만두고 국제변호사가 되었다.

辛일간〔자신〕이 재물〔甲申년, 丁卯월, 庚寅시〕이 입묘한 재물창고〔未일지〕를 지배하고 대운(大運)에서도 형충(刑沖)을 70년간 만나지 않아 일평생 비단길이 펼쳐졌다.

			(여)
甲	乙	辛	丙
申	丑	卯	午

◉ 대운

81	71	61	51	41	31	21	11	1
壬	癸	甲	乙	丙	丁	戊	己	庚
午	未	申	酉	戌	亥	子	丑	寅

○생체시스템 ➡ 乙〔일간〕

○물리작용 ➡ 입묘〔丑⌒申辛〕, 재물〔辛卯, 甲申〕이 입묘한 丑〔재물창고〕을 乙〔자신〕이 지배하였다.

이 사주는 50세〔丙戌대운 乙未년〕에 파산하고 이혼했는데 당시 사업이 조금씩 기울 때마다 무당에게 수천만원짜리 굿을 했고 1억이 넘는 굿

값을 지불하고도 알거지가 되었다. 이분은 乙酉대운〔50대〕에 "당신은 丙戌대운 乙未년〔50세〕에 한 푼도 남기지 않고 재산을 모두 날렸을 것입니다."라는 필자의 말을 듣고 놀라워하며 "제가 찾았던 모든 철학관에서 40대〔丙戌대운〕는 재운(財運)이고 丑고(庫)가 열리니 재물이 크게 들어올 것이라고 말했는데 왜 선생님만 반대로 파산한다고 하시나요?"라고 물었다. "고(庫)를 쓰는 사람은 고(庫)를 깨면 안 됩니다. 고(庫)는 형충(刑沖)으로 열어야 한다는 자평명리와 맹파명리의 잘못된 이론 때문에 얼마나 많은 사람들이 수렁으로 내몰리는지 모릅니다."

이 사주는 乙일간〔자신〕이 재물〔辛卯월, 甲申시〕이 입묘한 재물창고〔丑일지_관살고〕를 지배했기에 丙戌대운〔40대〕에는 丑戌형으로 당연히 파산한다.

2 물리작용(제압)

고(庫)를 제압(制壓)으로 사용할 때는 형충파천(刑沖破穿) 등을 사용하여 한쪽이 깨지거나 모두가 파괴되는 물리작용(A↔B⇨A⇒B, A⇐B, A⇔B, A↔B↔C⇨AB⇒C, A⇐BC, A⇔B⇔C)이 일어난다.

(남)

丙	戊	丙	丙
辰	寅	申	戌

⊙ 대운

82	72	62	52	42	32	22	12	2
乙	甲	癸	壬	辛	庚	己	戊	丁
巳	辰	卯	寅	丑	子	亥	戌	酉

○생체시스템 ➡ 戊丙丙·丙戌〔일간·인성·비겁〕

○물리작용 ➡ 제압〔음←양→음←양〕, 양〔丙戌, 丙, 戊寅, 丙〕이 음〔申, 辰〕을 제압했다.

이 사주는 고인이 되신 노무현 대통령이다.

丙일간〔자신〕이 천간지지(天干地支)의 양(陽) 자기세력〔丙戌년, 丙월간, 戊寅일, 丙시간〕으로 음(陰) 경쟁세력〔申월지, 辰시지〕을 辰戌충·寅申충으로 제압했다. 이 사주는 辰戌충이 운명을 좌우하기에 壬寅대운〔54세~63세〕은 辰戌충·寅申충이 활발하게 일어나면서 대통령이 되었고 癸卯대운은 卯戌합으로 辰戌충〔제압작용〕이 정지되고 자신〔戊〕의 형상이 戊癸합으로 사라지면서 64세〔癸卯대운 己丑년〕에 사망하였다.

甲	丁	甲	癸 (남)
辰	酉	子	巳

◉대운

86	76	66	56	46	36	26	16	6
乙	丙	丁	戊	己	庚	辛	壬	癸
卯	辰	巳	午	未	申	酉	戌	亥

○생체시스템 ➡ 丁甲〔일간·인성〕

○물리작용 ➡ 제압〔음음음→양〕 입묘〔辰↶子癸〕, 음〔甲子, 丁酉, 甲辰〕이 양〔癸巳〕을 제압했다.

이 사주는 중국의 절대 권력자였던 모택동 주석이다.

丁일간〔자신〕이 甲시간〔인성〕으로 辰시지〔관살고〕를 지배하고 음(陰) 자기세력〔甲子월, 丁酉일, 甲辰시〕으로 양(陽) 경쟁세력〔癸巳년〕을 완벽하게 제압하여 크게 부귀를 얻었지만 관성〔癸巳년, 甲子월〕을 입묘시킨 辰시지〔관살고〕가 酉辰합〔불완전 화학작용〕으로 닫히면서 10명의 자식 중에 7명이 죽거나 실종되는 개인적인 불행과 7천 8백만명의 중국 국민들이 대약진운동과 문화대혁명으로 사망하는 국가적인 불행을 겪었다.

			(남)
甲	甲	辛	癸
戌	子	酉	丑

⊙대운

85	75	65	55	45	35	25	15	5
壬	癸	甲	乙	丙	丁	戊	己	庚
子	丑	寅	卯	辰	巳	午	未	申

○생체시스템 ➡ 甲子〔일간 · 인성〕

○물리작용 ➡ 제압〔양←음음음〕, 음〔癸丑, 辛酉, 甲子〕이 양〔甲戌〕을 제압했다.

이 사주는 중국 청나라의 금석학(金石學)과 서예가로 이름을 떨쳤던 옹방강(翁方綱)이다.

甲子일주〔자신〕가 음(陰) 자기세력〔癸丑년, 辛酉월, 甲子일〕으로 양(陽) 경쟁세력〔甲戌시〕을 丑戌형 · 酉戌천으로 제압했다.

이 사주에서 丑년지〔관살고〕는 丑戌형〔제압작용〕으로 사용되었다.

3 화학작용(삼합)

고(庫)가 완전한 삼합(三合)을 이루면 화학작용(A+B+C⇨D)으로 사라지는데 예외로 관살삼합(官殺三合)은 상반된 삼합(三合) 에너지가 충돌〔地支沖〕하거나 관살고(官殺庫)가 훼손될 때 화학작용(A+B+C⇨D)이 일어난다.

			(남)
戊	壬	丙	丙
申	辰	申	子

⊙대운

81	71	61	51	41	31	21	11	1
乙	甲	癸	壬	辛	庚	己	戊	丁
巳	辰	卯	寅	丑	子	亥	戌	酉

○생체시스템 ➡ 壬〔일간〕

○화학작용 ➡ 삼합〔申子辰〕 입묘〔辰 ← 申申子〕, 申子辰 삼합으로 재물〔丙子, 丙申, 戊申〕을 입묘한 辰〔비겁고〕이 사라졌다.

이 사주는 23세〔己亥대운 戊戌년〕에 급작스런 교통사고로 사망하였다. 연월시〔丙子, 丙申, 戊申〕가 辰일지〔비겁고〕에 입묘하여 申子辰 삼합 화학작용(A+B+C⇨D)으로 사라졌다. 己亥대운 戊戌년〔23세〕은 자신〔壬〕의 형상이 亥〔水〕로 등장하고 辰戌충으로 申子辰 삼합이 생동하면서 자신〔육체〕이 세상을 떠났다.

庚	甲	丙	壬 (남)
午	寅	午	戌

◉ 대운

88	78	68	58	48	38	28	18	8
乙	甲	癸	壬	辛	庚	己	戊	丁
卯	寅	丑	子	亥	戌	酉	申	未

○생체시스템 ➡ 甲寅〔일간·비겁〕

○화학작용 ➡ 삼합〔寅午戌〕 입묘〔午寅午 → 戌〕, 寅午戌 삼합으로 재물〔丙午, 甲寅, 庚午〕을 입묘한 戌〔식상고〕이 사라졌다.

이 사주는 고등학교 교사를 하다가 50대〔辛亥대운〕에 술집을 개업했는데 55세〔辛亥대운 丙辰년〕에 갑자기 실종되었다.

월일시〔丙午, 甲寅, 庚午〕가 戌년지〔식상고〕에 입묘하여 寅午戌 삼합 화학작용(A+B+C⇨D)으로 사라졌다.

癸	乙	丁	乙 (남)
未	卯	亥	卯

◉ 대운

84	74	64	54	44	34	24	14	4
戊	己	庚	辛	壬	癸	甲	乙	丙
寅	卯	辰	巳	午	未	申	酉	戌

○생체시스템 ➡ 乙卯〔일간 · 비겁〕

○화학작용 ➡ 삼합〔亥卯未〕 입묘〔未↶ 卯亥卯〕, 亥卯未 삼합으로 재물〔乙卯, 丁亥, 乙卯〕을 입묘한 未〔비겁고〕가 사라졌다.

이 사주는 10대 중반〔乙酉대운〕에 사망하였다.

연월일〔乙卯, 丁亥, 乙卯〕이 未시지〔비겁고〕에 입묘하여 亥卯未 삼합 화학작용(A+B+C⇨D)으로 사라졌다. 乙酉대운은 卯酉충으로 亥卯未 삼합이 생동하였다.

4 불완전 화학작용(지지합)

고(庫)가 깔끔한 지지합(地支合)을 이루면 불완전 화학작용(A+B⇨~~AB~~)으로 입묘기능이 정지된다.

(남)

乙	庚	辛	甲
酉	辰	未	申

⊙대운

88	78	68	58	48	38	28	18	8
庚	己	戊	丁	丙	乙	甲	癸	壬
辰	卯	寅	丑	子	亥	戌	酉	申

○생체시스템 ➡ 庚辰〔일간 · 인성〕

○불완전 화학작용 ➡ 지지합〔酉辰申〕 입묘〔辰↶ 未↶ 乙甲〕, 未〔재고〕를 입묘한 辰〔재물창고〕이 酉辰합으로 닫혔다.

이 사주는 가난한 농촌에서 태어나 초등학교만 졸업하고 육체노동을 시작했고 24세〔癸酉대운 丁未년〕에 결혼했지만 30대〔甲戌대운〕에 이혼하고 40대〔乙亥대운〕에 재혼하였다. 50대〔丙子대운〕부터는 빈곤에서 헤어나려고 외지로 일하러 나갔지만 돈은 벌지 못하고 몸〔육체〕만

상하였다.

庚일간〔자신〕이 재물〔甲申년, 辛未월, 乙酉시〕이 입묘한 재물창고〔辰일지〕를 지배했지만 酉辰합 불완전 화학작용(A+B⇨~~AB~~)으로 입묘기능이 정지되었다. 재물창고〔辰일지〕의 기능이 정지되었으니 일평생 노력해도 돈이 모이지 않는다.

			(남)
庚	己	丙	己
午	未	寅	巳

⊙ 대운

88	78	68	58	48	38	28	18	8
丁	戊	己	庚	辛	壬	癸	甲	乙
巳	午	未	申	酉	戌	亥	子	丑

○생체시스템 ➡ 己未〔일간 · 비겁〕

○불완전 화학작용 ➡ 지지합〔午未寅〕 입묘〔未⌒寅〕, 관성〔丙寅〕을 입묘한 未〔재물창고〕가 午未합으로 닫혔다.

이 사주는 23세〔甲子대운 辛卯년〕에 사람들의 따돌림이 지속되자 우울증으로 자살하였다.

己일간〔자신〕이 재물〔丙寅월〕이 입묘한 재물창고〔未일지〕를 지배했지만 午未합 불완전 화학작용(A+B⇨~~AB~~)으로 입묘기능이 정지되었다. 甲子대운 辛卯년〔23세〕은 甲己합으로 자신〔己〕의 형상이 손상되고 생계〔寅午합 · 午未합〕가 子午충 · 子未천 · 午卯파로 붕괴되면서 고독을 견디지 못하고 죽음을 선택하였다.

고

辰(丑未水庫) 戌(火庫) 丑(金庫) 未(木庫)

❶ 물리작용(입묘) ☞ 고(庫)는 천간지지(天干地支) 모두를 입묘시키는 물리작용(A↶B, A↶BC, A↶BCD)이며 기본적으로 형충파천(刑沖破穿) 등으로 손상되면 안 된다.

❷ 물리작용(제압) ☞ 고(庫)를 제압(制壓)으로 사용할 때는 형충파천(刑沖破穿) 등을 사용하여 한쪽이 깨지거나 모두가 파괴되는 물리작용(A↔B⇨A⇒B, A⇐B, A⇔B, A↔B↔C⇨AB⇒C, A⇐BC, A⇔B⇔C)이 일어난다.

❸ 화학작용(삼합) ☞ 고(庫)가 완전한 삼합(三合)을 이루면 화학작용(A+B+C⇨D)으로 사라지는데 예외로 관살삼합(官殺三合)은 상반된 삼합(三合) 에너지가 충돌〔地支沖〕하거나 관살고(官殺庫)가 훼손될 때 화학작용(A+B+C⇨D)이 일어난다.

❹ 불완전 화학작용(지지합) ☞ 고(庫)가 깔끔한 지지합(地支合)을 이루면 불완전 화학작용(A+B⇨~~AB~~)으로 입묘기능이 정지된다.

海原 命理學
해원 명리학

제 6 장

해원명리 9가지 부귀론

海原 命理學

해원 명리학

1
9가지 사회관계론

해원명리(海原命理) 9가지 사회관계론은 ❶생체시스템을 정의하고 ❷물리화학작용을 분석한 다음에 이루어지는 ❸해원명리의 종착점이다.

생체시스템(生體system)과 물리화학작용이 유물론(唯物論)에 입각하여 정의되었다면 9가지 사회관계론은 "인간〔사주팔자〕은 사회적 유기체(Social Organism)"라는 관점에서 시작한다.

9가지 사회관계론은 자평명리나 맹파명리 육친법과는 다른 해원명리 육친법(六親法)을 사용하여 다음의 표처럼 자신과 타인으로 먼저 구별한다.

[자신과 타인의 구분]

자신 (생체시스템)	비겁	(지성의 높낮이에 따라) 지배력(정신)이나 정력(육체)이다
	식상	(지성의 높낮이에 따라) 통솔력(정신)이나 성기(육체)이다
	인성	(지성의 높낮이에 따라) 통제력(정신)이나 살(육체)이다.
타인 (타인 육체)	비겁	자신을 돕는 동성(同性) 또는 자신과 경쟁하는 동성(同性)이다
	식상	(생체시스템에서 벗어난) 타인이다
	인성	(생체시스템에서 벗어난) 타인이다
	재성	남녀에게 사회적인 여성(女性)이다.
	관성	남녀에게 사회적인 남성(男性)이다.

애정관계[사랑과 결혼]는 보금자리[日支]와 관련시켜 해석하는데 인생에 큰 영향을 주기 때문에 9가지 사회관계론과 연계하여 판단한다. "애정(愛情)은 생명체가 가진 가장 고귀한 감정이기에 물질적인 성취와는 비교할 수 없는 최고의 가치"를 가지고 있다.

[애정관계]

남	식상	식상(食傷)은 어리거나 불만족스러운 애정관계 여성이다
	재성	재성(財星)은 만족스러운 애정관계 여성이다
	관성	관성(官星)은 강하거나 자신을 지배하려는 애정관계 여성이다
녀	재성	재성(財星)은 무능력하거나 불만족스러운 애정관계 남성이다
	관성	관성(官星)은 만족스러운 애정관계 남성이다

해원명리 사회관계론은 1 포국(包局)과 역포국(逆包局) 2 천간합(天干合)과 천간역통제(天干逆統制) 3 천간(天干)이 지지(地支)를 지배 4 지지합(地支合) 5 고(庫)를 통제 6 약육강식 7 국가창고(國庫)에 입묘 8 에너지의 누설 9 에너지의 충돌 9가지인데 각각 세상〔운명〕을 바라보는 관점과 타고난 성격이 다르다. 9가지 사회관계론은 부귀(富貴)를 성취하는 방법이고 자신이 인간사회〔세상〕에서 어떻게 살아가는 가에 대한 이야기다.

이제 해원명리 9가지 사회관계론을 포국(包局)부터 설명하겠다.

【9가지 사회관계론】

1 포국	❶**포국** : 년시(年時)의 자기세력이 월일(月日)의 경쟁세력을 둘러싸서 통제하였다. ❷**역포국** : 년시(年時)의 경쟁세력에게 월일(月日)의 자기세력이 둘러싸여 통제되었다.
2 천간합	❶**천간합** : 천간합(天干合)한 간지(干支)를 생체시스템으로 사용한다. ❷**천간역통제** : 경쟁세력에게 천간합(天干合)으로 묶여서 통제되었다.
3 천간이 지지를 지배	천간(天干)이 자합(自合)이나 지배력으로 지지(地支)를 통제하였다.
4 지지합	지지합(地支合), 반합(半合)으로 타인의 재물〔권력〕을 가져왔다.
5 고를 통제	재물〔권력〕이 입묘한 재물창고〔권력창고〕를 지배하였다.
6 약육강식	자기세력으로 경쟁세력을 제압하고 부귀를 쟁취하였다.
7 국가창고에 입묘	년(年)의 국가창고〔國庫〕에 입묘하여 국가경제〔국가권력〕로 부귀를 얻었다.
8 에너지의 누설	강한 에너지를 누설하여 재물과 권력을 얻었다.
9 에너지의 충돌	강한 에너지를 충돌시켜 재물과 권력을 얻었다.

2 포국(包局)

부귀(경쟁세력)를 감싸 안다

포국(包局)은 해원명리에서 가장 귀하게 보는 격국(格局)으로 연시(年時) 자기세력으로 월일(月日) 경쟁세력을 둘러싸서 통제하는 것을 말한다. 완벽한 포국(包局)을 이룬 사람은 넓은 마음으로 많은 사람들을 포용하기에 국가를 통치하거나 기업을 일으킨다.

반대로 역포국(逆包局)은 년시(年時) 경쟁세력에게 월일(月日) 자기세력이 둘러싸여 통제되는 것으로 생각이 편협하고 법률에 대항하기에 일순간에 성공하여도 인생 후반기에 파산하며 일생 동안 빈곤하거나 범법(犯法)을 저질러 국가권력〔감옥〕에 관리된다.

해원명리

포국(包局)과 역포국(逆包局)은 해원(海原) 이풍희가 창안한 것으로 해원명리 전체를 관통하는 핵심원리이다.

포국(包局)은 년시(年時) 자기세력과 월일(月日) 경쟁세력의 음양(陰陽)이 달라야 성립되며 다음과 같은 특징이 있다.

❶ 년시(年時) 자기세력이 월일(月日) 경쟁세력을 둘러싸는 포국(包局)은 년일시(年日時) 자기세력이 월(月) 경쟁세력을 둘러싸거나 년월시(年月時) 자기세력이 일(日) 경쟁세력을 둘러싸는 것보다 넓게 포용하는 포국(包局)의 특징이 더욱 두드러진다.

❷ 년시(年時) 자기세력이 월일(月日) 경쟁세력을 포국(包局)하고 천간(天干)까지 장악하여 지지(地支)를 완전하게 지배하면 부귀가 매우 높다.

❸ 보통 년시(年時) 포국은 자기세력을 돕고 년일시(年日時) 포국과 년월시(年月時) 포국은 경쟁세력을 도와야 부귀가 높아지지만 포국(包局)의 운명을 결정하는 것은 포국틀이다.

❹ 년시(年時) 자기세력이 월일(月日) 경쟁세력보다 약하면 뜻이 공허하고 역포국(逆包局)처럼 삶이 빈곤하다.

1 포국(包局)

년시(年時) 자기세력으로 월일(月日) 경쟁세력으로 둘러싸서 통제하는 것으로 넓은 마음으로 많은 사람들을 포용하기에 국가를 통치하거나 기업을 일으킨다.

			(남)
丁	戊	戊	甲
巳	申	辰	午

⊙대운

81	71	61	51	41	31	21	11	1
丁	丙	乙	甲	癸	壬	辛	庚	己
丑	子	亥	戌	酉	申	未	午	巳

○생체시스템 ➡ 戊戊·丁巳〔일간·비겁·인성〕

●생체시스템 변화 ➡ 포국틀〔甲午, 丁巳〕을 생체시스템으로 사용한다.

○사회관계 ➡ 포국〔양→음음←양〕, 자기세력〔甲午, 丁巳〕이 경쟁세력〔戊辰, 戊申〕을 둘러싸서 통제하였다.

이 사주는 8세〔1661년_己巳대운 辛丑년〕에 즉위하여 청나라를 태평성대(太平聖代)로 이끌고 69세〔1722년_乙亥대운 壬寅년〕에 사망한 중국 최고의 황제 강희제(康熙帝)다.

복음(伏吟) 戊戊일월간〔자신〕이 지지의 사람들〔辰월지, 申일지〕을 천간에서 지배하고 양(陽) 자기세력〔甲午년, 丁巳시〕으로 음(陰) 경쟁세력〔戊辰월, 戊申일〕을 둘러싸서 통제하였다. 포국(包局)이 너무도 완벽하여 국민들이 능히 안정과 풍요로움을 얻고 국가는 부강해진다.

유럽인들에게 "가톨릭을 믿지 않는 점만 빼면 최고의 군주"라는 칭송을 받았던 그는 소박하고 검소한 생활로 만인의 모범이 되었고 유학(儒學)을 장려했으며 영토를 넓히고 백성들의 생명과 재산을 보살폈다. 특히 백성들의 목숨을 소중히 여겨 사형을 면해 주려고 노력했기에 강희제 시대에 사형당한 사람은 1668년에 35명, 1706년에 25명, 1715년에 15명일 정도로 적었다. 청나라를 멸망시킬 수도 있었던 삼번(三藩)의 난(亂)을 진압했을 때도 오직 최고 우두머리만 처벌하고 반란에 적극 가담한 부하들은 황무지를 개간하여 먹고 살 수 있게 해주었으며 그 자식들은 아무 문제없이 과거시험을 볼 수 있게 해주었다. 강희제는

69세〔乙亥대운 壬寅년〕에 포국틀〔甲午, 丁巳〕이 巳亥충·午亥합·丁壬합·寅巳형으로 무너지면서 사망하였다.

(남)			
壬	戊	戊	庚
戌	申	寅	戌

⊙대운

87	77	67	57	47	37	27	17	7
丁	丙	乙	甲	癸	壬	辛	庚	己
亥	戌	酉	申	未	午	巳	辰	卯

○생체시스템 ➡ 戊戊·庚戌〔일간·식상·비겁〕

●생체시스템 변화 ➡ 포국틀〔庚戌, 戊寅, 壬戌〕을 생체시스템으로 사용한다.

○사회관계 ➡ 포국〔양→음←양양〕, 자기세력〔庚戌, 戊寅, 壬戌〕이 경쟁세력〔戊申〕을 둘러싸서 통제하였다.

이 사주는 삼성그룹 창업자 이병철 회장이다.
복음(伏吟) 戊戊일월간〔자신〕이 庚戌년〔식상·비겁〕을 사용하여 양(陽) 자기세력〔庚戌년, 戊寅월, 壬戌시〕으로 음(陰) 경쟁세력〔戊申일〕을 寅戌합으로 둘러싸서 통제하였다.
1910년 경상남도 의령의 대지주(大地主)의 아들로 태어나 20세〔庚辰대운 己巳년〕에 와세다대학교 정치경제학과에 입학했지만 부적응으로 22세〔庚辰대운 辛未년〕에 자퇴하고 귀국하여 고향에서 무위도식하며 놀음판에 빠져 살았던 그는 27세〔庚辰대운 丙子년〕에 고향 친구들과 마산에서 정미소를 차렸다가 망하여 빈털터리가 되었다. 하지만 29세〔辛巳대운 戊寅년〕에 대구에서 청과류와 어물을 수출하는 삼성상회를 시작으로 42세〔壬午대운 辛卯년〕부터 본격적으로 무역업에 뛰어들었고, 44세〔壬午대운 癸巳년〕부터는 제조업에 뛰어들어 제일제당과 제일모직을 설립하여 크게 성공하여 동방생명, 신세계백화점, 안국화

재보험, 중앙개발, 고려병원 등을 인수하고 성균관대학교 재단이사가 되었으며 동양방송과 중앙일보를 창설하였다.

60세〔1969년_甲申대운 己酉년〕에 설립한 삼성전자는 삼성그룹 성장의 발판이 되었는데 65세〔甲申대운 甲寅년〕에 설립한 삼성석유화학과 삼성중공업과 더불어 전자제품, 화학제품, 중공업제품을 해외로 대량 수출하여 엄청난 재화를 창출하며 국가경제를 이끌었다. 하지만 76세〔乙酉대운 乙丑년〕에 폐암 진단을 받았고 78세〔丙戌대운 丁卯년〕에 영원할 것 같았던 영화(榮華)를 뒤로하고 세상을 떠났다.

이 사주는 포국틀〔庚戌, 戊寅, 壬戌〕이 운명을 결정한다.

庚辰대운〔18세~27세〕은 辰戌충으로 포국틀〔庚戌, 戊寅, 壬戌〕이 무너지면서 유학생활과 사업이 실패했고 辛巳대운〔28세~37세〕부터는 포국틀〔庚戌, 戊寅, 壬戌〕이 살아나면서 사업이 일어났다. 壬午대운〔38세~47세〕은 寅午戌 삼합으로 포국틀〔庚戌, 戊寅, 壬戌〕이 커지면서 재물을 크게 얻었지만 癸未대운〔48세~57세〕은 戌未형으로 포국틀〔庚戌, 戊寅, 壬戌〕이 흔들리면서 57세〔1966년_癸未대운 丙午년〕에 사카린 밀수사건으로 국민적인 비난을 받고 경영에서 물러났고 한국비료와 대구대학교를 국가에 헌납했으며 차남이 감옥에 들어가는 위기를 겪었다. 甲申대운〔58세~67세〕은 음(陰) 경쟁세력〔재물〕이 커지면서 포국(包局)이 거대해져 59세〔甲申대운 戊申년〕에 경영에 복귀하여 삼성전자, 삼성석유화학, 삼성중공업을 설립하고 해외 수출을 주도하여 국가경제에 이바지하였다. 乙酉대운〔68세~77세〕은 음(陰) 경쟁세력〔재물〕은 커지지만 포국틀〔庚戌, 戊寅, 壬戌〕이 酉戌천으로 손상되기에 삼성그룹은 발전했지만 76세〔乙酉대운 乙丑년〕에 폐암 진단을 받고 78세〔1987년〕에 사망하였다.

			(남)
丁	戊	戊	丁
巳	申	申	未

⊙ 대운

86	76	66	56	46	36	26	16	6
己	庚	辛	壬	癸	甲	乙	丙	丁
亥	子	丑	寅	卯	辰	巳	午	未

○생체시스템 ➡ 戊戊·丁巳〔일간·비겁·인성〕

●생체시스템 변화 ➡ 포국틀〔丁未, 丁巳〕을 생체시스템으로 사용한다.

○사회관계 ➡ 포국〔양→음음←양〕, 자기세력〔丁未, 丁巳〕이 경쟁세력〔戊申, 戊申〕을 둘러싸서 통제하였다.

이 사주는 LG그룹 창업자 구인회 회장이다.

복음(伏吟) 戊戊일월간〔자신〕이 丁巳시〔인성〕를 사용하여 양(陽) 자기세력〔丁未년, 丁巳시〕으로 음(陰) 경쟁세력〔戊申월, 戊申일〕을 둘러싸서 통제하였다.

경상남도 진주에서 유교 가풍이 강한 집안에서 태어나 25세〔1931년_丙午대운 辛未년〕부터 포목상을 열어 크게 성공하였고 36세〔1942년_乙巳대운 壬午년〕에는 위험을 무릅쓰고 안희제 선생에게 독립운동자금을 지원해 주기도 했던 그는 41세〔1947년_甲辰대운 丁亥년〕가 되자 부산에 락희화학공업사를 설립하여 화장품과 치약 등을 생산하였고, 53세〔1959년_癸卯대운 己亥년〕에는 금성사(LG)를 설립하여 한국 최초로 라디오, 전화기, 선풍기, TV, 냉장고 등을 생산하였다. 63세〔1969년_壬寅대운 己酉년〕에는 반도체 생산과 정유공장을 완공하고 연암문화재단을 만들어 사회봉사에도 적극적으로 참여하려고 했지만 뇌종양이 발병하면서 안타깝게 세상을 떠나고 말았다.

이 사주는 포국틀〔丁未, 丁巳〕이 운명을 결정한다.

丁未대운〔7세~16세〕은 포국틀〔丁未, 丁巳〕이 무난하여 좋았고, 丙午대운〔17세~26세〕과 乙巳대운〔27세~36세〕은 포국틀〔丁未, 丁巳〕이 생동하여 사업이 크게 번창했으며, 甲辰대운〔37세~46세〕은 申辰합으로 음(陰) 경쟁세력〔戊申, 戊申〕이 커지고 포국틀〔丁未, 丁巳〕도 안정되어 사업을 확장하였다. 癸卯대운〔47세~56세〕은 卯未합으로 포국틀〔丁未, 丁巳〕이 생동하여 LG(금성사)를 설립하고 국내 최초로 가전제품을 생산하면서 발전했고, 壬寅대운〔57세~66세〕은 丁壬합·寅巳형으로 포국틀〔丁未, 丁巳〕이 무너지면서 63세〔1969년〕에 사망하였다.

			(남)
乙	壬	辛	辛
巳	戌	丑	巳

◉ 대운

81	71	61	51	41	31	21	11	1
壬	癸	甲	乙	丙	丁	戊	己	庚
辰	巳	午	未	申	酉	戌	亥	子

○생체시스템 ➡ 壬·乙巳〔일간·식상·재성〕

●생체시스템 변화 ➡ 포국틀〔辛巳, 壬戌, 乙巳〕을 생체시스템으로 사용한다.

○사회관계 ➡ 포국〔양양→음←양〕 입묘〔戌⌒巳巳, 丑⌒辛〕, 자기세력〔辛巳, 壬戌, 乙巳〕이 경쟁세력〔辛丑〕을 둘러싸서 통제하였다.

이 사주는 삼성전자를 세계적인 기업으로 성장시킨 이건희 회장이다. 壬일간〔자신〕이 戌일지〔火재고〕를 지배하고 乙巳시〔식상·재성〕를 사용하여 양(陽) 자기세력〔辛巳년, 壬戌일, 乙巳시〕으로 음(陰) 경쟁세력〔辛丑월〕을 巳戌 입묘로 둘러싸서 통제하였다.

1987년〔46세_丙申대운 丁卯년〕에 이병철 회장의 사망으로 경영권을 물려받은 그는 9조원이었던 그룹매출을 25년간 크게 일으켜 세워 2013년〔72세_癸巳대운 癸巳년〕에는 380조에 이르게 하였고 임직원수도 10만명에서 42만명으로 증가시켰다. 하지만 73세〔癸巳대운 甲午년〕에 급성심근경색으로 입원하면서 이재용 부회장에게 경영권을 넘겨주었다.

이 사주는 포국틀〔辛巳, 壬戌, 乙巳〕이 운명을 결정한다.
丙申대운〔42세~51세〕은 포국틀〔辛巳, 壬戌, 乙巳〕이 안전하고 음(陰) 경쟁세력〔辛丑월〕도 강해져서 좋았지만 乙未대운〔52세~61세〕은 丑戌未 삼형으로 포국틀〔辛巳, 壬戌, 乙巳〕이 흔들리면서 사업경영과 건강에 문제가 생기는데 54세〔1995년_乙未대운 乙亥년〕에 야심차게 설립한 삼성자동차가 IMF 외환위기로 6조원에 이르는 손실을 기록하며 59세〔2000년_乙未대운 庚辰년〕 때 프랑스 르노그룹에 인수되었고 58세〔乙未대운 己卯년〕에는 폐암〔丑戌형_丑폐〕을 앓았다. 甲午대운〔62세~71세〕은 포국틀〔辛巳, 壬戌, 乙巳〕이 튼튼해지는 최고의 전성기로서 삼성전자를 중심으로 크게 도약하며 부동의 재계 1위로 올라서지만 癸巳대운〔72세~81세〕에 이르면 丑월지의 癸〔겁재_경쟁자〕가 통제에서 벗어나 천간(天干)으로 떠오르면서 甲午년〔73세〕에 심근경색〔丑戌형_戌심장〕으로 쓰러졌다.

(여)

庚	丁	己	乙
子	未	丑	酉

◉ 대운

81	71	61	51	41	31	21	11	1
戊	丁	丙	乙	甲	癸	壬	辛	庚
戌	酉	申	未	午	巳	辰	卯	寅

○생체시스템 ➡ 丁·己丑(일간·식상)

●생체시스템 변화 ➡ 포국틀(乙酉, 己丑, 庚子)을 생체시스템으로 사용한다.

○사회관계 ➡ 포국(음→양←음음) 입모(丑↶庚酉), 자기세력(乙酉, 己丑, 庚子)이 경쟁세력(丁未)을 둘러싸서 통제하였다.

이 사주는 실리콘밸리의 작은 거인 TYK그룹의 김태연 회장이다.

丁일간(자신)이 己丑월(식상)을 사용하여 음(陰) 자기세력(乙酉년, 己丑월, 庚子시)으로 양(陽) 경쟁세력(丁未일)을 子丑합·酉丑합으로 둘러싸서 통제했다.

"환경산업을 통해 인류에 공헌하겠다."는 자부심으로 37세(1982년_癸巳대운 壬戌년)에 라이트하우스(LWS)를 설립한 그녀는 44세(1989년_甲午대운 己巳년)에 국방부, 제약회사, 반도체회사 등 첨단산업이라면 필수적으로 갖추어야 하는 클린룸 시스템인 LMS(Light Monitering System)를 발명하여 1995년(50세_甲午대운 乙亥년) 연매출 5천만 달러, 2001년(56세_乙未대운 辛巳년) 연매출 1억 달러를 달성하며 클리닝 분야 세계 최고경영자로 성장했고 엔젤힐링(Angel Healing), 데이터 스토렉스(Data Storex), 와바 프로덕션(WAVA Production), 노스스타(Northstar), 캔두 스피릿(Can Do Spirit) 등 새로운 사업에도 뛰어들었다.

어린 시절부터 딸이라는 이유로 '재수 없는 아이'로 취급받으며 아버지의 폭력에 시달렸고 죄책감으로 남동생이 자살하자 23세(壬辰대운 戊申년)에 홀로 미국으로 떠났던 그녀는 청소부, 웨이트리스, 주유소 직원 등 온갖 허드렛일을 다 하였고 결혼과 이혼, 식물인간이라는 큰 시련을 거쳤지만 미래의 희망을 버리지 않았고 누구도 이룰 수 없는 놀라운 기적을 만들어내었다. 부모의 이혼, 마약, 알코올중독 때문에 인생을 망칠 위기에 있었던 14명〔7남 7녀〕의 미국 아이들을 입양하고 인생의 낙오자가 될 뻔했던 상당수의 회사직원들을 감싸 안으며 수많은 편견과 인종차별과 가난의 벽을 허물어갔던 김태연 회장은 "돈이나 명예 이상의 것을 이루기 위해서 돈과 명예를 기꺼이 포기할 수 있는 용기 있는 사람"으로 미국인들에게 존경받고 있다.

이 사주는 포국틀〔乙酉, 己丑, 庚子〕이 운명을 결정한다.

辛卯대운〔12세~21세〕은 卯酉충 · 子卯파로 포국틀〔乙酉, 己丑, 庚子〕이 무너지면서 가정폭력에 시달렸고, 壬辰대운〔22세~31세〕은 壬辰에 사주 전체가 입묘되면서 미국으로 건너가 태권도장을 열었지만 성공하지 못했다.

癸巳대운〔32세~41세〕은 포국틀〔乙酉, 己丑, 庚子〕이 巳酉丑 삼합으로 생동하면서 국제태권도대회에 미국 여자팀을 이끌고 참가했고 라이트하우스(LWS)를 설립하여 사업을 시작했으며, 甲午대운〔42세~51세〕은 午未합으로 양(陽) 경쟁세력〔재물〕이 커지면서 LMS〔클린룸 시스템〕을 개발하고 라이트하우스(LWS)가 연매출 5천만 달러를 달성했다.

乙未대운〔52세~61세〕은 타고난 포국〔了→未←丑酉〕이 완성되어 최고의 부귀를 얻는데 라이트하우스(LWS)가 연매출 1억 달러를 달성하면서 6개의 사업으로 확장하여 TYK그룹을 만들었고, 丙申대운〔62세~71세〕은 申子합으로 포국틀〔乙酉, 己丑, 庚子〕이 생동하면서 사업경영과 사회봉사활동으로 부(富)와 명예가 계속 높아졌다.

(남)			
戊	乙	丙	丙
寅	丑	申	戌

◉대운

87	77	67	57	47	37	27	17	7
乙	甲	癸	壬	辛	庚	己	戊	丁
巳	辰	卯	寅	丑	子	亥	戌	酉

○생체시스템 ➡ 乙丙·丙戌〔일간·식상·재성〕

●생체시스템 변화 ➡ 포국틀〔丙戌, 戊寅〕을 생체시스템으로 사용한다.

○사회관계 ➡ 포국〔양→음음←양〕, 자기세력〔丙戌, 戊寅〕이 경쟁세력〔丙申, 乙丑〕을 둘러싸서 통제하였다.

이 사주는 재임기간〔1993~2000년〕 동안 미국을 유일한 세계 강대국으로 올려놓았던 42대 미국대통령 클린턴(Bill Clinton)이다.

乙일간〔자신〕이 丙월간으로 연결된 丙戌년〔식상·재성〕을 사용하여 양(陽) 자기세력〔丙戌년, 戊寅시〕으로 음(陰) 경쟁세력〔丙申월, 乙丑일〕을 寅戌합으로 둘러싸서 통제하였다.

이 사주는 포국틀〔丙戌, 戊寅〕이 운명을 결정한다.

어린 시절〔출생~7세〕은 寅申충으로 포국틀〔丙戌, 戊寅〕이 무너지면서 자신이 태어나기 3개월 전에 아버지가 교통사고로 사망했고, 丁酉대운〔8세~17세〕은 酉戌천으로 포국틀〔丙戌, 戊寅〕이 무너지면서 의붓아버지의 폭력에 시달렸다. 하지만 戊戌대운〔18세~27세〕은 寅戌합으로 포국틀〔丙戌, 戊寅〕이 생동하면서 크게 일어나 조지타운대학교에서 국제정치학 학위를 받고 예일대학교 법학대학원을 마치고 민주당에 입당했으며, 己亥대운〔28세~37세〕은 음(陰) 경쟁세력이 커지고 포국틀〔丙戌, 戊寅〕도 무난하여 아칸소대학교 법학과 교수, 아칸소주 법무장관 겸 검찰총장, 아칸소주 주지사를 차례로 역임하였다.

庚子대운〔38세~47세〕은 子丑합으로 음(陰) 경쟁세력도 커지고 포국틀〔丙戌, 戊寅〕도 무난하여 승승장구했고 1992년〔47세_庚子대운 壬申년〕에 42대 미국대통령에 당선되었다.

辛丑대운〔48세~57세〕은 타고난 포국〔寅→丑申←戌〕이 완성되어 최고의 부귀를 얻지만 丑戌형으로 포국틀〔丙戌, 戊寅〕도 흔들리기에 미국 경제의 쌍둥이 적자〔무역적자, 재정적자〕를 해소하고 미국을 세계 유일의 초강대국으로 올려놓았지만 1997년〔52세_辛丑대운 丁丑년〕에 백악관 인턴 르윈스키(Monica Samille Lewinsk)와의 성추문이 전세계에 공개되고 탄핵안이 하원에서 가결되었다가 상원에서 부결되는 수모를 겪었다.

壬寅대운〔58세~67세〕과 癸卯대운〔68세~77세〕은 포국틀〔丙戌, 戊寅〕이 寅戌합·卯戌합으로 살아나면서 자선재단〔클린턴 재단〕을 만들고 유엔 아이티 특사, 미국 월드컵축구 유치위원회 명예위원장 등을 맡았으며 꾸준한 강연으로 미국인들의 인기스타가 되었다.

			(남)
丙	甲	辛	壬
寅	申	亥	戌

⊙ 대운

89	79	69	59	49	39	29	19	9
庚	己	戊	丁	丙	乙	甲	癸	壬
申	未	午	巳	辰	卯	寅	丑	子

○생체시스템 ➡ 甲·丙寅〔일간·식상·비겁〕

●생체시스템 변화 ➡ 포국틀〔壬戌, 丙寅〕을 생체시스템으로 사용한다.

○사회관계 ➡ 포국〔양→음음←양〕 입묘〔丙⌒戌〕, 자기세력〔壬戌, 丙寅〕이 경쟁세력〔辛亥, 甲申〕을 둘러싸서 통제하였다.

이 사주는 한국 최초로 다이너마이트를 생산하여 국가발전에 크게 이바지하였던 한화그룹 창업자 김종희 회장이다.

甲일간〔자신〕이 丙寅시〔식상 · 비겁〕를 사용하여 양(陽) 자기세력〔壬戌년, 丙寅시〕으로 음(陰) 경쟁세력〔辛亥월, 甲申일〕을 寅戌합으로 둘러싸서 통제하였다.

甲寅대운〔30대〕은 寅戌합으로 포국틀〔壬戌, 丙寅〕이 생동하면서 사업이 크게 일어났고, 辰대운 丁巳년〔56세_1977년〕은 辰戌충 · 寅巳형으로 포국틀〔壬戌, 丙寅〕이 무너지면서 이리역 폭발사고로 기업의 존폐위기를 맞았으며, 丁巳대운 辛酉년〔60세〕은 寅巳형 · 丙辛합 · 酉戌천으로 포국틀〔壬戌, 丙寅〕이 완전히 무너지면서 사망하였다.

			(남)
壬	己	乙	壬
申	未	巳	辰

⊙대운

88	78	68	58	48	38	28	18	8
甲	癸	壬	辛	庚	己	戊	丁	丙
寅	丑	子	亥	戌	酉	申	未	午

○생체시스템 ➡ 己 · 壬申〔일간 · 식상 · 재성〕

●생체시스템 변화 ➡ 포국틀〔壬辰, 壬申〕을 생체시스템으로 사용한다.

○사회관계 ➡ 포국〔음→양양←음〕 입묘〔未⌒乙〕, 자기세력〔壬辰, 壬申〕이 경쟁세력〔乙巳, 己未〕을 둘러싸서 통제하였다.

이 사주는 서울대학교 법학대학을 졸업하고 34년간 풀무원〔식품회사〕을 경영했던 남승우 회장이다.

己일간〔자신〕이 壬申시〔재성 · 식상〕를 사용하여 음(陰) 자기세력〔壬辰년, 壬申시〕으로 양(陽) 경쟁세력〔乙巳월, 己未일〕을 申辰합으로 둘러싸서 통제하였다.

31세〔戊申대운 壬戌년〕에 직원 10명의 유기농 농장에서 시작하여 년매출 2조원대의 우량기업으로 풀무원을 성장시킨 그는 "기업은 가치를 창출하여 사회에 공헌해야 존립을 인정받을 수 있다."는 소신으로 회사 지분의 57%를 소유했음에도 불구하고 67세〔辛亥대운 戊戌년〕에 자식이나 핏줄이 아닌 전문경영인에게 회사를 물려주고 임원들의 박수와 감사패만 있었던 소박한 퇴임식을 끝으로 회사를 떠났다.

			(남)
甲	甲	壬	丁
戌	辰	子	未

⊙ 대운

84	74	64	54	44	34	24	14	4
癸	甲	乙	丙	丁	戊	己	庚	辛
卯	辰	巳	午	未	申	酉	戌	亥

○생체시스템 ➡ 甲甲〔일간·비겁〕

●생체시스템 변화 ➡ 포국틀〔丁未, 甲戌〕을 생체시스템으로 사용한다.

○사회관계 ➡ 포국〔양→음음←양〕 입묘〔辰↶子〕, 자기세력〔丁未, 甲戌〕이 경쟁세력〔壬子, 甲辰〕을 둘러싸서 통제하였다.

이 사주는 가난으로 초등학교만 졸업했지만 19세〔庚戌대운 乙丑년〕에 직원 10명으로 시작한 동명목재를 1960년대〔丙午대운〕와 1970년대〔乙巳대운〕에 국내 최대의 수출기업으로 성장시켰던 강석진 회장이다. 복음(伏吟) 甲甲일시간〔자신〕이 戌시지〔재성〕를 지배하고 양(陽) 자기세력〔丁未년, 甲戌시〕으로 음(陰) 경쟁세력〔壬子월, 甲辰일〕을 戌未형으로 둘러싸서 통제하였다.

1970년대에 10대 대기업이었던 동명목재는 1979년〔73세_乙巳대운 己未년〕 경영권 승계 이후 흔들리기 시작하여 1980년〔74세_乙巳대운 庚申년〕 부도를 맞았고 신군부의 강탈로 해체되었다. 그는 78세〔甲辰대운 甲子년〕에 辰戌충·子未천으로 포국틀〔丁未, 甲戌〕이 무너지면서 사망하였다.

(남)				⊙대운								
				83	73	63	53	43	33	23	13	3
壬	辛	庚	壬	己	戊	丁	丙	乙	甲	癸	壬	辛
辰	巳	戌	子	未	午	巳	辰	卯	寅	丑	子	亥

○생체시스템 ➡ 辛壬〔일간 · 식상〕

●생체시스템 변화 ➡ 포국틀〔壬子, 壬辰〕을 생체시스템으로 사용한다.

○사회관계 ➡ 포국〔음→양양←음〕 입묘〔巳⌒戌, 辰⌒子〕 자기세력〔壬子, 壬辰〕이 경쟁세력〔庚戌, 辛巳〕을 둘러싸서 통제하였다.

이 사주는 강희제(康熙帝), 옹정제(雍正帝), 건륭제(乾隆帝) 3대 명군(名君)을 섬겼던 장정옥(張廷玉)이다.

辛일간〔자신〕이 壬시간〔식상〕이 지배하는 辰시지〔식상고〕를 사용하여 음(陰) 자기세력〔壬子년, 壬辰시〕으로 양(陽)경쟁세력〔庚戌월, 辛巳일〕을 子辰합으로 둘러싸서 통제하였다.

그는 29세〔1700년_癸丑대운 庚辰년〕에 등용되어 요직을 두루 맡으며 황제를 보필하고 청나라를 크게 발전시키다가 78세〔1749년_戊午대운 己巳년〕에 만주족 대신과 분쟁이 있자 낙향했고 84세〔1755년_己未대운 乙亥년〕에 사망했으며 사후에 한족(漢族)으로는 유일하게 태묘(太廟_역대 황제의 위패를 모시고 제사를 모시는 곳)에 배향(配享)되는 최고의 예우를 받았다.

이 사주는 포국틀〔壬子, 壬辰〕이 운명을 결정한다.

癸丑대운〔20대 중반〕은 子丑합으로 포국틀〔壬子, 壬辰〕이 생동하면서 과거에 합격하며 꾸준히 발전했고, 戊午대운〔70대 중반〕은 子午충으로 포국틀〔壬子, 壬辰〕이 흔들리면서 낙향했으며, 戊午대운 甲戌년〔83세〕

에 子午충·辰戌충으로 포국틀〔壬子, 壬辰〕이 완전히 무너지면서 노환(老患)으로 기력을 잃고 다음해〔84세_己未대운 乙亥년〕에 사망하였다.

(남)			
庚	己	己	乙
午	未	丑	巳

◉대운

83	73	63	53	43	33	23	13	3
庚	辛	壬	癸	甲	乙	丙	丁	戊
辰	巳	午	未	申	酉	戌	亥	子

○생체시스템 ➡ 己未〔일간·비겁〕

●생체시스템 변화 ➡ 포국틀〔乙巳, 己未, 庚午〕을 생체시스템으로 사용한다.

○사회관계 ➡ 포국〔양양→음←양〕 입묘〔庚⌒丑〕, 자기세력〔乙巳, 己未, 庚午〕이 경쟁세력〔己丑〕을 둘러싸서 통제하였다.

이 사주는 제2차 세계대전을 계기로 해운왕국을 건설해 세계 해운업계와 석유업계에 군림했던 그리스 선박왕 오나시스(Aristotle Socrates Onassis)다. 己未일주〔자신〕가 양(陽) 자기세력〔乙巳년, 己未일, 庚午시〕으로 음(陽) 경쟁세력〔己丑월〕을 둘러싸서 통제하였다.

초년〔戊子대운〕부터 水金대운으로 흐르기에 대부귀(大富貴)는 운명적으로 보장되었지만 인생의 절정기는 丑未충이 생기를 얻은 34세〔1939년_乙酉대운〕부터 63세〔1968년_癸未대운〕까지의 30년이며, 64세〔1969년〕부터 시작되는 壬午대운은 午未합으로 丑未충이 멈추기에 부귀(富貴)가 끝난다. 끝없는 영화(榮華)가 펼쳐질 것 같았던 그는 63세〔癸未대운 戊申년〕에 재클린(Jacqueline Kennedy Onassis)과의 불행한 결혼부터 기울기 시작하여 68세〔壬午대운 癸丑년〕에 아들의 사망으로 실의에 빠졌고 70세〔1975년_壬午대운 乙卯년〕에 결국 사망하였다.

			(남)
己	丙	己	丁
丑	午	酉	丑

◉ 대운

88	78	68	58	48	38	28	18	8
庚	辛	壬	癸	甲	乙	丙	丁	戊
子	丑	寅	卯	辰	巳	午	未	申

○생체시스템 ➡ 丙·己丑〔일간·식상〕

●생체시스템 변화 ➡ 포국틀〔丁丑, 己酉, 己丑〕을 생체시스템으로 사용한다.

○사회관계 ➡ 포국〔음→양←음음〕, 자기세력〔丁丑, 己酉, 己丑〕이 경쟁세력〔丙午〕을 둘러싸서 통제하였다.

이 사주는 평생 대부호의 영화를 누렸던 중국의 갑부 당자배(唐子培)이다.

丙일간〔자신〕이 己丑시〔식상〕를 사용하여 음(陰) 자기세력〔丁丑년, 己酉월, 己丑시〕으로 양(陽) 경쟁세력〔丙午일〕을 酉丑합으로 둘러싸서 통제하였다.

포국틀〔丁丑, 己酉, 己丑〕이 튼튼하여 양(陽) 경쟁세력을 만나면 좋은데 18세〔丁未대운 甲午년〕부터 60년간 木火대운으로 만나면서 양(陽_재물)이 넘쳐흘러 평생 대부자(大富者)로 살았다.

			(남)
戊	甲	戊	丙
辰	辰	戌	辰

◉ 대운

82	72	62	52	42	32	22	12	2
丁	丙	乙	甲	癸	壬	辛	庚	己
未	午	巳	辰	卯	寅	丑	子	亥

○생체시스템 ➡ 甲〔일간〕

●생체시스템 변화 ➡ 포국틀〔丙辰, 甲辰, 戊辰〕을 생체시스템으로 사용한다.

○사회관계 ➡ 포국〔음음→양←음〕, 자기세력〔丙辰, 甲辰, 戊辰〕이 경쟁세력〔戊戌〕을 둘러싸서 통제하였다.

이 사주는 30대 초반〔己亥, 庚子, 辛丑대운〕까지 먹을 것이 없어서 굶고 살면서 머슴살이까지 했으나 30대 중반〔壬寅대운〕부터 건축업으로 일어나 수천억대 자산가가 되었다.

甲일간〔자신〕이 지배하는 辰일지〔재고〕를 사용하여 음(陰) 자기세력〔丙辰년, 甲辰일, 戊辰시〕으로 양(陽)경쟁세력〔戊戌월〕을 둘러싸서 통제하였다.

壬寅대운〔30대 중반〕은 약했던 양(陽) 경쟁세력〔재물〕이 寅戌합으로 강해지면서 건축업으로 일어났고, 癸卯대운〔40대 중반〕은 상가분양에 성공하면서 엄청난 부자가 되었으며, 乙巳대운〔60대 중반〕은 정치권으로 진출하여 국회의원을 2번 역임하였다.

庚	丁	丁	丙 (남)
戌	巳	酉	午

⊙ 대운

85	75	65	55	45	35	25	15	5
丙	乙	甲	癸	壬	辛	庚	己	戊
午	巳	辰	卯	寅	丑	子	亥	戌

○생체시스템 ➡ 丁·庚戌〔일간·재성·식상〕

●생체시스템 변화 ➡ 포국틀〔丙午, 丁巳, 庚戌〕을 생체시스템으로 사용한다.

○사회관계 ➡ 포국〔양양→음←양〕 입묘〔戌⌒巳丁午〕, 자기세력〔丙午, 丁巳, 庚戌〕이 경쟁세력〔丁酉〕을 둘러싸서 통제하였다.

이 사주는 명나라를 멸망시키고 잠시 황제가 되었다가 청나라에게 패망하고 40세〔辛丑대운 乙酉년〕에 사망한 틈왕(闖王) 이자성(李自成)이다.

丁일간〔자신〕이 火비겁〔丙午, 丁, 丁巳〕을 입묘시킨 庚戌시〔권력창고〕를 사용하여 양(陽) 자기세력〔丙午년, 丁巳일, 庚戌시〕으로 음(陰) 경쟁세력〔丁酉일〕을 午戌합으로 둘러싸서 통제하였다.

이 사주는 포국틀〔丙午, 丁巳, 庚戌〕은 크지만 음(陰)경쟁세력〔丁酉〕이 작기 때문에 음(陰)이 커지는 亥대운〔21세~〕부터 辛대운〔~40세〕까지 크게 일어났다가 포국틀〔丙午, 丁巳, 庚戌〕이 午丑천·巳酉丑 삼합·丑戌형으로 무너지는 丑대운〔41세~〕을 넘기지 못했다.

그는 23세〔1628년_己亥대운 戊辰년〕에 흉년으로 굶주림에 시달리던 농민들의 반란에 참여하여 26세〔1631년_庚子대운 辛未년〕에 반란군의 지도자가 되었지만 명나라에게 계속 패했고 33세〔1638년_庚子대운 戊寅년〕에는 부하 17명만 살아남는 전멸을 당하였다. 하지만 명나라에 반기를 든 많은 지식인들〔유학자〕이 합류하고 도망친 부하들이 다시 결집하면서 이자승의 군대는 단순한 농민반란군이 아닌 새로운 국가를 지향하는 체계적인 혁명세력으로 떠올랐고, 썩은 관료들을 처벌하고 관아의 재물과 곡식을 백성들에게 나누어주고 토지를 재분배하여 빈곤과 착취에 시달리던 농민들의 절대적인 지지를 받으며 세력을 크게 확장하여 36세〔1641년_辛丑대운 辛巳년〕에 명나라 군대를 무너뜨리고 낙양(洛陽)을 정복했고 39세〔1644년_辛丑대운 甲申년〕에는 북경(北京)까지 함락하여 마침내 명나라를 멸망시켰다. 하지만 북경을 점령한 이후 엄정했던 그의 군대는 급속도로 기강이 무너져 향락과 주색에 빠졌고 백성들을 약탈하면서 민심을 잃었으며 청나라가 침공하면서 40일간의 짧은 통치는 막을 내리고 말았다.

이자승은 청나라 군대에 쫓기어 달아나다가 40세〔1645년_辛丑대운 乙酉년〕에 사망하였다.

			(남)
丁	戊	戊	乙
巳	申	子	巳

◉ 대운

84	74	64	54	44	34	24	14	4
己	庚	辛	壬	癸	甲	乙	丙	丁
卯	辰	巳	午	未	申	酉	戌	亥

○생체시스템 ➡ 戊戊·丁巳〔일간·비겁·인성〕

●생체시스템 변화 ➡ 포국들〔乙巳, 丁巳〕을 생체시스템으로 사용한다.

○사회관계 ➡ 포국〔양→음음←양〕, 자기세력〔乙巳, 丁巳〕이 경쟁세력〔戊子, 戊申〕을 둘러싸서 통제하였다.

이 사주는 학원경영 재단이사장으로 큰 부자이다.

복음(伏吟) 戊戊일월간〔자신〕이 丁巳시〔인성〕를 사용하여 양(陽) 자기세력〔乙巳년, 丁巳시〕으로 음(陰) 경쟁세력〔戊子월, 戊申일〕을 둘러싸서 통제하였다. 자신〔戊戊〕이 천간에서 재물〔子월지, 申일지〕을 완벽하게 지배하면서 부귀가 쉽게 무너지지 않는다.

			(남)
戊	丙	辛	壬
戌	子	亥	午

◉ 대운

86	76	66	56	46	36	26	16	6
庚	己	戊	丁	丙	乙	甲	癸	壬
申	未	午	巳	辰	卯	寅	丑	子

○생체시스템 ➡ 丙·戊戌〔일간·식상〕

●생체시스템 변화 ➡ 포국들〔壬午, 戊戌〕을 생체시스템으로 사용한다.

○사회관계 ➡ 포국〔양→음음←양〕 입묘〔戌↶丙午〕, 자기세력〔壬午, 戊戌〕이 경쟁세력〔辛亥, 丙子〕을 둘러싸서 통제하였다.

이 사주는 대형 제철공장 이사장으로 30대〔甲寅대운〕부터 일어났다.

丙일간〔자신〕이 戊戌시〔식상〕를 사용하여 양(陽) 자기세력〔壬午년, 戊戌시〕으로 음(陰) 경쟁세력〔辛亥월, 丙子일〕을 午戌합으로 둘러싸서 통제하였다. 戊시지는 식상(자기능력)이자 火(午, 丙_남성노동력)를 입묘시킨 비겁고(기업)다.

			(남)
辛	戊	戊	丙
酉	戌	戌	辰

⊙ 대운

88	78	68	58	48	38	28	18	8
丁	丙	乙	甲	癸	壬	辛	庚	己
未	午	巳	辰	卯	寅	丑	子	亥

○생체시스템 ➡ 戊戌·辛酉(일간·비겁·식상)

●생체시스템 변화 ➡ 포국틀(丙辰, 辛酉)을 생체시스템으로 사용한다.

○사회관계 ➡ 포국(음→양양←음), 자기세력(丙辰, 辛酉)이 경쟁세력(戊戌, 戊戌)을 둘러싸서 통제하였다.

이 사주는 천억대가 넘는 유산을 물려받은 부자이다.

복음(伏吟) 戊戌일월간(자신)이 辛酉시(식상)를 사용하여 음(陰) 자기세력(丙辰년, 辛酉시)으로 양(陽) 경쟁세력(戊戌월, 戊戌일)을 丙辛합·酉辰합으로 완벽하게 둘러싸서 통제하였다.

			(남)
丙	戊	戊	辛
辰	戌	戌	丑

⊙ 대운

88	78	68	58	48	38	28	18	8
己	庚	辛	壬	癸	甲	乙	丙	丁
丑	寅	卯	辰	巳	午	未	申	酉

○생체시스템 ➡ 戊戌·丙辰(일간·인성·비겁)

●생체시스템 변화 ➡ 포국틀(辛丑, 丙辰)을 생체시스템으로 사용한다.

○사회관계 ➡ 포국(음→양양←음) 입묘(辰⌒丑), 자기세력(辛丑, 丙辰)이 경쟁세력(戊戌, 戊戌)을 둘러싸서 통제하였다.

이 사주는 수천억대 터널공사를 담당하고 있는 토목회사 사장이다.

복음(伏吟) 戊戊일월간〔자신〕**이 丙辰시**〔인성 · 비겁〕**를 사용하여 음(陰) 자기세력**〔辛丑년, 丙辰시〕**으로 양(陽) 경쟁세력**〔戊戌월, 戊戌일〕**을 丑辰입묘로 둘러싸서 통제하였다.**

			(여)
己	庚	庚	戊
卯	申	申	戌

◉ 대운

81	71	61	51	41	31	21	11	1
辛	壬	癸	甲	乙	丙	丁	戊	己
亥	子	丑	寅	卯	辰	巳	午	未

○생체시스템 ➡ 庚庚 · 戊戌〔일간 · 비겁 · 인성〕

●생체시스템 변화 ➡ 포국들〔戊戌, 己卯〕을 생체시스템으로 사용한다.

○사회관계 ➡ 포국〔양→음음←양〕, 자기세력〔戊戌, 己卯〕이 경쟁세력〔庚申, 庚申〕을 둘러싸서 통제하였다.

이 사주는 종합병원을 운영하여 천억대 재산을 이루었다.

복음(伏吟) 庚庚일월간〔자신〕**이 戊戌년**〔인성〕**을 사용하여 양(陽) 자기세력**〔戊戌년, 己卯시〕**으로 음(陰) 경쟁세력**〔庚申월, 庚申일〕**을 卯戌합으로 둘러싸서 통제하였다.**

			(여)
乙	丁	辛	辛
巳	丑	丑	巳

◉ 대운

84	74	64	54	44	34	24	14	4
庚	己	戊	丁	丙	乙	甲	癸	壬
戌	酉	申	未	午	巳	辰	卯	寅

○생체시스템 ➡ 丁 · 乙巳〔일간 · 인성 · 비겁〕

●생체시스템 변화 ➡ 포국들〔辛巳, 乙巳〕을 생체시스템으로 사용한다.

○사회관계 ➡ 포국〔양→음음←양〕 입묘〔丑←辛辛〕, 자기세력〔辛巳, 乙巳〕이 경쟁세력〔辛丑, 丁丑〕을 둘러싸서 통제하였다.

이 사주는 증권시장의 큰 손으로 통하는 수천억대 부자다.

丁일간〔자신〕이 乙巳시〔인성·비겁〕를 사용하여 양(陽) 자기세력〔辛巳년, 乙巳시〕으로 음(陰) 경쟁세력〔辛丑월, 丁丑일〕을 巳丑합으로 둘러싸서 통제하였다. 丁일간〔자신〕은 金재성〔辛巳, 辛丑〕이 입묘한 丑일지〔재고〕까지 지배하면서 부귀가 매우 높다.

			(남)
甲	壬	庚	丙
辰	戌	寅	申

◉대운

83	73	63	53	43	33	23	13	3
己	戊	丁	丙	乙	甲	癸	壬	辛
亥	戌	酉	申	未	午	巳	辰	卯

○생체시스템 ➡ 壬甲〔일간·식상〕

●생체시스템 변화 ➡ 포국틀〔丙申, 甲辰〕을 생체시스템으로 사용한다.

○사회관계 ➡ 포국〔음→양양←음〕, 자기세력〔丙申, 甲辰〕이 경쟁세력〔庚寅, 壬戌〕을 둘러싸서 통제하였다.

이 사주는 큰 기업가로서 30대 중반〔甲午대운〕부터 50대 중반〔乙未대운〕까지 火대운에 엄청난 돈을 벌었다.

壬일간〔자신〕이 甲시간〔식상〕으로 辰시지〔관성_비겁고〕를 지배하고 음(陰) 자기세력〔丙申년, 甲辰시〕으로 양(陽) 경쟁세력〔庚寅월, 壬戌일〕을 申辰합으로 둘러싸서 통제하였다.

			(남)
庚	丙	乙	戊
寅	申	丑	戌

◉대운

87	77	67	57	47	37	27	17	7
甲	癸	壬	辛	庚	己	戊	丁	丙
戌	酉	申	未	午	巳	辰	卯	寅

○생체시스템 ➡ 丙·寅〔일간·인성〕

●생체시스템 변화 ➡ 포극틀〔戊戌, 庚寅〕을 생체시스템으로 사용한다.

○사회관계 ➡ 포국〔양→음음←양〕 입묘〔申⌒丑〕, 자기세력〔戊戌, 庚寅〕이 경쟁세력〔乙丑, 丙申〕을 둘러싸서 통제하였다.

이 사주는 28세〔戊辰대운 丙寅년〕 젊은 나이에 공장을 세워 사업을 시작하여 계속 발전했고 42세〔己巳대운 庚辰년〕에 이르자 이미 2백억이 넘는 자산가가 되었다.

丙일간〔자신〕이 寅시지〔인성〕을 사용하여 양(陽) 자기세력〔戊戌년, 庚寅시〕으로 음(陰) 경쟁세력〔乙丑월, 丙申일〕을 寅戌합으로 둘러싸서 통제하였다. 초년〔丙寅대운〕부터 포국틀〔戊戌, 庚寅〕을 돕는 木火대운을 60년간 만났기에 인생〔사업〕이 순탄하였다.

丙	戊	乙	辛 (여)
辰	戌	未	亥

⊙대운

89	79	69	59	49	39	29	19	9
甲	癸	壬	辛	庚	己	戊	丁	丙
辰	卯	寅	丑	子	亥	戌	酉	申

○생체시스템 ➡ 戊·丙辰〔일간·인성·비겁〕

●생체시스템 변화 ➡ 포국틀〔辛亥, 丙辰〕을 생체시스템으로 사용한다.

○사회관계 ➡ 포국〔음→양양←음〕 입묘〔辰⌒亥〕, 자기세력〔辛亥, 丙辰〕이 경쟁세력〔乙未, 戊戌〕을 둘러싸서 통제하였다.

이 사주는 부유한 가정에서 태어나 25세〔丁酉대운 乙亥년〕에 직장을 그만두고 장사를 시작했고, 30세〔戊戌대운 庚辰년〕에 이미 지역에서 유명한 부자가 되었다.

戊일간〔자신〕이 丙辰시〔인성·비겁〕를 사용하여 음(陰) 자기세력〔辛亥년, 丙辰시〕으로 양(陽) 경쟁세력〔乙未월, 戊戌일〕을 亥辰입묘로 둘러싸서 통제하였다. 초년〔丙申대운〕부터 포국틀〔辛亥, 丙辰〕을 돕는 金水대운을 60년간 만났기에 재물은 계속 불어났다.

(남)			
甲	丁	甲	辛
辰	巳	午	酉

◉ 대운

86	76	66	56	46	36	26	16	6
乙	丙	丁	戊	己	庚	辛	壬	癸
酉	戌	亥	子	丑	寅	卯	辰	巳

○생체시스템 ➡ 丁甲〔일간 · 인성〕

●생체시스템 변화 ➡ 포국틀〔辛酉, 甲辰〕을 생체시스템으로 사용한다.

○사회관계 ➡ 포국〔음→양양←음〕, 자기세력〔辛酉, 甲辰〕이 경쟁세력〔甲午, 丁巳〕을 둘러싸서 통제하였다.

이 사주는 포국틀〔辛酉, 甲辰〕이 강해지는 40대 중반〔己丑대운〕부터 승진을 거듭하여 은행장이 되었다.

丁일간〔자신〕이 甲시간〔인성〕으로 辰시지〔관살고〕를 지배하고 음(陰) 자기세력〔辛酉년, 甲辰시〕으로 양(陽) 경쟁세력〔甲午월, 丁巳일〕을 酉辰합으로 둘러싸서 통제하였다.

(남)			
甲	癸	戊	壬
寅	酉	申	戌

◉ 대운

82	72	62	52	42	32	22	12	2
丁	丙	乙	甲	癸	壬	辛	庚	己
巳	辰	卯	寅	丑	子	亥	戌	酉

○생체시스템 ➡ 癸 · 甲寅〔일간 · 식상〕

●생체시스템 변화 ➡ 포국틀〔壬戌, 甲寅〕을 생체시스템으로 사용한다.

○사회관계 ➡ 포국〔양→음음←양〕, 자기세력〔壬戌, 甲寅〕이 경쟁세력〔戊申, 癸酉〕을 둘러싸서 통제하였다.

이 사주는 빈곤한 가정에서 태어나 초년복은 없었지만 40대 중반〔癸丑대운〕부터 건설업으로 일어나 해외건설로 크게 성공을 거두었던 건설회사 오너이다. 癸일간〔자신〕이 甲寅시〔식상〕를 사용하여 양(陽) 자기세력〔壬戌년, 甲寅시〕으로 음(陰) 경쟁세력〔戊申월, 癸酉일〕을 寅戌합으로 둘러싸서 통제하였다.

			(여)
丙	乙	癸	甲
戌	亥	酉	午

⊙ 대운

83	73	63	53	43	33	23	13	3
甲	乙	丙	丁	戊	己	庚	辛	壬
子	丑	寅	卯	辰	巳	午	未	申

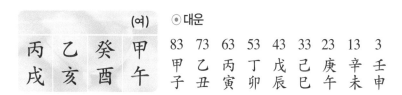

○생체시스템 ➡ 乙·丙戌〔일간·식상·재성〕

●생체시스템 변화 ➡ 포국틀〔甲午, 丙戌〕을 생체시스템으로 사용한다.

○사회관계 ➡ 포국〔양→음음←양〕, 자기세력〔甲午, 丙戌〕이 경쟁세력〔癸酉, 乙亥〕을 둘러싸서 통제하였다.

이 사주는 외무고시에 합격하여 외교관이 되었다.

乙일간〔자신〕이 丙戌시〔식상·재성〕를 사용하여 양(陽) 자기세력〔甲午년, 丙戌시〕으로 음(陰) 경쟁세력〔癸酉월, 乙亥일〕을 午戌합으로 둘러싸서 통제하였다.

			(남)
壬	辛	壬	乙
辰	卯	午	丑

⊙ 대운

85	75	65	55	45	35	25	15	5
癸	甲	乙	丙	丁	戊	己	庚	辛
酉	戌	亥	子	丑	寅	卯	辰	巳

○생체시스템 ➡ 辛壬〔일간·식상〕

●생체시스템 변화 ➡ 포국틀〔乙丑, 壬辰〕을 생체시스템으로 사용한다.

○사회관계 ➡ 포국〔음→양양←음〕 입묘〔辛→丑, 辰←壬丑〕, 자기세력〔乙丑, 壬辰〕이 경쟁세력〔壬午, 辛卯〕을 둘러싸서 통제하였다.

이 사주는 대학수능시험에서 전국수석을 하였고 서울대학교를 졸업하고 경제부처 사무관이 되었다.

辛일간〔자신〕이 壬시간〔식상〕으로 辰시지〔식상고〕를 지배하고 음(陰) 자기세력〔乙丑년, 壬辰시〕으로 양(陽) 경쟁세력〔壬午월, 辛卯일〕을 丑辰입묘로 둘러싸서 통제하였다. 포국틀〔乙丑, 壬辰〕이 매우 강력하여 초년〔辛巳대운〕 火木대운부터 승승장구하였고, 포국틀〔乙丑, 壬辰〕을 돕는 水대운〔丁丑, 丙子, 乙亥〕에도 부귀를 크게 얻는다.

			(남)
甲	癸	庚	戊
寅	丑	申	午

⊙ **대운**

87	77	67	57	47	37	27	17	7
己	戊	丁	丙	乙	甲	癸	壬	辛
巳	辰	卯	寅	丑	子	亥	戌	酉

○생체시스템 ➡ 癸·甲寅〔일간·식상〕

●생체시스템 변화 ➡ 포국틀〔戊午, 甲寅〕을 생체시스템으로 사용한다.

○사회관계 ➡ 포국〔양→음음←양〕 입묘〔丑←申〕, 자기세력〔戊午, 甲寅〕이 경쟁세력〔庚申, 癸丑〕을 둘러싸서 통제하였다.

이 사주는 서울대학교 법학대학을 졸업하고 10년간〔癸亥대운〕 사법고시에서 떨어졌지만 38세〔甲대운 乙未년〕에 합격하여 검사가 되었다.

癸일간〔자신〕이 甲寅시〔식상〕를 사용하여 양(陽) 자기세력〔戊午년, 甲寅시〕으로 음(陰) 경쟁세력〔庚申월, 癸丑일〕을 寅午합으로 둘러싸서 통제하였다. 癸亥대운은 포국틀〔戊午, 甲寅〕이 寅亥합·寅午합으로 무너지기에 사법고시에 합격할 수 없었다.

			(남)
丙	乙	辛	壬
戌	亥	亥	戌

◉ 대운

87	77	67	57	47	37	27	17	7
庚	己	戊	丁	丙	乙	甲	癸	壬
申	未	午	巳	辰	卯	寅	丑	子

○생체시스템 ➡ 乙·丙戌〔일간·식상·재성〕

●생체시스템 변화 ➡ 포국틀〔壬戌, 丙戌〕을 생체시스템으로 사용한다.

○사회관계 ➡ 포국〔양→음음←양〕, 자기세력〔壬戌, 丙戌〕이 경쟁세력〔辛亥, 乙亥〕을 둘러싸서 통제하였다.

이 사주는 60대〔丁巳대운〕부터 큰 부자로 살았다.

乙일간〔자신〕이 丙戌시〔식상·재성〕를 사용하여 양(陽) 자기세력〔壬戌년, 丙戌시〕으로 음(陰) 경쟁세력〔辛亥월, 乙亥일〕을 戌戌연합으로 둘러싸서 통제하였다.

			(남)
丙	乙	丙	丙
戌	亥	申	戌

◉ 대운

83	73	63	53	43	33	23	13	3
乙	甲	癸	壬	辛	庚	己	戊	丁
巳	辰	卯	寅	丑	子	亥	戌	酉

○생체시스템 ➡ 乙·丙戌〔일간·식상·재성〕

●생체시스템 변화 ➡ 포국틀〔丙戌, 丙戌〕을 생체시스템으로 사용한다.

○사회관계 ➡ 포국〔양→음음←양〕 입묘〔戌戌 丙丙〕, 자기세력〔丙戌, 丙戌〕이 경쟁세력〔丙申, 乙亥〕을 둘러싸서 통제하였다.

이 사주는 육군사관학교에 차석으로 입학하여 중대장까지 올라갔으나 진급에서 계속 누락되자 군대를 나와 사무관이 되었고 40세〔庚子대운 乙丑년〕에 국회의원 당선을 시작으로 정계(政界)에 진출하였다.

乙일간〔자신〕이 丙戌시〔식상 · 재성〕를 사용하여 양(陽) 자기세력〔丙戌년, 丙戌시〕으로 음(陰) 경쟁세력〔丙申월, 乙亥일〕을 戌戌연합으로 둘러싸서 통제하였다.

			(남)
丁	戊	丁	甲
巳	辰	丑	午

⊙ 대운

89	79	69	59	49	39	29	19	9
丙	乙	甲	癸	壬	辛	庚	己	戊
戌	酉	申	未	午	巳	辰	卯	寅

○생체시스템 ➡ 戊 · 丁巳〔일간 · 인성〕

●생체시스템 변화 ➡ 포국틀〔甲午, 丁巳〕을 생체시스템으로 사용한다.

○사회관계 ➡ 포국〔양→음음←양〕 입묘〔辰⌒丑〕, 자기세력〔甲午, 丁巳〕이 경쟁세력〔丁丑, 戊辰〕을 둘러싸서 통제하였다.

이 사주는 큰 부자이자 정치인이었던 부모에게서 태어나 명문대학을 졸업하고 순탄하게 승진하여 40대(辛巳대운)에 고위관료가 되었다.

戊일간〔자신〕이 丑월지〔식상고〕가 입묘한 辰일지〔재고〕를 지배하고 丁巳시〔인성〕를 사용하여 양(陽) 자기세력〔甲午년, 丁巳시〕으로 음(陰) 경쟁세력〔丁丑월, 戊辰일〕을 둘러싸서 통제하였다. 양(陽) 포국이 광대하고 음(陰) 경쟁세력〔재물〕도 거대하며 초년〔戊寅대운〕부터 포국틀〔甲午, 丁巳〕을 돕는 木火대운을 60년간 만나면서 어린 시절부터 부귀공명(富貴功名)을 보장받았다.

			(남)
己	丙	甲	甲
丑	午	戌	辰

⊙ 대운

81	71	61	51	41	31	21	11	1
癸	壬	辛	庚	己	戊	丁	丙	乙
未	午	巳	辰	卯	寅	丑	子	亥

○생체시스템 ➡ 丙·己丑(일간·식상)

●생체시스템 변화 ➡ 포국틀(甲辰, 己丑)을 생체시스템으로 사용한다.

○사회관계 ➡ 포국(음→양양←음) 입묘(丙⌒戌, 丑⌒辰), 자기세력(甲辰, 己丑)이 경쟁세력(甲戌, 丙午)을 둘러싸서 통제하였다.

이 사주는 관리집안에서 태어나 10대(丙子대운)에 국가고시에 합격하고 계속 승진하여 고위관료가 되었다.

丙일간(자신)이 己丑시(식상)를 사용하여 음(陰) 자기세력(甲辰년, 己丑시)으로 양(陽) 경쟁세력(甲戌월, 丙午일)을 丑辰입묘로 둘러싸서 통제하였다. 포국틀(甲辰, 己丑)이 매우 튼튼하여 초년 水대운부터 발달하여 양(陽) 경쟁세력이 커지는 木火대운에 부귀(富貴)를 크게 얻었다.

			(남)
戊	丁	庚	己
申	卯	午	丑

◉대운

81	71	61	51	41	31	21	11	1
辛	壬	癸	甲	乙	丙	丁	戊	己
酉	戌	亥	子	丑	寅	卯	辰	巳

○생체시스템 ➡ 丁·戊申(일간·식상·재성)

●생체시스템 변화 ➡ 포국틀(己丑, 戊申)을 생체시스템으로 사용한다.

○사회관계 ➡ 포국(음→양양←음) 입묘(申庚⌒丑), 자기세력(己丑, 戊申)이 경쟁세력(庚午, 丁卯)을 둘러싸서 통제하였다.

이 사주는 20세(戊辰대운 戊申년)부터 사회생활을 시작하여 순탄하게 명성을 얻고 발전했으며 50대(甲子대운)가 되자 국영대기업 이사장이 되었다.

丁일간(자신)이 戊申시(식상·재성)를 사용하여 음(陰) 자기세력(己丑년, 戊申시)으로 양(陽) 경쟁세력(庚午월, 丁卯일)을 申丑입묘로 둘러싸서 통제하였다. 포국틀〔己丑, 戊申〕이 튼튼하고 양(陽) 경쟁세력도 강하기에 火木대운도 나쁘지 않지만 진정한 부귀(富貴)는 포국틀〔己丑, 戊申〕을 돕는 水대운에서 완성되었다.

			(남)
丙	戊	辛	丙
辰	寅	卯	申

◉ 대운

83	73	63	53	43	33	23	13	3
庚	己	戊	丁	丙	乙	甲	癸	壬
子	亥	戌	酉	申	未	午	巳	辰

○생체시스템 ➡ 戊·丙辰〔일간·인성·비겁〕

●생체시스템 변화 ➡ 포국틀〔丙申, 丙辰〕을 생체시스템으로 사용한다.

○사회관계 ➡ 포국〔음→양양←음〕, 자기세력〔丙申, 丙辰〕이 경쟁세력〔辛卯, 戊寅〕을 둘러싸서 통제하였다.

이 사주는 23세〔癸巳대운 戊午년〕에 북경대학(北京大學)을 수석으로 졸업하고 31세〔甲午대운 丙寅년〕에 대학교 문화원장이 되었고 53세〔丙申대운 戊子년〕에 대만대학총장이 되었다.

戊일간〔자신〕이 丙辰시〔인성·비겁〕를 사용하여 음(陰) 자기세력〔丙申년, 丙辰시〕으로 양(陽) 경쟁세력〔辛卯월, 戊寅일〕을 申辰합으로 둘러싸서 통제하였다. 포국틀〔丙申, 丙辰〕이 강하고 양(陽) 재물〔辛卯, 戊寅〕도 강하여 부귀가 높은데 40대 중반〔丙申대운〕부터 60대 중반〔丁酉대운〕까지 포국틀〔丙申, 丙辰〕을 돕는 金대운에 전성기를 누렸다.

			(남)
戊	戊	乙	戊
午	申	卯	寅

◉ 대운

86	76	66	56	46	36	26	16	6
甲	癸	壬	辛	庚	己	戊	丁	丙
子	亥	戌	酉	申	未	午	巳	辰

○생체시스템 ➡ 戊·戊午〔일간·비겁·인성〕

●생체시스템 변화 ➡ 포국틀〔戊寅, 乙卯, 戊午〕을 생체시스템으로 사용한다.

○사회관계 ➡ 포국〔양→음←양양〕, 자기세력〔戊寅, 乙卯, 戊午〕이 경쟁세력〔戊申〕을 둘러싸서 통제하였다.

이 사주는 40대 중반〔己未대운〕까지 큰 성공을 거두지 못하다가 40대 후반〔庚申대운〕부터 金水대운으로 흐르자 수천억대 갑부가 되었다. 복음(伏吟) 戊戊일시간〔자신〕이 午시지〔인성〕를 사용하여 양(陽) 자기세력〔戊寅년, 乙卯월, 戊午시〕으로 음(陰) 경쟁세력〔戊申일〕을 寅午합으로 둘러싸서 통제하였다.

			(남)
戊	辛	癸	戊
戌	卯	亥	戌

⊙ 대운

89	79	69	59	49	39	29	19	9
壬	辛	庚	己	戊	丁	丙	乙	甲
申	未	午	巳	辰	卯	寅	丑	子

○생체시스템 ➡ 辛·戊戌〔일간·인성〕

●생체시스템 변화 ➡ 포국틀〔戊戌, 辛卯, 戊戌〕을 생체시스템으로 사용한다.

○사회관계 ➡ 포국〔양양→음←양〕, 자기세력〔戊戌, 辛卯, 戊戌〕이 경쟁세력〔癸亥〕을 둘러싸서 통제하였다.

이 사주는 철광업으로 7백억대 부자가 되었다.
辛일간〔자신〕이 戊戌시〔인성〕를 사용하여 양(陽) 자기세력〔戊戌년, 辛卯일, 戊戌시〕으로 음(陰) 경쟁세력〔癸亥월〕을 卯戌합으로 둘러싸서 통제하였다. 卯일지〔부인〕는 卯戌합으로 포국틀〔戊戌, 辛卯, 戊戌〕을 안정시키는 중요한 역할을 하는데 사업성공에 부인〔卯〕의 도움이 컸다.

			(남)
戊	辛	甲	壬
戌	卯	辰	寅

◉ 대운

84	74	64	54	44	34	24	14	4
癸	壬	辛	庚	己	戊	丁	丙	乙
丑	子	亥	戌	酉	申	未	午	巳

○생체시스템 ➡ 辛·戊戌〔일간·인성〕

●생체시스템 변화 ➡ 포국틀〔壬寅, 辛卯, 戊戌〕을 생체시스템으로 사용한다.

○사회관계 ➡ 포국〔양양→음←양〕, 자기세력〔壬寅, 辛卯, 戊戌〕이 경쟁세력〔甲辰〕을 둘러싸서 통제하였다.

이 사주는 석유화학회사 사장으로 30대 중반〔戊申대운〕부터 50대 중반〔己酉대운〕까지 큰 돈을 벌었다.

辛일간〔자신〕이 戊戌시〔인성〕를 사용하여 양(陽) 자기세력〔壬寅년, 辛卯일, 戊戌시〕으로 음(陰) 경쟁세력〔甲辰월〕을 寅戌합으로 둘러싸서 통제하였다. 戊申대운〔30대 중반〕부터 金대운을 만나면서 부귀〔陰〕가 크게 일어났다.

			(남)
戊	辛	甲	癸
戌	亥	寅	巳

◉ 대운

88	78	68	58	48	38	28	18	8
乙	丙	丁	戊	己	庚	辛	壬	癸
巳	午	未	申	酉	戌	亥	子	丑

○생체시스템 ➡ 辛·戊戌〔일간·인성〕

●생체시스템 변화 ➡ 포국틀〔癸巳, 甲寅, 戊戌〕을 생체시스템으로 사용한다.

○사회관계 ➡ 포국〔양→음←양양〕 입묘〔戊⌒巳〕, 자기세력〔癸巳, 甲寅, 戊戌〕이 경쟁세력〔辛亥〕을 둘러싸서 통제하였다.

이 사주는 초년부터 金水대운을 60년간 만나면서 행정고시에 어려움 없이 합격하여 고위공무원으로 부귀하게 살았다.

辛일간〔자신〕**이 戊戌시**〔인성〕**를 사용하여 양(陽) 자기세력**〔癸巳년, 甲寅월, 戊戌시〕**으로 음(陰) 경쟁세력**〔辛亥일〕**을 巳戌입묘·寅戌합으로 둘러싸서 통제하였다.**

			(남)
戊	辛	丙	乙
戌	亥	戌	巳

◉ 대운

85	75	65	55	45	35	25	15	5
丁	戊	己	庚	辛	壬	癸	甲	乙
丑	寅	卯	辰	巳	午	未	申	酉

○생체시스템 ➡ 辛·戊戌〔일간·인성〕

●생체시스템 변화 ➡ 포국틀〔乙巳, 丙戌, 戊戌〕을 생체시스템으로 사용한다.

○사회관계 ➡ 포국〔양→음←양양〕 입묘〔戌↶丙巳〕, 자기세력〔乙巳, 丙戌, 戊戌〕이 경쟁세력〔辛亥〕을 둘러싸서 통제하였다.

이 사주는 30대 후반〔壬午대운〕**부터 엄청난 돈을 벌었다.**

辛일간〔자신〕**이 火관성**〔乙巳, 丙戌〕**을 입묘한 戊戌시**〔인성_관살고〕**를 사용하여 양(陽) 자기세력**〔乙巳년, 丙戌월, 戊戌시〕**으로 음(陰) 경쟁세력**〔辛亥일〕**을 巳戌입묘·戊戌연합으로 둘러싸서 통제하였다.**

			(남)
己	丙	甲	乙
丑	寅	申	亥

◉ 대운

83	73	63	53	43	33	23	13	3
乙	丙	丁	戊	己	庚	辛	壬	癸
亥	子	丑	寅	卯	辰	巳	午	未

○생체시스템 ➡ 丙·己丑〔일간·식상〕

●생체시스템 변화 ➡ 포국틀〔乙亥, 甲申, 己丑〕을 생체시스템으로 사용한다.

○사회관계 ➡ 포국〔음→양←음음〕 입묘〔丑↶申〕, 자기세력〔乙亥, 甲申, 己丑〕이 경쟁세력〔丙寅〕을 둘러싸서 통제하였다.

이 사주는 가난한 집에서 태어났지만 28세〔辛巳대운 壬寅년〕부터 사업을 시작하여 40대 중반〔庚辰대운〕까지 수십억을 벌었고 60대 중반〔丁丑대운〕에 이르자 수백억대의 자산가가 되었다.

丙일간〔자신〕이 己丑시〔식상〕를 사용하여 음(陰) 자기세력〔乙亥년, 甲申월, 己丑시〕으로 양(陽) 경쟁세력〔丙寅일〕을 申丑입묘·亥丑연합으로 둘러싸서 통제하였다. 초년〔癸未대운〕은 丑未충으로 포국틀〔乙亥, 甲申, 己丑〕이 손상되어 힘들었지만 壬午대운〔10대 중반〕부터 火木대운으로 50년간 흐르면서 부자가 되었다.

			(남)
丙	己	癸	丙
寅	酉	巳	戌

⊙대운

81	71	61	51	41	31	21	11	1
壬	辛	庚	己	戊	丁	丙	乙	甲
寅	丑	子	亥	戌	酉	申	未	午

○생체시스템 ➡ 己·丙寅〔일간·인성·관성〕

●생체시스템 변화 ➡ 포국틀〔丙戌, 癸巳, 丙寅〕을 생체시스템으로 사용한다.

○사회관계 ➡ 포국〔양→음←양양〕 입묘〔丙巳→戌〕, 자기세력〔丙戌, 癸巳, 丙寅〕이 경쟁세력〔己酉〕을 둘러싸서 통제하였다.

이 사주는 수백억대 부자로 살았지만 60세〔己亥대운 乙酉년〕에 포국틀〔丙戌, 癸巳, 丙寅〕이 寅亥합·巳亥충·酉戌천으로 무너지면서 사망하였다.

己일간〔자신〕이 丙寅시〔인성·관성〕를 사용하여 양(陽) 자기세력〔丙戌년, 癸巳월, 丙寅시〕으로 음(陰) 경쟁세력〔己酉일〕을 寅戌합으로 둘러싸서 통제하였다.

			(남)
己	丁	戊	丙
酉	丑	戌	子

◉대운

85	75	65	55	45	35	25	15	5
丁	丙	乙	甲	癸	壬	辛	庚	己
未	午	巳	辰	卯	寅	丑	子	亥

○생체시스템 ➡ 丁·己酉〔일간·식상·재성〕

●생체시스템 변화 ➡ 포국틀〔丙子, 丁丑, 己酉〕을 생체시스템으로 사용한다.

○사회관계 ➡ 포국〔음음→양←음〕 입묘〔丁丙⌒戌〕, 자기세력〔丙子, 丁丑, 己酉〕이 경쟁세력〔戊戌〕을 둘러싸서 통제하였다.

이 사주는 42세〔壬寅대운 丁巳년〕에 시골의 개인의원을 시작하여 50대〔癸卯대운〕에 크게 이름을 떨치며 돈을 벌었고 60대〔甲辰대운〕에 도시의 안과전문병원을 설립하였으며 70대〔乙巳대운〕에는 대형병원 이사장이 되었다.

丁일간〔자신〕이 己酉시〔식상·재성〕를 사용하여 음(陰) 자기세력〔丙子년, 丁丑일, 己酉시〕으로 양(陽) 경쟁세력〔戊戌월〕을 酉丑합·子丑합으로 둘러싸서 통제하였다. 포국틀〔丙子, 丁丑, 己酉〕이 너무 강하여 水대운〔己亥, 庚子, 辛丑〕에는 힘들게 살았지만 木대운〔壬寅대운〕부터 양(陽)이 강해지자 일어나기 시작하여 火대운〔乙巳대운〕에는 큰 부귀를 얻었다.

			(남)
己	丁	庚	丁
酉	丑	戌	丑

◉대운

83	73	63	53	43	33	23	13	3
辛	壬	癸	甲	乙	丙	丁	戊	己
丑	寅	卯	辰	巳	午	未	申	酉

○생체시스템 ➡ 丁·己酉〔일간·식상·재성〕

●생체시스템 변화 ➡ 포국틀(丁丑, 丁丑, 己酉)을 생체시스템으로 사용한다.
○사회관계 ➡ 포국(음음→양←음) 입묘(丁丁⌒戊, 酉庚⌒丑丑), 자기세력(丁丑, 丁丑, 己酉)이 경쟁세력(庚戌)을 둘러싸서 통제하였다.

이 사주는 부시장을 역임하며 덕망이 높았다.

丁일간(자신)**이 己酉시**(식상 · 재성)**를 사용하여 음(陰) 자기세력**(丁丑년, 丁丑일, 己酉시)**으로 양(陽)경쟁세력**(庚戌월)**을 酉丑합으로 둘러싸서 통제하였다. 20대 중반**(丁未대운)**부터 火대운으로 흐르자 약했던 庚戌**(양)**이 강해지면서 부귀가 일어나기 시작했다.**

			(남)
癸	丁	戊	癸
卯	酉	午	巳

⊙ **대운**

83	73	63	53	43	33	23	13	3
己	庚	辛	壬	癸	甲	乙	丙	丁
酉	戌	亥	子	丑	寅	卯	辰	巳

○생체시스템 ➡ 丁·戊午(일간 · 식상 · 비겁)
●생체시스템 변화 ➡ 포국틀(癸巳, 戊午, 癸卯)을 생체시스템으로 사용한다.
○사회관계 ➡ 포국(양→음←양양), 자기세력(癸巳, 戊午, 癸卯)이 경쟁세력(丁酉)을 둘러싸서 통제하였다.

이 사주는 가난하게 태어나 공부를 제대로 못했고 43세(甲寅대운 乙亥년)**까지 빈곤하게 살다가 44세**(癸丑대운 丙子년)**부터 갑자기 국가사업을 맡아 대형 목재공장을 관리하기 시작했고 51세**(癸丑대운 癸未년)**까지 수십 억을 벌었으며 이후에 계속 사업**(재물)**을 확장하였다.**

丁일간(자신)**이 戊午월**(식상 · 비겁)**을 사용하여 양(陽) 자기세력**(癸巳년, 戊午월, 癸卯시)**으로 음(陰) 경쟁세력**(丁酉일)**을 둘러싸서 통제하였다. 甲寅대운**(~43세)**까지 가난했다가 癸丑대운**(44세~)**부터 인생의**

반전이 일어난 것은 음(陰) 경쟁세력이 강해졌기 때문이다.

			(남)
丁	戊	己	壬
巳	午	酉	寅

◉ 대운

87	77	67	57	47	37	27	17	7
戊	丁	丙	乙	甲	癸	壬	辛	庚
午	巳	辰	卯	寅	丑	子	亥	戌

○생체시스템 ➡ 戊·丁巳〔일간·인성〕

●생체시스템 변화 ➡ 포국틀〔壬寅, 戊午, 丁巳〕을 생체시스템으로 사용한다.

○사회관계 ➡ 포국〔양양→음←양〕, 자기세력〔壬寅, 戊午, 丁巳〕이 경쟁세력〔己酉〕을 둘러싸서 통제하였다.

이 사주는 18세〔辛亥대운 己未년〕부터 30년간 水대운으로 만나면서 크게 발전하여 IT회사의 대표이사가 되었다.

戊일간〔자신〕이 丁巳시〔인성〕을 사용하여 양(陽) 자기세력〔壬寅년, 戊午일, 丁巳시〕으로 음(陰) 경쟁세력〔己酉월〕을 寅午합·巳酉합으로 둘러싸서 통제하였다.

			(남)
壬	丙	戊	壬
辰	戌	申	子

◉ 대운

85	75	65	55	45	35	25	15	5
丁	丙	乙	甲	癸	壬	辛	庚	己
巳	辰	卯	寅	丑	子	亥	戌	酉

○생체시스템 ➡ 丙·戊申〔일간·식상·재성〕

●생체시스템 변화 ➡ 포국틀〔壬子, 戊申, 壬辰〕을 생체시스템으로 사용한다.

○사회관계 ➡ 포국〔음→양←음음〕 입묘〔辰⌒子〕, 자기세력〔壬子, 戊申, 壬辰〕이 경쟁세력〔丙戌〕을 둘러싸서 통제하였다.

이 사주는 빈곤한 가정에서 태어났지만 명문대를 졸업하고 금융계에 들어가 20대 중반〔辛亥대운〕부터 크게 성공하여 40대 중반〔壬子대운〕에 이미 백억대 부자가 되었다.

丙일간〔자신〕이 戊申월〔식상 · 재성〕을 사용하여 음(陰) 자기세력〔壬子년, 戊申월, 壬辰시〕으로 양(陽) 경쟁세력〔丙戌일〕을 子辰합 · 申辰합으로 둘러싸서 통제하였다.

			(남)
庚	丁	己	乙
戌	丑	卯	未

◉ 대운

84	74	64	54	44	34	24	14	4
庚	辛	壬	癸	甲	乙	丙	丁	戊
午	未	申	酉	戌	亥	子	丑	寅

○생체시스템 ➡ 丁 · 庚戌〔일간 · 재성 · 식상〕

●생체시스템 변화 ➡ 포국틀〔乙未, 己卯, 庚戌〕을 생체시스템으로 사용한다.

○사회관계 ➡ 포국〔양→음←양양〕, 자기세력〔乙未, 己卯, 庚戌〕이 경쟁세력〔丁丑〕을 둘러싸서 통제하였다.

이 사주는 가난한 집에서 태어나 두부장사로 살았으나 30대 중반〔乙亥대운〕에 두부공장을 지어서 일어나기 시작하여 50대〔戌대운〕에 이르자 호텔과 부동산을 소유한 엄청난 부자가 되었다.

丁일간〔자신〕이 庚戌시〔재성 · 식상〕를 사용하여 양(陽) 자기세력〔乙未년, 己卯월, 庚戌시〕으로 음(陰) 경쟁세력〔丁丑일〕을 卯戌합 · 未戌연합으로 둘러싸서 통제하였다.

			(남)
乙	丁	乙	辛
巳	丑	未	巳

◉ 대운

87	77	67	57	47	37	27	17	7
丙	丁	戊	己	庚	辛	壬	癸	甲
戌	亥	子	丑	寅	卯	辰	巳	午

○생체시스템 ➡ 丁·乙巳(일간·인성·비겁)

●생체시스템 변화 ➡ 포국틀(辛巳, 乙未, 乙巳)을 생체시스템으로 사용한다.

○사회관계 ➡ 포국(양→음←양양) 입모(丑⌒辛, 乙⌒未), 자기세력(辛巳, 乙未, 乙巳)이 경쟁세력(丁丑)을 둘러싸서 통제하였다.

이 사주는 우수한 성적으로 육군사관학교에 입학하여 丑未충이 생기를 얻은 46세(辛卯대운 丙寅년)에 육군 준장이 되었고 50세(庚寅대운 庚午년)에 육군 소장으로 진급했다.

丁일간(자신)이 乙巳시(인성·비겁)을 사용하여 양(陽) 자기세력(辛巳년, 乙未월, 乙巳시)으로 음(陰) 경쟁세력(丁丑일)을 巳未연합으로 둘러싸서 통제하였다.

			(남)
癸	丙	乙	癸
巳	子	卯	未

◉ 대운

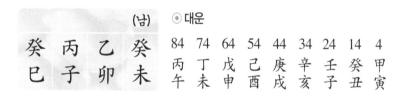

84	74	64	54	44	34	24	14	4
丙	丁	戊	己	庚	辛	壬	癸	甲
午	未	申	酉	戌	亥	子	丑	寅

○생체시스템 ➡ 丙·乙卯(일간·인성)

●생체시스템 변화 ➡ 포국틀(癸未, 乙卯, 癸巳)을 생체시스템으로 사용한다.

○사회관계 ➡ 포국(양→음←양양), 자기세력(癸未, 乙卯, 癸巳)이 경쟁세력(丙子)을 둘러싸서 통제하였다.

이 사주는 청나라 도헌(都憲_종1품, 감사원장) 벼슬을 지냈는데 약한 음(陰)을 보완해주는 水金대운을 60년간 만나면서 평생토록 품위를 잃지 않았다.

丙일간(자신)이 乙卯월(인성)을 사용하여 양(陽) 자기세력(癸未년, 乙卯월, 癸巳시)으로 음(陰) 경쟁세력(丙子일)을 둘러싸서 통제하였다.

			(남)
乙	戊	己	壬
卯	戌	酉	戌

⊙대운

84	74	64	54	44	34	24	14	4
戊	丁	丙	乙	甲	癸	壬	辛	庚
午	巳	辰	卯	寅	丑	子	亥	戌

○생체시스템 ➡ 戊戌〔일간 · 비겁〕

●생체시스템 변화 ➡ 포국틀〔壬戌, 戊戌, 乙卯〕을 생체시스템으로 사용한다.

○사회관계 ➡ 포국〔양양→음←양〕, 자기세력〔壬戌, 戊戌, 乙卯〕이 경쟁세력〔己酉〕을 둘러싸서 통제하였다.

이 사주는 명문대를 졸업하고 고위공무원에 등용되었고 40대 중반〔甲寅대운〕부터 60대 중반〔乙卯대운〕까지 20년간 차관 · 장관을 두루 거치면서 부귀공명(富貴功名)을 크게 누렸다.

戊戌일주〔자신〕가 양(陽) 자기세력〔壬戌년, 戊戌일, 乙卯시〕으로 음(陰) 경쟁세력〔己酉월〕을 卯戌합으로 둘러싸서 통제하였다.

			(남)
丙	丁	辛	丙
午	未	丑	戌

⊙대운

83	73	63	53	43	33	23	13	3
庚	己	戊	丁	丙	乙	甲	癸	壬
戌	酉	申	未	午	巳	辰	卯	寅

○생체시스템 ➡ 丁未〔일간 · 식상〕

●생체시스템 변화 ➡ 포국틀〔丙戌, 丁未, 丙午〕을 생체시스템으로 사용한다.

○사회관계 ➡ 포국〔양양→음←양〕 입묘〔午丁→戌〕, 자기세력〔丙戌, 丁未, 丙午〕이 경쟁세력〔辛丑〕을 둘러싸서 통제하였다.

이 사주는 50대 중반〔丁未대운〕에 MBC 지방방송국 사장이 되었다.

丁未일주〔자신〕가 양(陽) 자기세력〔丙戌년, 丁未일, 丙午시〕으로 음(陰) 경쟁세력〔辛丑월〕을 午戌합 · 戌未형으로 둘러싸서 통제하였다.

			(남)
壬	戊	丁	戊
戌	子	巳	戌

◉ 대운

89	79	69	59	49	39	29	19	9
丙	乙	甲	癸	壬	辛	庚	己	戊
寅	丑	子	亥	戌	酉	申	未	午

○생체시스템 ➡ 戊·丁巳〔일간·인성〕

●생체시스템 변화 ➡ 포국틀〔戊戌, 丁巳, 壬戌〕을 생체시스템으로 사용한다.

○사회관계 ➡ 포국〔양→음←양양〕입묘〔巳⌒戌戌〕, 자기세력〔戊戌, 丁巳, 壬戌〕이 경쟁세력〔戊子〕을 둘러싸서 통제하였다.

이 사주는 부모의 유산을 물려받아 부자로 살고 있는 교수이다.

戊일간〔자신〕이 丁巳월〔인성〕을 사용하여 양(陽) 자기세력〔戊戌년, 丁巳월, 壬戌시〕으로 음(陰) 경쟁세력〔戊子일〕을 巳戌입묘·戌戌연합으로 둘러싸서 통제했다. 음(陰) 경쟁세력이 빈약하지만 30대부터 金水대운을 60년간 만나면서 평생 부귀가 마르지 않았다.

			(남)
乙	乙	壬	乙
酉	亥	午	亥

◉ 대운

87	77	67	57	47	37	27	17	7
癸	甲	乙	丙	丁	戊	己	庚	辛
酉	戌	亥	子	丑	寅	卯	辰	巳

○생체시스템 ➡ 乙亥〔일간·인성〕

●생체시스템 변화 ➡ 포국틀〔乙亥, 乙亥, 乙酉〕을 생체시스템으로 사용한다.

○사회관계 ➡ 포국〔음음→양←음〕, 자기세력〔乙亥, 乙亥, 乙酉〕이 경쟁세력〔壬午〕을 둘러싸서 통제하였다.

이 사주는 서울대학교를 졸업하고 행정고시에 합격했으며 30대〔己卯대운〕부터 40대〔戊寅대운〕까지 木대운 20년간 군수와 시장을 역임하며 승승장구하였다. 하지만 50대〔丁丑대운〕부터 水대운으로 흐르면서 내리막길을 걸었고 선거에서 계속 떨어졌으며 그동안 자신을 도와주었던 사람들도 모두 떠나버렸다.

乙亥일주〔자신〕가 음(陰) 자기세력〔乙亥년, 乙亥일, 乙酉시〕으로 양(陽) 경쟁세력〔壬午월〕을 둘러싸서 통제하였다. 40대까지는 火木대운을 만나면서 빈약한 양(陽) 경쟁세력을 보충하여 계속 발전했지만 50대부터는 水金대운을 만나면서 부귀가 사라져버렸다.

			(남)
庚	甲	甲	戊
午	辰	寅	戌

◉대운

88	78	68	58	48	38	28	18	8
癸	壬	辛	庚	己	戊	丁	丙	乙
亥	戌	酉	申	未	午	巳	辰	卯

○생체시스템 ➡ 甲·午〔일간·식상〕

●생체시스템 변화 ➡ 포국틀〔戊戌, 甲寅, 庚午〕을 생체시스템으로 사용한다.

○사회관계 ➡ 포국〔양→음←양양〕, 자기세력〔戊戌, 甲寅, 庚午〕이 경쟁세력〔甲辰〕을 둘러싸서 통제하였다.

이 사주는 20대 중반〔辰대운〕에 국가고시에 합격하여 60대 초반〔庚대운〕까지 국가 요직을 두루 역임하다가 60대 중반〔申대운〕에 공직에서 물러났다. 甲일간〔자신〕이 午시지〔식상〕를 사용하여 양(陽) 자기세력〔戊戌년, 甲寅월, 庚午시〕으로 음(陰) 경쟁세력〔甲辰일〕을 午戌합·寅午합으로 둘러싸서 통제하였다.

			(남)
庚	壬	乙	癸
戌	午	丑	未

◉대운

84	74	64	54	44	34	24	14	4
丙	丁	戊	己	庚	辛	壬	癸	甲
辰	巳	午	未	申	酉	戌	亥	子

○생체시스템 ➡ 壬·庚戌(일간·인성·관성)

●생체시스템 변화 ➡ 포국틀(癸未, 壬午, 庚戌)을 생체시스템으로 사용한다.

○사회관계 ➡ 포국(양양→음←양), 자기세력(癸未, 壬午, 庚戌)이 경쟁세력(乙丑)을 둘러싸서 통제하였다.

이 사주는 초년부터 水金대운을 만나면서 계속 성공하였고 50대(庚申대운)에 이르자 생명보험 대표이사가 되었다.

壬일간(자신)이 庚戌시(인성·관성)를 사용하여 양(陽) 자기세력(癸未년, 壬午일, 庚戌시)으로 음(陰) 경쟁세력(乙丑월)을 午未합·戌未형으로 둘러싸서 통제하였다.

			(남)
庚	壬	壬	壬
戌	辰	寅	午

⊙대운

89	79	69	59	49	39	29	19	9
辛	庚	己	戊	丁	丙	乙	甲	癸
亥	戌	酉	申	未	午	巳	辰	卯

○생체시스템 ➡ 壬·庚戌(일간·인성·관성)

●생체시스템 변화 ➡ 포국틀(壬午, 壬寅, 庚戌)을 생체시스템으로 사용한다.

○사회관계 ➡ 포국(양→음←양양) 입묘(辰↶壬壬), 자기세력(壬午, 壬寅, 庚戌)이 경쟁세력(壬辰)을 둘러싸서 통제하였다.

이 사주는 지방대학을 나왔지만 LG반도체에 입사하여 초고속 승진을 하였고 50대(丁未대운)에 부사장까지 올라갔다.

壬일간(자신)이 庚戌시(인성·관성)를 사용하여 양(陽) 자기세력(壬午년, 壬寅월, 庚戌시)으로 음(陰) 경쟁세력(壬辰일)을 午戌합·寅戌합으로 둘러싸서 통제하였다.

			(남)
壬	戊	辛	丙
戌	辰	卯	午

◉ 대운

89	79	69	59	49	39	29	19	9
庚	己	戊	丁	丙	乙	甲	癸	壬
子	亥	戌	酉	申	未	午	巳	辰

○생체시스템 ➡ 戊辛〔일간 · 식상〕

●생체시스템 변화 ➡ 포국틀〔丙午, 辛卯, 壬戌〕을 생체시스템으로 사용한다.

○사회관계 ➡ 포국〔양→음←양양〕, 자기세력〔丙午, 辛卯, 壬戌〕이 경쟁세력〔戊辰〕을 둘러싸서 통제하였다.

이 사주는 유명한 의사인데 돈을 벌어서 나이트클럽도 운영하였다. 戊일간〔자신〕이 辛월간〔식상〕으로 卯월지를 지배하고 丙辛합하여 양(陽) 자기세력〔丙午년, 辛卯월, 壬戌시〕으로 음(陰) 경쟁세력〔戊辰일〕을 午戌합 · 卯戌합으로 둘러싸서 통제하였다.

			(여)
癸	丙	丙	癸
巳	戌	辰	卯

◉ 대운

88	78	68	58	48	38	28	18	8
乙	甲	癸	壬	辛	庚	己	戊	丁
丑	子	亥	戌	酉	申	未	午	巳

○생체시스템 ➡ 丙戌〔일간 · 식상〕

●생체시스템 변화 ➡ 포국틀〔癸卯, 丙戌, 癸巳〕을 생체시스템으로 사용한다.

○사회관계 ➡ 포국〔양양→음←양〕 입묘〔巳⌒戌〕, 자기세력〔癸卯, 丙戌, 癸巳〕이 경쟁세력〔丙辰〕을 둘러싸서 통제하였다.

이 사주는 음(陰) 경쟁세력이 힘을 얻은 庚申대운〔40대〕부터 미용실 운영으로 해마다 7~9억의 수익을 올렸다.

丙일간〔자신〕이 癸巳시〔비겁 · 여성〕를 입묘시킨 戌일지〔식상_비겁고〕를 사용하여 양(陽) 자기세력〔癸卯년, 丙戌일, 癸巳시〕으로 음(陰) 경쟁

세력〔丙辰월〕을 卯戌합·巳卯연합으로 둘러싸서 통제하였다.

			(여)
戊	辛	己	癸
戌	酉	未	卯

◉ 대운

87	77	67	57	47	37	27	17	7
戊	丁	丙	乙	甲	癸	壬	辛	庚
辰	卯	寅	丑	子	亥	戌	酉	申

○생체시스템 ➡ 辛·戊戌〔일간·인성〕

●생체시스템 변화 ➡ 포국틀〔癸卯, 戊戌〕을 생체시스템으로 사용한다.

○사회관계 ➡ 포국〔양→음←양양〕, 자기세력〔癸卯, 戊戌〕이 경쟁세력〔辛酉〕을 둘러싸서 통제하였다.

이 사주는 40대〔癸亥대운〕에 2백억을 벌었다가 50대 중반〔子대운〕에 전부 날리고 빈털터리가 되었다.

辛일간〔자신〕이 戊戌시〔인성〕를 사용하여 양(陽) 자기세력〔癸卯년, 戊戌시〕으로 음(陰)경쟁세력〔辛酉일〕을 卯戌합으로 둘러싸서 통제하는데 己未월〔타인〕이 戌未형으로 포국틀〔癸卯, 戊戌〕을 손상시켰다. 癸亥대운〔40대〕은 亥卯未 삼합으로 포국틀〔癸卯, 戊戌〕이 생동하고 己未월〔타인〕도 순응하면서 크게 돈을 벌었지만 子대운〔50대 중반〕은 子卯파로 癸卯년이 훼손되고 子未천으로 자극받은 己未월〔타인〕이 戌未형으로 戊戌시도 훼손하면서 포국틀〔癸卯, 戊戌〕이 무너져 파산하였다.

2 역포국(逆包局)

년시(年時) 경쟁세력에게 월일(月日) 자기세력이 둘러싸여 통제되는 것으로 생각이 편협하고 일순간 성공해도 인생 후반기에 파산하며 일생 동안 빈곤하거나 범법(犯法)을 저질러 국가권력〔감옥〕에 관리된다.

(남)			
壬	丙	丙	壬
辰	寅	午	子

◉대운

86	76	66	56	46	36	26	16	6
乙	甲	癸	壬	辛	庚	己	戊	丁
卯	寅	丑	子	亥	戌	酉	申	未

○생체시스템 ➡ 丙寅〔일간 · 인성〕

○사회관계 ➡ 역포국〔음→양양←음〕, 경쟁세력〔壬子, 壬辰〕에게 자기세력〔丙午, 丙寅〕이 둘러싸여 통제되었다.

이 사주는 부잣집에서 태어나 호화롭게 살다가 40세〔庚戌대운 辛卯년〕에 사업을 시작했는데 공장장으로 있던 친구가 자금을 빼돌리고 도주하여 징역형을 선고받았고, 43세〔庚戌대운 甲午년〕에 감옥에서 강제노역 도중에 사망하였다.

음(陰) 경쟁세력〔壬子년, 壬辰시〕에게 양(陽) 자기세력〔丙午월, 丙寅일〕이 子辰합으로 둘러싸여 통제되었다. 壬辰시〔관성_경쟁자〕는 역포국(逆包局)을 성립시키는 요소이며 인생 후반기의 파산을 의미하는데 庚戌대운 甲午년〔43세〕에 辰戌충 · 子午충으로 역포국틀〔壬子, 壬辰〕이 생동하자 사망하였다.

(남)			
丙	庚	丁	辛
戌	申	酉	卯

◉대운

88	78	68	58	48	38	28	18	8
戊	己	庚	辛	壬	癸	甲	乙	丙
子	丑	寅	卯	辰	巳	午	未	申

○생체시스템 ➡ 庚申〔일간 · 비겁〕

○사회관계 ➡ 역포국〔양→음음←양〕, 경쟁세력〔辛卯, 丙戌〕에게 자기세력〔丁酉, 庚申〕이 둘러싸여 통제되었다.

이 사주는 일평생 신의를 저버리고 배신으로 일관하다가 50세〔壬辰대운 庚辰년〕에 부하에게 생매장당한 석우삼(石友三)이다.

양(陽) 경쟁세력〔辛卯년, 丙戌시〕에게 음(陰) 자기세력〔丁酉월, 庚申일〕이 卯戌합으로 둘러싸여 통제되었다. 壬辰대운 庚辰년〔50세〕은 丙壬충·辰戌충·卯辰천으로 역포국틀〔辛卯, 丙戌〕이 생동하기에 죽음을 맞았다.

중국 격동기인 1912년〔22세_乙未대운 壬子년〕에 군벌 풍옥상(馮玉祥)의 부대로 들어가 34세〔甲午대운 甲子년〕에 사단장까지 올라간 석우삼은 39세〔癸巳대운 己巳년〕에 자신을 키워준 풍옥상을 배신하고 장개석(蔣介石)과 인연을 맺었고 다시 장개석을 배신하고 염석산(閻錫山)에게 붙었다. 1931년〔41세_癸巳대운 辛未년〕에 장개석에게 다시 들어가 배신하여 부대가 전멸되는 보복을 당한 그는 일본의 도움으로〔43세_癸巳대운 癸酉년〕에 하북(河北) 국민당 보안사령관이 되었고, 1937년〔47세_癸巳대운 丁丑년〕에 중일전쟁이 일어나자 일본군과 싸우면서 중국 공산당의 도움을 받았지만 배신했고, 50세〔1940년_壬辰대운 庚辰년〕에 중국을 배신하고 일본군에게 투항하려다가 부하에게 끌려가 산채로 매장되었다.

			(남)
庚	癸	戊	庚
申	卯	寅	辰

⊙대운

82	72	62	52	42	32	22	12	2
丁	丙	乙	甲	癸	壬	辛	庚	己
亥	戌	酉	申	未	午	巳	辰	卯

○생체시스템 ➡ 癸卯〔일간·식상〕

●생체시스템 변화 ➡ 戊癸합으로 戊寅월〔관성·식상〕을 생체시스템으로 사용한다.

○사회관계 ➡ 역포국〔음→양양←음〕, 경쟁세력〔庚辰, 庚申〕에게 자기세력〔戊寅, 癸卯〕이 둘러싸여 통제되었다.

이 사주는 사업실패로 61세〔甲申대운 庚辰년〕에 교도소에 들어갔다. 음(陰) 경쟁세력〔庚辰년, 庚申시〕에게 양(陽) 자기세력〔戊寅월, 癸卯일〕이 申辰합으로 둘러싸여 통제되었다. 申대운〔50대 후반〕은 申辰합으로 역포국틀〔庚辰, 庚申〕이 생동하면서 파산하였다.

			(남)
壬	戊	己	甲
子	寅	巳	辰

◉ **대운**

83	73	63	53	43	33	23	13	3
戊	丁	丙	乙	甲	癸	壬	辛	庚
寅	丑	子	亥	戌	酉	申	未	午

○생체시스템 ➡ 戊·巳〔일간·인성〕

○사회관계 ➡ 역포국〔음→양양←음〕, 경쟁세력〔甲辰, 壬子〕에게 자기세력〔己巳, 戊寅〕이 둘러싸여 통제되었다.

이 사주는 26세〔壬申대운 己巳년〕에 여성을 성폭행하고 살해하여 무기징역을 선고받았다.

음(陰) 경쟁세력〔甲辰년, 壬子시〕에게 양(陽) 자기세력〔己巳월, 戊寅일〕이 子辰합으로 둘러싸여 통제되었다. 壬申대운〔20대 중반〕은 申子辰 삼합으로 역포국틀〔甲辰, 壬子〕이 생동하였다.

			(남)
丁	丙	丁	己
酉	戌	丑	酉

◉ **대운**

81	71	61	51	41	31	21	11	1
戊	己	庚	辛	壬	癸	甲	乙	丙
辰	巳	午	未	申	酉	戌	亥	子

○생체시스템 ➡ 丙戌〔일간·식상〕

○사회관계 ➡ 역포국〔음→양←음음〕, 경쟁세력〔己酉, 丁丑, 丁酉〕에게 자신〔丙戌〕이 둘러싸여 통제되었다.

이 사주는 27세〔甲戌대운 丙子년〕에 강간죄로 징역 5년을 선고받았다. 음(陰) 경쟁세력〔己酉년, 丁丑월, 丁酉시〕에게 양(陽) 자신〔丙戌일〕이 酉丑합으로 둘러싸여 통제되었다. 丙일간〔자신〕이 戌일지〔식상_생식기〕를 사용하여 역포국틀〔己酉, 丁丑, 丁酉_여성〕을 丑戌형·酉戌천으로 자극했는데, 甲戌대운 丙子년〔27세〕에 丑戌형·酉戌천·子丑합으로 역포국틀〔己酉, 丁丑, 丁酉〕이 생동하였다.

			(남)
丁	丙	乙	乙
酉	戌	酉	未

⦿대운

85	75	65	55	45	35	25	15	5
丙	丁	戊	己	庚	辛	壬	癸	甲
子	丑	寅	卯	辰	巳	午	未	申

○생체시스템 ➡ 丙戌〔일간·식상〕
○사회관계 ➡ 역포국〔음→양←음양〕, 경쟁세력〔乙未, 乙酉, 丁酉〕에게 자신〔丙戌〕이 둘러싸여 통제되었다.

이 사주는 36세〔辛巳대운 庚午년〕에 공금횡령으로 감옥에 들어갔다. 음양(陰陽) 경쟁세력〔乙未년, 乙酉월, 丁酉시〕에게 양(陽) 자신〔丙戌일〕이 酉戌천·戌未형으로 둘러싸여 통제되었다. 辛巳대운 庚午년〔36세〕은 巳酉합·午酉파·午未합으로 역포국틀〔乙未, 乙酉, 丁酉〕이 생동하면서 감옥에 들어갔다.

			(남)
丙	庚	庚	丙
子	戌	子	申

⦿대운

89	79	69	59	49	39	29	19	9
己	戊	丁	丙	乙	甲	癸	壬	辛
酉	申	未	午	巳	辰	卯	寅	丑

○생체시스템 ➡ 庚戌〔일간 · 인성〕

○사회관계 ➡ 역포국〔음→양←음음〕 입묘〔戌←丙丙〕, 경쟁세력〔丙申, 庚子, 丙子〕에게 자신〔庚戌〕이 둘러싸여 통제되었다.

이 사주는 21세〔壬寅대운 丙辰년〕에 친구들과 함께 여성을 집단 성폭행하여 8년의 감옥살이를 했고 출소 이후에도 성매매업소를 밥 먹듯이 드나들며 성관계에 집착하였다.

음(陰) 경쟁세력〔丙申년, 庚子월, 丙子시〕에게 양(陽) 자신〔庚戌일〕이 申子합으로 둘러싸여 통제되었다. 庚일간〔자신〕은 戌일지〔관살고_ 여성창고〕를 지배했지만 丙子시〔관성_ 여성〕와 丙申년〔관성_ 여성〕의 역포국틀〔丙申, 庚子, 丙子〕에 갇히면서 법(法)에 구속되었다. 壬寅대운〔20대〕은 丙壬충 · 寅申충으로 역포국틀〔丙申, 庚子, 丙子〕이 강하게 자극되는데 丙辰년〔21세〕에 申子辰 삼합으로 역포국틀〔丙申, 庚子, 丙子〕이 생동하면서 감옥에 들어갔다.

			(여)
戊	庚	壬	丙
寅	申	辰	戌

⊙ 대운

84	74	64	54	44	34	24	14	4
癸	甲	乙	丙	丁	戊	己	庚	辛
未	申	酉	戌	亥	子	丑	寅	卯

○생체시스템 ➡ 庚申〔일간 · 비겁〕

○사회관계 ➡ 역포국〔양→음음←양〕, 경쟁세력〔丙戌, 戊寅〕에게 자기세력〔壬辰, 庚申〕이 둘러싸여 통제되었다.

이 사주는 어릴 때 부모가 사망하여 10대〔庚寅대운〕부터 식모살이를 시작하였고 40세〔戊子대운 乙丑년〕가 되어서야 주인의 허락으로 겨우 결혼할 수 있었다.

양(陽) 경쟁세력〔丙戌년, 戊寅시〕에게 음(陰) 자기세력〔壬辰월, 庚申일〕이 寅戌합으로 둘러싸여 통제되었다. 庚申일주〔자신〕가 壬辰월〔뜻이 같은 타인〕과 申辰합으로 연결되면서 丙戌년〔관살고_남성무리〕과 戊寅시〔재성_여성〕의 역포국들〔丙戌, 戊寅〕에 辰戌충·寅申충으로 통제되어 감옥 같은 인생을 살았다.

			(여)
丁	戊	庚	丙
巳	申	子	午

◉ 대운

83	73	63	53	43	33	23	13	3
辛	壬	癸	甲	乙	丙	丁	戊	己
卯	辰	巳	午	未	申	酉	戌	亥

○생체시스템 ➡ 戊申·庚子〔일간·식상·재성〕

○사회관계 ➡ 역포국〔양→음음←양〕, 경쟁세력〔丙午, 丁巳〕에게 자신〔戊申·庚子〕이 둘러싸여 통제되었다.

이 사주는 40대 중반〔乙未대운〕에 파산하고 생계를 위해서 유부남의 첩이 되었다.

戊申일주〔자신〕가 庚子월〔식상·재성〕을 사용하면서 양(陽) 경쟁세력〔丙午년, 丁巳시〕에게 음(陰) 자신〔戊申·庚子〕이 巳午연합으로 둘러싸여 통제되었다. 乙未대운은 午未합으로 역포국들〔丙午, 丁巳〕이 생동하면서 파산하였고, 육체〔庚子〕가 성행위〔乙庚합·子未천〕로 혹사를 당하였다.

			(여)
壬	戊	戊	壬
戌	申	申	寅

◉ 대운

90	80	70	60	50	40	30	20	10
己	庚	辛	壬	癸	甲	乙	丙	丁
亥	子	丑	寅	卯	辰	巳	午	未

○생체시스템 ➡ 戊申·戊申〔일간·비겁·식상〕

○사회관계 ➡ 역포국〔양→음음←양〕, 경쟁세력〔壬寅, 壬戌〕에게 자신〔戊申·戊申〕이 둘러싸여 통제되었다.

이 사주는 도박판을 수시로 운영하다가 법적인 제재를 받았다.

양(陽) 경쟁세력〔壬寅년, 壬戌시〕에게 음(陰) 자신〔戊申·戊申〕이 寅戌합으로 둘러싸여 통제되었다. 자신〔戊申·戊申〕은 불법행위〔寅申충〕로 역포국틀〔壬寅, 壬戌〕을 끊임없이 자극하여 감옥을 부른다.

			(여)
丙	丙	己	癸
申	午	未	丑

⊙대운

90	80	70	60	50	40	30	20	10
戊	丁	丙	乙	甲	癸	壬	辛	庚
辰	卯	寅	丑	子	亥	戌	酉	申

○생체시스템 ➡ 丙午〔일간·비겁〕

○사회관계 ➡ 역포국〔음→양양←음〕 입묘〔申⌒丑〕, 경쟁세력〔癸丑, 丙申〕에게 자기세력〔己未, 丙午〕이 둘러싸여 통제되었다.

이 사주는 재봉사인데 남편이 30대 중반〔戌대운〕에 교통사고로 식물인간이 되었다.

음(陰)경쟁세력〔癸丑년, 丙申시〕에게 양(陽) 자기세력〔己未월, 丙午일〕이 申丑입묘로 둘러싸여 통제되었다. 戌대운에 丑戌형으로 역포국틀〔癸丑, 丙申〕이 생동하자 고난이 시작되었다.

			(여)
壬	癸	壬	丁
戌	丑	子	未

⊙대운

87	77	67	57	47	37	27	17	7
辛	庚	己	戊	丁	丙	乙	甲	癸
酉	申	未	午	巳	辰	卯	寅	丑

○생체시스템 ➡ 癸(일간)

○사회관계 ➡ 역포국(양→음음←양), 경쟁세력(丁未, 壬戌)에게 자기세력(壬子, 癸丑)이 둘러싸여 통제되었다.

이 사주는 생선 장사를 했는데 가난과 가정폭력을 견디지 못하여 가출하였다.

양(陽) 경쟁세력(丁未년, 壬戌시)에게 음(陰) 자기세력(壬子월, 癸丑일)이 戌未형으로 둘러싸여 통제되었다. 자기세력(壬子, 癸丑)이 역포국틀(丁未, 壬戌)에 子未천·丑戌未 삼형으로 완전히 붕괴되어 빈곤에서 벗어날 수 없다.

			(여)
甲	乙	甲	辛
申	未	午	丑

⊙ 대운

82	72	62	52	42	32	22	12	2
癸	壬	辛	庚	己	戊	丁	丙	乙
卯	寅	丑	子	亥	戌	酉	申	未

○생체시스템 ➡ 乙(일간)

○사회관계 ➡ 역포국(음→양양←음) 입묘(申↷丑, 未↶甲甲), 경쟁세력(辛丑, 甲申)에게 자기세력(甲午, 乙未)이 둘러싸여 통제되었다.

이 사주는 사랑하는 남자가 항상 유부남이라는 것에 비관하여 37세(戊戌대운 丁丑년)에 자실하였나.

음(陰) 경쟁세력(辛丑년, 甲申시)에게 양(陽) 자기세력(甲午월, 乙未일)이 申丑입묘로 둘러싸여 통제되었다. 戊戌대운 丁丑년(37세)에 역포국틀(辛丑, 甲申)이 丑戌형으로 생동하고 보금자리(未일지)가 丑戌未 삼형으로 손상되자 쓸쓸히 죽음을 선택하였다.

(남)			
癸	甲	戊	庚
酉	午	子	辰

◉대운

87	77	67	57	47	37	27	17	7
丁	丙	乙	甲	癸	壬	辛	庚	己
酉	申	未	午	巳	辰	卯	寅	丑

○생체시스템 ➡ 甲午〔일간 · 식상〕

○사회관계 ➡ 역포국〔음→양←음음〕, 경쟁세력〔庚辰, 戊子, 癸酉〕에게 자신〔甲午〕이 둘러싸여 통제되었다.

이 사주는 31세〔辛卯대운 庚戌년〕에 유흥비 때문에 공금을 횡령하여 징역 3년형을 선고받았고 출소 이후에도 성매매업소를 들락거리다가 결국 파산하였다.

음(陰) 경쟁세력〔庚辰년, 戊子월, 癸酉시〕에게 양(陽) 자신〔甲午일〕이 酉辰합 · 子酉파로 둘러싸여 통제되었다. 辛卯대운은 卯辰천 · 子卯파 · 卯酉충으로 역포국들〔庚辰, 戊子, 癸酉〕이 자극되는데 庚戌년〔31세〕에 辰戌충 · 酉戌천으로 역포국들〔庚辰, 戊子, 癸酉〕이 생동하였다.

(남)			
甲	辛	癸	甲
午	酉	酉	寅

◉대운

87	77	67	57	47	37	27	17	7
壬	辛	庚	己	戊	丁	丙	乙	甲
午	巳	辰	卯	寅	丑	子	亥	戌

○생체시스템 ➡ 辛酉 · 癸酉〔일간 · 비겁 · 식상〕

○사회관계 ➡ 역포국〔양→음음←양〕, 경쟁세력〔甲寅, 甲午〕에게 자신〔辛酉 · 癸酉〕이 둘러싸여 통제되었다.

이 사주는 23세〔乙亥대운 丙子년〕에 친구들과 함께 강도짓을 하다가 구속되었다.

양(陽) 경쟁세력〔甲寅년, 甲午시〕에게 음(陰) 자신〔辛酉 · 癸酉〕이 寅午합으로 둘러싸여 통제되었다. 乙亥대운 丙子년〔23세〕은 子午충으로 역포국들〔甲寅, 甲午〕이 생동하였다.

(여)			
甲	辛	乙	丁
午	酉	巳	卯

⊙ 대운

88	78	68	58	48	38	28	18	8
甲	癸	壬	辛	庚	己	戊	丁	丙
寅	丑	子	亥	戌	酉	申	未	午

○생체시스템 ➡ 辛酉〔일간 · 비겁〕

○사회관계 ➡ 역포국〔양→음←양양〕, 경쟁세력〔丁卯, 乙巳, 甲午〕에게 자신〔辛酉〕이 둘러싸여 통제되었다.

이 사주는 11세〔丙午대운 丁丑년〕에 가족들과 말다툼을 하고 음독자살을 하였다.

양(陽) 경쟁세력〔丁卯년, 乙巳월, 甲午시〕에게 음(陰) 자신〔辛酉일〕이 둘러싸여 통제되었다. 丙午대운 丁丑년〔11세〕은 午卯파 · 午丑천으로 역포국들〔丁卯, 乙巳, 甲午〕이 생동하고 丙辛합 · 巳酉丑 삼합으로 자신〔辛〕의 형상과 보금자리〔酉일지〕가 사라지면서 세상에서 모습을 감추었다.

(남)			
乙	甲	辛	甲
丑	午	未	申

⊙ 대운

83	73	63	53	43	33	23	13	3
庚	己	戊	丁	丙	乙	甲	癸	壬
辰	卯	寅	丑	子	亥	戌	酉	申

○생체시스템 ➡ 甲午〔일간 · 식상〕

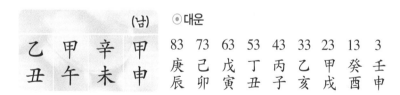

○사회관계 ➡ 역포국〔음→양양←음〕, 경쟁세력〔甲申, 乙丑〕에게 자기세력〔辛未, 甲午〕이 둘러싸여 통제되었다.

이 사주는 39세〔乙亥대운 壬戌년〕에 업무상 횡령죄로 감옥에 갇혔다. 음(陰) 경쟁세력〔甲申년, 乙丑시〕에게 양(陽) 자기세력〔辛未월, 甲午일〕이 申丑입묘로 둘러싸여 통제되었다. 乙亥대운 壬戌년〔39세〕은 申亥천·丑戌형으로 역포국들〔甲申, 乙丑〕이 생동하면서 법률(法律)의 제재를 받았다.

			(남)
癸	壬	辛	庚
卯	寅	巳	戌

◉ 대운

85	75	65	55	45	35	25	15	5
庚	己	戊	丁	丙	乙	甲	癸	壬
寅	丑	子	亥	戌	酉	申	未	午

○생체시스템 ➡ 壬寅〔일간·식상〕

○사회관계 ➡ 역포국〔양→양←양양〕, 경쟁세력〔庚戌, 辛巳, 癸卯〕에게 자신〔壬寅〕이 둘러싸여 통제되었다.

이 사주는 21명을 살해한 연쇄살인범 유영철이다.

양(陽) 경쟁세력〔庚戌년, 辛巳월, 癸卯시〕에게 양(陽) 자신〔壬寅일〕이 卯戌합으로 둘러싸여 통제되었다. 申대운〔30대 중반〕은 寅巳申 삼형으로 역포국들〔庚戌, 辛巳, 癸卯〕이 생동하면서 살인을 저지르고 감옥에 영원히 갇혔다.

			(남)
己	壬	癸	己
酉	子	酉	酉

◉ 대운

89	79	69	59	49	39	29	19	9
甲	乙	丙	丁	戊	己	庚	辛	壬
子	丑	寅	卯	辰	巳	午	未	申

○생체시스템 ➡ 壬子〔일간·비겁〕

○사회관계 ➡ 역포국〔음→음←음음〕, 경쟁세력〔己酉, 癸酉, 己酉〕에게 자신〔壬

子)이 둘러싸여 통제되었다.

이 사주는 43세(己巳대운 辛卯년)에 살인죄로 사형되었다.

음(陰) 경쟁세력(己酉년, 癸酉월, 己酉시)에게 음(陰) 자신(壬子일)이 子酉파로 둘러싸여 통제되었다. 己巳대운 辛卯년(43세)에 巳酉합·卯酉충으로 역포국틀(己酉, 癸酉, 己酉)이 생동하였다.

			(여)
壬	癸	甲	庚
子	酉	申	申

⊙ 대운

87	77	67	57	47	37	27	17	7
乙	丙	丁	戊	己	庚	辛	壬	癸
亥	子	丑	寅	卯	辰	巳	午	未

○생체시스템 ➡ 癸酉(일간·인성)

○사회관계 ➡ 역포국(음→음←음음), 경쟁세력(庚申, 甲申, 壬子)에게 자신(癸酉)이 둘러싸여 통제되었다.

이 사주는 18세(壬午대운 丁丑년)에 결혼한 이후에 10년간 시댁 식구들과 주변사람들에게 사기를 치고 거짓말하고 금품을 갈취하다가 28세(辛巳대운 丁亥년)에 감옥에 들어갔다.

음(陰) 경쟁세력(庚申년, 甲申월, 壬子시)에게 음(陰) 자신(癸酉일)이 申子합으로 둘러싸여 통제되었다. 壬午대운에 子午충으로 역포국틀(庚申, 甲申, 壬子)이 생동하였다.

			(여)
戊	己	癸	己
辰	亥	酉	亥

⊙ 대운

88	78	68	58	48	38	28	18	8
壬	辛	庚	己	戊	丁	丙	乙	甲
午	巳	辰	卯	寅	丑	子	亥	戌

○생체시스템 ➡ 己(일간)

○사회관계 ➡ 역포국(음→음←음음) 입묘(辰↶亥癸亥), 경쟁세력(己亥, 癸酉, 戊辰)에게 자신(己亥)이 둘러싸여 통제되었다.

이 사주는 사채업을 했는데 45세(丁丑대운 癸未년)에 남의 돈을 떼먹고 도망갔다가 붙잡혀 감옥에 들어갔다.

己亥자합한 己일간(자신)이 음(陰) 경쟁세력(己亥년, 癸酉월, 戊辰시)에게 戊癸합·亥辰입묘·酉辰합으로 둘러싸여 통제되었다. 丁丑대운 癸未년(45세)은 丁癸충·酉丑합·戊癸합으로 역포국틀(己亥, 癸酉, 戊辰)이 생동하면서 감옥에 들어갔다.

(여)			
乙	辛	庚	庚
未	未	辰	子

◉대운

83	73	63	53	43	33	23	13	3
辛	壬	癸	甲	乙	丙	丁	戊	己
未	申	酉	戌	亥	子	丑	寅	卯

○생체시스템 ➡ 辛未(일간·인성)

○사회관계 ➡ 역포국(양→양←음음) 입묘(未未↷辰), 경쟁세력(庚子, 庚辰, 乙未)에게 자신(辛未)이 둘러싸여 통제되었다.

이 사주는 초년(己卯대운)에 부모님이 모두 사망하여 초등학교만 졸업하고 공장에서 일하다가 20대 중반(丁丑대운)에 폐병을 걸려 모든 일을 그만두었다.

음양(陰陽) 경쟁세력(庚子년, 庚辰월, 乙未시)에게 양(陽) 자신(辛未일)이 乙庚합·未辰입묘·子未천으로 둘러싸여 통제되었다. 丁丑대운(20대 중반)은 子丑합·丑未충으로 역포국틀(庚子, 庚辰, 乙未)이 생동하면서 건강을 상실하였다.

			(남)
辛	乙	辛	癸
巳	酉	酉	巳

◉ 대운

88	78	68	58	48	38	28	18	8
壬	癸	甲	乙	丙	丁	戊	己	庚
子	丑	寅	卯	辰	巳	午	未	申

○생체시스템 ➡ 乙·巳〔일간·식상〕

○사회관계 ➡ 포국〔양→음음←양〕, 약한 자기세력〔癸巳, 辛巳〕으로 강한 관살 경쟁세력〔辛酉, 乙酉〕을 둘러싸서 통제하려다가 화를 당하였다.

이 사주는 5세〔丁酉년〕 때 다리에 큰 화상을 입었고 일평생 빈곤에서 벗어나지 못했다.

乙일간〔자신〕이 巳시지〔식상〕을 사용하여 약한 양(陽) 자기세력〔癸巳년, 辛巳시〕으로 강한 음(陰) 관살경쟁세력〔辛酉월, 乙酉일〕를 둘러싸서 통제하려다가 오히려 보복을 당하였다. 약한 자기세력으로 강한 경쟁세력을 둘러싸면 역포국(逆包局)과 다를 바 없다.

포국(包局)

❶ 포국 ☞ 년시(年時) 자기세력으로 월일(月日) 경쟁세력으로 둘러싸서 통제하는 것으로 넓은 마음으로 많은 사람들을 포용하기에 국가를 통치하거나 기업을 일으킨다.

❷ 역포국 ☞ 년시(年時) 경쟁세력에게 월일(月日) 자기세력이 둘러싸여 통제되는 것으로 생각이 편협하고 일순간에 성공하여도 인생 후반기에 파산하며 일생동안 빈곤하거나 범법(犯法)을 저질러 국가권력〔감옥〕에 관리된다.

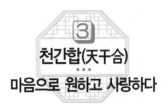

3
천간합(天干合)
마음으로 원하고 사랑하다

천간합(天干合)은 해원명리에서 매우 중요시하는데 "자신〔일간〕이 마음으로 사랑하고 합한 대상을 사용한다."고 정의한다.

천간합은 甲己합 · 乙庚합 · 丙辛합 · 丁壬합 · 戊癸합 5가지이며 일반적으로 양일간〔甲 · 丙 · 戊 · 庚 · 壬〕이 재성〔財〕을 합하면 재물〔사업〕을 추구하고 음일간〔乙 · 丁 · 己 · 辛 · 癸〕이 관성〔官〕과 합하면 권력〔명예〕을 추구한다.

천간합은 합한 대상을 이상적(理想的)이라고 생각하기에 일평생 그것을 추구하고 천간합한 간지(干支)를 생체시스템으로 사용한다. 하지만 천간합으로 합한 대상에게 통제되어 빈곤하게 살거나 범죄자로 전락할 수도 있기에 조심해야 되며 특히 음일간〔乙 · 丁 · 己 · 辛 · 癸〕이 관성〔官〕과 합할 때 주의해야 한다.

1 천간합(天干合)

자신〔일간〕이 마음으로 사랑하는 대상과 결합했기에 생체시스템으로 천간합(天干合)한 간지(干支)를 사용하고 평생토록 추구한다.

			(남)
癸	戊	庚	壬
亥	午	戌	申

⊙ 대운

85	75	65	55	45	35	25	15	5
己	戊	丁	丙	乙	甲	癸	壬	辛
未	午	巳	辰	卯	寅	丑	子	亥

○생체시스템 ➡ 戊午·庚戌〔일간·인성·식상·비겁〕

●생체시스템 변화 ➡ 戊癸합으로 癸亥시〔재성〕를 생체시스템으로 사용한다.

○사회관계 ➡ 포국〔음→양양←음〕, 戊癸합하여 자기세력〔壬申, 癸亥〕이 경쟁세력〔庚戌, 戊午〕을 둘러싸서 통제하였다.

이 사주는 평사원에서 시작하여 기아그룹 최고관리자(CEO)까지 올라갔던 김선홍 회장이다.

戊일간〔자신〕이 戊癸합으로 癸亥시〔재성〕를 사용하여 음(陰) 자기세력〔壬申년, 癸亥시〕으로 양(陽) 경쟁세력〔庚戌월, 戊午일〕을 申亥연합으로 둘러싸서 통제하였다. 포국틀〔壬申, 癸亥〕도 크고 재물〔庚戌, 戊午〕도 거대하지만 포국틀을 돕는 金대운을 만나지 못하고 포국틀〔壬申, 癸亥〕을 무너뜨리는 火대운을 만나면서 부귀〔庚戌, 戊午〕가 사라졌다.

서울대학교 공과대학을 졸업하고 27세〔癸丑대운 戊戌년〕에 자전거를 만들던 기아산업에 입사하여 50세〔1981년_乙卯대운 辛酉년〕에 기아자동차 사장이 되어 미니버스 '봉고'를 히트시키고 2년 만에 503억 회사 적자를 털어내고 흑자로 전환시켰던 그는 59세〔丙辰대운 庚午년〕에 기아그룹 회장으로 취임하면서 샐러리맨의 신화가 되었다. 하지만 66세

(1997년_丁巳대운 丁丑년)에 10대기업으로 성장했던 기아그룹이 IMF 외환위기를 견디지 못하고 부도로 쓰러지자 회장에서 물러났고, 67세(1998년_丁巳대운 戊寅년)에는 부실경영 문제로 구속되어 2년간 감옥살이를 하였다.

이 사주는 포국틀(壬申, 癸亥)이 운명을 결정한다.

水대운(辛亥, 壬子, 癸丑)은 포국틀(壬申, 癸亥)이 보강되면서 서울대학교를 졸업하고 기아산업에 입사하며 모든 것이 잘 되었고, 甲寅대운(30대 중반)과 乙卯대운(40대 중반)은 포국틀(壬申, 癸亥)이 온전하여 52세(1983년_乙卯대운 癸亥년) 때 "봉고신화"를 이루었으며, 丙辰대운(56세~65세)은 포국틀(壬申, 癸亥)이 申辰합으로 매우 강력해지면서 기아그룹의 회장까지 올라갔다. 하지만 丁巳대운(60대 중반)에는 포국틀(壬申, 癸亥)의 壬申년(자금줄)이 丁壬합·巳申합으로 손상되고 癸亥시(경영능력)가 丁癸충·巳亥충으로 무너지면서 모든 부귀(庚戌, 戊午)가 연기처럼 사라졌다.

			(남)
壬	丁	甲	戊
寅	酉	子	午

⊙ 대운

88	78	68	58	48	38	28	18	8
癸	壬	辛	庚	己	戊	丁	丙	乙
酉	申	未	午	巳	辰	卯	寅	丑

○생체시스템 ➡ 丁·甲子(일간·인성·관성)

●생체시스템 변화 ➡ 丁壬합으로 壬寅시(관성·인성)를 생체시스템으로 사용한다.

○사회관계 ➡ 포국(양→음음←양), 丁壬합하여 자기세력(戊午, 壬寅)이 경쟁세력(甲子, 丁酉)을 둘러싸서 통제하였다.

이 사주는 강희제(康熙帝)의 태평성대(太平聖代)를 이어받아 명군(名君)이 되었던 청나라 옹정제(雍正帝)다.

丁일간〔자신〕이 丁壬합으로 壬寅시〔관성 · 인성〕를 사용하여 양(陽) 자기세력〔戊午년, 壬寅시〕으로 음(陰) 경쟁세력〔甲子월, 丁酉일〕을 寅午합으로 둘러싸서 통제하였다.

45세〔1722년_戊辰대운 壬寅년〕에 즉위하여 새벽부터 밤늦게까지 상소문에 읽고 성실하게 주필(朱筆)로써 답변했던 그는 황제의 권한을 대폭 강화하고 세금을 단일화하여 백성들의 고통을 덜어주었으며 재정개혁으로 강희제 말년〔1721년〕에 7백만냥밖에 없었던 국고를 옹정제 말년〔1735년〕에는 6천만냥으로 채우는 등 청나라 안정을 위해서 노력하다가 58세〔1735년_己巳대운 乙卯년〕에 과로로 사망하였다.

戊辰대운 壬寅년〔45세〕은 酉辰합 · 寅午합으로 음(陰_부귀)이 거대해지고 포국틀〔戊午, 壬寅〕이 생동하면서 황제가 되었고, 己巳대운 乙卯년〔58세〕은 寅巳형 · 午卯파로 포국틀〔戊午, 壬寅〕이 무너지면서 사망하였다.

			(남)
庚	乙	辛	丁
辰	巳	亥	亥

⊙ 대운

85	75	65	55	45	35	25	15	5
壬	癸	甲	乙	丙	丁	戊	己	庚
寅	卯	辰	巳	午	未	申	酉	戌

○생체시스템 ➡ 乙巳〔일간 · 식상〕

●생체시스템 변화 ➡ 乙庚합으로 庚辰시〔관성 · 인성고〕를 생체시스템으로 사용한다.

○사회관계 ➡ 입묘〔辰 ← 亥亥↔巳〕, 경쟁세력〔丁亥, 辛亥〕가 입묘한 권력창고〔庚辰〕를 乙庚합으로 지배하였다.

이 사주는 장관과 국회위원을 역임했던 손학규 (전)경기도지사이다.

乙일간〔자신〕이 경쟁세력〔丁亥년, 辛亥월〕을 입묘한 庚辰시〔관성 · 인성고〕를 乙庚합으로 지배했는데 ❶乙庚합을 깨는 乙辛충이 공존하고 ❷巳亥충으로 입묘작용이 끊임없이 일어나는 두 가지의 특징이 있다.

이 사주는 권력창고〔庚辰〕가 운명을 결정한다.

庚戌대운〔6세~15세〕은 辰戌충으로 庚辰시〔권력창고〕가 깨지면서 아버지가 교통사고로 사망〔4세_庚寅년〕하고 홀어머니 밑에서 어렵게 살았으며, 己酉대운〔16세~25세〕은 酉辰합으로 庚辰시〔권력창고〕가 닫히면서 서울대학교 정치학과에 들어갔지만 학생운동을 하다가 징계를 받았고 졸업 후에 군대에 들어갔다.

戊申대운〔26세~35세〕은 申亥천이 乙辛충을 움직여 乙庚합을 깨기에 노동운동으로 감옥살이도 하였지만 庚辰시〔권력창고〕가 살아나면서 빈민선교활동이 인연이 되어 세계교회협의회(WCC)의 장학금으로 34세〔戊申대운 庚申년〕에 옥스퍼드대학교 유학길에 올랐다.

丁未대운〔36세~45세〕부터는 庚辰시〔권력창고〕가 깔끔하게 살아나면서 옥스퍼드대학교에서 석 · 박사과정을 마치고 돌아와 한국기독교 사회문제연구원 원장을 맡았다가 인하대학교 정치외교학과 교수와 서강대학교 정치외교학과 교수를 역임하며 순풍에 돛을 단 듯이 풀리기 시작했고, 丙午대운〔46세~55세〕은 丙辛합으로 乙庚합을 깨는 辛월간〔관성_경쟁자〕을 제압하면서 정계(政界)에 진출하여 국회위원 3번과 보건복지부 장관을 역임하며 인생의 절정기를 맞이하였다.

乙巳대운〔56세~65세〕은 乙庚합과 乙辛충이 혼재(混在)하는데 乙대운

〔56세~60세〕에는 乙庚합으로 경기도지사에 당선되어 강력한 대통령 후보가 되었지만 巳대운〔61세~65세〕에는 巳亥충이 乙辛충을 움직여서 乙庚합을 깨기에 통합민주당 대표로 경선과 총선에서 모두 실패했고 2년간의 칩거(蟄居)에 들어갔다가 보궐선거로 돌아왔다. 甲辰대운〔66세~75세〕은 庚辰시〔권력창고〕에게 입묘되어 통제되었던 亥년지와 亥월지의 甲〔겁재_경쟁자〕이 천간(天干)으로 올라와서 甲庚충으로 乙庚합으로 깨고 辰〔권력창고〕을 지배하기에 경선과 보궐선거에서 패하였고 2년 동안 정계(政界)를 떠났다가 돌아왔다.

(남)

丁	己	甲	壬
卯	亥	辰	寅

⊙ 대운

82	72	62	52	42	32	22	12	2
癸	壬	辛	庚	己	戊	丁	丙	乙
丑	子	亥	戌	酉	申	未	午	巳

○생체시스템 ➡ 己〔일간〕

●생체시스템 변화 ➡ 甲己합으로 甲辰월〔관성·재고〕을 생체시스템으로 사용한다.

○사회관계 ➡ 입묘〔卯亥壬→辰〕, 재물〔壬寅, 己亥, 丁卯〕이 입묘한 재물창고〔甲辰〕를 甲己합으로 지배하였다.

이 사주는 20대〔丁未대운〕에 행정고시에 합격하여 고위공무원을 빨리 시작하였고 부잣집 아내를 만나 최상류층의 삶을 누렸다.

己일간〔자신〕이 재물들〔壬寅년, 己亥일, 丁卯시〕이 입묘한 甲辰월〔관성·재고〕을 甲己합으로 지배하였다. 丁卯시〔관성〕는 亥卯합으로 辰월지〔재고〕에 입묘하지만 庚戌대운〔50대 중반〕에 이르면 卯戌합으로 배반하여 辰월지〔부귀〕를 卯辰천으로 손상시킨다.

			(남)
丁	辛	丙	癸
酉	亥	辰	巳

⊙대운

88	78	68	58	48	38	28	18	8
丁	戊	己	庚	辛	壬	癸	甲	乙
未	申	酉	戌	亥	子	丑	寅	卯

○생체시스템 ➡ 辛亥〔일간 · 식상〕

●생체시스템 변화 ➡ 丙辛합으로 丙辰월〔관성 · 식상고〕을 생체시스템으로 사용한다.

○사회관계 ➡ 제압〔음음음→양〕 입묘〔辰⌒癸亥〕, 丙辛합하여 재물창고〔丙辰〕를 지배하고 자기세력〔丙辰, 辛亥, 丁酉〕으로 경쟁세력〔癸巳〕을 제압했다.

이 사주는 유명 의류회사 대표다. 辛일간〔자신〕이 재물〔癸巳년, 辛亥일〕이 입묘한 재물창고〔丙辰월〕을 丙辛합으로 지배하고 음(陰) 자기세력〔丙辰월, 辛亥일, 丁酉시〕으로 양(陽) 경쟁세력〔癸巳년〕을 제압했다.

30대〔癸丑대운〕부터 들어온 水대운〔癸丑, 壬子, 辛亥〕은 辰월지〔식상고〕로의 입묘작용으로 지위〔陰〕는 있었으나 재물〔陽〕이 약했고, 60대〔庚戌대운〕는 강한 戌 경쟁세력을 만나면서 부귀를 크게 얻었다.

			(남)
庚	乙	庚	丙
辰	亥	子	子

⊙대운

86	76	66	56	46	36	26	16	6
己	戊	丁	丙	乙	甲	癸	壬	辛
酉	申	未	午	巳	辰	卯	寅	丑

○생체시스템 ➡ 乙亥〔일간 · 인성〕

●생체시스템 변화 ➡ 乙庚합으로 庚辰시〔관성 · 인성고〕를 생체시스템으로 사용한다.

○사회관계 ➡ 입묘〔辰⌒亥子子〕, 재물〔丙子, 庚子, 乙亥〕이 입묘한 재물창고〔庚辰〕를 乙庚합으로 지배하였다.

이 사주는 70대 중반〔丁未대운〕까지 건설, 자동차, 조선업으로 크게 성공하여 재벌이 되었다. 乙일간〔자신〕이 재물〔丙子년, 庚子월, 乙亥일〕이 입묘한 재물창고〔庚辰시〕를 乙庚합으로 지배하였다.

乙巳대운〔40대 후반〕부터 火대운을 30년간 만나면서 입묘작용〔水火충〕이 크게 일어나 계속 사업이 번창했고, 戊申대운은 申子辰 삼합으로 庚辰시〔재물창고〕가 사라지면서 부귀(富貴)가 멈추었다.

			(여)
癸	戊	丙	丁
亥	午	午	亥

◉대운

90	80	70	60	50	40	30	20	10
乙	甲	癸	壬	辛	庚	己	戊	丁
卯	寅	丑	子	亥	戌	酉	申	未

○생체시스템 ➡ 戊午·丙午〔일간·인성〕

●생체시스템 변화 ➡ 戊癸합으로 癸亥시〔재성〕를 생체시스템으로 사용한다.

○사회관계 ➡ 포국〔음→양양←음〕, 戊癸합하여 자기세력〔丁亥, 癸亥〕이 경쟁세력〔丙午, 戊午〕을 둘러싸서 통제하였다.

이 사주는 가난 때문에 학교를 다니지 못했지만 20대〔戊申대운〕부터 돈을 벌기 시작하여 40대〔庚戌대운〕에 식품가공공장을 세워 사업을 시작했고, 50대〔辛亥대운〕부터 거침없이 재물을 모아 부자가 되었다.

戊일간〔자신〕이 戊癸합으로 癸亥시〔재성〕를 사용하여 음(陰) 자기세력〔丁亥년, 癸亥시〕으로 양(陽) 경쟁세력〔丙午월, 戊午일〕을 亥亥연합으로 둘러싸서 통제하였다. 포국틀〔丁亥, 癸亥〕도 크고 재물〔丙午, 戊午〕도 거대한데 포국틀〔丁亥, 癸亥〕을 돕는 金대운〔戊申, 己酉, 庚戌〕에 꾸준히 발전했고 포국틀〔丁亥, 癸亥〕이 완성되는 水대운〔辛亥, 壬子, 癸丑〕부터 큰 부자가 되었다.

			(남)
癸	戊	丁	甲
丑	午	丑	子

◉ 대운

81	71	61	51	41	31	21	11	1
丙	乙	甲	癸	壬	辛	庚	己	戊
戌	酉	申	未	午	巳	辰	卯	寅

○생체시스템 ➡ 戊午〔일간·인성〕

●생체시스템 변화 ➡ 戊癸합으로 癸丑시〔재성·비겁〕를 생체시스템으로 사용한다.

○사회관계 ➡ 포국〔음→양←음음〕, 戊癸합하여 자기세력〔甲子, 丁丑, 癸丑〕이 경쟁세력〔戊午〕을 둘러싸서 통제하였다.

이 사주는 20대〔庚辰대운〕 젊은 나이에 등용되어 30대〔辛巳대운〕부터 고위공직자로서 크게 부귀를 누렸다.

戊일간〔자신〕이 戊癸합으로 癸丑시〔재성·비겁〕를 사용하여 음(陰) 자기세력〔甲子년, 丁丑월, 癸丑시〕으로 양(陽) 경쟁세력〔戊午일〕을 子丑합으로 둘러싸서 통제하였고 초년〔戊寅대운〕부터 木火대운을 60년간 만나면서 부귀영화(富貴榮華)를 처음부터 누렸다.

			(남)
癸	戊	己	癸
丑	子	未	酉

◉ 대운

85	75	65	55	45	35	25	15	5
庚	辛	壬	癸	甲	乙	丙	丁	戊
戌	亥	子	丑	寅	卯	辰	巳	午

○생체시스템 ➡ 戊〔일간〕

●생체시스템 변화 ➡ 戊癸합으로 癸丑시〔재성·비겁〕를 생체시스템으로 사용한다.

○사회관계 ➡ 포국〔음음→양←음〕, 戊癸합하여 자기세력〔癸酉, 戊子, 癸丑〕이 경쟁세력〔己未〕을 둘러싸서 통제하였다.

이 사주는 80대 중반〔辛亥대운〕까지 건강히 살면서 부동산과 건물 임대사업으로 천억대 자산가가 되었다. 戊일간〔자신〕이 戊癸합으로 癸丑시

〔재성 · 비겁〕를 사용하여 음(陰) 자기세력〔癸酉년, 戊子일, 癸丑시〕으로 양(陽) 경쟁세력〔己未월〕을 酉丑합 · 子丑합으로 둘러싸서 통제하였다.

이분은 초년〔戊午대운〕부터 木火대운을 60년간 만나면서 부잣집에서 태어나 처음부터 부귀(富貴)를 누렸고 水대운 30년간도 포국틀〔癸酉, 戊子, 癸丑〕이 안전하여 부귀(富貴)가 끊이지 않았다. 庚戌대운〔80대 후반〕은 酉戌천 · 丑戌未 삼형으로 포국틀〔癸酉, 戊子, 癸丑〕이 무너진다.

			(남)
癸	戊	壬	癸
丑	子	戌	丑

◉ 대운

88	78	68	58	48	38	28	18	8
癸	甲	乙	丙	丁	戊	己	庚	辛
丑	寅	卯	辰	巳	午	未	申	酉

○생체시스템 ➡ 戊〔일간〕

●생체시스템 변화 ➡ 戊癸합으로 癸丑시〔재성 · 비겁〕를 생체시스템으로 사용한다.

○사회관계 ➡ 포국〔음음→양←음〕, 戊癸합하여 자기세력〔癸丑, 戊子, 癸丑〕이 경쟁세력〔壬戌〕을 둘러싸서 통제하였다.

이 사주는 가난하게 태어나 매우 힘들게 살다가 40대〔戊午대운〕부터 크게 일어나 준재벌이 되었다. 戊일간〔자신〕이 戊癸합으로 癸丑시〔재성 · 비겁〕를 사용하여 음(陰) 자기세력〔癸丑년, 戊子일, 癸丑시〕으로 양(陽) 경쟁세력〔壬戌월〕을 子丑합으로 둘러싸서 통제하였다.

10대〔辛酉대운〕는 酉戌천으로 양(陽_壬戌월)이 무너져 비곤하게 살았고 20대〔庚申대운〕는 포국틀〔癸丑, 戊子, 癸丑〕이 힘을 얻어 일을 시작하였지만 30대〔己未대운〕에 포국틀〔癸丑, 戊子, 癸丑〕이 丑未충 · 子未천으로 무너지면서 실패하였다. 하지만 40대〔戊午대운〕부터는 포국틀〔癸丑, 戊子, 癸丑〕이 살아나고 강한 火木〔陽〕대운을 50년간 만나면서 부귀가 크게 일어났다.

			(남)
癸	戊	己	乙
亥	寅	卯	未

◉ 대운

84	74	64	54	44	34	24	14	4
庚	辛	壬	癸	甲	乙	丙	丁	戊
午	未	申	酉	戌	亥	子	丑	寅

○생체시스템 ➡ 戊(일간)

●생체시스템 변화 ➡ 戊癸합으로 癸亥시(재성)를 생체시스템으로 사용한다.

○사회관계 ➡ 입묘(亥寅卯 ⌒ 未), 戊癸합하여 재물(己卯, 戊寅, 癸亥)이 입묘한 재물창고(乙未)를 亥未합으로 가져왔다.

이 사주는 가난한 집에서 태어나 하루 15시간을 일하면서 어렵게 공부하여 중학교 교사가 되었지만 40대 중반(甲戌대운)에 그만두고 사업을 시작했고 50대 중반(癸酉대운)부터 크게 성공하여 천억대 부자가 되었다.

戊일간(자신)이 戊癸합으로 癸亥시(재성)를 사용하여 木관성(己卯월, 戊寅일)과 재성(癸亥시)을 입묘시킨 乙未년(재물창고)을 亥未합으로 가져오고, 乙未년(관살고)에서 나온 관성(己卯, 戊寅)을 亥卯합·寅亥합으로 통제하였다.

이 사주는 재물창고(乙未)가 운명을 결정한다.

丁丑대운(10대 중반)은 丑未충으로 乙未년(재물창고)이 무너지면서 찢어지게 가난했고, 丙子대운(20대 중반)과 乙亥대운(30대 중반)은 乙未년(재물창고)이 살아나면서 교사생활을 했으며, 甲戌대운(40대 중반)은 戌未형으로 乙未년(재물창고)이 손상되면서 학교에서 나왔다.

癸酉대운(50대 중반)은 乙未년(木재물창고)에 木관성(己卯, 戊寅)이 卯酉충으로 생동감을 얻어 입묘하면서 크게 부귀(富貴)를 얻었다.

			(남)
甲	戊	甲	癸
寅	午	寅	未

◉ 대운

88	78	68	58	48	38	28	18	8
乙	丙	丁	戊	己	庚	辛	壬	癸
巳	午	未	申	酉	戌	亥	子	丑

○생체시스템 ➡ 戊午〔일주〕

●생체시스템 변화 ➡ 戊癸합으로 癸未년〔관살고〕를 생체시스템으로 사용한다.

○사회관계 ➡ 입묘〔寅寅午→未〕, 재물〔甲寅, 甲寅, 戊午〕이 입묘한 재물창고 〔癸未〕를 戊癸합하여 지배하였다.

이 사주는 서울에서 빌딩임대업을 하는 큰 부자이다.

戊午일주〔자신〕가 재물들〔甲寅월, 戊午일, 甲寅시〕이 입묘한 癸未년〔재성·관살고〕을 戊癸합으로 지배하고 寅午합으로 사람들〔甲寅, 甲寅〕과 튼튼하게 연대하였다.

			(남)
丁	丁	壬	戊
未	丑	戌	辰

◉ 대운

83	73	63	53	43	33	23	13	3
辛	庚	己	戊	丁	丙	乙	甲	癸
未	午	巳	辰	卯	寅	丑	子	亥

○생체시스템 ➡ 丁·丁未〔일간·비겁·식상〕

●생체시스템 변화 ➡ 丁壬합으로 壬戌월〔관성·비겁고〕를 생체시스템으로 사용한다.

○사회관계 ➡ 제압〔양→음←양→음〕 입묘〔丁丁→戌〕, 丁壬합하여 자기세력 〔壬戌, 丁, 丁未〕이 경쟁세력〔戊辰, 丑〕을 제압했다.

이 사주는 명나라를 건국한 주원장(朱元璋)이다.

丁일간〔자신〕이 丁壬합으로 壬戌월〔관성·비겁고〕를 사용하여 양(陽)

자기세력〔壬戌월, 丁일간, 丁未시〕으로 음(陰) 경쟁세력〔戊辰년, 丑일지〕을 辰戌충·丑未충으로 제압했다.

乙丑대운〔30대 초반〕까지 음(陰) 경쟁세력이 힘을 얻어 폭도에 불과했던 그는 丙寅대운〔30대 중반〕부터 양(陽) 자기세력이 힘을 얻자 음(陰) 경쟁세력 원나라를 멸망시키고 황제가 되었다.

			(남)
壬	丁	癸	癸
寅	酉	亥	未

◉ 대운

89	79	69	59	49	39	29	19	9
甲	乙	丙	丁	戊	己	庚	辛	壬
寅	卯	辰	巳	午	未	申	酉	戌

○생체시스템 ➡ 丁〔일간〕

●생체시스템 변화 ➡ 丁壬합으로 壬寅시〔관성·인성〕를 생체시스템으로 사용한다.

○사회관계 ➡ 포국〔양→음음←양〕, 丁壬합하여 자기세력〔癸未, 壬寅〕이 경쟁세력〔癸亥, 丁酉〕을 둘러싸서 통제하였다.

이 사주는 포국틀〔癸未, 壬寅〕이 강해지는 40대〔己未대운〕부터 계속 승진하여 지방법원장이 되었다. 丁일간〔자신〕이 丁壬합으로 壬寅시〔관성·인성〕를 사용하여 양(陽) 자기세력〔癸未년, 壬寅시〕으로 음(陰) 경쟁세력〔癸亥월, 丁酉일〕을 寅未입묘로 둘러싸서 통제하였다.

			(남)
壬	丁	甲	戊
寅	丑	子	戌

◉ 대운

84	74	64	54	44	34	24	14	4
癸	壬	辛	庚	己	戊	丁	丙	乙
酉	申	未	午	巳	辰	卯	寅	丑

○생체시스템 ➡ 丁·甲子〔일간·인성·관성〕

●생체시스템 변화 ➡ 丁壬합으로 壬寅시〔관성·인성〕를 생체시스템으로 사용한다.

○사회관계 ➡ 포국〔양→음음←양〕, 丁壬합하여 자기세력〔戊戌, 壬寅〕이 경쟁세력〔甲子, 丁丑〕을 둘러싸서 통제하였다.

이 사주는 10대 중반〔丙寅대운〕부터 포국틀〔戊戌, 壬寅〕을 돕는 火木대운을 60년간 만나면서 일찍 사법고시에 합격하여 검사가 되었고 평생 동안 영화(榮華)를 누렸다.

丁일간〔자신〕이 丁壬합으로 壬寅시〔관성·인성〕를 사용하여 양(陽) 자기세력〔戊戌년, 壬寅시〕으로 음(陰) 경쟁세력〔甲子월, 丁丑일〕을 寅戌합으로 둘러싸서 통제하였다. 포국틀〔戊戌, 壬寅〕과 경쟁세력〔甲子, 丁丑〕이 깔끔하고 대운까지 좋아서 부귀가 매우 높다.

			(남)
壬	丁	辛	辛
寅	丑	丑	卯

◉ 대운

89	79	69	59	49	39	29	19	9
壬	癸	甲	乙	丙	丁	戊	己	庚
辰	巳	午	未	申	酉	戌	亥	子

○생체시스템 ➡ 丁丑〔일간·식상〕

●생체시스템 변화 ➡ 丁壬합으로 壬寅시〔관성·인성〕를 생체시스템으로 사용한다.

○사회관계 ➡ 포국〔양→음음←양〕 입묘〔丑⌒辛辛〕, 丁壬합하여 자기세력〔辛卯, 壬寅〕이 경쟁세력〔辛丑, 丁丑〕을 둘러싸서 통제하였다.

이 사주는 60대〔乙未대운〕에 120억대 자산가가 되었고 아들은 천재로 미국 아이비리그에 들어갔다.

丁일간〔자신〕이 丁壬합으로 壬寅시〔관성·인성〕를 사용하여 양(陽) 자기세력〔辛卯년, 壬寅시〕으로 음(陰) 경쟁세력〔辛丑월, 丁丑일〕을 寅卯연합으로 둘러싸서 통제하였다.

			(남)
癸	丁	壬	戊
卯	丑	戌	申

◉ 대운

81	71	61	51	41	31	21	11	1
辛	庚	己	戊	丁	丙	乙	甲	癸
未	午	巳	辰	卯	寅	丑	子	亥

○생체시스템 ➡ 丁丑〔일간 · 식상〕

●생체시스템 변화 ➡ 丁壬합으로 壬戌월〔관성 · 식상〕를 생체시스템으로 사용한다.

○사회관계 ➡ 제압〔양→음←양→음〕 입묘〔丑←申〕, 丁壬합하여 자기세력〔壬戌, 丁, 癸卯〕이 경쟁세력〔戊申, 丑〕을 제압했다.

이 사주는 한의사이다.

丁일간〔자신〕**이 丁壬합으로 壬戌월**〔관성 · 식상〕**을 사용하여 양(陽) 자기세력**〔壬戌월, 丁일간, 癸卯시〕**으로 음(陰) 경쟁세력**〔戊申년, 丑일지〕**을 丑戌형으로 제압했다. 제압은 대운(大運)이 승패를 좌우하는데 30대**〔丙寅대운〕**부터 木火대운을 60년간 만나면서 양(陽) 자기세력으로 음(陰) 경쟁세력을 제압하고 부귀를 얻었다.**

			(남)
壬	丁	壬	丁
寅	卯	寅	亥

◉ 대운

89	79	69	59	49	39	29	19	9
癸	甲	乙	丙	丁	戊	己	庚	辛
巳	午	未	申	酉	戌	亥	子	丑

○생체시스템 ➡ 丁卯〔일간 · 인성〕

●생체시스템 변화 ➡ 丁壬합으로 壬寅 · 壬寅〔관성 · 인성〕을 생체시스템으로 사용한다.

○사회관계 ➡ 지지합〔寅卯寅亥〕, 丁壬합하여 재물〔丁亥〕을 寅亥합으로 가져왔다.

이 사주는 부동산이 많았던 부자 상인이었는데 명예를 중시하고 가난한 지식인을 많이 도와주었지만 60대〔丙申대운〕에 몰락했다.

丁卯일주〔자신〕가 丁壬합으로 壬寅월 · 壬寅시〔관성 · 인성〕을 사용하여 丁亥년〔재물〕을 寅亥합으로 가져왔다. 丙申대운〔60대〕은 자신에게 지배되었던 寅寅〔寅 중 丙〕월시지의 丙〔겁재〕이 천간으로 올라와 申〔재성〕을 사용하여 丙壬충 · 寅申충 · 申亥천으로 생계〔寅亥합〕를 붕괴시키면서 파산하였다.

			(남)
己	丙	辛	戊
亥	戌	酉	申

◉ 대운

88	78	68	58	48	38	28	18	8
庚	己	戊	丁	丙	乙	甲	癸	壬
午	巳	辰	卯	寅	丑	子	亥	戌

○생체시스템 ➡ 丙戌〔일간 · 식상〕

●생체시스템 변화 ➡ 丙辛합으로 辛酉월〔재성〕을 생체시스템으로 사용한다.

○사회관계 ➡ 포국〔음→양←음음〕, 丙辛합하여 자기세력〔戊申, 辛酉, 己亥〕이 경쟁세력〔丙戌〕을 둘러싸서 통제하였다.

이 사주는 19세〔癸亥대운 丙寅년〕에 말단직원으로 입사하여 계속 발전하다가 50대〔丙寅대운〕에는 대형 국유회사 사장으로 승진했다.

丙戌일주〔자신〕가 丙辛합으로 辛酉월〔재성〕을 사용하여 음(陰) 자기세력〔戊申년, 辛酉월, 己亥시〕으로 양(陽) 경쟁세력〔丙戌일〕을 둘러싸서 통제하였다. 50대〔丙寅대운〕에 木대운을 만나면서 부귀가 크게 일어났다.

			(남)
丁	丙	丁	辛
酉	寅	酉	巳

⊙ 대운

87	77	67	57	47	37	27	17	7
戊	己	庚	辛	壬	癸	甲	乙	丙
子	丑	寅	卯	辰	巳	午	未	申

○생체시스템 ➡ 丙寅〔일간·인성〕

●생체시스템 변화 ➡ 丙辛합으로 辛巳년〔재성·비겁〕를 생체시스템으로 사용한다.

○사회관계 ➡ 제압〔음←양→음←양〕, 丙辛합하여 자기세력〔辛巳, 丙寅〕이 경쟁세력〔丁酉, 丁酉〕을 제압했다.

이 사주는 10대 후반〔乙未대운〕부터 火木대운을 60년간 만나면서 음(陰) 경쟁세력을 제압하고 엄청난 부자가 되었다.

丙일간〔자신〕이 丙辛합으로 辛巳년〔재성·비겁〕을 사용하여 양(陽) 자기세력〔辛巳년, 丙寅일〕으로 음(陰) 경쟁세력〔丁酉월, 丁酉시〕을 木火 연합으로 제압했다.

			(남)
丁	己	庚	甲
卯	酉	午	辰

⊙ 대운

83	73	63	53	43	33	23	13	3
己	戊	丁	丙	乙	甲	癸	壬	辛
卯	寅	丑	子	亥	戌	酉	申	未

○생체시스템 ➡ 己·丁卯〔일간·인성·관성〕

●생체시스템 변화 ➡ 甲己합으로 甲辰년〔관성·비겁〕을 생체시스템으로 사용한다.

○사회관계 ➡ 제압〔양←음→양←음〕, 甲己합하여 자기세력〔甲辰, 己酉〕이 경쟁세력〔庚午, 丁卯〕을 제압했다.

이 사주는 10대 중반〔壬申대운〕부터 거침없이 고위공무원으로 승진을

거듭했다.

己일간(자신)이 甲己합으로 甲辰년(관성·비겁)을 사용하여 음(陰) 자기세력(甲辰년, 己酉일)으로 양(陽) 경쟁세력(庚午월, 丁卯시)을 제압하고 10대 중반(壬申대운)부터 金水대운을 60년간 만나면서 출세가 매우 빨랐다. 하지만 보금자리(酉일지)가 卯酉충으로 훼손되면서 애정운이 손상되어 3번의 결혼을 모두 실패하는 불운을 겪었다.

			(남)
辛	甲	癸	己
未	子	酉	丑

⊙ 대운

88	78	68	58	48	38	28	18	8
甲	乙	丙	丁	戊	己	庚	辛	壬
子	丑	寅	卯	辰	巳	午	未	申

○생체시스템 ➡ 甲子(일간·인성)

●생체시스템 변화 ➡ 甲己합으로 己丑년(재성)을 생체시스템으로 사용한다.

○사회관계 ➡ 제압(양←음음음) 입묘(辛酉→丑), 甲己합하여 자기세력(己丑, 癸酉, 甲子)이 경쟁세력(辛未)을 제압했다.

이 사주는 37세(庚午대운 乙丑년)에 25억을 친척에게 빌려주었다가 돌려받지 못하여 파산했고 그 후 10년간(己巳대운) 빚 때문에 끼니를 때우기 힘들 정도로 어렵게 살았다.

甲子일주(자신)가 甲己합으로 己丑년(재성)를 지배하고 子丑합으로 연합한 음(陰) 자기세력(己丑년, 癸酉월, 甲子일)으로 양(陽) 경쟁세력(辛未시)를 제압했다.

庚午대운은 甲庚충·子午충으로 甲己합·子丑합이 깨지면서 己丑년과의 결합이 손상되었고 己巳대운은 巳酉丑 삼합으로 己丑년의 제압능력이 손상되면서 부귀가 사라졌다.

2 천간역통제(天干逆統制)

경쟁세력이 자신〔일간〕을 천간합(天干合)으로 통제하기에 법률〔法〕의 제재를 받아 범죄자로 전락하거나 평생 동안 빈곤하게 살아간다. 특히 음일간〔乙·丁·己·辛·癸〕이 관성(官)과 합할 때는 주의가 필요하다.

			(남)
戊	戊	癸	乙
午	子	未	巳

◉대운

89	79	69	59	49	39	29	19	9
甲	乙	丙	丁	戊	己	庚	辛	壬
戌	亥	子	丑	寅	卯	辰	巳	午

○생체시스템 ➡ 戊〔일간〕

●생체시스템 변화 ➡ 戊癸합으로 癸未월〔재성·관살고〕에게 묶이다.

○사회관계 ➡ 역포국〔양→음←양양〕, 戊癸합·午未합으로 경쟁세력〔乙巳, 癸未, 戊午〕에게 자신〔戊子〕이 둘러싸여 통제되었다.

이 사주는 30대 중반〔庚辰대운〕**에 마약유통으로 무기징역을 선고받았다. 戊午시**〔겁재_경쟁자〕**가 戊癸합으로 癸未월**〔재성·관살고〕**을 지배하면서 양(陽) 경쟁세력**〔乙巳년, 癸未월, 戊午시〕**에게 음(陰) 자신**〔戊子일〕**이 戊癸합·午未합으로 둘러싸여 통제되었다.**

			(남)
癸	戊	己	戊
丑	戌	未	申

◉대운

84	74	64	54	44	34	24	14	4
戊	丁	丙	乙	甲	癸	壬	辛	庚
辰	卯	寅	丑	子	亥	戌	酉	申

○생체시스템 ➡ 戊戌〔일간·비겁〕

●생체시스템 변화 ➡ 戊癸합으로 癸丑시〔재성·식상고〕에게 묶이다.

○사회관계 ➡ 역포국〔음→양양←음〕, 戊癸합·申丑입묘로 경쟁세력〔戊申, 癸丑〕에게 자기세력〔己未, 戊戌〕이 둘러싸여 통제되었다.

이 사주는 20대 후반〔壬戌대운〕에 특수절도로 징역 10년형을 선고받고 감옥에 들어갔다.

戊申년〔겁재_경쟁자〕이 戊癸합으로 癸丑시〔재성·식상고〕를 지배하면서 음(陰) 경쟁세력〔戊申년, 癸丑시〕에게 양(陽) 자신〔戊戌일〕이 戊癸합·申丑입묘로 둘러싸여 통제되었다. 己未월〔겁재_경쟁자〕은 戊戌일주〔자신〕처럼 역포국틀〔戊申, 癸丑〕에 갇혀 있지만 戊未형으로 자신을 가해한다.

			(여)
庚	乙	乙	癸
辰	巳	丑	亥

◉대운

88	78	68	58	48	38	28	18	8
甲	癸	壬	辛	庚	己	戊	丁	丙
戌	酉	申	未	午	巳	辰	卯	寅

○생체시스템 ➡ 乙巳〔일간·식상〕

●생체시스템 변화 ➡ 乙庚합으로 庚辰시〔관성·인성고〕에게 묶이다.

○사회관계 ➡ 역포국〔음→양←음음〕, 乙庚합·丑辰입묘로 경쟁세력〔癸亥, 乙丑, 庚辰〕에게 자신〔乙巳〕이 둘러싸여 통제되었다.

이 사주는 정신질환으로 치료를 받다가 22세〔丁卯대운 乙酉년〕에 건물 옥상에서 뛰어내려 자살하였다.

乙丑월〔겁재_경쟁자〕이 乙庚합으로 庚辰시〔관성·인성고〕를 지배하면서 음(陰) 경쟁세력〔癸亥년, 乙丑월, 庚辰시〕에게 양(陽) 자신〔乙巳일〕이 乙庚합·丑辰입묘로 둘러싸여 통제되었다. 丁卯대운 乙酉년〔22세〕은 卯辰천·酉丑합으로 역포국틀〔癸亥, 乙丑, 庚辰〕이 생동하고 巳酉丑

삼합으로 보금자리〔巳일지〕가 사라지면서 사망하였다.

			(남)
甲	己	辛	己
戌	丑	未	未

◉ 대운

84	74	64	54	44	34	24	14	4
壬	癸	甲	乙	丙	丁	戊	己	庚
戌	亥	子	丑	寅	卯	辰	巳	午

○생체시스템 ➡ 己丑〔일간·비겁〕

●생체시스템 변화 ➡ 甲己합으로 甲戌시〔관성·인성고〕에게 묶이다.

○사회관계 ➡ 역포국〔양→음←양양〕, 甲己합·丑戌未 삼형으로 경쟁세력〔己未, 辛未, 甲戌〕에게 자신〔己丑〕이 둘러싸여 통제되었다.

이 사주는 20대〔己巳대운〕부터 도둑질로 감옥에 들락거리기 시작하였다.

己未년〔겁재_경쟁자〕이 甲己합으로 甲戌시〔관성·인성고〕를 지배하면서 양(陽) 경쟁세력〔己未년, 辛未월, 甲戌시〕에게 음(陰) 자신〔己丑일〕이 甲己합·丑戌未 삼형으로 둘러싸여 통제되었다. 역포국틀〔己未, 辛未, 甲戌〕이 너무도 강력하여 범죄의 굴레에서 벗어나기 힘들다.

			(여)
甲	己	丙	己
戌	丑	寅	巳

◉ 대운

87	77	67	57	47	37	27	17	7
乙	甲	癸	壬	辛	庚	己	戊	丁
亥	戌	酉	申	未	午	巳	辰	卯

○생체시스템 ➡ 己丑〔일간·비겁〕

●생체시스템 변화 ➡ 甲己합으로 甲戌시〔관성·인성고〕에게 묶이다.

○사회관계 ➡ 역포국〔양→음←양양〕, 甲己합·巳戌입묘로 경쟁세력〔己巳, 丙寅, 甲戌〕에게 자신〔己丑〕이 둘러싸여 통제되었다.

이 사주는 무능력한 남편과 이혼하고 평생 식모살이로 살았는데 63세〔壬申대운 辛未년〕 때 자식이 자살하였다.

己巳년〔겁재_경쟁자〕이 甲己합으로 甲戌시〔관성·인성고〕를 지배하면서 양(陽) 경쟁세력〔己巳년, 丙寅월, 甲戌시〕에게 음(陰) 자신〔己丑일〕이 甲己합·巳戌입묘로 둘러싸여 통제되었다. 역포국틀〔己巳, 丙寅, 甲戌〕이 매우 강력해 감옥 같은 삶에서 벗어나기 힘들고 丑戌형으로 보금자리〔丑일지〕와 자식자리〔戌시지〕가 훼손되어 남편복과 자식복이 없다.

			(남)
甲	己	壬	庚
戌	卯	午	寅

⊙대운

88	78	68	58	48	38	28	18	8
辛	庚	己	戊	丁	丙	乙	甲	癸
卯	寅	丑	子	亥	戌	酉	申	未

○생체시스템 ➡ 己〔일간〕

●생체시스템 변화 ➡ 甲己합으로 甲戌시〔관성·인성고〕에게 묶이다.

○사회관계 ➡ 역포국〔양→양←양양〕, 甲己합·寅午戌 삼합으로 경쟁세력〔庚寅, 壬午, 甲戌〕에게 자신〔己卯〕이 둘러싸여 통제되었다.

이 사주는 조직폭력배로서 살인죄로 21년간 감옥살이를 하였다.

庚寅년〔관성_경쟁자〕이 己일간〔자신〕의 甲己합을 甲庚충으로 깨면서 양(陽) 경쟁세력〔庚寅년, 壬午일, 甲戌시〕에게 양(陽) 자신〔己卯일〕이 甲己합·寅午戌 삼합으로 둘러싸여 통제되었다.

			(남)
戊	癸	癸	己
午	巳	酉	未

⊙대운

85	75	65	55	45	35	25	15	5
甲	乙	丙	丁	戊	己	庚	辛	壬
子	丑	寅	卯	辰	巳	午	未	申

○생체시스템 ➡ 癸〔일간〕

●생체시스템 변화 ➡ 戊癸합으로 戊午시〔관성 · 재성〕에게 묶이다.

○사회관계 ➡ 역포국〔양→양음←양〕, 戊癸합·午未합으로 경쟁세력〔己未, 戊午〕에게 자기세력〔癸酉, 癸巳〕이 둘러싸여 통제되었다.

이 사주는 20대〔未대운〕에 도둑질을 하다가 감옥에 들어갔다.

己未년〔관성_경쟁자〕이 癸일간〔자신〕의 戊癸합을 癸己극으로 깨면서 양(陽) 경쟁세력〔己未년, 戊午시〕에게 음양(陰陽) 자기세력〔癸酉월, 癸巳일〕이 戊癸합 · 午未합으로 둘러싸여 통제되었다.

			(남)
己	癸	戊	癸
未	亥	午	未

◉ **대운**

84	74	64	54	44	34	24	14	4
己	庚	辛	壬	癸	甲	乙	丙	丁
酉	戌	亥	子	丑	寅	卯	辰	巳

○생체시스템 ➡ 癸亥〔일간 · 비겁〕

●생체시스템 변화 ➡ 戊癸합으로 戊午월〔관성 · 재성〕에게 묶이다.

○사회관계 ➡ 역포국〔양→음←양양〕, 戊癸합·午未합으로 경쟁세력〔癸未, 戊午, 己未〕에게 자신〔癸亥〕이 둘러싸여 통제되었다.

이 사주는 16세〔丙辰대운 戊戌년〕에 친구 세 명과 함께 여중생을 성폭행하여 특수강간으로 구속되었다.

己未시〔관성_경쟁자〕가 癸亥일주〔자신〕의 戊癸합을 癸己극으로 깨면서 양(陽) 경쟁세력〔癸未년, 戊午월, 己未시〕에게 음(陰) 자신〔癸亥일〕이 戊癸합 · 午未합으로 둘러싸여 통제되었다.

(남)			
丁	癸	戊	戊
巳	亥	午	申

⊙ 대운

85	75	65	55	45	35	25	15	5
丁	丙	乙	甲	癸	壬	辛	庚	己
卯	寅	丑	子	亥	戌	酉	申	未

○생체시스템 ➡ 癸亥〔일간 · 비겁〕

●생체시스템 변화 ➡ 戊癸합으로 戊午, 戊申〔관성 · 재성 · 인성〕에게 묶이다.

○사회관계 ➡ 역포국〔양→음←양음〕, 戊癸합·巳申합으로 경쟁세력〔戊申, 戊午, 丁巳〕에게 자신〔癸亥〕이 둘러싸여 통제되었다.

이 사주는 50대까지 막노동으로 살면서 섹스만 생각했다. 결혼도 못하고 모아둔 재산도 없었지만 공사판에서 돈이 생기면 여성들과 난잡하게 성관계를 가지면서 모두 탕진했다.

丁巳시〔재성_경쟁자〕가 癸亥일주〔자신〕의 戊癸합을 丁癸충으로 깨면서 음양(陰陽) 경쟁세력〔戊申년, 戊午월, 丁巳시〕에게 음(陰) 자신〔癸亥일〕이 戊癸합·巳申합으로 둘러싸여 통제되었다.

(남)			
癸	丁	戊	壬
卯	亥	申	寅

⊙ 대운

87	77	67	57	47	37	27	17	7
丁	丙	乙	甲	癸	壬	辛	庚	己
巳	辰	卯	寅	丑	子	亥	戌	酉

○생체시스템 ➡ 丁·戊申〔일간 · 식상 · 재성〕

●생체시스템 변화 ➡ 丁壬합으로 壬寅년〔관성〕에게 묶이다.

○사회관계 ➡ 역포국〔양→음음←양〕, 丁壬합·寅卯연합으로 경쟁세력〔壬寅, 癸卯〕에게 자기세력〔戊申, 丁亥〕이 둘러싸여 통제되었다.

이 사주는 빈곤한 가정에서 태어나 22세〔庚戌대운 癸亥년〕에 절도죄로 감옥에 들어갔고 30대〔辛亥대운〕에는 가난 때문에 굶고 살았으며 39세〔壬子대운 庚辰년〕부터 5년간 해마다 감옥에 들어갔다.

癸卯시〔관성_경쟁자〕가 丁일간〔자신〕의 丁壬합을 丁癸충으로 깨면서 양(陽) 경쟁세력〔壬寅년, 癸卯시〕에게 음(陰) 자기세력〔戊申월, 丁亥일〕이 丁壬합·寅卯연합으로 둘러싸여 통제되었다.

庚戌대운〔10대 후반〕은 卯戌합·寅戌합으로 역포국틀〔壬寅, 癸卯〕이 생동했고, 辛亥대운〔20대 후반〕은 寅亥합·亥卯합으로 역포국틀〔壬寅, 癸卯〕이 생동했으며, 壬子대운〔30대 후반〕은 子卯파·申子합→寅申충으로 역포국틀〔壬寅, 癸卯〕이 생동하였다.

			(여)
癸	壬	壬	丁
卯	子	子	巳

⊙대운

85	75	65	55	45	35	25	15	5
辛	庚	己	戊	丁	丙	乙	甲	癸
酉	申	未	午	巳	辰	卯	寅	丑

○생체시스템 ➡ 壬子·壬子〔일간·비겁〕

●생체시스템 변화 ➡ 丁壬합으로 丁巳년〔재성〕에게 묶이다.

○사회관계 ➡ 역포국〔양→음음←양〕, 丁壬합·巳卯연합으로 경쟁세력〔丁巳, 癸卯〕에게 자신〔壬子·壬子〕이 둘러싸여 통제되었다.

이 사주는 33세〔乙卯대운 己丑년〕에 신장병으로 사망했다.

癸卯시〔겁재_경쟁자〕가 자신〔壬子·壬子〕의 丁壬합을 丁癸충으로 깨면서 양(陽) 경쟁세력〔丁巳년, 癸卯시〕에게 음(陰) 자신〔壬子·壬子〕이 丁壬합·巳卯연합으로 둘러싸여 통제되었다. 乙卯대운은 子卯파로 역포국틀〔丁巳, 癸卯〕이 생동하였다.

(남)			
乙	辛	丁	丙
未	巳	酉	午

◉ 대운

87	77	67	57	47	37	27	17	7
丙	乙	甲	癸	壬	辛	庚	己	戊
午	巳	辰	卯	寅	丑	子	亥	戌

○생체시스템 ➡ 辛〔일간〕

●생체시스템 변화 ➡ 丙辛합으로 丙午년〔관성〕에게 묶이다.

○사회관계 ➡ 역포국〔양→양음←양〕, 丙辛합·午未합으로 경쟁세력〔丙午, 乙未〕에게 자기세력〔丁酉, 辛巳〕이 둘러싸여 통제되었다.

이 사주는 18세〔己亥대운 癸亥년〕에 폭행죄로 3년 감옥살이를 했고 26세〔己亥대운 辛未년〕에 강도짓을 하다가 상점주인을 다치게 하였으며 28세〔庚子대운 癸酉년〕부터는 닥치는 대로 살인강도를 저질러 28명의 사람들을 죽였다가 35세〔庚子대운 庚辰년〕에 붙잡혀 36세〔庚子대운 辛巳년〕에 사형되었다.

乙未시〔재성_경쟁자〕가 辛일간〔자신〕의 丙辛합을 乙辛충으로 깨면서 양(陽) 경쟁세력〔丙午년, 乙未시〕에게 음양(陰陽) 자기세력〔丁酉월, 辛巳일〕이 丙辛합·午未합으로 둘러싸여 통제되었다.

역포국틀〔丙午, 乙未〕이 매우 강력하여 흉악범죄를 저지르는데 己亥대운〔10대 후반〕은 亥未합·午亥합으로 역포국틀〔丙午, 乙未〕에 순응하여 가벼운 범죄행위로 법(法_관살)의 제재를 받았지만, 庚子대운〔20대 후반〕은 子午충·子未천으로 역포국틀〔丙午, 乙未〕을 강렬하게 생동시켜 연쇄살인을 저지르고 사형을 당하였다.

			(여)
辛	丙	癸	壬
卯	辰	卯	戌

◉대운

89	79	69	59	49	39	29	19	9
甲	乙	丙	丁	戊	己	庚	辛	壬
午	未	申	酉	戌	亥	子	丑	寅

○생체시스템 ➡ 丙辰〔일간·식상〕

●생체시스템 변화 ➡ 丙辛합으로 辛卯시〔재성·인성〕에게 묶이다.

○사회관계 ➡ 역포국〔양→음←양양〕, 丙辛합·卯戌합으로 경쟁세력〔壬戌, 癸卯, 辛卯〕에게 자신〔丙辰〕이 둘러싸여 통제되었다.

이 사주는 10대〔壬寅대운〕에 가출하여 윤락행위를 시작하였다.

壬戌년〔관성_경쟁자〕이 丙辰일주〔자신〕의 丙辛합을 丙壬충으로 깨면서 양(陽) 경쟁세력〔壬戌년, 癸卯월, 辛卯시〕에게 음(陰) 자신〔丙辰일〕이 丙辛합·卯戌합으로 둘러싸여 통제되었다. 자신의 생식기〔辰_식상〕는 남성들〔癸卯월, 辛卯시〕과 유부남〔壬戌년〕과의 성관계〔卯辰천·辰戌충〕로 심하게 상하였다.

천간합(天干合)	
	❶천간합 ☞ 자신〔일간〕이 마음으로 사랑하는 대상과 결합했기에 생체시스템으로 천간합(天干合)한 간지(干支)를 사용하고 평생토록 추구한다. ❷천간역통제 ☞ 경쟁세력이 자신〔일간〕을 천간합(天干合)으로 통제하기에 법률(法)의 제재를 받아 범죄자로 전락하거나 평생 동안 빈곤하게 살아간다. 특히 음일간〔乙, 丁, 己, 辛, 癸〕이 관성〔官〕과 합할 때 주의가 필요하다.

4

천간(天干)이 지지(地支)를 지배

지성(至性)이 물질세계를 통제하다

천간(天干)은 정신이며 물질세계〔地支〕를 지배하는 지성(知性)이다. 천간이 발달하면 지지(地支)를 효율적으로 지배할 수 있는데 정신력〔두뇌〕을 사용하여 강력한 경쟁세력〔재물과 권력〕을 쉽게 통제한다.

천간(天干)이 지지(地支)를 통제하는 방법은 ❶생체시스템이 간지(干支)로 연결되어 지지(地支)에서 포국, 지지합, 제압 등을 이루는 방법 ❷자합(自合)하거나 지지(地支)를 눌러서 지배하는 방법 2가지이다. 여기서 설명하는 것은 ❷천간(天干)이 자합(自合)으로 지지(地支)를 통제하거나 지지(地支)를 눌러서 지배하는 방법이며 고(庫)를 지배하는 방법은 따로 다루겠다.

천간(天干)이 지지(地支)와 자합(自合)하면 지지를 자신의 몸처럼 사용하는데 자합한 지지가 고(庫)에 입묘했다면 재물창고〔권력창고〕

에 들어가서 재물(권력)을 가지고 나온 것을 의미하므로 고(庫)를 통제할 수 있다. 천간이 지지를 눌러서 지배할 때는 지지가 순응하고 반발하지 말아야 한다.

戊	丙	癸	壬
子	子	丑	辰

(남)

⊙ 대운

83	73	63	53	43	33	23	13	3
壬	辛	庚	己	戊	丁	丙	乙	甲
戌	酉	申	未	午	巳	辰	卯	寅

○생체시스템 ➡ 丙戊(일간 · 식상)

○사회관계 ➡ 입묘(子子丑→辰), 사람들(癸丑, 丙子, 戊子)이 입묘한 권력창고 (壬辰)를 戊子자합으로 통제하였다.

이 사주는 문재인 대통령이다.

丙일간(자신)이 戊시간(식상)을 사용하여 사람들(癸丑월, 丙子일, 戊子시)이 입묘한 壬辰년(권력창고)을 戊子자합 · 戊癸합으로 통제하였다. 子시지(권력)와 癸丑월(권력)은 壬辰년(권력창고)에서 입묘하여 나온 것으로 국가권력(壬辰년)을 의미하며 戊식상은 부귀를 결정하는 핵심 열쇠이다.

이 사주는 戊子자합과 戊癸합이 운명을 결정한다.

甲寅대운(4세~13세)은 戊식상이 戊甲극으로 손상되면서 가난했고 乙卯대운(14세~23세)은 戊子자합이 戊乙극 · 子卯파로 손상되면서 경희대학교 법학과에 수석으로 입학했지만 23세(乙卯대운 乙卯년)에 민주화운동으로 구속되어 제적당하고 강제로 징집되는 불운을 겪었다.

丙辰대운(24세~33세)은 戊子자합 · 戊癸합이 살아나면서 28세(丙辰대운 庚申년)에 사법고시를 합격하고 30세(丙辰대운 壬戌년)부터 丁巳대운〔34세~43세〕까지 노동인권변호사로서 크게 활약하였다. 戊午대운〔44세~53세〕은 戊식상이 생동하여 戊癸합으로 권력〔癸丑월〕을 얻었지만 子午충으로 戊子자합이 손상되기에 51세〔2003년_戊午대운 癸未년〕에 참여정부의 민정수석으로 들어갔다가 건강 악화로 사임했고, 노무현 대통령 탄핵소추안이 국회를 통과하자 변호인단에 들어갔다가 탄핵재판이 끝난 53세〔2005년_戊午대운 乙酉년〕에 민정수석으로 복귀하는 우여곡절을 겪었다.

己未대운〔54세~63세〕은 戊子자합·戊癸합이 癸己극·子未천으로 모두 깨지면서 戊식상〔정치력〕이 크게 무너졌는데 57세〔2009년_己未대운 己丑년〕에 노무현 대통령의 사망으로 정치권을 떠났다가 민주통합당 창당으로 돌아왔지만 60세〔2012년_己未대운 壬辰년〕에 대선에서 패했고 63세〔2015년_己未대운 乙未년〕에 재보궐선거에서도 참패하면서 정계은퇴의 위기를 맞았다. 하지만 庚申대운〔64세~73세〕으로 바뀌자 戊子자합·戊癸합이 완전하게 살아나면서 64세〔2016년_庚申대운 丙申년〕에 촛불집회로 강력한 대선주자로 떠올랐고 총선에서도 승리했으며 65세〔2017년_庚申대운 丁酉년〕에 대통령에 당선되었다.

			(남)
戊	丙	丙	戊
子	子	辰	子

⊙ 대운

81	71	61	51	41	31	21	11	1
乙	甲	癸	壬	辛	庚	己	戊	丁
丑	子	亥	戌	酉	申	未	午	巳

○생체시스템 ➡ 丙戊·丙辰,·戊〔일간·비겁·식상〕

○사회관계 ➡ 입묘〔子子子 ⌒ 辰〕, 재물〔戊子, 丙子. 戊子〕이 입묘한 재물창고〔辰〕를 丙월간〔자신〕이 지배하고 戊子자합으로 통제하였다.

이 사주는 전천후 사업가로서 모든 사업을 실패 없이 성공시켰던 중국의 재벌 유홍생(劉鴻生)이다. 복음(伏吟) 丙丙일월간〔자신〕이 ❶辰월지〔관살고_재물창고〕를 지배하고 ❷戊戊년시간〔식상〕을 사용하여 재물들〔戊子년, 丙子일, 戊子시〕이 입묘한 재물창고〔辰월지〕를 戊子자합으로 통제하였다. 子子년시지〔재물〕는 丙辰월〔재물창고〕에서 입묘하여 나온 것으로 재물을 의미하며 戊식상과 辰월지〔재물창고〕는 이 사주의 운명을 결정짓는다.

가난한 집안사정 때문에 19세〔戊午대운 丙午년〕부터 석탄판매 외근직을 시작했던 그는 뛰어난 사업능력으로 점점 성공하였고, 庚申대운〔31세~40세〕에 申子辰 삼합으로 戊子자합이 생동하자 33세〔1920년_庚申대운 庚申년〕부터 석탄판매망을 크게 확장하고 40세〔1927년_庚申대운 丁卯년〕에 부두를 건립하며 비약적으로 발전하여 석탄판매, 성냥생산, 시멘트제조, 방직, 은행, 보험 등 각종 사업을 모두 성공시켰다. 하지만 癸亥대운 丙申년〔69세〕에 戊癸합으로 戊식상이 통제력을 잃고 申子辰 삼합으로 辰월지〔재물창고〕가 사라지면서 사망하였다.

			(남)
戊	丙	甲	庚
子	子	申	子

◉ 대운

88	78	68	58	48	38	28	18	8
癸	壬	辛	庚	己	戊	丁	丙	乙
巳	辰	卯	寅	丑	子	亥	戌	酉

○생체시스템 ➡ 丙戊〔일간·식상〕

○사회관계 ➡ 지지합〔子子申子〕, 子子申子합으로 연결된 재물〔庚子, 甲申, 子, 子〕을 戊子자합으로 가져왔다.

이 사주는 40대〔戊子대운〕에 재물이 크게 일어나 백억대 부자가 되었다. 丙일간〔자신〕이 戊시간〔식상〕을 사용하여 子子申子합으로 연결된 재물〔庚子년, 甲申월, 子일지, 子시지〕을 戊子자합으로 가져왔다. 戊子대운〔40대〕은 戊子자합이 생동하면서 부귀가 크게 일어났다.

			(남)
戊	辛	乙	戊
子	亥	卯	申

◉ 대운

88	78	68	58	48	38	28	18	8
甲	癸	壬	辛	庚	己	戊	丁	丙
子	亥	戌	酉	申	未	午	巳	辰

○생체시스템 ➡ 辛戊〔일간·인성〕

○사회관계 ➡ 포국〔음음→양←음〕, 戊子자합하여 자기세력〔戊申, 辛亥, 戊子〕이 경쟁세력〔乙卯〕을 둘러싸서 통제하였다.

이 사주는 중국의 근대 사업가 주보삼(朱葆三)이다.

그는 15세〔丙辰대운 壬戌년〕에 아버지가 병으로 사망하면서 집안이 어려워지자 식품을 판매하는 상점에 점원으로 들어갔고 31세〔戊午대운 戊寅년〕에 주인이 사망하자 상해(上海)에서 상점을 개업하고 수출입 무역업을 시작했으며 48세〔1895년_己未대운 乙未년〕부터 무역, 보험, 금융으로 확장하고 교통, 전력, 수도, 밀가루, 직물에도 투자하여 중국의 근대산업을 이끌다가 79세〔1926년_癸亥대운 丙寅년〕에 사망하였다.

辛일간〔자신〕이 戊시간〔인성〕으로 戊子자합하여 음(陰) 자기세력〔戊申년, 辛亥일, 戊子시〕으로 양(陽) 경쟁세력〔乙卯월〕을 申子합으로 둘러싸서 통제하였다.

이 사주는 戊子자합과 포국틀〔戊申, 辛亥, 戊子〕이 운명을 결정한다.

辰대운〔14세~18세〕은 申子辰 삼합으로 포국틀〔戊申, 辛亥, 戊子〕이 한꺼번에 무너지면서 아버지가 사망하고 집안이 기울었고, 丁巳대운〔19

세~28세)은 포국틀(戊申, 辛亥, 戊子)이 살아나면서 실력을 인정받고 돈을 벌기 시작했으며, 戊午대운(29세~38세)은 戊식상과 포국틀(戊申, 辛亥, 戊子)이 생동하면서 본격적인 사업을 시작하였다. 하지만 癸亥대운 丙寅년(79세)에 戊癸합으로 戊식상이 통제력을 잃고 포국틀(戊申, 辛亥, 戊子)이 申亥천·寅申충·寅亥합으로 손상되면서 사망하였다.

(남)			
戊	辛	己	己
子	亥	巳	丑

◉ 대운

85	75	65	55	45	35	25	15	5
庚	辛	壬	癸	甲	乙	丙	丁	戊
申	酉	戌	亥	子	丑	寅	卯	辰

○생체시스템 ➡ 辛戊(일간·인성)

○사회관계 ➡ 포국(음음→양←음) 입묘(辛→丑), 戊子자합하여 자기세력(己丑, 辛亥, 戊子)이 경쟁세력(己巳)을 둘러싸서 통제하였다.

이 사주는 농촌에서 빈곤하게 살다가 30대 중반(乙丑대운)부터 외지에서 탄광하청업으로 크게 성공하였고 40대 중반(甲子대운)에는 여러 개의 탄광을 개발하여 수백억대 부자가 되었다. 辛일간(자신)이 戊시간(인성)으로 戊子자합하여 음(陰) 자기세력(己丑년, 辛亥일, 戊子시)으로 양(陽) 경쟁세력(己巳월)을 子丑합으로 둘러싸서 통제하였다.

이 사주는 戊子자합과 포국틀(己丑, 辛亥, 戊子)이 운명을 결정한다.

乙丑대운(36세~45세)은 子丑합으로 포국틀(己丑, 辛亥, 戊子)이 생동하면서 사업이 일어났고, 甲子대운(46세~55세)은 子丑합으로 포국틀(己丑, 辛亥, 戊子)이 완성되어 큰 부자가 되었으며, 癸亥대운(56세~65세)은 戊癸합으로 戊식상이 통제력을 잃으면서 여자문제로 많은 재물이 날아갔다.

			(남)
己	癸	己	戊
未	巳	未	申

⊙ 대운

85	75	65	55	45	35	25	15	5
戊	丁	丙	乙	甲	癸	壬	辛	庚
辰	卯	寅	丑	子	亥	戌	酉	申

○생체시스템 ➡ 癸〔일간〕

○사회관계 ➡ 제압〔양양양→음〕, 癸巳자합하여 자기세력〔己未, 癸巳, 己未〕으로 경쟁세력〔戊申〕을 제압했다.

이 사주는 사업이 막힘없이 풀렸고 壬戌대운에 수천억을 벌어 갑부가 되었다. 癸일간〔자신〕이 癸巳자합으로 巳일지〔재성〕를 사용하여 양(陽) 자기세력〔己未월, 癸巳일, 己未시〕으로 음(陰) 경쟁세력〔戊申년〕을 제압하였고 60년간 金水대운을 만나면서 큰 부귀를 얻었다.

			(남)
辛	癸	己	壬
酉	巳	酉	申

⊙ 대운

83	73	63	53	43	33	23	13	3
戊	丁	丙	乙	甲	癸	壬	辛	庚
午	巳	辰	卯	寅	丑	子	亥	戌

○생체시스템 ➡ 癸〔일간〕

○사회관계 ➡ 지지합〔酉巳酉申〕, 癸巳자합하여 재물〔壬申, 己酉, 辛酉〕을 巳酉합·巳申합으로 가져왔다.

이 사주는 호텔사업으로 40대〔丑대운, 甲대운〕에 엄청난 돈을 벌어 거부가 되었다가 50대〔寅대운〕에 파산하고 감옥에 갔고 60세〔乙卯대운 辛未년〕에 폐암으로 사망하였다.

癸일간〔자신〕이 癸巳자합으로 巳일지〔재성〕를 사용하여 재물〔壬申년, 己酉월, 辛酉시〕을 巳酉합·巳申합으로 가져오기에 癸巳자합은 운명을 결정한다.

丑대운〔40대〕은 재물〔壬申, 己酉, 辛酉〕을 입묘시킨 丑〔재물창고〕이 巳酉丑 삼합으로 결합하면서 큰 부자가 되었고, 寅대운〔50대〕은 寅巳형으로 癸巳자합과 巳申합·巳酉합이 깨지면서 재물〔壬申, 己酉, 辛酉〕이 모두 사라지고 감옥에 갔으며, 乙卯대운은 卯酉충으로 巳酉합이 깨지면서 사망하였다.

			(남)
癸	辛	甲	戊
巳	卯	寅	申

◉ 대운

90	80	70	60	50	40	30	20	10
癸	壬	辛	庚	己	戊	丁	丙	乙
亥	戌	酉	申	未	午	巳	辰	卯

○생체시스템 ➡ 辛癸〔일간·식상〕

○사회관계 ➡ 제압〔양양양→음〕, 癸巳자합하여 자기세력〔甲寅, 辛卯, 癸巳〕으로 경쟁세력〔戊申〕을 제압했다.

이 사주는 중국공산당의 원로이자 보시라이(薄熙來)의 아버지인 박일파(薄一波)이다. 辛일간〔자신〕이 癸시간〔식상〕으로 癸巳자합하여 양(陽) 자기세력〔甲寅월, 辛卯일, 癸巳시〕으로 음(陰) 경쟁세력〔戊申년〕을 제압했다.

이 사주는 癸巳자합과 제압틀〔甲寅, 辛卯, 癸巳〕이 운명을 결정한다.

乙卯대운〔10세~19세〕은 제압이 무난하여 18세〔1925년_乙卯대운 乙丑년〕에 중국공산당에 가입했고, 丙辰대운〔20세~29세〕은 申辰합→寅巳申 삼형으로 제압틀〔甲寅, 辛卯, 癸巳〕이 흔들리면서 25세〔1932년_丙辰대운 壬申년〕에 체포되어 3년간 감옥에 들어갔고, 丁巳대운〔30세~39세〕은 寅巳申 삼형으로 제압틀〔甲寅, 辛卯, 癸巳〕이 손상되면서 30세

〔1937년_丁巳대운 丁丑년〕에 발발한 중일전쟁과 국민당과의 전투에서 목숨을 걸어야 했다. 戊午대운〔40세~49세〕은 戊癸합으로 癸식상이 생동하고 寅午합으로 제압틀〔甲寅, 辛卯, 癸巳〕이 살아나면서 국민당을 무찌르고 중국 정부 재정부장 등의 요직을 맡으며 가족들과 대정원에서 호화롭게 살았고, 己未대운〔50세~59세〕은 卯未합으로 제압틀〔甲寅, 辛卯, 癸巳〕이 생동하면서 국무원 부총리 등을 지내며 풍요로운 생활을 하였다.

庚申대운〔60세~69세〕은 寅巳申 삼형으로 제압틀〔甲寅, 辛卯, 癸巳〕이 무너지면서 문화대혁명〔1967년, 60세_庚申대운 丁未년〕 때 반동분자로 몰려 12년간 감옥살이를 하였고 아내는 압송 도중에 사망했으며 자식들은 집을 잃고 추위와 굶주림에 허덕였다. 辛酉대운〔70세~79세〕은 제압틀〔甲寅, 辛卯, 癸巳〕이 살아나면서 모택동이 사망하고 자신과 친했던 등소평(鄧小平)이 집권하면서 복권되었고 정치권에 큰 영향력을 행사했다. 壬戌대운〔80세~89세〕은 제압틀〔甲寅, 辛卯, 癸巳〕이 커지면서 중앙위원회 주임으로서 국가주석〔등소평〕에 버금가는 권력으로 82세〔1989년_壬戌대운 己巳년〕 때 천안문(天安門)에서 민주화를 외치던 많은 학생과 시민들을 탱크와 장갑차로 진압하고 강택민(江澤民)을 국가주석으로 오르게 하였다.

癸亥대운〔90세~99세〕은 戊癸합으로 癸식상이 통제력을 잃고 巳亥충→寅巳申 삼형으로 제압틀〔甲寅, 辛卯, 癸巳〕이 무너지는데 丙戌년〔99세〕에 辛卯일주〔자신〕가 丙辛합·卯戌합으로 사라지면서 사망하였다.

이 사주는 寅巳申 삼형으로 자식자리〔癸巳시〕가 손상되었기에 강택민 주석의 후원으로 빠르게 성장했던 아들 보시라이가 중국 주석을 눈앞에 두고 부정부패와 엽색행각으로 당적을 박탈당하고 무기징역을 선고받고 며느리도 영국인 사업가를 살해하여 무기징역을 선고받는 불운을 겪었다.

			(남)
癸	辛	庚	癸
巳	卯	申	丑

⊙ 대운

90	80	70	60	50	40	30	20	10
辛	壬	癸	甲	乙	丙	丁	戊	己
亥	子	丑	寅	卯	辰	巳	午	未

○생체시스템 ➡ 癸辛〔일간·식상〕

○사회관계 ➡ 지지합〔巳申丑〕 입묘〔巳申辛⌒丑〕, 癸巳자합하여 사람들〔庚申, 辛卯, 癸巳〕이 입묘한 권력창고〔癸丑〕를 巳丑합·巳申합으로 가져왔다.

이 사주는 대법관을 역임하였는데 癸巳자합이 운명을 결정하였다. 辛일간〔자신〕이 癸시간〔식상〕으로 癸巳자합하여 사람들〔庚申월, 辛卯일, 癸巳시〕이 입묘한 癸丑년〔비겁고_권력창고〕을 巳丑합·巳申합으로 가져왔다. 癸巳시는 巳申합으로 癸丑년〔권력창고〕에 입묘했다.

			(남)
丙	壬	甲	庚
午	午	申	戌

⊙ 대운

83	73	63	53	43	33	23	13	3
癸	壬	辛	庚	己	戊	丁	丙	乙
巳	辰	卯	寅	丑	子	亥	戌	酉

○생체시스템 ➡ 壬〔일간〕

○사회관계 ➡ 포국〔양양→음←양〕 입묘〔午午⌒戌〕, 壬午자합하여 자기세력〔庚戌, 壬午, 丙午〕이 경쟁세력〔甲申〕을 둘러싸서 통제하였다.

이 사주는 5천억대 자산가이다.

壬일간〔자신〕이 壬午자합하여 양(陽) 자기세력〔庚戌년, 壬午일, 丙午시〕으로 음(陰) 경쟁세력〔甲申월〕을 午戌합으로 둘러싸서 통제하고 火재성〔壬午, 丙午〕이 입묘한 庚戌년〔재고〕도 午戌합으로 가져왔다.

			(여)
壬	庚	丁	癸
午	午	巳	未

⊙ 대운

88	78	68	58	48	38	28	18	8
丙	乙	甲	癸	壬	辛	庚	己	戊
寅	丑	子	亥	戌	酉	申	未	午

○생체시스템 ➡ 庚壬〔일간·식상〕

○사회관계 ➡ 지지합〔午午未〕, 壬午자합하여 재물〔癸未, 丁巳〕을 丁壬합·午未합으로 가져왔다.

이 사주는 판사를 역임했다.

庚일간〔자신〕이 壬시간〔식상〕으로 壬午자합하여 재물〔癸未년, 丁巳월〕을 丁壬합·午未합으로 가져왔다. 壬戌대운〔50대〕에 火관성〔丁巳, 庚午, 壬午〕을 입묘시킨 戌〔관살고_재물창고〕이 午戌합으로 들어오면서 남편이 부장판사로 승진하였고 재산도 크게 늘어났다.

			(남)
庚	壬	丁	乙
戌	午	亥	未

⊙ 대운

83	73	63	53	43	33	23	13	3
戊	己	庚	辛	壬	癸	甲	乙	丙
寅	卯	辰	巳	午	未	申	酉	戌

○생체시스템 ➡ 壬〔일간〕

○사회관계 ➡ 지지합〔戌午亥未〕 입묘〔戌⌒午丁〕, 壬午자합하여 재물〔乙未, 丁亥, 庚戌〕을 丁壬합·午未합·午亥합·午戌합으로 가져왔다.

이 사주는 치과의사인데 시인으로도 유명하였다.

壬일간〔자신〕이 壬午자합하여 재물〔乙未년, 丁亥월, 庚戌시〕을 丁壬합·午未합·午亥합·午戌합으로 가져왔다.

乙酉대운〔15세~24세〕은 午酉파로 壬午자합이 손상되면서 아버지가 중학교 때 사망했고 가난 때문에 힘들게 의과대학을 다녔다. 甲申대운〔25세~34세〕은 壬午자합이 살아나면서 뒤늦게 치과를 개원했고, 癸未대운〔35세~44세〕은 午未합으로 壬午자합이 힘을 얻어 발전했으며, 壬午대운〔45세~54세〕은 壬午자합이 생동하고 지지합이 모두 살아나면서 환자가 문전성시를 이루었다.

辛巳대운〔55세~64세〕은 壬午자합이 살아 있고 戌재고에 辛巳〔재물〕가 입묘하면서 자신의 시가 '시인들이 뽑은 올해의 시'로 뽑히는 등 국내 유명 문학상을 수차례 받았다.

			(남)
丁	壬	癸	乙
未	午	未	未

◉대운

84	74	64	54	44	34	24	14	4
甲	乙	丙	丁	戊	己	庚	辛	壬
戌	亥	子	丑	寅	卯	辰	巳	午

○생체시스템 ➡ 壬〔일간〕

○사회관계 ➡ 지지합〔未午未未〕 입묘〔未未↖乙〕, 壬午자합하여 재물〔乙未, 癸未, 丁未〕을 丁壬합·午未합으로 가져왔다.

이 사주는 평범한 회사원인데 戊寅대운에 25억짜리 모텔을 샀다.

壬일간〔자신〕이 壬午자합하여 재물〔乙未년, 癸未월, 丁未시〕을 丁壬합·午未합으로 가져왔다. 戊寅대운은 3개의 未식상고〔재물창고〕에 戊寅〔재물〕이 입묘하면서 재물이 불어났다.

			(남)
丁	辛	乙	癸
酉	巳	卯	巳

◉대운

88	78	68	58	48	38	28	18	8
丙	丁	戊	己	庚	辛	壬	癸	甲
午	未	申	酉	戌	亥	子	丑	寅

○생체시스템 ➡ 辛〔일간〕

○사회관계 ➡ 제압〔음←양양양〕, 辛巳자합하여 자기세력〔癸巳, 乙卯, 辛巳〕으로 경쟁세력〔丁酉〕을 제압했다.

이 사주는 20대〔癸丑대운〕부터 목기를 만들어 돈을 벌었고, 40대〔辛亥대운〕에 목기가공공장을 세우고 사업을 확장하였다.

辛일간〔자신〕이 辛巳자합하여 양(陽) 자기세력〔癸巳년, 乙卯월, 辛巳일〕으로 음(陰) 경쟁세력〔丁酉시〕을 제압했다. 양(陽) 자기세력에 비하여 음(陰) 경쟁세력이 너무 빈약한데 20대〔癸丑대운〕부터 60년간 水金대운으로 만나면서 계속 발전하였다.

			(여)
丁	己	甲	癸
卯	亥	寅	卯

◉대운

83	73	63	53	43	33	23	13	3
癸	壬	辛	庚	己	戊	丁	丙	乙
亥	戌	酉	申	未	午	巳	辰	卯

○생체시스템 ➡ 己〔일간〕

○사회관계 ➡ 지지합〔卯亥寅卯〕, 己亥자합하여 재물〔癸卯, 甲寅, 丁卯〕을 亥卯합·寅亥합으로 가져왔다.

이 사주는 치과의사인데 40대 중반〔己未대운〕부터 재물이 크게 불어났다. 己일간〔자신〕이 己亥자합으로 재물〔癸卯년, 甲寅월, 丁卯시〕을 亥卯합·寅亥합으로 가져왔다. 己未대운〔40대 중반〕은 己亥자합이 亥卯未삼합으로 크게 생동하였다.

			(남)
丙	丙	丙	丙
申	午	申	申

◉ 대운

81	71	61	51	41	31	21	11	1
乙	甲	癸	壬	辛	庚	己	戊	丁
巳	辰	卯	寅	丑	子	亥	戌	酉

○생체시스템 ➡ 丙午·丙丙丙〔일간·비겁〕

○사회관계 ➡ 지배〔丙丙丙丙→申申申〕, 자신〔丙丙丙丙〕이 사람들〔申申申〕을 눌러서 지배했다.

이 사주는 큰 부잣집에서 태어나 戊戌대운〔10대〕에 과거에 합격하여 이름을 떨쳤고 20대〔己亥대운〕부터 벼슬이 높아져 총독이 되었다.

복음(伏吟) 丙丙丙丙일년월시간〔자신〕이 申申申년월시지〔부귀〕를 눌러서 지배하였다. 천간(天干)을 모두 장악한 火자신〔丙丙丙丙〕이 지지(地支)의 金 경쟁세력〔申申申〕을 지배한 것인데, 申申申 재성〔陰_음〕은 午비겁〔陽_양〕이 충돌하면서 생동감을 얻었고 金水대운을 만나면서 계속 발전하였다.

			(남)
丙	丙	丙	丙
申	子	申	子

◉ 대운

86	76	66	56	46	36	26	16	6
乙	甲	癸	壬	辛	庚	己	戊	丁
巳	辰	卯	寅	丑	子	亥	戌	酉

○생체시스템 ➡ 丙丙丙丙〔일간·비겁〕

○사회관계 ➡ 지배〔丙丙丙丙→申子申子〕, 자신〔丙丙丙丙〕이 재물〔申子申子〕을 눌러서 지배했다.

이 사주는 30대 중반〔庚子대운〕에 부모가 모두 사망하고 아내와 이혼했으며 사람이 상상하기 힘들 정도로 빈곤하게 살았지만 50대 중반〔壬寅대운〕에 이르자 탄광을 개발하여 수백억대 부자가 되었다.

복음(伏吟) 丙丙丙丙일년월시간〔자신〕이 申子申子년월일시지〔재물〕를 눌러서 지배하였다. 이 사주는 申子申子〔재물〕의 생명력이 운명을 결정하기에 金水대운까지 申子申子〔陰_음〕가 생동감을 잃어 빈곤하게 살았고, 木火대운부터 申子申子〔陰_음〕가 생동하자 인생의 반전이 일어났다.

			(남)
辛	辛	辛	丙
卯	卯	卯	寅

⊙ 대운

86	76	66	56	46	36	26	16	6
庚	己	戊	丁	丙	乙	甲	癸	壬
子	亥	戌	酉	申	未	午	巳	辰

○생체시스템 ➡ 辛辛辛〔일간·비겁〕

○사회관계 ➡ 지배〔辛辛辛→卯卯卯〕, 자신〔辛辛辛〕이 丙辛합하고 사람들〔卯卯卯寅〕을 눌러서 지배했다.

이 사주는 청나라 말기에 고급 관료를 지냈다. 복음(伏吟) 辛辛辛일월시간〔자신〕이 卯卯卯월일시지〔재성〕를 누르고 丙辛합으로 寅년지〔재성〕도 지배하였다.

이 사주는 木〔寅卯卯卯〕에너지의 유통이 운명을 결정하기에 火대운〔癸巳, 甲午, 乙未〕 30년 동안 청나라의 고급 관료로 승진하여 부귀영화를 누렸고 火대운이 끝나는 乙未대운 辛亥년〔46세_1911년〕에 청나라가 신해혁명으로 멸망하자 몰락하였다.

천간(天干)이 지지(地支)를 지배	천간(天干)은 정신이고 지지(地支)는 물질이다. 천간(天干)의 뛰어난 지성(知性)은 지지(地支)의 강력한 경쟁세력〔재물과 권력〕을 효율적으로 통제한다.

5

지지합(地支合)

사람들과 이해타산으로 관계를 맺다

지지합(地支合)은 사람들과 물질적인 이해타산으로 관계를 맺는 것으로 많은 사람들이 살아가는 방식이다. 이상(理想)을 추구하는 천간합(天干合)과 다르게 물질〔재물〕을 추구하는 지지합은 인간관계가 인생의 승패를 좌우하기에 사람들과의 화합(和合)를 중시하고 그것을 선(善)이라고 생각한다.

지지합(地支合)은 쉽게 깨지는데 가령 子丑합〔인간관계〕으로만 이루어진 삶이라면 12지지(地支_子·丑·寅·卯·辰·巳·午·未·申·酉·戌·亥)에서 卯에게 子卯파, 午에게 子午충·午丑천, 未에게 子未천·丑未충, 酉에게 子酉파, 戌에게 丑戌형으로 손상되기에 다양한 인간관계〔地支合〕로 보완해야 한다.

			(남)
己	己	戊	壬
巳	酉	申	辰

◉ 대운

83	73	63	53	43	33	23	13	3
丁	丙	乙	甲	癸	壬	辛	庚	己
巳	辰	卯	寅	丑	子	亥	戌	酉

○생체시스템 ➡ 己酉〔일간 · 식상〕

○사회관계 ➡ 지지합〔巳酉申辰〕, 재물〔壬辰, 戊申, 己巳〕을 酉辰합 · 巳申합으로 가져왔다.

이 사주는 30대 중반〔壬子대운〕부터 자동차 부품회사를 운영하여 돈을 벌기 시작하여 5백억대 부자가 되었다.

己일간〔자신〕이 酉일지〔식상〕을 사용하여 재물〔壬辰년, 戊申월, 己巳시〕을 酉辰합 · 巳酉합으로 가져왔다. 戊申월은 申辰합으로 재물과 연관된다. 壬子대운〔30대 중반〕은 申子辰 삼합으로 재물〔壬辰, 戊申, 己巳〕이 커지면서 사업을 시작하였다.

			(남)
己	己	癸	丙
巳	酉	巳	辰

◉ 대운

88	78	68	58	48	38	28	18	8
壬	辛	庚	己	戊	丁	丙	乙	甲
寅	丑	子	亥	戌	酉	申	未	午

○생체시스템 ➡ 己酉〔일간 · 식상〕

○사회관계 ➡ 지지합〔巳酉巳辰〕 입묘〔癸⌒辰〕, 재물〔丙辰, 癸巳. 己巳〕을 酉辰합 · 巳酉합으로 가져왔다.

이 사주는 30대〔丙申대운〕와 40대〔丁酉대운〕에 건축업으로 큰 부자로 살다가 50대〔戊戌대운〕에 파산하고 55세〔戊戌대운 庚戌년〕에 사망하였다.

己일간(자신)이 酉일지(식상)을 사용하여 재물(丙辰년, 癸巳월, 己巳시)을 酉辰합·巳酉합으로 가져왔다. 丙申대운(30대)은 巳申합·申辰합으로 丁酉대운(40대)은 酉辰합·巳酉합으로 재물(丙辰, 癸巳, 己巳)이 커지면서 크게 성공했지만 戊戌대운(50대)은 酉戌천으로 酉식상(생체시스템)이 무너지고 酉辰합·巳酉합이 깨지면서 파산하고 사망하였다.

			(여)
壬	己	己	己
申	酉	巳	卯

⊙대운

88	78	68	58	48	38	28	18	8
戊	丁	丙	乙	甲	癸	壬	辛	庚
寅	丑	子	亥	戌	酉	申	未	午

○생체시스템 ➡ 己·壬申(일간·재성·식상)

○사회관계 ➡ 지지합(申酉巳卯), 재물(己卯, 己巳)을 卯申합·巳申합으로 가져왔다.

이 사주는 30대(壬申대운)부터 음식장사를 시작하여 수십억을 벌었다. 己일간(자신)이 壬申시(재성·식상)을 사용하여 재물(己卯년, 己巳월)을 卯申합·巳申합으로 가져왔다. 乙亥대운(60대)은 巳亥충·申亥천으로 巳申합·卯申합이 깨지면서 잘 지내왔던 애인(乙_남성)이 법적 소송(亥_남성의 인성)을 걸어 자신의 재산을 분할하여 가져갔다.

			(남)
戊	庚	癸	戊
寅	寅	亥	子

⊙대운

87	77	67	57	47	37	27	17	7
壬	辛	庚	己	戊	丁	丙	乙	甲
申	未	午	巳	辰	卯	寅	丑	子

○생체시스템 ➡ 庚·癸亥〔일간·식상〕

○사회관계 ➡ 지지합〔寅寅亥〕, 재물〔戊子, 寅, 戊寅〕을 戊癸합·寅亥합으로 가져왔다.

이 사주는 빈손으로 일어나 제과업계 부자가 되었다가 65세〔己巳대운 壬辰년〕에 당뇨 등 모든 질병이 재발하고 뇌물과 탈세혐의로 검찰 조사를 받자 건물에서 뛰어내려 자살하였다.

庚일간〔자신〕이 癸亥월〔식상〕을 사용하여 재물〔戊子년, 寅일지, 戊寅시〕를 戊癸합·寅亥합으로 가져왔다. 癸亥월〔식상〕은 이 사주의 운명을 좌우하는데 己巳대운에 癸己극·巳亥충으로 癸亥〔생체시스템〕가 무너지고 戊癸합·寅亥합이 깨지면서 사망하였다.

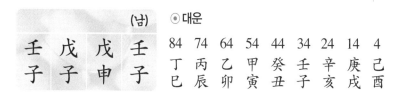

(남)

壬	戊	戊	壬
子	子	申	子

⊙ 대운

84	74	64	54	44	34	24	14	4
丁	丙	乙	甲	癸	壬	辛	庚	己
巳	辰	卯	寅	丑	子	亥	戌	酉

○생체시스템 ➡ 戊·戊申〔일간·비겁·식상〕

○사회관계 ➡ 지지합〔子子申子〕, 재물〔壬子, 子, 壬子〕을 子子申子합으로 가져왔다.

이 사주는 40대 초반〔壬子대운〕까지 직장생활을 하다가 40대 중반〔癸丑대운〕부터 학교급식 납품사업을 시작하여 연매출 60억을 달성했다. 복음(伏吟) 戊戊일월간〔자신〕이 申월지〔식상〕을 사용하여 재물〔壬子년, 子일지, 壬子시〕을 子子申子합으로 가져왔다. 癸丑대운〔40대 중반〕은 子丑합·申丑입묘로 申子합이 커지면서 크게 돈을 벌었다.

(남)			
癸	壬	辛	壬
卯	午	亥	辰

◉ 대운

82	72	62	52	42	32	22	12	2
庚	己	戊	丁	丙	乙	甲	癸	壬
申	未	午	巳	辰	卯	寅	丑	子

○생체시스템 ➡ 壬·辛亥〔일간·인성·비겁〕

○사회관계 ➡ 지지합〔卯午亥〕 입묘〔癸壬亥⤻辰〕, 재물〔辛亥, 壬午, 癸卯〕이 입묘한 壬辰〔재물창고〕을 亥卯합·午亥합으로 가져왔다.

이 사주는 수백 명의 직원을 거느리며 기업을 운영하다가 50대 초반〔丁巳대운〕에 파산하고 54세〔丁巳대운 乙酉년〕부터 아파트 경비원으로 들어가 비관 속에서 살았다.

壬일간〔자신〕이 辛亥월〔인성·비겁〕을 사용하여 壬辰년〔재물창고〕에 입묘하여 나온 재물〔壬午일, 癸卯시〕을 亥卯합·午亥합으로 가져왔다. 丙辰대운〔40대〕은 壬辰년〔재물창고〕이 생동하여 큰 기업을 운영했지만 丁巳대운〔50대〕은 辛亥월〔생체시스템〕이 辛丁극·巳亥충으로 무너지고 亥卯합·午亥합이 깨지면서 파산하였다.

(남)			
戊	丙	甲	戊
戌	寅	寅	申

◉ 대운

83	73	63	53	43	33	23	13	3
癸	壬	辛	庚	己	戊	丁	丙	乙
亥	戌	酉	申	未	午	巳	辰	卯

○생체시스템 ➡ 丙寅·甲寅〔일간·인성〕

○사회관계 ➡ 지지합〔戌寅寅〕 입묘〔丙⤻戌〕, 재물〔戊戌〕을 寅戌합으로 가져왔다.

이 사주는 33세〔戊午대운 庚辰년〕에 입시학원을 시작해 학원을 4개까지 늘릴 정도로 성공했지만 43세〔己未대운 庚寅년〕부터 학생들이 조금씩 줄면서 학원을 1개씩 폐쇄하다가 결국 학원사업을 완전히 접었다.

丙寅일주〔자신〕가 甲寅월〔인성〕을 사용하여 재물〔戊戌시〕을 寅戌합으로 가져오는데 戊申년〔타인_경쟁자〕이 寅申충으로 寅戌합〔생계〕을 깬다. 이 사주는 寅戌합이 운명을 결정하기에 戊午대운은 寅午戌 삼합으로 戊戌시〔재물〕가 커지면서 사업에 성공했고, 己未대운은 戌未형으로 寅戌합이 깨지면서 사업에 실패하였다.

(남)

丙	甲	壬	戊
寅	戌	戌	戌

◉ 대운

85	75	65	55	45	35	25	15	5
辛	庚	己	戊	丁	丙	乙	甲	癸
未	午	巳	辰	卯	寅	丑	子	亥

○생체시스템 ➡ 甲·丙寅〔일간·식상·비겁〕

○사회관계 ➡ 지지합〔寅戌戌戌〕 입묘〔丙⌒戌戌戌〕, 재물〔戌戌戌〕을 寅戌합으로 가져왔다.

이 사주는 34세〔乙丑대운 辛未년〕에 사업하다가 망했다.

甲일간〔자신〕이 丙寅시〔식상·비겁〕을 사용하여 재물〔戊戌년, 壬戌월, 戌일지〕을 寅戌합으로 가져왔다. 乙丑대운은 丑戌형으로 寅戌합이 깨지기에 파산하였다.

(남)

乙	庚	癸	甲
酉	辰	酉	辰

◉ 대운

83	73	63	53	43	33	23	13	3
壬	辛	庚	己	戊	丁	丙	乙	甲
午	巳	辰	卯	寅	丑	子	亥	戌

○생체시스템 ➡ 庚辰〔일간·인성〕

○사회관계 ➡ 지지합〔酉辰酉辰〕, 재물〔甲辰, 癸酉, 乙酉〕을 酉辰합으로 가져왔다.

이 사주는 대학을 졸업하고 평범한 회사에 들어가 만족하면서 살았다. 庚辰일주〔자신〕가 재물〔甲辰년, 癸酉월, 乙酉시〕을 酉辰합으로 가져왔다. 酉辰합〔생계〕은 己卯대운〔퇴직 무렵〕에 깨지기에 특별하게 성공하지는 못했지만 순박하고 평온하게 살았다.

			(남)
丁	丁	乙	丁
未	酉	巳	酉

◉ 대운

86	76	66	56	46	36	26	16	6
丙	丁	戊	己	庚	辛	壬	癸	甲
申	酉	戌	亥	子	丑	寅	卯	辰

○생체시스템 ➡ 丁·乙巳〔일간·인성·비겁〕
○사회관계 ➡ 지지합〔酉巳酉〕, 재물〔丁酉, 酉〕을 巳酉합으로 가져왔다.

이 사주는 16세〔甲辰대운〕까지 공부를 잘하다가 17세〔癸卯대운 癸丑년〕에 가출하여 학업을 포기했고 35세〔壬寅대운 辛未년〕까지 뚜렷한 직업도 없이 방황하였다. 36세〔壬寅대운 壬申년〕가 되자 결혼을 했고 전자대리점을 차려서 장사를 시작했으며 37세〔辛丑대운〕부터 돈을 벌기 시작하였다. 丁일간〔자신〕이 乙巳월〔인성·비겁〕을 사용하여 재물〔丁酉년, 酉일지〕을 巳酉합으로 가져왔다. 丁未시〔타인〕는 작용력이 없다.

이 사주는 巳酉합이 운명을 결정한다. 甲辰대운〔7세~16세〕은 酉辰합으로 巳酉합이 커지면서 공부를 잘하였고, 癸卯대운〔17세~26세〕은 卯酉충으로 巳酉합이 깨지면서 학업을 포기하였다. 壬寅대운〔27세~36세〕은 寅巳형으로 巳酉합이 깨지면서 방황을 계속하였고, 辛丑대운〔37세~46세〕은 巳酉丑 삼합으로 巳酉합이 살아나면서 마음의 안정을 찾고 돈〔丁酉, 酉〕을 벌었다.

(남)			
癸	壬	戊	戊
卯	寅	午	辰

◉ 대운

87	77	67	57	47	37	27	17	7
丁	丙	乙	甲	癸	壬	辛	庚	己
卯	寅	丑	子	亥	戌	酉	申	未

○생체시스템 ➡ 壬寅〔일간 · 식상〕

○사회관계 ➡ 지지합파〔卯寅午〕, 寅午합으로 가져오는 재물〔卯午〕이 午卯파로 깨졌다.

이 사주는 작은 전기업체 직원으로 고등학교를 졸업한 이후에 마음의 안정을 찾지 못하고 여러 직장을 옮겨 다녔다. 壬寅일주〔자신〕가 寅午합으로 재물〔戊午월〕을 가져오는데 癸卯시〔경쟁자〕가 午卯파로 寅午합을 깨기에 인생 후반기가 불길하다. 戊辰년〔타인〕은 작용력이 없다. 이 사주는 寅午합이 운명을 결정한다. 庚申대운〔18세~27세〕은 寅申충으로 寅午합이 깨지면서 실업계 고등학교를 졸업하고 뚜렷한 직장을 얻지 못했고, 辛酉대운〔28세~37세〕은 午酉파로 寅午합이 깨지면서 한 곳에 적응하지 못하고 계속 직장을 옮겨 다녔다.

(남)			
戊	庚	丙	甲
寅	戌	寅	戌

◉ 대운

89	79	69	59	49	39	29	19	9
乙	甲	癸	壬	辛	庚	己	戊	丁
亥	戌	酉	申	未	午	巳	辰	卯

○생체시스템 ➡ 庚戌〔일간 · 인성〕

○사회관계 ➡ 지지합〔寅戌寅戌〕 입묘〔戌⌒丙〕, 재물〔甲戌, 丙寅, 戊寅〕을 寅戌합으로 가져왔다.

이 사주는 20대〔戊辰대운〕와 30대초반〔己대운〕까지 객지에서 엄청나게 고생하였고 30대 중반〔巳대운〕부터 인쇄기술을 배워 40대〔庚午대운〕에 돈을 많이 벌었으나 52세〔辛未대운 乙丑년〕에 아내가 사망하였고 53세〔辛未대운 丙寅년〕에 새로운 여자를 만났지만 56세〔辛未대운 己巳년〕에 본인이 사망하였다.

庚戌일주〔자신〕가 재물〔甲戌년, 丙寅월, 戊寅시〕을 寅戌합으로 가져왔다. 甲戌년은 寅戌합으로 재물과 연관되고 이 사주에서 寅戌합은 운명을 결정한다. 戊辰대운〔20대〕은 辰戌충으로 寅戌합이 깨지면서 고생했고, 己巳대운〔30대〕은 寅巳형으로 寅戌합이 깨지지만 戌일지〔관살고〕로의 입묘가 있어 고생 중에 보람이 있었다. 庚午대운〔40대〕은 寅午戌삼합으로 寅戌합이 커지면서 재물을 크게 얻었고, 辛未대운〔50대〕은 戌未형으로 寅戌합이 깨지면서 첫째 부인〔丙寅월〕이 사망하고 둘째 부인戊寅시〕을 만났으며 56세〔辛未대운 己巳년〕에 戌未형·寅巳형으로 자신이 사망하였다.

지지합 (地支合)	사람들과 물질적인 이해타산으로 관계를 맺는 것으로 많은 사람들이 살아가는 방식이다. 이상(理想)을 추구하는 천간합(天干合)과 다르게 물질〔재물〕을 추구하는 지지합(地支合)은 인간관계가 인생의 승패를 좌우하기에 사람들과의 화합(和合)를 중시하고 그것을 선(善)이라고 생각한다.

6

고(庫)를 지배

재물(권력)창고를 지배하다

고(庫)를 지배하면 지도자로서 사람들을 통솔하는데 주관(主觀)이 뚜렷하고 대의명분(大義名分)을 앞세우며 자신이 속한 분야에서 1인자〔최고〕로 존재한다. 고(庫)가 크면 국가권력이나 기업을 경영하고 고(庫)가 작으면 단체의 리더(leader)로 활동한다.

일반적으로 비겁고(比劫庫)는 사람들의 육체가 모인 권력창고〔재물창고〕, 식상고(食傷庫)는 아랫사람이 모인 재물창고〔권력창고〕, 관살고(官殺庫)와 재고(財庫)는 남녀의 육체가 모인 재물창고〔권력창고〕, 인성고(印星庫)는 결재권이 모인 권력창고〔재물창고〕를 의미한다.

고(庫)는 천간(天干)의 생체시스템〔비겁·식상·인성〕이 내리눌러서 지배하는데 다음과 같은 특징이 있다.

❶ 양간〔甲 · 丙 · 戊 · 庚 · 壬〕으로 고(庫)를 지배하면 큰 뜻을 품고 음간〔乙 · 丁 · 己 · 辛 · 癸〕으로 고(庫)를 지배하면 물질〔현실〕에 집착한다.

❷ 고(庫)에 입묘된 경쟁세력이 많아야 부귀가 높고 입묘된 경쟁세력이 없으면 부귀가 낮기에 대운(大運)에서 입묘를 만나야 한다.

❸ 고(庫)를 지배하는 생체시스템〔비겁 · 식상 · 인성〕이 천간합(天干合)을 당하면 지배력이 무너진다.

❹ 고(庫)가 대운(大運)에서 형충파천(刑沖破穿) 등으로 깨지면 지배되었던 경쟁세력이 반란을 일으켜 자신을 무너뜨린다.

❺ 고(庫)가 깔끔한 삼합(三合)을 이루면 사라지고 깔끔한 육합(六合)을 이루면 입묘기능이 정지된다.

❻ 고(庫)에 입묘되었던 경쟁자가 천간(天干)으로 올라오면 고(庫)의 지배력이 위협받는다.

❼ 사주원국(四柱原局)에서 고(庫)가 형충파천(刑沖破穿) 등으로 깨져 있다면 고(庫)를 지배하는 특징이 없어지고 제압(制壓)으로 변하여 약육강식의 쟁탈을 앞세운다.

			(남)
辛	己	庚	丙
未	卯	寅	寅

⊙ 대운

85	75	65	55	45	35	25	15	5
己	戊	丁	丙	乙	甲	癸	壬	辛
亥	戌	酉	申	未	午	巳	辰	卯

○생체시스템 ➡ 己 · 辛未〔일간 · 식상 · 비겁〕

○사회관계 ➡ 입묘〔未 ← 卯寅寅〕, 사람들〔丙寅, 庚寅, 己卯〕이 입묘한 권력창고〔未〕를 식상〔辛〕으로 지배하였다.

이 사주는 40년간 정계에서 활동하면서 한국 현대사의 중심부에 있었던 김종필 (전)국무총리이다. 己일간〔자신〕이 사람들〔丙寅년, 庚寅월, 己卯시〕)이 입묘한 未시지〔권력창고〕를 辛시간〔식상〕으로 지배하였다. 이 사주는 권력창고〔辛未〕가 운명을 결정한다.

辛卯대운〔6세~15세〕은 辛未〔권력창고〕가 생동하여 면장의 아들로 태어나 풍요롭게 지냈고, 壬辰대운〔16세~25세〕은 辛未〔권력창고〕가 온전하여 일본 유학에서 뜻을 펼치지는 못했지만 해방 이후 서울대학교를 거쳐 육군사관학교에 들어갔으며, 癸巳대운〔26세~35세〕은 辛未〔권력창고〕가 무난하여 육군정보참모부 기획과장까지 승진하였다.

甲대운〔36세~40세〕은 辛未〔권력창고〕가 생동하면서 육군 중령으로 5·16군사정변〔1961년, 36세_甲대운 辛丑년〕을 이끌었고 중앙정보부장을 거쳐 국회의원에 당선되었으며 공화당 당의장에 취임했다. 午대운〔41세~45세〕은 午未합으로 辛未〔권력창고〕가 닫히면서 43세〔午대운 戊申년〕에 국민복지회사건으로 모든 공직을 사퇴하고 정계를 떠났다.

乙未대운〔46세~55세〕은 타고난 辛未〔권력창고〕가 생동하면서 46세〔乙未대운 辛亥년〕에 대통령선거를 앞두고 공화당 부총재로 복귀하여 국무총리로 취임했고 박정희 대통령이 사망하자 공화당 총재를 맡았다가 1980년〔55세_乙未대운 庚申년〕에 공화당 대통령후보로 출마준비 중에 신군부 군사정변을 만났다.

丙대운〔56세~60세〕은 丙辛합으로 辛未〔권력창고〕의 지배력이 무너지면서 1981년〔56세_丙대운 辛酉년〕에 정치활동이 규제되었다가 1985년〔60세_丙대운 乙丑년〕에 겨우 풀렸고, 申대운〔61세~65세〕은 寅申충으로 辛未〔권력창고〕가 움직이면서 신민주공화당을 창당하고 1987년〔62세_申대운 丁卯년〕에 대통령선거에서 낙선했지만 1990년〔65세_申대운

庚午년)에 3당 합당으로 민주자유당을 만들어 최고위원직을 맡았다.

丁酉대운(66세~75세)은 卯酉충으로 辛未(권력창고)가 생동하면서 1992년(67세_丁酉대운 壬申년)에 김영삼 대통령 당선을 도와 민주자유당 대표최고위원에 취임했다가 자유민주연합을 창당했고 1997년(72세_丁酉대운 丁丑년)에는 김대중 대통령 당선을 도와 1998년(73세_丁酉대운 戊寅년)에 새정치국민회의와 자유민주연합 공동정권의 국무총리를 맡았다.

戊戌대운(76세~85세)은 戌未형으로 辛未(권력창고)가 무너지면서 2001년(76세_戊戌대운 辛巳년)에 김대중 대통령과 결별하고 소수야당의 총재로 전락했고 2004년(79세_戊戌대운 甲申년)에 노무현 대통령 탄핵 역풍으로 제17대 국회의원선거 자유민주연합의 비례대표에서 낙선하고 정계를 떠났으며 2008년(83세_戊戌대운 戊子년)에 뇌졸중으로 쓰러졌다.

己亥대운(86세~95세)은 亥卯未 삼합으로 辛未(권력창고)가 영원히 사라지는데 2018년(93세_己亥대운 戊戌년)에 亥卯未 삼합·戌未형으로 辛未(권력창고)가 붕괴되면서 사망하였다.

			(남)
己	丙	己	辛
亥	辰	亥	未

⊙ 대운

86	76	66	56	46	36	26	16	6
庚	辛	壬	癸	甲	乙	丙	丁	戊
寅	卯	辰	巳	午	未	申	酉	戌

○생체시스템 ➡ 丙辰(일간·식상)

○사회관계 ➡ 입묘(辰 亥亥未), 사람들(辛未, 己亥, 己亥)이 입묘한 권력창고(辰)를 자신(丙)이 지배하였다.

이 사주는 고귀한 인품으로 존경받았던 청나라 말기의 권력자 증국번(曾國藩)이다. 丙일간〔자신〕이 사람들〔辛未년, 己亥월, 己亥시〕이 입묘한 辰일지〔권력창고〕를 지배하였다.

丙申대운 戊戌년〔28세〕에 과거에 합격하여 한림원〔최고학술기관〕에 들어갔고 甲午대운 甲子년〔54세_1864년〕에 군통솔자로서 2천만명이 넘게 희생된 비극적인 태평천국운동을 진압하며 청나라를 위기에서 구했던 그는 이미 청나라 절반을 장악했고 청조(淸朝)는 힘이 없었기에 많은 사람들이 황제에 오르라고 부추겼지만 끝까지 충신으로 남았다.

그는 辰〔권력창고〕에서 癸〔경쟁자〕가 떠오르는 癸巳대운 壬申년〔62세〕에 갑자기 사망하였다.

			(남)
戊	丙	己	丙
子	辰	亥	子

◉ 대운

82	72	62	52	42	32	22	12	2
戊	丁	丙	乙	甲	癸	壬	辛	庚
申	未	午	巳	辰	卯	寅	丑	子

○생체시스템 ➡ 丙辰〔일간 · 식상〕

○사회관계 ➡ 입묘〔辰 ↶ 子亥子〕, 재물〔丙子, 己亥, 戊子〕이 입묘한 재물창고〔辰〕를 자신〔丙일간〕이 지배하였다.

이 사주는 보석사업으로 홍콩의 갑부가 되었다.

丙일간〔자신〕이 재물〔丙子년, 己亥월, 戊子시〕이 입묘한 재물창고〔辰일지〕를 지배하였다.

이분은 풍족한 집안에서 태어나 20대 중반〔壬寅대운〕부터 보석가게를 열어 재물을 모았고 40대 중반〔甲辰대운〕부터는 홍콩에 보석체인점들을 개설하여 크게 성공하였다.

			(남)
乙	丙	丁	庚
未	辰	亥	午

⊙대운

87	77	67	57	47	37	27	17	7
丙	乙	甲	癸	壬	辛	庚	己	戊
申	未	午	巳	辰	卯	寅	丑	子

○생체시스템 ➡ 丙辰〔일간 · 식상〕

○사회관계 ➡ 입묘〔辰←亥未午〕, 사람들〔庚午, 丁亥, 乙未〕이 입묘한 권력창고〔辰〕를 자신〔丙〕이 지배하였다.

이 사주는 중국 격동기에 활약했던 군벌〔고위권력자〕이다.

丙일간〔자신〕이 사람들〔庚午년, 丁亥월, 乙未시〕이 입묘한 권력창고〔辰일지〕를 지배하였다. 庚午년은 乙未시와 午未합하여 辰〔권력창고〕으로 들어왔다.

젊은 시절부터 출세하여 40대 후반〔壬대운〕부터 강력한 군벌이 되었던 그는 辰〔권력창고〕에서 癸〔경쟁자〕가 떠오르는 癸巳대운 乙亥년〔66세〕에 갑자기 사망하였다.

			(남)
己	丙	丁	癸
亥	辰	巳	卯

⊙대운

82	72	62	52	42	32	22	12	2
戊	己	庚	辛	壬	癸	甲	乙	丙
申	酉	戌	亥	子	丑	寅	卯	辰

○생체시스템 ➡ 丙辰〔일간 · 식상〕

○사회관계 ➡ 입묘〔辰←亥癸〕, 재물〔癸卯, 己亥〕이 입묘한 재물창고〔辰〕를 자신〔丙〕이 지배하였다.

이 사주는 100만평 골프장 대표이사이다.

丙일간〔자신〕이 재물〔癸卯년, 己亥시〕이 입묘한 재물창고〔辰일지〕를 지배하였다. 己亥시〔관성_아내〕는 亥卯합으로 癸卯년〔재물〕을 가져오기에 아내 덕이 높고 丁巳월〔겁재〕은 巳亥충으로 亥卯합을 깨는 역할을 한다.

			(남)
丙	丙	丁	丁
申	辰	未	亥

⊙ 대운

89	79	69	59	49	39	29	19	9
戊	己	庚	辛	壬	癸	甲	乙	丙
戌	亥	子	丑	寅	卯	辰	巳	午

○생체시스템 ➡ 丙辰〔일간 · 식상〕

○사회관계 ➡ 입묘〔辰 ← 未亥〕, 재물〔丁亥, 丁未〕이 입묘한 재물창고〔辰〕를 자신〔丙일간〕이 지배하였다.

이 사주는 큰 기업을 경영하는 대표이사이다.

丙일간〔자신〕이 재물〔丁亥년, 丁未월〕이 입묘한 재물창고〔辰일지〕를 지배하였다. 丙申시〔비겁〕는 申辰합으로 辰〔재물창고〕을 공유하였다.

			(남)
庚	丙	乙	丁
寅	辰	巳	丑

⊙ 대운

88	78	68	58	48	38	28	18	8
丙	丁	戊	己	庚	辛	壬	癸	甲
申	酉	戌	亥	子	丑	寅	卯	辰

○생체시스템 ➡ 丙辰〔일간 · 식상〕

○사회관계 ➡ 입묘〔辰 ← 巳丑庚〕, 재물〔丁丑, 乙巳, 庚寅〕이 입묘한 재물창고〔辰〕를 자신〔丙〕이 지배하였다.

이 사주는 큰 기업을 운영하는 부자이다.

丙일간〔자신〕이 재물〔丁丑년, 乙巳월, 庚寅시〕이 입묘한 재물창고〔辰일지〕를 지배하였다. 庚寅시〔金〕는 丁丑년〔金庫〕에 입묘하여 辰〔재물창고)으로 들어왔고 乙巳월(비겁)은 巳丑합하여 辰(재물창고)으로 들어왔다.

			(남)
丙	戊	癸	辛
辰	申	巳	丑

⊙대운

83	73	63	53	43	33	23	13	3
甲	乙	丙	丁	戊	己	庚	辛	壬
申	酉	戌	亥	子	丑	寅	卯	辰

○생체시스템 ➡ 戊·丙辰(일간·인성·비겁)

○사회관계 ➡ 입묘(辰 ← 癸丑申), 사람들(辛丑, 癸巳, 戊申)이 입묘한 권력창고(辰)를 인성(丙)으로 지배하였다.

이 사주는 평생 부귀영화를 누렸던 청나라 종1품의 고위권력자이다. 戊일간(자신)이 사람들(辛丑년, 癸巳월, 戊申일)이 입묘한 권력창고(辰시지)를 丙시간(인성)으로 지배하였다. 戊申일(金)은 辛丑년(金庫)에 입묘하여 辰(재물창고)으로 들어왔다.

			(여)
丙	戊	癸	壬
辰	申	丑	子

⊙대운

82	72	62	52	42	32	22	12	2
甲	乙	丙	丁	戊	己	庚	辛	壬
辰	巳	午	未	申	酉	戌	亥	子

○생체시스템 ➡ 戊·丙辰(일간·인성·비겁)

○사회관계 ➡ 입묘(辰 ← 丑申子), 재물(壬子, 癸丑, 戊申)이 입묘한 재물창고(辰)를 인성(丙)으로 지배하였다.

이 사주는 한방병원을 운영하는 한의사다.

戊일간(자신)이 재물(壬子년, 癸丑월, 戊申일)이 입묘한 재물창고(辰시지)를 丙시간(인성)으로 지배하였다. 戊申일(金)은 癸丑월(金庫)에 입묘하여 辰〔재물창고〕으로 들어왔다.

			(남)
乙	甲	戊	癸
丑	辰	午	未

◉ 대운

83	73	63	53	43	33	23	13	3
己	庚	辛	壬	癸	甲	乙	丙	丁
酉	戌	亥	子	丑	寅	卯	辰	巳

○생체시스템 ➡ 甲〔일간〕

○사회관계 ➡ 입묘〔辰 ⌒ 丑午未〕, 재물〔癸未, 戊午, 乙丑〕이 입묘한 재물창고 〔辰〕를 자신〔甲〕이 지배하였다.

이 사주는 동일방직 서민석 회장이다.

甲일간〔자신〕이 재물〔癸未년, 戊午월, 乙丑시〕이 입묘한 재물창고〔辰일지〕를 지배하였다. 戊午월은 癸未년과 午未합하여 辰〔재물창고〕으로 들어왔다.

서울대학교를 졸업하고 36세〔甲寅대운 戊午년〕에 동일방직 대표이사로 오른 그는 2012년〔70세_辛亥대운 壬辰년〕에 7,523억원의 매출을 기록하는 등 섬유경기 침체에도 불구하고 탁월한 통솔력으로 동일방직을 우량기업으로 성장시켰다.

			(남)
乙	甲	丙	辛
丑	辰	申	丑

◉ 대운

90	80	70	60	50	40	30	20	10
丁	戊	己	庚	辛	壬	癸	甲	乙
亥	子	丑	寅	卯	辰	巳	午	未

○생체시스템 ➡ 甲〔일간〕

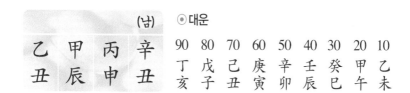

○사회관계 ➡ 입묘〔辰 ⌒ 丑丑申〕, 재물〔辛丑, 丙申, 乙丑〕이 입묘한 재물창고 〔辰〕를 자신〔甲〕이 지배하였다.

이 사주는 홀로 일어서서 40대〔壬辰대운〕에 모텔과 상가 부동산으로 부자가 되었다.

甲일간〔자신〕이 재물〔辛丑년, 丙申월, 乙丑시〕이 입묘한 재물창고〔辰일지〕를 지배하였다. 丙申월〔金〕은 金庫〔辛丑, 乙丑〕에 입묘하여 辰〔재물창고〕으로 들어왔다. 초년〔乙未대운〕부터 火木대운으로 흐르면서 입묘작용이 생동감을 얻었고 壬辰대운〔40대〕에 타고난 辰〔재물창고〕이 생동하면서 큰 부자가 되었다.

			(남)
丙	甲	癸	丁
寅	辰	卯	亥

⊙ 대운

87	77	67	57	47	37	27	17	7
甲	乙	丙	丁	戊	己	庚	辛	壬
午	未	申	酉	戌	亥	子	丑	寅

○생체시스템 ➡ 甲〔일간〕

○사회관계 ➡ 입묘〔辰← 癸亥寅〕, 재물〔丁亥, 癸卯, 丙寅〕이 입묘한 재물창고〔辰〕를 자신〔甲〕이 지배하였다.

이 사주는 출판사업으로 2백억대 부자가 되었다.

甲일간〔자신〕이 재물〔丁亥년, 癸卯월, 丙寅시〕이 입묘한 재물창고〔辰일지〕를 지배하였다. 丙寅시는 丁亥년과 寅亥합하여 辰〔재물창고〕으로 들어왔다.

子대운〔32세~36세〕은 辰〔재물창고〕이 활력을 얻어 출판사에 입사하여 회사를 키우고 재물을 벌었고, 己대운〔37세~41세〕은 甲己합으로 甲〔자신〕의 지배력이 무너지면서 퇴사하고 자신이 세운 출판사가 파산 직전까지 갔으며, 亥대운〔42세~46세〕은 辰〔재물창고〕이 생동하면서 寅亥합·亥卯합 입묘작용으로 순식간에 2백억을 벌었다.

(남)			
戊	丁	甲	壬
申	丑	辰	寅

◉ 대운

89	79	69	59	49	39	29	19	9
癸	壬	辛	庚	己	戊	丁	丙	乙
丑	子	亥	戌	酉	申	未	午	巳

○생체시스템 ➡ 丁甲〔일간 · 인성〕

○사회관계 ➡ 입묘〔申丑壬 → 辰〕, 재물〔壬寅, 丁丑, 戊申〕이 입묘한 재물창고〔辰〕를 인성〔甲〕으로 지배하였다.

이 사주는 대학교를 운영하는 5백억대 자산가이다.

丁일간〔자신〕**이 재물**〔壬寅년, 丁丑일, 戊申시〕**이 입묘한 재물창고**〔辰월지〕**를 甲월간**〔인성〕**으로 지배하였다. 戊申시**〔金〕**은 丁丑일**〔金庫〕**에 입묘하여 辰**〔재물창고〕**으로 들어왔다.**

(남)			
甲	壬	辛	辛
辰	子	丑	卯

◉ 대운

81	71	61	51	41	31	21	11	1
壬	癸	甲	乙	丙	丁	戊	己	庚
辰	巳	午	未	申	酉	戌	亥	子

○생체시스템 ➡ 壬甲〔일간 · 식상〕

○사회관계 ➡ 입묘〔辰 ← 壬丑辛〕, 재물〔辛卯, 辛丑, 壬子〕이 입묘한 재물창고〔辰〕를 식상〔甲〕으로 지배하였다.

이 사주는 50대〔乙未대운〕**에 천억대 유산을 물려받아 큰 부자가 되었다. 壬일간**〔자신〕**이 재물**〔辛卯년, 辛丑월, 壬子일〕**이 입묘한 재물창고**〔辰시지〕**를 甲시간**〔식상〕**으로 지배하였다.**

辛卯년〔金〕**은 辛丑월**〔金庫〕**에 입묘하여 辰**〔재물창고〕**으로 들어오는데 양(陽)으로서 음**〔陰_辛丑, 壬子〕**의 입묘작용에 활력을 주는 역할을 한다.**

이 사주는 水金대운에 멈춰 있던 입묘작용이 火대운〔乙未〕에 생동하면서 순식간에 큰 재물을 얻었다.

(남)			
甲	丁	庚	癸
辰	未	申	未

◉ 대운

83	73	63	53	43	33	23	13	3
辛	壬	癸	甲	乙	丙	丁	戊	己
亥	子	丑	寅	卯	辰	巳	午	未

○생체시스템 ➡ 丁甲〔일간·인성〕

○사회관계 ➡ 입묘〔辰⌒癸未〕, 사람들〔癸未, 丁未〕이 입묘한 권력창고〔辰〕를 인성〔甲〕으로 지배하였다.

이 사주는 명문대를 졸업하고 재무부 고위공무원을 지냈다.

丁일간〔자신〕이 사람들〔癸未년, 丁未일〕이 입묘한 권력창고〔辰시지〕를 甲시간〔인성〕으로 지배하였다. 庚申월〔타인〕은 辰〔권력창고〕을 申辰합으로 공유하는데 乙卯대운〔40대 중반〕과 甲寅대운〔50대 중반〕에 木金충으로 입묘작용을 생동시켰다.

(남)			
戊	壬	辛	壬
申	辰	亥	子

◉ 대운

88	78	68	58	48	38	28	18	8
庚	己	戊	丁	丙	乙	甲	癸	壬
申	未	午	巳	辰	卯	寅	丑	子

○생체시스템 ➡ 壬〔일간〕

○사회관계 ➡ 입묘〔辰⌒亥子申〕, 사람들〔壬子, 辛亥, 戊申〕이 입묘한 권력창고〔辰〕를 자신〔壬일간〕이 지배하였다.

이 사주는 이승만 정권 말기에 경찰국장을 역임하다가 4·19혁명〔1960년, 49세_乙卯대운 庚子년〕이 일어나자 관직에서 물러났다.

壬일간〔자신〕이 사람들〔壬子년, 辛亥월, 戊申시〕이 입묘한 권력창고〔辰일지〕를 지배하였다. 戊申일은 壬子년과 申子합하여 辰〔권력창고〕으로 들어왔다.

이 사주는 거대한 음(陰)에너지〔壬子, 辛亥, 壬辰, 戊申〕로 이루어졌기에 양(陽)에너지가 충돌하는 甲寅대운과 乙卯대운 20년 동안 크게 권력을 얻었고 양(陽)에너지가 소멸하고 申子辰 삼합으로 辰〔권력창고〕이 없어지는 丙辰대운〔50대〕에는 권력이 먼저처럼 사라졌다.

			(여)
癸	壬	庚	辛
卯	辰	寅	丑

◉ 대운

82	72	62	52	42	32	22	12	2
己	戊	丁	丙	乙	甲	癸	壬	辛
亥	戌	酉	申	未	午	巳	辰	卯

○생체시스템 ➡ 壬〔일간〕

○사회관계 ➡ 입묘〔辰 ← 癸丑庚〕, 재물〔辛丑, 庚寅, 癸卯〕이 입묘한 재물창고〔辰〕를 자신〔壬〕이 지배하였다.

이 사주는 20대〔癸巳대운〕에 남편이 20억 빚만 남기고 사망했지만 40대 중반〔乙未대운〕부터 부동산으로 크게 성공하여 천억대 부자가 되었다.

壬일간〔자신〕이 재물〔辛丑년, 庚寅월, 癸卯시〕이 입묘한 재물창고〔辰일지〕를 지배하였다. 庚寅월〔金〕은 辛丑년〔金庫〕에 입묘하여 辰〔재물창고〕으로 들어왔다. 乙未대운은 재물〔庚寅, 癸卯〕이 乙未〔木庫〕에 입묘되어 辰〔재물창고〕으로 들어오기에 재물이 크게 일어났다.

			(남)
乙	甲	壬	辛
丑	午	辰	丑

◉ 대운

89	79	69	59	49	39	29	19	9
癸	甲	乙	丙	丁	戊	己	庚	辛
未	申	酉	戌	亥	子	丑	寅	卯

○생체시스템 ➡ 甲壬〔일간 · 인성〕

○사회관계 ➡ 입묘〔丑丑⌒辰〕, 재물〔辛丑, 乙丑〕이 입묘한 재물창고〔辰〕를 인성〔壬〕으로 지배하였다.

이 사주는 의과대학을 졸업하고 30대〔己丑대운〕에 장인의 도움으로 종합병원을 개업하였다.

甲일간〔자신〕이 재물〔辛丑년, 乙丑시〕이 입묘한 재물창고〔辰월지〕를 壬월간〔인성〕으로 지배하였다. 午丑천은 입묘작용에 생동감을 준다.

			(여)
丁	乙	壬	辛
丑	丑	辰	未

◉ 대운

84	74	64	54	44	34	24	14	4
辛	庚	己	戊	丁	丙	乙	甲	癸
丑	子	亥	戌	酉	申	未	午	巳

○생체시스템 ➡ 乙壬〔일간 · 인성〕

○사회관계 ➡ 입묘〔丑丑未⌒辰〕, 재물〔辛未, 乙丑, 丁丑〕이 입묘한 재물창고〔辰〕를 인성〔壬〕으로 지배하였다.

이 사주는 서울 강남의 명문고등학교에서 전교 1등을 놓치지 않았고 서울대학교 경제학과에 진학했으며 부모는 서울에서 엄청난 부자이다.

乙일간〔자신〕이 재물〔辛未년, 乙丑일, 丁丑시〕이 입묘한 재물창고〔辰월지〕를 壬월간〔인성〕으로 지배하였다. 재물〔辛未, 乙丑, 丁丑〕의 입묘작용〔부귀〕은 丑未충으로 끊임없이 일어난다.

			(남)
甲	戊	甲	癸
寅	辰	子	未

⊙대운

89	79	69	59	49	39	29	19	9
乙	丙	丁	戊	己	庚	辛	壬	癸
卯	辰	巳	午	未	申	酉	戌	亥

○생체시스템 ➡ 戊辰〔일간·비겁〕

○사회관계 ➡ 입묘〔辰↶子未寅〕, 재물〔癸未, 甲子, 甲寅〕이 입묘한 재물창고〔辰〕를 자신〔戊〕이 지배하였다.

이 사주는 서울대학교를 졸업하고 대학교 부총장을 하면서 큰 부자로 살았고 형은 국무총리를 지냈다.

戊일간〔자신〕이 재물〔癸未년, 甲子월, 甲寅시〕이 입묘한 재물창고〔辰일지〕를 지배하였다. 甲寅시〔木〕는 癸未년〔木庫〕에 입묘하여 辰〔재물창고〕으로 들어왔다.

			(남)
戊	庚	壬	壬
寅	辰	子	子

⊙대운

87	77	67	57	47	37	27	17	7
辛	庚	己	戊	丁	丙	乙	甲	癸
酉	申	未	午	巳	辰	卯	寅	丑

○생체시스템 ➡ 庚辰〔일간·인성〕

○사회관계 ➡ 입묘〔辰↶子子〕, 재물〔壬子, 壬子〕이 입묘한 재물창고〔辰〕를 자신〔庚〕이 지배하였다.

이 사주는 부유한 집안에서 태어나 서울대학교 의과대학을 졸업하고 대형병원에서 근무하는 의사이다.

庚일간〔자신〕이 재물〔壬子년, 壬子월〕이 입묘한 재물창고〔辰일지〕를 지배하였다. 戊寅시〔양〕는 음〔壬子, 壬子〕의 입묘작용을 생동시킨다.

			(남)
庚	庚	丁	甲
辰	申	丑	辰

◉ 대운

90	80	70	60	50	40	30	20	10
丙	乙	甲	癸	壬	辛	庚	己	戊
戌	酉	申	未	午	巳	辰	卯	寅

○생체시스템 ➡ 庚申·庚辰〔일간·비겁·인성〕

○사회관계 ➡ 입묘〔辰辰 ↶ 丑申〕, 재물〔丁丑, 庚申〕이 입묘한 재물창고〔辰시지〕를 자신〔庚시간〕이 지배하였다.

이 사주는 백억대 기업을 운영하는 대표이사이다.

복음(伏吟) 庚庚일시간〔사신〕이 재물〔丁丑월, 庚申일〕이 입묘한 재물창고〔辰시지〕를 지배하였다. 庚申일〔金〕은 丁丑월〔金庫〕에 입묘하여 庚辰〔자기 재물창고〕과 甲辰〔타인 재물창고〕 양쪽으로 입묘하기에 사업으로 생긴 이윤〔丁丑, 庚申〕은 거래상대자〔甲辰〕와 절반씩 나눈다.

			(남)
庚	庚	丙	辛
辰	寅	申	丑

◉ 대운

86	76	66	56	46	36	26	16	6
丁	戊	己	庚	辛	壬	癸	甲	乙
亥	子	丑	寅	卯	辰	巳	午	未

○생체시스템 ➡ 庚·庚辰〔일간·비겁·인성〕

○사회관계 ➡ 입묘〔辰 ↶ 庚申辛〕, 사람들〔辛丑, 丙申, 庚寅〕이 입묘한 권력창고〔辰〕를 자신〔庚시간〕이 지배하였다.

이 사주는 정부 고위관료이다.

복음(伏吟) 庚庚일시간〔자신〕이 사람들〔辛丑년, 丙申월, 庚寅일〕이 입묘한 권력창고〔辰시지〕를 지배하였고 초년부터 火木대운을 만나면서 입묘작용이 생동하여 출세가 물결 흐르듯이 순탄하였다.

			(남)
丙	庚	丙	乙
戌	戌	戌	巳

⊙ 대운

90	80	70	60	50	40	30	20	10
丁	戊	己	庚	辛	壬	癸	甲	乙
丑	寅	卯	辰	巳	午	未	申	酉

○생체시스템 ➡ 庚戌〔일간 · 인성〕

○사회관계 ➡ 입묘〔戌 ↶ 巳丙丙〕, 사람들〔乙巳, 丙戌, 丙戌〕이 입묘한 권력창고 〔戌일지〕를 자신〔庚〕이 지배하였다.

이 사주는 40대〔壬午대운〕부터 정치인으로 크게 영광을 누리다가 60대〔庚辰대운〕에 정계를 떠났다.

庚일간〔자신〕이 사람들〔乙巳년, 丙戌월, 丙戌시〕이 입묘한 권력창고〔戌일지〕를 지배하였다. 庚辰대운〔60대〕은 辰戌충으로 戌〔권력창고〕이 무너지면서 권력이 모두 사라졌다.

			(남)
丙	庚	庚	己
戌	戌	午	巳

⊙ 대운

89	79	69	59	49	39	29	19	9
辛	壬	癸	甲	乙	丙	丁	戊	己
酉	戌	亥	子	丑	寅	卯	辰	巳

○생체시스템 ➡ 庚戌〔일간 · 인성〕

○사회관계 ➡ 입묘〔戌 ↶ 巳午丙〕, 재물〔己巳, 庚午, 丙戌〕이 입묘한 재물창고 〔戌일지〕를 자신〔庚일간〕이 지배하였다.

이 사주는 병원과 대학교를 경영하면서 큰 부자로 살았다.

庚일간〔자신〕이 재물〔己巳년, 庚午월, 丙戌시〕이 입묘한 재물창고〔戌일지〕를 지배하였다.

			(남)
辛	辛	辛	辛
卯	酉	丑	卯

⊙ 대운

83	73	63	53	43	33	23	13	3
壬	癸	甲	乙	丙	丁	戊	己	庚
辰	巳	午	未	申	酉	戌	亥	子

○생체시스템 ➡ 辛·辛丑〔일간·비겁·인성〕

○사회관계 ➡ 입묘〔辛酉辛⌒丑〕, 재물〔辛卯, 辛酉, 辛卯〕이 입묘한 재물창고〔丑〕를 자신〔辛월간〕이 지배하였다.

이 사주는 제주도에서 호텔사업으로 크게 성공한 부자이다.

복음(伏吟) 辛辛일월간〔자신〕이 재물〔辛卯년, 辛酉일, 辛卯시〕이 입묘한 재물창고〔丑월지〕를 지배하였다. 재물〔辛卯, 辛酉, 辛卯〕의 입묘작용〔부귀〕은 卯酉충으로 일평생 멈추지 않는다.

			(남)
庚	辛	丁	甲
寅	未	卯	申

⊙ 대운

89	79	69	59	49	39	29	19	9
丙	乙	甲	癸	壬	辛	庚	己	戊
子	亥	戌	酉	申	未	午	巳	辰

○생체시스템 ➡ 辛未〔일간·인성〕

○사회관계 ➡ 입묘〔未⌒甲卯寅〕, 재물〔甲申, 丁卯, 庚寅〕이 입묘한 재물창고〔未〕를 자신〔辛〕이 지배하였다.

이 사주는 서울대학교 법학대학을 졸업하고 30대〔庚午대운〕에 검사를 하다가 40대〔辛未대운〕부터 유명한 국제변호사로 활동하였다.

辛일간〔자신〕이 재성〔甲申년, 丁卯월, 庚寅시〕이 입묘한 재물창고〔未일지〕를 지배하였다. 재물〔甲申, 丁卯, 庚寅〕은 木金충으로 끊임없이 입묘한다.

			(남)
辛	辛	辛	戊
卯	未	酉	寅

◉ 대운

81	71	61	51	41	31	21	11	1
庚	己	戊	丁	丙	乙	甲	癸	壬
午	巳	辰	卯	寅	丑	子	亥	戌

○생체시스템 ➡ 辛未(일간·인성)

○사회관계 ➡ 입묘(未 ↶ 卯寅), 재물(戊寅, 辛卯)이 입묘한 재물창고(未)를 자신(辛일간)이 지배하였다.

이 사주는 주유소 사업으로 큰 부자가 되었다.

辛일간(자신)이 재성(戊寅년, 辛卯시)이 입묘한 재물창고(未일지)를 지배하였다. 재물(戊寅, 辛卯)은 木金충으로 끊임없이 입묘한다.

			(남)
乙	乙	辛	辛
酉	丑	丑	丑

◉ 대운

87	77	67	57	47	37	27	17	7
壬	癸	甲	乙	丙	丁	戊	己	庚
辰	巳	午	未	申	酉	戌	亥	子

○생체시스템 ➡ 乙(일간)

○사회관계 ➡ 입묘(丑 ↶ 辛辛酉), 재물(辛丑, 辛丑, 乙酉)이 입묘한 재물창고(丑일지)를 자신(乙일간)이 지배하였다.

이 사주는 서울대학교 의과대학을 졸업하고 미국에서 의학박사를 수료한 매우 뛰어난 의사이다.

乙일간(자신)이 재물(辛丑년, 辛丑월, 乙酉시)이 입묘한 재물창고(丑일지)를 지배하였다.

(남)			
辛	丁	辛	辛
丑	丑	丑	卯

◉대운

89	79	69	59	49	39	29	19	9
壬	癸	甲	乙	丙	丁	戊	己	庚
辰	巳	午	未	申	酉	戌	亥	子

○생체시스템 ➡ 丁丑〔일간·식상〕

○사회관계 ➡ 입묘〔丑 ← 辛辛辛〕, 사람들〔辛卯, 辛丑, 辛丑〕이 입묘한 권력창고〔丑일지〕를 자신〔丁〕이 지배하였다.

이 사주는 경제부총리를 역임하였다.

丁일간〔자신〕이 사람들〔辛卯년, 辛丑월, 辛丑시〕이 입묘한 권력창고〔丑일지〕를 지배하였다. 辛卯년〔양〕은 음〔辛丑, 辛丑〕의 입묘작용을 생동시킨다.

고(庫)를 지배	고(庫)를 지배하면 지도자로서 사람들을 통솔하는데 주관(主觀)이 뚜렷하고 대의명분(大義名分)을 앞세우며 자신이 속한 분야에서 1인자〔최고〕로 존재한다. 고(庫)가 크면 국가권력이나 기업을 경영하고 고(庫)가 작으면 단체의 리더(leader)로 활동한다.

7

약육강식

경쟁자를 제압하고 부귀를 쟁취하다

제압(制壓)은 자기세력으로 경쟁세력을 쓰러뜨리고 부귀를 쟁취하는 약육강식(弱肉强食)으로서 지지합(地支合)과 함께 많은 사람들이 살아가는 방식이다.

제압(制壓)은 자기편과 상대편을 구분하여 재물〔권력〕을 놓고 다투기에 이해타산적인 합리적 사고를 갖는다. 지지합(地支合)이 인정(人情)으로 사람들과 연결하여 부귀를 얻는다면 제압(制壓)은 자기세력을 뭉쳐서 경쟁세력을 무너뜨려야 하기에 흑백(黑白)이 분명하고 자기편에게는 따뜻하지만 상대편에게는 냉혹하다.

제압(制壓)은 운(運)이 운명을 결정하는데 대운(大運)이 좋을 때는 경쟁세력을 쓰러뜨려 크게 성공하지만 대운(大運)이 나쁠 때는 경쟁세력에게 공격당하여 크게 무너지는 극단적인 삶을 보여준다.

제압(制壓)은 자기세력과 경쟁세력의 음양(陰陽)이 달라야 성립되며 다음과 같은 특징이 있다.

❶ 월일시(月日時) 자기세력이 년(年) 경쟁세력을 제압하면 야망을 품으면서 흑백(黑白)이 선명하고 연월일(年月日) 자기세력이 시(時) 경쟁세력을 제압하면 재물〔권력〕을 추구하면서 흑백(黑白)이 선명하다.

❷ 월시(月時) 자기세력이 연일(年日) 경쟁세력을 제압하거나 연일(年日) 자기세력이 월시(月時) 경쟁세력을 제압하면 세상을 물질관계로 판단하고 이해타산으로 흑백(黑白)을 설정한다.

❸ 일시(日時) 자기세력이 연월(年月) 경쟁세력을 제압하거나 연월(年月) 자기세력이 일시(日時) 경쟁세력을 제압하면 약육강식(弱肉强食)으로 세상을 판단하고 흑백(黑白)은 이해타산으로 설정한다.

❹ 보통 자기세력이 강하면 경쟁세력을 돕는 운(運)이 좋고 경쟁세력이 강하면 자기세력을 돕는 운(運)이 좋지만 제압(制壓)의 운명을 결정하는 것은 제압틀이다.

❺ 제압되었던 경쟁자가 천간(天干)으로 올라오면 제압(制壓)이 위협받는다.

❻ 강한 경쟁세력과 대립(對立)할 때는 충돌하지 않고 평화를 유지하는 것이 좋다.

(남)			
庚	己	庚	丁
午	巳	戌	亥

◉ 대운

88	78	68	58	48	38	28	18	8
辛	壬	癸	甲	乙	丙	丁	戊	己
丑	寅	卯	辰	巳	午	未	申	酉

○생체시스템 ➡ 己·庚戌〔일간·식상·비겁〕

○사회관계 ➡ 제압〔양양양→음〕 입묘〔午巳丁⌒戌〕, 자기세력〔庚戌, 己巳, 庚午〕이 경쟁세력〔丁亥〕을 제압했다.

이 사주는 중일전쟁에서 일본을 물리치고 대만에 중화민국을 세운 장개석(蔣介石) 총통이다. 己일간〔자신〕이 사람들〔丁亥년, 己巳일, 庚午시〕이 입묘한 권력창고〔戌월지〕를 庚월간〔식상〕으로 지배하고 양(陽) 자기세력〔庚戌월, 己巳일, 庚午시〕으로 음(陰) 경쟁세력〔丁亥년〕을 제압했다.

이 사주는 제압틀〔庚戌, 己巳, 庚午〕이 운명을 결정한다.

己酉대운〔9세~18세〕은 酉戌천·午酉파·巳酉합으로 제압틀〔庚戌, 己巳, 庚午〕이 무너지면서 8세에 아버지가 사망하고 홀어머니 밑에서 가난하게 살았다.

戊申대운〔19세~28세〕은 제압틀〔庚戌, 己巳, 庚午〕이 살아나면서 국비로 일본 진무학교에 유학했고 중국동맹회 간부였던 진기미(陳其美)의 정치적 제자가 되었으며 신해혁명〔1911년, 25세_戊申대운 辛亥년〕에도 참가하였다.

丁대운〔29세~33세〕은 戌〔권력창고〕에서 丁〔경쟁자〕이 떠오르면서 진기미가 원세개(袁世凱)의 자객에게 암살당하고 3년간 방황하다가 국민당에 들어갔고, 未대운〔34세~38세〕은 제압틀〔庚戌, 己巳, 庚午〕이 午未합으로 살아나면서 손문(孫文)과 그의 아내를 암살범에게서 구해내고 황푸군관학교 교장이 되어 국민당의 실력자가 되었다.

丙午대운〔39세~48세〕은 午戌합으로 타고난 제압틀〔庚戌, 己巳, 庚午〕이 완성되면서 39세〔1925년_丙午대운 乙丑년〕에 손문이 사망하자 국민당 1인자가 되어 군벌들을 제압하고 중국을 통일했으며 일본의 침략에 맞서고 공산당을 토벌하였고 乙巳대운〔49세~58세〕은 제압틀〔庚戌, 己巳, 庚午〕이 생동하면서 8년간의 중일전쟁을 승리로 이끌고 일본에게 빼앗겼던 만주, 내몽골, 대만을 반환받고 국제연합의 안전보장이사회 상임이사국 자리를 얻었다.

甲대운〔59세~63세〕은 제압되었던 亥〔경쟁세력〕가 甲〔경쟁자〕으로 떠오르면서 공산당과의 전쟁에서 패하고 대만으로 물러났고, 辰대운〔64세~68세〕은 亥〔경쟁세력〕가 입묘한 辰〔대운〕을 辰戌충으로 제압하면서 중화민국(中華民國)을 건국하고 강력한 독재로써 나라의 질서를 잡았으며 경제를 발전시키고 미국과 상호방위조약을 맺어 국방을 안정시켰다.

癸卯대운〔69세~78세〕은 제압틀〔庚戌, 己巳, 庚午〕이 살아나면서 미국의 전략적 원조를 받아 국영기업과 중소기업을 육성하여 평균 9%의 높은 경제성장률로 대만을 아시아의 네 마리 용으로 올려놓았고 壬寅대운〔79세~88세〕은 寅午戌 삼합으로 제압틀〔庚戌, 己巳, 庚午〕이 사라지면서 1971년〔85세_壬寅대운 辛亥년〕에 대만이 중국에게 상임이사국 자리를 빼앗기고 유엔에서 쫓겨났으며 많은 나라들이 단교를 선언했고 자신은 86세〔壬寅대운 壬子년〕부터 전립선비대와 폐렴, 교통사고로 건강이 급속도로 나빠져 89세〔辛丑대운 乙卯년〕에 제압틀〔庚戌, 己巳, 庚午〕이 丑戌형·午丑천·巳丑합·乙庚합·卯戌합·午卯파로 무너지자 사망하였다.

			(남)
庚	庚	丙	庚
辰	辰	戌	寅

⊙ 대운

89	79	69	59	49	39	29	19	9
乙	甲	癸	壬	辛	庚	己	戊	丁
未	午	巳	辰	卯	寅	丑	子	亥

○생체시스템 ➡ 庚辰·庚辰〔일간·비겁·인성〕

○사회관계 ➡ 제압〔음음→양양〕, 자기세력〔庚辰, 庚辰〕이 경쟁세력〔庚寅, 丙戌〕을 제압했다.

이 사주는 9년간 대만을 통치하고 횡령혐의로 징역 20년형을 선고받은 천수이벤(陳水扁) 총통이다. 복음(伏吟) 庚辰·庚辰일시주〔자신〕의 음(陰) 자기세력〔庚辰일, 庚辰시〕이 양(陽) 경쟁세력〔庚寅년, 丙戌월〕을 제압했다. 강한 음(陰) 자기세력이 강한 양(陽) 경쟁세력과 대립했기에 경쟁세력에게 순응하면 좋지만 대항하면 나쁘다.

이 사주는 경쟁세력〔庚寅, 丙戌〕과 辰戌충이 운명을 결정한다.
己대운〔30세~34세〕은 경쟁세력〔庚寅, 丙戌〕을 자극하지 않아 정계에 입문하여 32세〔己대운 辛酉년〕에 대만 시의원 선거에서 당선되었지만, 丑대운〔35세~39세〕은 丑戌형으로 경쟁세력〔庚寅, 丙戌〕을 자극하면서 명예훼손으로 고발당하고 의원직을 그만두었으며 반체제 잡지사건으로 8개월간 감옥살이를 하였다.
庚寅대운〔40세~49세〕은 寅戌합으로 경쟁세력〔庚寅, 丙戌〕에게 순응하면서 2번의 국회위원에 당선되었고, 辛卯대운〔50세~59세〕은 丙辛합·卯戌합으로 경쟁세력〔庚寅, 丙戌〕을 묶으면서 2000년〔51세_辛卯대운 庚辰년〕 총통〔최고지도자〕에 당선되었고 9년〔51세~59세〕간 대만을 통치하였다.

壬辰대운〔60세~69세〕은 경쟁세력〔庚寅, 丙戌〕을 辰戌충으로 생동시키면서 2008년〔59세_辛卯대운 戊子년〕 11월에 횡령혐의로 구속되어 壬辰대운 己丑년〔60세〕에 무기징역을 선고 받았다가 항소심에서 20년형으로 감형되었다.

			(남)
丙	壬	壬	庚
午	寅	午	申

⊙ 대운

88	78	68	58	48	38	28	18	8
辛	庚	己	戊	丁	丙	乙	甲	癸
卯	寅	丑	子	亥	戌	酉	申	未

○생체시스템 ➡ 壬寅〔일간·식상〕

○사회관계 ➡ 제압〔양양양→음〕, 자기세력〔壬午, 壬寅, 丙午〕이 경쟁세력〔庚申〕을 제압했다.

이 사주는 미원그룹을 창업한 임대홍 회장이다. 壬寅일주〔자신〕가 양(陽) 자기세력〔壬午월, 壬寅일, 丙午시〕으로 음(陰) 경쟁세력〔庚申년〕을 제압했다. 양(陽) 자기세력이 강하고 음(陰) 경쟁세력은 약하지만 甲申대운〔20대〕부터 60년간 金水대운을 만나면서 음(陰) 부귀가 크게 일어났다.

丙戌대운 乙巳년〔46세〕은 제압틀〔壬午, 壬寅, 丙午〕이 寅午戌 삼합으로 생동하면서 (주)미원의 사장에 취임했고 이후 사업을 꾸준히 발전시켜 미원그룹(대상그룹)을 만들었으며, 辛卯대운 丙申년〔97세〕은 제압틀〔壬午, 壬寅, 丙午〕이 午卯파·寅申충으로 무너지면서 사망하였다.

(남)			
戊	戊	壬	壬
午	申	寅	申

◉ 대운

86	76	66	56	46	36	26	16	6
辛	庚	己	戊	丁	丙	乙	甲	癸
亥	戌	酉	申	未	午	巳	辰	卯

○생체시스템 ➡ 戊·戊午〔일간·비겁·인성〕

○사회관계 ➡ 제압〔양→음←양→음〕, 자기세력〔壬寅, 戊, 戊午〕이 경쟁세력〔壬申, 申〕을 제압했다.

이 사주는 금호그룹 2대 박성용 회장이다. 복음(伏吟) 戊戊일시간〔자신〕이 午시지〔인성〕를 사용하여 양(陽) 자기세력〔壬寅월, 戊일간, 戊午시〕으로 음(陰) 경쟁세력〔壬申년, 申일지〕을 제압했다. 음(陰) 경쟁세력이 강하여 대운의 도움이 필요한데 癸卯대운〔10대〕부터 50년간 木火대운을 만나면서 부귀가 크게 일어났고 戊申대운〔60대〕부터 金대운을 만나면서 부귀가 멈추었다.

丙午대운 壬子년〔41세〕은 寅午합으로 제압틀〔壬寅, 戊午〕이 생동하면서 금호실업 부사장이 되어 사업을 꾸준히 발전시켜 금호그룹 회장이 되었고, 戊申대운 丙子년〔65세〕은 寅申충으로 제압틀〔壬寅, 戊午〕이 깨지면서 동생에게 회장직을 물려주고 경영에서 물러났으며, 己酉대운 乙酉년〔74세〕은 제압틀〔壬寅, 戊午〕이 午酉파로 완전히 무너지면서 사망하였다.

(남)			
丙	丙	丙	庚
申	子	戌	戌

◉ 대운

81	71	61	51	41	31	21	11	1
乙	甲	癸	壬	辛	庚	己	戊	丁
未	午	巳	辰	卯	寅	丑	子	亥

○생체시스템 ➡ 丙丙·丙戌〔일간·비겁·식상〕

○사회관계 ➡ 제압〔음음←양양〕 입묘〔丙丙→戊戊〕, 자기세력〔庚戌, 丙戌, 丙丙〕이 경쟁세력〔子, 申〕을 제압했다.

이 사주는 두산그룹 창업자 박두병 회장이다. 복음(伏吟) 丙丙丙일월시간〔자신〕이 사람들〔丙子일, 丙申시〕을 입묘한 戌월지〔비겁고〕를 지배하고 양(陽) 자기세력〔庚戌년, 丙戌월, 丙일간, 丙시간〕으로 음(陰) 경쟁세력〔子일지, 申시지〕을 제압했다. 양(楊) 자기세력이 음(陰) 경쟁세력보다 약간 강한데 庚寅대운〔30대〕부터 木대운을 만나면서 음(陰) 경쟁세력을 제압하고 크게 부귀를 얻었다.

庚寅대운 戊子년〔39세〕은 제압틀〔庚戌, 丙戌〕이 寅戌합으로 생동하면서 동양맥주(OB) 대표이사로 취임하여 한국의 맥주 사업을 개척하였고, 癸巳대운 癸丑년〔64세〕은 제압틀〔庚戌, 丙戌〕이 丑戌형으로 무너지고 子〔경쟁세력〕에서 癸〔경쟁자〕가 떠오르면서 사망하였다.

			(남)
丁	癸	丁	癸
巳	未	巳	亥

⊙ 대운

81	71	61	51	41	31	21	11	1
戊	己	庚	辛	壬	癸	甲	乙	丙
申	酉	戌	亥	子	丑	寅	卯	辰

○생체시스템 ➡ 癸〔일간〕

○사회관계 ➡ 제압〔양양양→음〕, 자기세력〔丁巳, 癸未, 丁巳〕이 경쟁세력〔癸亥〕을 제압했다.

이 사주는 홍콩재벌 곽영동(霍英東)으로 3조 8천 4백억에 이르는 재산의 상당 부분을 중국의 자선사업과 경제발전에 투자하였다. 20대 후반〔甲寅대운〕에 한국전쟁이 일어나자 무기와 전쟁물자 밀수로 돈을 벌었던 그는 30대〔癸丑대운〕부터 홍콩과 중국에 투자하여 재벌이 되었으며

84세〔戊申대운 丙戌년〕에 암으로 사망하였다.

癸일간〔자신〕이 未일지〔식상고〕를 지배하고 양(陽) 자기세력〔丁巳월, 癸未일, 丁巳시〕으로 음(陰) 경쟁세력〔癸亥년〕을 제압했다. 양(陽) 자기세력이 강하고 음(陰) 경쟁세력은 약하지만 癸丑대운〔30대〕부터 60년간 水金대운을 만나면서 음(陰) 부귀영화가 크게 일어났고, 戊申대운 丙戌년〔84세〕에 제압틀〔丁巳, 癸未, 丁巳〕이 巳申합·戊未형으로 무너지고 자신〔癸〕의 형상이 戊癸합으로 사라지면서 사망하였다.

			(남)
丁	己	戊	癸
卯	巳	午	丑

◉ 내운

88	78	68	58	48	38	28	18	8
己	庚	辛	壬	癸	甲	乙	丙	丁
酉	戌	亥	子	丑	寅	卯	辰	巳

○생체시스템 ➡ 己巳〔일간·인성〕

○사회관계 ➡ 제압〔양양양→음〕, 자기세력〔戊午, 己巳, 丁卯〕이 경쟁세력〔癸丑〕을 제압했다.

이 사주는 중국의 기업가 장건(張謇)으로 42세〔甲寅대운 甲午년〕에 장원급제하여 6품의 관직을 받았지만 44세〔甲寅대운 丙申년〕에 방직공장을 세워 사업을 시작했고, 50대〔癸丑대운〕부터 크게 성공하여 20개의 기업과 370개의 학교를 세웠으나 73세〔辛亥대운 乙丑년〕에 파산하고 74세〔辛亥대운 丙寅년〕에 사망하였다.

己巳일주〔자신〕가 양(陽) 자기세력〔戊午월, 己巳일, 丁卯시〕으로 음(陰) 경쟁세력〔癸丑년〕을 제압했다. 甲寅대운〔40대〕은 제압틀〔戊午, 己巳, 丁卯〕이 寅午합으로 움직이면서 장원급제하고 사업을 시작하였고, 癸丑대운〔50대〕은 제압틀〔戊午, 己巳, 丁卯〕이 巳丑합으로 생동하면서 크게 성공하였다. 壬子대운〔60대〕은 子丑합으로 음(陰) 경쟁세력이 커지면서 사업을 확장하고 많은 학교를 지었으나 辛亥대운〔70대〕은 제압되었던 丑〔경쟁세력〕에서 辛〔경쟁자〕이 떠오르고 제압틀〔戊午, 己巳, 丁卯〕이 午亥합·巳亥충·亥卯합으로 무너지면서 파산하고 사망하였다.

(남)			
丁	庚	乙	庚
亥	午	酉	午

◉ 대운

86	76	66	56	46	36	26	16	6
甲	癸	壬	辛	庚	己	戊	丁	丙
午	巳	辰	卯	寅	丑	子	亥	戌

○생체시스템 ➡ 庚·亥〔일간·식상〕

○사회관계 ➡ 제압〔음→양←음→양〕, 자기세력〔乙酉, 庚, 丁亥〕이 경쟁세력〔庚午, 午〕을 제압했다.

이 사주는 남북조시대 송나라 제4대 효무제(孝武帝)로 453년〔24세_丁亥대운 癸巳년〕에 아버지를 살해하고 왕위를 빼앗은 형을 죽이고 황제에 올랐고 잔인한 친족 숙청과 쾌락에만 몰두하다가 464년〔35세_戊子대운 甲辰년〕에 사망하였다.

庚일간〔자신〕이 亥시지〔식상〕을 사용하여 음(陰) 자기세력〔乙酉월, 庚일간, 丁亥시〕으로 양(陽) 경쟁세력〔庚午년, 午일지〕을 제압했지만 강한 음(陰) 자기세력이 강한 양(陽) 경쟁세력과 대립했기에 경쟁세력과 화합하면 좋고 대항하면 나쁘다.

亥대운〔20대 중반〕은 午亥합으로 경쟁세력〔庚午, 午〕과 화합하면서 권력을 얻었고, 子대운〔30대 중반〕은 子午충으로 경쟁세력〔庚午, 午〕에게 대항하여 午亥합을 깨면서 사망하였다.

(남)			
己	庚	壬	庚
卯	戌	午	申

◉ 대운

85	75	65	55	45	35	25	15	5
辛	庚	己	戊	丁	丙	乙	甲	癸
卯	寅	丑	子	亥	戌	酉	申	未

○생체시스템 ➡ 庚戌〔일간 · 인성〕

○사회관계 ➡ 제압〔양양양→음〕, 자기세력〔壬午, 庚戌, 己卯〕이 경쟁세력〔庚申〕을 제압했다.

이 사주는 그룹을 경영했던 재벌이다. 庚戌일주〔자신〕가 양(陽) 자기세력〔壬午월, 庚戌일, 己卯시〕으로 음(陰) 경쟁세력〔庚申년〕을 제압했고 甲申대운〔10대 중반〕부터 60년간 金水대운을 만나면서 음(陰) 재물이 크게 일어났다.

(남)			
庚	壬	乙	壬
戌	午	巳	辰

◉ 대운

81	71	61	51	41	31	21	11	1
甲	癸	壬	辛	庚	己	戊	丁	丙
寅	丑	子	亥	戌	酉	申	未	午

○생체시스템 ➡ 壬 · 庚戌〔일간 · 인성 · 관성〕

○사회관계 ➡ 제압〔양양양→음〕 입묘〔戌←午巳〕, 자기세력〔乙巳, 壬午, 庚戌〕이 경쟁세력〔壬辰〕을 제압했다.

이 사주는 40대〔庚戌대운〕부터 학원강사로 돈을 벌기 시작하여 60대〔壬子대운〕에 부동산 투자로 2천억대 자산가가 되었다.

壬일간〔자신〕이 庚戌시〔인성 · 재고〕를 사용하여 양(陽) 자기세력〔乙巳월, 壬午일, 庚戌시〕으로 음(陰) 경쟁세력〔壬辰년〕을 제압했다. 자신이 지배한 戌시지〔재고〕도 강하고 제압한 壬辰년〔비겁고〕도 강하다. 庚戌

대운〔40대〕은 제압틀〔乙巳, 壬午, 庚戌〕이 생동하면서 재물이 일어났다.

			(남)
壬	己	辛	戊
申	亥	酉	午

◉대운

82	72	62	52	42	32	22	12	2
庚	己	戊	丁	丙	乙	甲	癸	壬
午	巳	辰	卯	寅	丑	子	亥	戌

○생체시스템 ➡ 己·辛酉〔일간·식상〕

○사회관계 ➡ 제압〔음음음→양〕, 자기세력〔辛酉, 己亥, 壬申〕이 경쟁세력〔戊午〕을 제압했다.

이 사주는 신문사 재벌 3세이다.

己일간〔자신〕이 辛酉월〔식상〕을 사용하여 음(陰) 자기세력〔辛酉월, 己亥일, 壬申시〕으로 양(陽) 경쟁세력〔戊午년〕을 제압했다. 음(陰) 자기세력이 강하고 양(陽) 경쟁세력은 약하지만 丙寅대운〔40대 초반〕부터 60년간 木火대운을 만나면서 부귀가 크게 보장되었다.

			(남)
丙	乙	戊	庚
戌	未	寅	申

◉대운

89	79	69	59	49	39	29	19	9
丁	丙	乙	甲	癸	壬	辛	庚	己
亥	戌	酉	申	未	午	巳	辰	卯

○생체시스템 ➡ 乙·丙戌〔일간·식상·재성〕

○사회관계 ➡ 제압〔양양양→음〕, 자기세력〔戊寅, 乙未, 丙戌〕이 경쟁세력〔庚申〕을 제압했다.

이 사주는 평생 동안 부자로 살았다.

乙일간〔자신〕이 丙戌시〔식상·재성〕를 사용하여 양(陽) 자기세력〔戊寅월, 乙未일, 丙戌시〕으로 음(陰) 경쟁세력〔庚申년〕을 제압했고 초년〔己

卯대운〕부터 木火金대운으로 흐르면서 제압틀〔戊寅, 乙未, 丙戌〕이 끊임없이 생동하여 부귀가 멈추지 않았다.

			(남)
甲	甲	甲	己
戌	戌	戌	酉

⊙대운

86	76	66	56	46	36	26	16	6
乙	丙	丁	戊	己	庚	辛	壬	癸
丑	寅	卯	辰	巳	午	未	申	酉

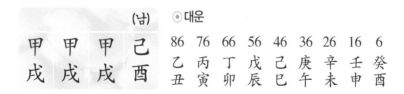

○생체시스템 ➡ 甲甲甲〔일간 · 비겁〕

○사회관계 ➡ 제압〔양양양→음〕, 자기세력〔甲戌, 甲戌, 甲戌〕이 경쟁세력〔己酉〕을 제압했다.

이 사주는 서울대학교 의과대학 교수, 국가 자문위원, 재정경제원 자문위원을 맡으며 승승장구하였다.

복음(伏吟) 甲甲甲일월시간〔자신〕이 戌戌戌일월시지〔식상고〕를 지배하고 양(陽) 자기세력〔甲戌월, 甲戌일, 甲戌시〕으로 음(陰) 경쟁세력〔己酉년〕을 제압했다.

			(남)
癸	癸	壬	甲
丑	丑	申	戌

⊙대운

90	80	70	60	50	40	30	20	10
辛	庚	己	戊	丁	丙	乙	甲	癸
巳	辰	卯	寅	丑	子	亥	戌	酉

○생체시스템 ➡ 癸癸〔일간 · 비겁〕

○사회관계 ➡ 제압〔음음음→양〕 입묘〔丑丑⌒申〕, 자기세력〔壬申, 癸丑, 癸丑〕이 경쟁세력〔甲戌〕을 제압했다.

이 사주는 명성이 높았던 의대교수이다.

복음(伏吟) 癸癸일시간〔자신〕이 재물〔壬申월〕이 입묘한 재물창고〔丑

丑일시지)를 지배하고 음(陰) 자기세력(壬申월, 癸丑일, 癸丑시)으로 양(陽) 경쟁세력(甲戌년)을 제압했다. 이분은 제압틀(壬申, 癸丑, 癸丑)이 金水대운 50년간 생동하면서 의료계에서 크게 명성을 떨쳤다.

			(남)
己	辛	壬	丁
亥	亥	子	未

⊙ 대운

87	77	67	57	47	37	27	17	7
癸	甲	乙	丙	丁	戊	己	庚	辛
卯	辰	巳	午	未	申	酉	戌	亥

○생체시스템 ➡ 辛·壬子(일간·식상)

○사회관계 ➡ 제압(음음음→양), 자기세력(壬子, 辛亥, 己亥)이 경쟁세력(丁未)을 제압했다.

이 사주는 검찰청장을 역임했다.

辛일간(자신)이 壬子월(식상)을 사용하여 음(陰) 자기세력(壬子월, 辛亥일, 己亥시)으로 양(陽) 경쟁세력(丁未년)을 제압했다. 丁未대운(40대 후반)은 타고난 제압틀(己亥, 辛亥, 壬子→丁未)이 생동하면서 발전했고 丙午대운(50대 후반)은 午未합으로 양(陽) 경쟁세력이 커지면서 부귀가 높아졌다.

			(남)
戊	壬	庚	癸
申	子	申	未

⊙ 대운

85	75	65	55	45	35	25	15	5
辛	壬	癸	甲	乙	丙	丁	戊	己
亥	子	丑	寅	卯	辰	巳	午	未

○생체시스템 ➡ 壬子(일간·비겁)

○사회관계 ➡ 제압(음음음→양), 자기세력(庚申, 壬子, 戊申)이 경쟁세력(癸未)을 제압했다.

이 사주는 서울대학교 법과대학을 졸업하고 판사를 역임하였다.

壬子일주〔자신〕가 음(陰) 자기세력〔庚申월, 壬子일, 戊申시〕으로 양(陽) 경쟁세력〔癸未년〕을 제압했다. 음(陰) 자기세력이 강하고 양(陽) 경쟁세력은 약하지만 초년〔己未대운〕부터 60년간 火木대운을 만나면서 부귀가 계속 높아졌다.

			(남)
癸	庚	己	甲
未	午	巳	申

⊙ 대운

90	80	70	60	50	40	30	20	10
戊	丁	丙	乙	甲	癸	壬	辛	庚
寅	丑	子	亥	戌	酉	申	未	午

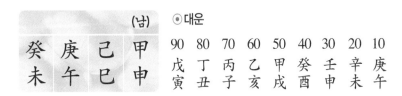

○생체시스템 ➡ 庚·己巳〔일간·인성·관성〕

○사회관계 ➡ 제압〔양양양→음〕, 자기세력〔己巳, 庚午, 癸未〕이 경쟁세력〔甲申〕을 제압했다.

이 사주는 50대〔甲戌대운〕에 육군 중장까지 올라갔다.

庚일간〔자신〕이 己巳월〔인성·관성〕을 사용하여 양(陽) 자기세력〔己巳월, 庚午일, 癸未시〕으로 음(陰) 경쟁세력〔甲申년〕을 제압했다. 양(陽) 자기세력이 강하고 음(陰) 경쟁세력은 약하지만 壬申대운〔30대〕부터 60년간 金水대운을 만나면서 음(陰) 부귀가 높아졌고, 甲戌대운〔50대〕은 제압틀〔己巳, 庚午, 癸未〕이 午戌합으로 생동하면서 크게 권력을 얻었다.

			(남)
壬	癸	壬	丁
子	亥	子	巳

⊙ 대운

88	78	68	58	48	38	28	18	8
癸	甲	乙	丙	丁	戊	己	庚	辛
卯	辰	巳	午	未	申	酉	戌	亥

○생체시스템 ➡ 癸亥〔일간 · 비겁〕

○사회관계 ➡ 제압〔음음음→양〕, 자기세력〔壬子, 癸亥, 壬子〕이 경쟁세력〔丁巳〕을 제압했다.

이 사주는 서울대학교 법학대학을 입학하여 사법고시에 합격했고 군법무관이 되었다. 癸亥일주〔자신〕**가 음(陰) 자기세력**〔壬子월, 癸亥일, 壬子시〕**으로 양(陽)경쟁세력**〔丁巳년〕**을 제압했다.**

			(여)
甲	己	壬	庚
戌	卯	午	子

◉ **대운**

85	75	65	55	45	35	25	15	5
癸	甲	乙	丙	丁	戊	己	庚	辛
酉	戌	亥	子	丑	寅	卯	辰	巳

○생체시스템 ➡ 己〔일간〕

●생체시스템 변화 ➡ 甲己합으로 甲戌시〔관성 · 비겁〕를 생체시스템으로 사용한다.

○사회관계 ➡ 제압〔양양양→음〕, 자기세력〔壬午, 己卯, 甲戌〕이 경쟁세력〔庚子〕을 제압했다.

이 사주는 은행장을 역임했다.

己일간〔자신〕**이 甲己합으로 甲戌시**〔관성 · 비겁〕**를 사용하여 양(陽) 자기세력**〔壬午월, 己卯일, 甲戌시〕**으로 음(陰) 경쟁세력**〔庚子년〕**을 제압했다. 제압틀**〔壬午, 己卯, 甲戌〕**이 매우 튼튼하여 음(陰) 경쟁세력이 강해지는 丁丑대운**〔40대 중반〕**부터 부귀가 크게 일어났다.**

			(남)
己	丙	丙	甲
丑	辰	子	午

◉ **대운**

84	74	64	54	44	34	24	14	4
乙	甲	癸	壬	辛	庚	己	戊	丁
酉	申	未	午	巳	辰	卯	寅	丑

○생체시스템 ➡ 丙辰〔일간 · 식상〕
○사회관계 ➡ 제압〔음음음→양〕 입묘〔辰←丑子〕, 자기세력〔丙子, 丙辰, 己丑〕
이 경쟁세력〔甲午〕을 제압했다.

이 사주는 자수성가로 2개의 빌딩을 소유한 부자이다.

丙일간〔자신〕이 재물〔丙子월, 己丑시〕이 입묘한 재물창고〔辰일지〕를 지배하고 음(陰) 자기세력〔丙子월, 丙辰일, 己丑시〕으로 양(陽) 경쟁세력〔甲午년〕을 제압했다. 40대 초반〔辰대운〕은 제압틀〔丙子, 丙辰, 己丑〕이 생동하면서 일어나기 시작했고 辛巳대운〔40대 중반〕부터는 火대운을 만나면서 엄청난 돈을 벌었다.

時	日	月	年 (남)
戊	丙	戊	乙
子	辰	子	巳

◉ 대운

87	77	67	57	47	37	27	17	7
己	庚	辛	壬	癸	甲	乙	丙	丁
卯	辰	巳	午	未	申	酉	戌	亥

○생체시스템 ➡ 丙辰〔일간 · 식상〕
○사회관계 ➡ 제압〔음음음→양〕 입묘〔辰←子子〕, 자기세력〔戊子, 丙辰, 戊子〕
이 경쟁세력〔乙巳〕을 제압했다.

이 사주는 병원을 운영하는 의사이다.

丙일간〔자신〕이 재물〔戊子월, 戊子시〕이 입묘한 재물창고〔辰일지〕를 지배하고 음(陰) 자기세력〔戊子월, 丙辰일, 戊子시〕으로 양(陽) 경쟁세력〔乙巳년〕을 제압했다. 丙戌대운〔18세~27세〕은 乙巳〔경쟁세력〕를 입묘시킨 丙戌〔火庫〕을 辰戌충으로 제압했기에 우수한 성적으로 명문대 의과대학에 진학하였다.

			(남)
辛	壬	己	乙
丑	辰	丑	巳

◉ 대운

89	79	69	59	49	39	29	19	9
庚	辛	壬	癸	甲	乙	丙	丁	戊
辰	巳	午	未	申	酉	戌	亥	子

○생체시스템 ➡ 壬〔일간〕

○사회관계 ➡ 제압〔음음음→양〕 입묘〔辰← 丑丑巳〕, 자기세력〔己丑, 壬辰, 辛丑〕이 경쟁세력〔乙巳〕을 제압했다.

이 사주는 30대중반〔戊대운〕에 사업으로 크게 재물을 얻었다.

丙일간〔자신〕이 재물〔己丑월, 辛丑시〕이 입묘한 재물창고〔辰일지〕를 지배하고 음(陰) 자기세력〔己丑월, 壬辰일, 辛丑시〕으로 양(陽) 경쟁세력〔乙巳년〕을 제압했다. 戊대운〔35세~39세〕은 乙巳〔경쟁세력〕를 입묘시킨 戊〔火庫〕을 辰戌충으로 제압했기에 재물을 크게 얻었다.

			(남)
庚	戊	己	乙
申	辰	丑	巳

◉ 대운

81	71	61	51	41	31	21	11	1
庚	辛	壬	癸	甲	乙	丙	丁	戊
辰	巳	午	未	申	酉	戌	亥	子

○생체시스템 ➡ 戊辰〔일간·비겁〕

○사회관계 ➡ 제압〔음음음→양〕 입묘〔辰← 丑申〕, 자기세력〔己丑, 戊辰, 庚申〕이 경쟁세력〔乙巳〕을 제압했다.

이 사주는 정보통신회사를 경영하는 사업가이다.

戊일간〔자신〕이 재물〔己丑월, 庚申시〕이 입묘한 재물창고〔辰일지〕를 지배하고 음(陰) 자기세력〔己丑월, 戊辰일, 庚申시〕으로 양(陽) 경쟁세력〔乙巳년〕을 제압했다.

(남)			
甲	丙	戊	辛
午	戌	戌	亥

◉ 대운

86	76	66	56	46	36	26	16	6
己	庚	辛	壬	癸	甲	乙	丙	丁
丑	寅	卯	辰	巳	午	未	申	酉

○생체시스템 ➡ 丙·甲午〔일간·인성·비겁〕

○사회관계 ➡ 제압〔양양양→음〕 입묘〔午丙→戌〕, 자기세력〔戊戌, 丙戌, 甲午〕이 경쟁세력〔辛亥〕을 제압했다.

이 사주는 28세〔乙未대운 戊寅년〕에 시작한 작은 신발판매점을 35세〔乙未대운 乙酉년〕에 자산이 35억에 이를 정도로 빠르게 성상시켰다. 丙戌일주〔자신〕가 甲午시〔인성·비겁〕를 사용하여 양(陽) 자기세력〔戊戌월, 丙戌일, 甲午시〕으로 음(陰) 경쟁세력〔辛亥년〕을 제압했다. 乙未대운〔28세~37세〕은 午未합으로 제압틀〔戊戌, 丙戌, 甲午〕이 생동하면서 부귀가 일어나기 시작하였다.

(여)			
丙	戊	庚	戊
辰	申	申	午

◉ 대운

87	77	67	57	47	37	27	17	7
辛	壬	癸	甲	乙	丙	丁	戊	己
亥	子	丑	寅	卯	辰	巳	午	未

○생체시스템 ➡ 戊·丙辰〔일간·인성·비겁〕

○사회관계 ➡ 제압〔음음음→양〕, 자기세력〔庚申, 戊申, 丙辰〕이 경쟁세력〔戊午〕을 제압했다.

이 사주는 요식업으로 대성공한 부자이다.

戊일간〔자신〕이 丙辰시〔인성·비겁〕를 사용하여 음(陰) 자기세력〔庚申월, 戊申일, 丙辰시〕으로 양(陽) 경쟁세력〔戊午년〕을 제압했다. 초년

〔己未대운〕부터 60년간 火木대운을 만나면서 부귀가 크게 일어났다.

			(남)
丙	戊	庚	戊
辰	申	申	午

⊙대운

88	78	68	58	48	38	28	18	8
己	戊	丁	丙	乙	甲	癸	壬	辛
巳	辰	卯	寅	丑	子	亥	戌	酉

○생체시스템 ➡ 戊·丙辰〔일간·인성·비겁〕

○사회관계 ➡ 제압〔음음음→양〕, 자기세력〔庚申, 戊申, 丙辰〕이 경쟁세력〔戊午〕을 제압했다.

이 사주는 판사이고 아내가 2백억대 자산가다.

戊일간〔자신〕**이 丙辰시**〔인성·비겁〕**를 사용하여 음(陰) 자기세력**〔庚申월, 戊申일, 丙辰시〕**으로 양(陽) 경쟁세력**〔戊午년〕**을 제압했다.**

			(남)
壬	丙	癸	丁
辰	子	丑	未

⊙대운

81	71	61	51	41	31	21	11	1
甲	乙	丙	丁	戊	己	庚	辛	壬
辰	巳	午	未	申	酉	戌	亥	子

○생체시스템 ➡ 丙·辰〔일간·식상〕

○사회관계 ➡ 제압〔음음음→양〕 입묘〔辰←子丑未〕, 자기세력〔癸丑, 丙子, 壬辰〕이 경쟁세력〔丁未〕을 제압했다.

이 사주는 30대 중반〔酉대운〕**에 엄청난 돈을 벌어 억만장자가 되었다. 丙일간**〔자신〕**이 재물**〔丁未년, 癸丑월, 丙子일〕**이 입묘한 辰시지**〔재물창고〕**를 소유하고 음(陰) 자기세력**〔癸丑월, 丙子일, 壬辰시〕**으로 양(陽) 경쟁세력**〔丁未년〕**을 제압했다. 酉대운**〔30대 중반〕**은 酉丑합→丑未충으로 제압틀**〔癸丑, 丙子, 壬辰〕**이 생동하면서 크게 부귀가 일어났다.**

			(남)
甲	丁	癸	戊
辰	丑	亥	午

◉대운

84	74	64	54	44	34	24	14	4
壬	辛	庚	己	戊	丁	丙	乙	甲
申	未	午	巳	辰	卯	寅	丑	子

○생체시스템 ➡ 丁甲〔일간 · 인성〕

○사회관계 ➡ 제압〔음음음→양〕 입묘〔辰←丑亥午〕, 자기세력〔癸亥, 丁丑, 甲辰〕이 경쟁세력〔戊午〕을 제압했다.

이 사주는 50대 중반〔己巳대운〕부터 사업을 크게 성공시켜 부자가 되었다.

丁일간〔자신〕이 재물〔戊午년, 癸亥월, 丁丑일〕이 입묘한 재물창고〔辰시지〕를 甲시간〔인성〕으로 지배하고 음(陰) 자기세력〔癸亥월, 丁丑일, 甲辰시〕으로 양(陽) 경쟁세력〔戊午년〕을 제압했다. 己巳대운〔50대 중반〕은 巳亥충으로 제압틀〔癸亥, 丁丑, 甲辰〕이 생기를 얻으면서 재물이 크게 일어났다.

			(여)
癸	丙	甲	己
巳	子	戌	丑

◉대운

89	79	69	59	49	39	29	19	9
癸	壬	辛	庚	己	戊	丁	丙	乙
未	午	巳	辰	卯	寅	丑	子	亥

○생체시스템 ➡ 丙甲〔일간 · 인성〕

○사회관계 ➡ 제압〔양→음←양→음〕 입묘〔巳丙→戌〕, 자기세력〔甲戌, 丙, 癸巳〕이 경쟁세력〔己丑, 子〕을 제압했다.

이 사주는 미용실을 경영하여 백억대 부자가 되었다.

丙일간〔자신〕이 甲월간〔인성〕으로 재물〔丙子일, 癸巳시〕이 입묘한 戌

월지〔재물창고〕를 지배하고 양(陽) 자기세력〔甲戌월, 丙일간, 癸巳시〕으로 음(陰) 경쟁세력〔己丑년, 子일지〕을 제압했다. 양(陽) 자기세력과 음(陰) 경쟁세력이 비슷하지만 戊寅대운〔40대〕부터 木火대운을 만나면서 음(陰) 경쟁세력을 제압하고 재물을 크게 얻었다.

			(여)
己	丙	己	乙
亥	子	丑	未

◉ 대운

89	79	69	59	49	39	29	19	9
戊	丁	丙	乙	甲	癸	壬	辛	庚
戌	酉	申	未	午	巳	辰	卯	寅

○생체시스템 ➡ 丙·己丑〔일간·식상〕

○사회관계 ➡ 제압〔음음음→양〕, 자기세력〔己丑, 丙子, 己亥〕이 경쟁세력〔乙未〕을 제압했다.

이 사주는 패션업과 식당운영으로 부자가 되었다.

丙일간〔자신〕이 己丑월〔식상〕를 사용하여 음(陰) 자기세력〔己丑월, 丙子일, 己亥시〕으로 양(陽) 경쟁세력〔乙未년〕을 제압했다. 음(陰) 자기세력이 강하고 양(陽) 경쟁세력은 약하지만 庚寅대운〔10대〕부터 60년간 木火대운을 만나면서 양(陽) 부귀를 크게 얻었다.

			(남)
乙	丁	戊	戊
巳	巳	午	申

◉ 대운

87	77	67	57	47	37	27	17	7
丁	丙	乙	甲	癸	壬	辛	庚	己
卯	寅	丑	子	亥	戌	酉	申	未

○생체시스템 ➡ 丁巳·乙巳〔일간·비겁·인성〕

○사회관계 ➡ 제압〔양양양→음〕, 자기세력〔戊午, 丁巳, 乙巳〕이 경쟁세력〔戊申〕을 제압했다.

이 사주는 21세〔庚申대운 戊辰년〕에 알루미늄 광산사업에 뛰어들어 계속 발전했고 30대〔辛酉대운〕에 많은 돈을 벌었다.

丁巳일주〔자신〕가 乙巳시〔인성·비겁〕를 사용하여 양(陽) 자기세력〔戊午월, 丁巳일, 乙巳시〕으로 음(陰) 경쟁세력〔戊申년〕을 제압했다. 양(陽) 자기세력이 강하고 음(陰) 경쟁세력은 약하지만 庚申대운〔20대〕부터 30년간 金대운을 만나면서 음(陰) 부귀를 크게 얻었다.

			(남)
戊	辛	丁	己
戌	卯	卯	酉

⊙ 대운

84	74	64	54	44	34	24	14	4
戊	己	庚	辛	壬	癸	甲	乙	丙
午	未	申	酉	戌	亥	子	丑	寅

○생체시스템 ➡ 辛·戊戌〔일간·인성〕

○사회관계 ➡ 제압〔양양양→음〕 입묘〔戌↶丁〕, 자기세력〔丁卯, 辛卯, 戊戌〕이 경쟁세력〔己酉〕을 제압했다.

이 사주는 30대〔子대운〕부터 장사를 시작하여 40대 중반〔壬戌대운〕에 이미 50억대 자산가가 되었고, 야채곱창을 창안하여 해마다 20억대 순수익을 올리기 시작했다.

辛일간〔자신〕이 戊戌시〔인성〕를 사용하여 양(陽) 자기세력〔丁卯월, 辛卯일, 戊戌시〕으로 음(陰) 경쟁세력〔己酉년〕을 제압했다. 양(陽) 자기세력이 강하고 음(陰) 경쟁세력은 약하지만 乙丑대운〔10대 중반〕부터 60년간 水金대운을 만나면서 음(陰) 재물이 계속 불어났고 壬戌대운〔40대 중반〕은 제압틀〔丁卯, 辛卯, 戊戌〕이 생동하고 水대운에서 金대운으로 전환되면서 새롭게 사업을 확장하였다.

(남)			
庚	壬	庚	丙
戌	子	子	申

◉ 대운

84	74	64	54	44	34	24	14	4
己	戊	丁	丙	乙	甲	癸	壬	辛
酉	申	未	午	巳	辰	卯	寅	丑

○생체시스템 ➡ 壬子·庚子〔일간·비겁·인성〕

○사회관계 ➡ 제압〔양←음음음〕 입묘〔戌↶丙〕, 자기세력〔丙申, 庚子, 壬子〕이 경쟁세력〔庚戌〕을 제압했다.

이 사주는 검찰총장을 역임했다.

壬子일주〔자신〕가 庚子월〔인성·비겁〕을 사용하여 음(陰) 자기세력〔丙申년, 庚子월, 壬子일〕으로 양(陽) 경쟁세력〔庚戌시〕을 제압했다. 丙午대운〔50대 중반〕은 午戌합으로 양(陽) 경쟁세력이 강해지고 제압틀〔丙申, 庚子, 壬子〕이 생동하면서 인생의 절정기를 맞았다.

(남)			
甲	己	丁	辛
戌	亥	酉	酉

◉ 대운

88	78	68	58	48	38	28	18	8
戊	己	庚	辛	壬	癸	甲	乙	丙
子	丑	寅	卯	辰	巳	午	未	申

○생체시스템 ➡ 己丁〔일간·인성〕

○사회관계 ➡ 제압〔양←음음음〕, 자기세력〔辛酉, 丁酉, 己亥〕이 경쟁세력〔甲戌〕을 제압했다.

이 사주는 큰 부자로 살면서 정부 고위관료를 역임했다.

己일간〔자신〕이 丁월간〔인성〕으로 酉월지〔식상〕를 지배하고 음(陰) 자기세력〔辛酉년, 丁酉월, 己亥일〕으로 양(陽) 경쟁세력〔甲戌시〕을 제압했다. 음(陰) 자기세력이 강하고 양(陽) 경쟁세력은 약하지만 乙未대운

〔20대〕부터 60년간 火木대운을 만나면서 양(陽) 부귀가 계속 불어났다.

			(남)
丙	庚	癸	甲
戌	申	酉	辰

◉ 대운

85	75	65	55	45	35	25	15	5
壬	辛	庚	己	戊	丁	丙	乙	甲
午	巳	辰	卯	寅	丑	子	亥	戌

○생체시스템 ➡ 庚·癸酉〔일간·식상·비겁〕

○사회관계 ➡ 제압〔양←음음음〕, 자기세력〔甲辰, 癸酉, 庚申〕이 경쟁세력〔丙戌〕을 제압했다.

이 사주는 내무부장관을 역임했다.

庚일간〔자신〕이 癸酉월〔식상·비겁〕을 사용하여 음(陰) 자기세력〔甲辰년, 癸酉월, 庚申일〕으로 양(陽) 경쟁세력〔丙戌시〕을 제압했다. 음(陰) 자기세력이 강하고 양(陽) 경쟁세력은 약하지만 戊寅대운〔40대 중반〕부터 木대운으로 흐르면서 양(陽) 권력이 크게 일어났다.

			(여)
癸	癸	丁	丁
丑	巳	未	巳

◉ 대운

81	71	61	51	41	31	21	11	1
丙	乙	甲	癸	壬	辛	庚	己	戊
辰	卯	寅	丑	子	亥	戌	酉	申

○생체시스템 ➡ 癸〔일간〕

○사회관계 ➡ 제압〔음←양양양〕, 자기세력〔丁巳, 丁未, 癸巳〕이 경쟁세력〔癸丑〕을 제압했다.

이 사주는 판사이다.

癸일간〔자신〕이 癸巳자합하여 양(陽) 자기세력〔丁巳년, 丁未월, 癸巳일〕으로 음(陰) 경쟁세력〔癸丑시〕를 제압했다. 양(陽) 자기세력이 강하고 음(陰) 경쟁세력은 약하지만 戊申대운〔초년〕부터 60년간 金水대운을 만나면서 음(陰) 부귀가 계속 높아졌다.

(남)			
丁	丙	壬	庚
酉	午	午	午

⦿ 대운

84	74	64	54	44	34	24	14	4
辛	庚	己	戊	丁	丙	乙	甲	癸
卯	寅	丑	子	亥	戌	酉	申	未

○생체시스템 ➡ 丙午〔일간·비겁〕

○사회관계 ➡ 제압〔음←양양양〕, 자기세력〔庚午, 壬午, 丙午〕이 경쟁세력〔丁酉〕을 제압했다.

이 사주는 초년〔癸未대운〕에 전쟁으로 빈곤하게 살다가 20대〔申대운〕에 중국이 건설되자 말단직 경찰부터 시작하여 꾸준히 승진했고 중앙경찰학교 교장까지 올라갔다.

丙午일주〔자신〕가 양(陽) 자기세력〔庚午년, 壬午월, 丙午일〕으로 음(陰) 경쟁세력〔丁酉일〕을 제압했다. 양(陽) 자기세력이 강하고 음(陰) 경쟁세력은 약하지만 申대운〔20대〕부터 60년간 金水대운을 만나면서 음(陰) 권력이 계속 높아졌다.

(남)			
戊	丙	丙	壬
子	午	午	寅

⦿ 대운

81	71	61	51	41	31	21	11	1
乙	甲	癸	壬	辛	庚	己	戊	丁
卯	寅	丑	子	亥	戌	酉	申	未

○생체시스템 ➡ 丙午·丙午〔일간·비겁〕

○사회관계 ➡ 제압〔음←양양양〕, 자기세력〔壬寅, 丙午, 丙午〕이 경쟁세력〔戊子〕을 제압했다.

이 사주는 검사를 역임했다.

자신〔丙午·丙午〕이 양(陽) 자기세력〔壬寅년, 丙午월, 丙午일〕으로 음(陰)경쟁세력〔戊子시〕을 제압했다. 양(陽) 자기세력이 강하고 음(陰) 경쟁세력은 약하지만 戊申대운〔10대〕부터 60년간 金水대운을 만나면서 음(陰) 권력이 계속 높아졌다.

(남)

戊	辛	己	乙
戌	亥	丑	亥

⊙대운

88	78	68	58	48	38	28	18	8
庚	辛	壬	癸	甲	乙	丙	丁	戊
辰	巳	午	未	申	酉	戌	亥	子

○생체시스템 ➡ 辛·己丑〔일간·인성〕

○사회관계 ➡ 제압〔양←음음음〕, 자기세력〔乙亥, 己丑, 辛亥〕이 경쟁세력〔戊戌〕을 제압했다.

이 사주는 50대〔甲申대운〕에 경찰서장이 되었다.

辛일간〔자신〕이 己丑월〔인성〕을 사용하여 음(陰) 자기세력〔乙亥년, 己丑월, 辛亥일〕으로 양(陽) 경쟁세력〔戊戌시〕을 제압했다. 甲申대운〔50대〕은 제압틀〔乙亥, 己丑, 辛亥〕이 생동하면서 지위가 높아졌다.

(남)

辛	丁	丁	戊
丑	巳	巳	寅

⊙대운

84	74	64	54	44	34	24	14	4
丙	乙	甲	癸	壬	辛	庚	己	戊
寅	丑	子	亥	戌	酉	申	未	午

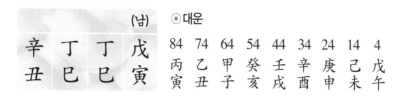

○생체시스템 ➡ 丁巳·丁巳〔일간·비겁〕

○사회관계 ➡ 제압〔음←양양양〕, 자기세력〔戊寅, 丁巳, 丁巳〕이 경쟁세력〔辛丑〕을 제압했다.

이 사주는 70대 중반〔乙丑대운〕에 수백억대 부자가 되었다.

자신〔丁巳 · 丁巳〕이 양(陽) 자기세력〔戊寅년, 丁巳월, 丁巳일〕으로 음(陰) 경쟁세력〔辛丑시〕을 제압했다. 양(陽) 자기세력이 강하고 음(陰) 경쟁세력은 약하지만 庚申대운〔20대 중반〕부터 60년간 水金대운을 만나면서 음(陰) 재물이 계속 불어났다.

			(여)
丙	丁	丁	丙
午	丑	酉	辰

◉ 대운

85	75	65	55	45	35	25	15	5
戊	己	庚	辛	壬	癸	甲	乙	丙
子	丑	寅	卯	辰	巳	午	未	申

○생체시스템 ➡ 丁丑〔일간 · 식상〕

○사회관계 ➡ 제압〔양←음음음〕 입묘〔酉丑→辰〕, 자기세력〔丙辰, 丁酉, 丁丑〕이 경쟁세력〔丙午〕을 제압했다.

이 사주는 유명한 의사이다. 丁丑일주〔자신〕가 음(陰) 자기세력〔丙辰년, 丁酉월, 丁丑일〕으로 양(陽) 경쟁세력〔丙午시〕를 제압했다.

음(陰) 자기세력이 강하고 양(陽) 경쟁세력은 약하지만 乙未대운〔10대 중반〕부터 60년간 火木대운을 만나면서 양(陽) 재물이 크게 일어났다.

			(남)
壬	癸	壬	甲
戌	丑	申	申

◉ 대운

87	77	67	57	47	37	27	17	7
辛	庚	己	戊	丁	丙	乙	甲	癸
巳	辰	卯	寅	丑	子	亥	戌	酉

○생체시스템 ➡ 癸〔일간〕

○사회관계 ➡ 제압〔양←음음음〕 입묘〔丑←申申〕, 자기세력〔甲申, 壬申, 癸丑〕이 경쟁세력〔壬戌〕을 제압했다.

이 사주는 한의사이다.

癸일간〔자신〕이 재물〔甲申년, 壬申월〕이 입묘한 재물창고〔丑일지〕를 지배하고 음(陰) 자기세력〔甲申년, 壬申월, 癸丑일〕으로 양(陽) 경쟁세력〔壬戌시〕을 제압했다.

			(남)
辛	乙	戊	庚
巳	酉	寅	子

⊙ 대운

82	72	62	52	42	32	22	12	2
丁	丙	乙	甲	癸	壬	辛	庚	己
亥	戌	酉	申	未	午	巳	辰	卯

○생체시스템 ➡ 乙·巳〔일간·식상〕

○사회관계 ➡ 제압〔양→음←양→음〕, 자기세력〔戊寅, 乙, 辛巳〕이 경쟁세력〔庚子, 酉〕을 제압했다.

이 사주는 전기공사로 2백억대 부자가 되었다.

乙일간〔자신〕이 巳시지〔식상〕을 사용하여 양(陽) 자기세력〔戊寅월, 乙일간, 辛巳시〕으로 음(陰) 경쟁세력〔庚子년, 酉일지〕을 제압했다. 양(陽) 자기세력과 음(陰) 경쟁세력이 비슷하지만 己卯대운〔초년〕부터 50년간 木火대운을 만나면서 음(陰) 경쟁세력을 제압하고 크게 재물을 얻었다.

			(남)
乙	壬	壬	乙
巳	申	午	酉

⊙ 대운

89	79	69	59	49	39	29	19	9
癸	甲	乙	丙	丁	戊	己	庚	辛
酉	戌	亥	子	丑	寅	卯	辰	巳

○생체시스템 ➡ 壬·乙巳〔일간·식상·재성〕

○사회관계 ➡ 제압〔양→음←양→음〕, 자기세력〔壬午, 壬, 乙巳〕이 경쟁세력〔乙酉, 申〕을 제압했다.

이 사주는 40대〔戊寅대운〕에 백억대 부자가 되었다.

壬일간〔자신〕이 乙巳시〔식상 · 재성〕을 사용하여 양(陽) 자기세력〔壬午월, 壬일간, 乙巳시〕으로 음(陰) 경쟁세력〔乙酉년, 申일지〕을 제압했다. 양(陽) 자기세력과 음(陰) 경쟁세력이 비슷하지만 辛巳대운〔10대〕부터 40년간 火木대운을 만나면서 음(陰) 경쟁세력을 제압하고 크게 재물을 얻었다.

			(남)
己	辛	丙	丙
丑	巳	申	戌

◉ 대운

81	71	61	51	41	31	21	11	1
乙	甲	癸	壬	辛	庚	己	戊	丁
巳	辰	卯	寅	丑	子	亥	戌	酉

○생체시스템 ➡ 辛 · 己丑〔일간 · 인성〕

○사회관계 ➡ 제압〔음→양←음→양〕 입묘〔丑↶辛申, 巳丙↷戌〕, 자기세력〔丙申, 辛, 己丑〕이 경쟁세력〔丙戌, 巳〕을 제압했다.

이 사주는 54세〔壬寅대운 己卯년〕에 회사가 부도나면서 전 재산 70억을 날리고 파산했다.

辛일간〔자신〕이 己丑시〔인성〕를 사용하여 음(陰) 자기세력〔丙申월, 辛일간, 己丑시〕으로 양(陽) 경쟁세력〔丙戌년, 巳일지〕을 제압했다. 음(陰) 자기세력과 양(陽) 경쟁세력이 비슷하기에 대운(大運)이 중요한데 丁酉대운〔초년〕부터 50년간의 金水대운은 자기세력이 힘을 얻어 양(陽) 경쟁세력을 제압하고 부자로 살았고 壬寅대운〔50대〕부터는 경쟁세력이 힘을 얻으면서 음(陰) 자기세력이 제압당하고 파산하였다.

			(여)
壬	庚	壬	壬
午	戌	子	辰

⊙대운

88	78	68	58	48	38	28	18	8
癸	甲	乙	丙	丁	戊	己	庚	辛
卯	辰	巳	午	未	申	酉	戌	亥

○생체시스템 ➡ 庚壬·壬子·壬〔일간·식상〕

○사회관계 ➡ 제압〔양양←음음〕, 자기세력〔壬辰, 壬子, 庚, 壬〕이 경쟁세력〔戌, 午〕을 제압했다.

이 사주는 요식업, 숙박업, 부동산으로 70대〔乙巳대운〕에 자산이 1천 9백억대에 이르렀다.

庚일간〔자신〕이 식상〔壬년간, 壬子월, 壬시간〕을 사용하여 재물〔壬子월, 壬午시〕이 입묘한 재물창고〔辰년지〕를 지배하고 음(陰) 자기세력〔壬辰년, 壬子월, 庚일간, 壬시간〕으로 양(陽) 경쟁세력〔戌일지, 午시지〕을 辰戌충·子午충으로 제압했다. 丙午대운〔60대〕과 乙巳대운〔70대〕은 경쟁세력〔戌, 午〕이 커지면서 재물이 크게 일어났다.

			(남)
庚	壬	壬	辛
戌	戌	辰	亥

⊙대운

81	71	61	51	41	31	21	11	1
癸	甲	乙	丙	丁	戊	己	庚	辛
未	申	酉	戌	亥	子	丑	寅	卯

○생체시스템 ➡ 壬·庚戌〔일간·인성·관성〕

○사회관계 ➡ 제압〔양양→음음〕 입묘〔辰⌒亥〕, 자기세력〔壬戌, 庚戌〕이 경쟁세력〔辛亥, 壬辰〕을 제압했다.

이 사주는 의사인데 처갓집이 큰 부자이다.

壬일간〔자신〕이 庚戌시〔인성·관성〕를 사용하여 양(陽) 자기세력〔壬戌

일, 庚戌시〕으로 음(陰) 경쟁세력〔辛亥년, 壬辰월〕을 제압했다. 2개의 戊〔재고〕은 1개의 辰〔비겁고〕을 능히 제압한다.

			(남)
癸	癸	壬	戊
丑	丑	戌	午

◉대운

87	77	67	57	47	37	27	17	7
辛	庚	己	戊	丁	丙	乙	甲	癸
未	午	巳	辰	卯	寅	丑	子	亥

○생체시스템 ➡ 癸癸〔일간 · 비겁〕

○사회관계 ➡ 제압〔음음→양양〕, 자기세력〔癸丑, 癸丑〕이 경쟁세력〔戊午, 壬戌〕을 제압했다.

이 사주는 20대 후반〔乙대운〕에 카메라 회사에서 영업사원으로 잘 나가다가 사업이 부진해지자 30대 중반〔丑대운〕에 자신이 직접 사업을 시작하였고 고급차를 몰면서 많은 여성과 연애하며 호화 빌라에서 살았다. 하지만 36세〔丑대운 癸巳년〕에 파산하고 연대보증인이었던 아버지와 여동생을 신용불량자로 만들었다.

복음(伏吟) 癸癸일시간〔자신〕이 丑丑일시지〔인성고〕를 지배하고 음(陰) 자기세력〔癸丑일, 癸丑시〕으로 양(陽) 경쟁세력〔戊午년, 壬戌월〕을 제압했다. 강한 음(陰) 자기세력이 강한 양(陽) 경쟁세력과 대립할 때는 경쟁세력에게 순응하면 좋고 대항하면 나쁘다. 丑대운〔33세~37세〕은 丑戌형으로 경쟁세력에게 대항하면서 파산하고 말았다.

			(남)
庚	甲	庚	乙
午	寅	辰	酉

◉대운

88	78	68	58	48	38	28	18	8
辛	壬	癸	甲	乙	丙	丁	戊	己
未	申	酉	戌	亥	子	丑	寅	卯

○생체시스템 ➡ 甲寅(일간 · 비겁)

○사회관계 ➡ 제압(양양→음음), 자기세력(甲寅, 庚午)이 경쟁세력(乙酉, 庚辰)을 제압했다.

이 사주는 매국노 제섭원(齊爕元)이다. 청나라 말기에 등용되어 고속 승진하여 군벌이 되었고 중일전쟁(1937년, 53세_乙亥대운 丁丑년)이 발발하자 일본에게 투항하여 화북수정군 총사령관을 되었으며 일본이 패망하자 62세(1946년_甲戌대운 丙戌년)에 체포되어 반역죄로 총살당했다.

甲寅일주(자신)가 양(陽) 자기세력(甲寅일, 庚午시)으로 음(陰) 경쟁세력(乙酉년, 庚辰월)을 제압했다. 강한 양(陽) 자기세력이 강한 음(陰) 경쟁세력과 대립했기에 경쟁세력에게 순응하면 좋고 대항하면 나쁘다. 水대운(丁丑, 丙子, 乙亥)은 경쟁세력에게 순응하면서 크게 권력을 얻었고 甲戌대운(60대)은 辰戌충 · 酉戌천으로 경쟁세력에게 대항하면서 죽음을 당하였다.

			(남)
丙	庚	乙	乙
戌	寅	酉	酉

⊙대운

83	73	63	53	43	33	23	13	3
丙	丁	戊	己	庚	辛	壬	癸	甲
子	丑	寅	卯	辰	巳	午	未	申

○생체시스템 ➡ 庚·戌(일간 · 인성)

○사회관계 ➡ 제압(양양→음음), 자기세력(庚寅, 丙戌)이 경쟁세력(乙酉, 乙酉)을 제압했다.

이 사주는 경찰(직업)로 있으면서 46명을 살상한 중국 심양(沈陽) 3·8

사건의 주범으로 43세〔辛巳대운 丁卯년〕에 절도를 시작하여 45세〔庚辰대운 己巳년〕부터 강도와 살인으로 21명을 살해하고 25명에게 중상을 입혔으며 갈취한 6억원을 유흥비로 사용하다가 55세〔己卯대운 己卯년〕에 체포되어 사형을 당했다.

庚일간〔자신〕이 戌시지〔인성〕를 사용하여 양(陽) 자기세력〔庚寅일, 丙戌시〕으로 음(陰) 경쟁세력〔乙酉년, 乙酉월〕을 제압했다. 乙庚합·酉戌천〔살인〕은 강한 양(陽) 자기세력과 강한 음(陰) 경쟁세력이 대립하는 원인인데 경쟁세력에게 순응하면 좋지만 대항하면 나쁘다. 庚辰대운〔45세~54세〕은 酉辰합으로 경쟁세력에게 순응하면서 살인과 강도를 저지르고 유흥을 즐겼고, 己卯대운은 卯酉충으로 경쟁세력에게 대항하면서 체포되어 사형을 당하였다.

약육강식

제압(制壓)은 자기세력으로 경쟁세력을 쓰러뜨리고 부귀를 쟁취하는 약육강식(弱肉强食)으로서 인정(人情)을 중시하는 지지합(地支合)과 함께 많은 사람들이 살아가는 방식이다.
제압(制壓)은 자기편과 상대편을 구분하기에 흑백(黑白)이 분명하고 이해타산적인 합리적 사고를 갖는다.

8

국가창고(國庫)에 입묘

국가경제(국가권력)를 이용하여 부귀를 얻다

국가창고〔國庫〕에 입묘하면 국가경제〔국가권력〕를 이용하여 부귀를 얻는다. 국가정세(國家情勢)를 이용하여 재물〔권력〕을 얻기에 애국심이 남다르고 명예(名譽)가 높으며 대인배로서 많은 사람들을 구제한다. 〈알리바바와 40인의 도적〉이야기처럼 국가창고〔國庫〕에 입묘할 때는 창고 열쇠를 반드시 소유해야만 쌓여 있는 재물〔권력〕을 가져올 수 있다.

국가창고〔國庫〕에 입묘하면 다음과 같은 특징이 있다.

❶ 년(年)에 월일시(月日時)나 월일(月日)이 입묘하면 인품이 고귀하고 국가를 일으켜 세워 많은 사람들을 구제한다.

❷ 시(時)에 연월일(年月日) 또는 월일(月日)이 입묘하거나 월(月)에 일

시(日時)가 입묘하면 명예가 높고 인품이 고귀하며 사회에 공헌한다.

❸ 국가창고〔國庫〕의 열쇠는 생체시스템〔비겁 · 식상 · 인성〕이 시(時)에서 얻거나 입묘된 사람들끼리 충돌〔地支沖〕하여 얻는다.

❹ 열쇠 없이 국가창고〔國庫〕에 입묘하면 조직사회에 순응하고 창고주인〔지배자〕에게 충성한다.

			(남)
丁	庚	己	戊
亥	午	未	辰

◉ 대운

83	73	63	53	43	33	23	13	3
戊	丁	丙	乙	甲	癸	壬	辛	庚
辰	卯	寅	丑	子	亥	戌	酉	申

○생체시스템 ➡ 庚 · 亥〔일간 · 식상〕

○사회관계 ➡ 입묘〔亥午未⌒辰〕 포국〔음→양양←음〕 지지합〔亥午未〕, 재물〔己未, 庚午, 丁亥〕이 입묘한 국가창고〔戊辰〕를 식상〔亥〕으로 열었다.

이 사주는 아시아 최고 재벌 장강그룹의 이가성(李嘉誠) 회장이다.

재물〔己未월, 庚午일, 丁亥시〕이 입묘한 국가창고〔戊辰년〕를 庚일간〔자신〕이 亥시지〔식상〕를 사용하여 열었다. 庚午일은 午未합하여 辰〔국가창고〕으로 들어갔고 亥식상〔水〕은 辰〔水庫〕에 입묘하여 나왔기에 창고 열쇠다.

호화롭게 사는 많은 재벌들과는 다르게 값싼 양복과 구두를 신고 다니며 청렴하게 살았던 그는 그룹 총수로서 65만원의 월급을 받았고 일반직원들이 먹는 구내식당에서 줄을 서서 밥을 먹었으며 비행기는 항상 이코노미석〔일반석〕을 이용했지만 2조 3천 100억이라는 엄청난 돈을 스스럼없이 자선사업에 기부하였다.

이 사주는 국가창고〔戊辰〕와 창고열쇠〔亥〕가 운명을 결정한다.

庚申대운〔4세~13세〕은 申亥천으로 亥〔식상〕가 손상되면서 집안이 기울고 10세〔1937년_庚申대운 丁丑년〕에 중일전쟁까지 발발하여 홍콩으로 피난을 갔다. 辛酉대운〔14세~23세〕은 亥〔식상〕가 살아나면서 완구점 판매원으로 들어가 총지배인으로 승진했고 독학으로 유창하게 영어를 구사하게 되었으며 23세〔辛酉대운 庚寅년〕에 플라스틱 공장을 세웠다. 壬戌대운〔24세~33세〕은 辰戌충으로 辰〔국가창고〕이 흔들리면서 조화(造花) 제조기술을 배우려고 임시직 노동자로 이탈리아에서 일했고 임대료 때문에 공장을 옮겨지었다.

癸亥대운〔34세~43세〕은 亥〔식상〕가 생동하면서 오일 쇼크와 경제 불황으로 홍콩의 부동산이 폭락하자 많은 토지와 건물을 매입했고, 甲子대운〔44세~53세〕은 亥〔식상〕가 살아나면서 적극적으로 주식을 매입했으며, 乙丑대운〔54세~63세〕은 亥〔식상〕가 살아나고 丑辰입묘로 辰〔국가창고〕이 강해지면서 홍콩의 부동산이 폭등하여 재벌이 되었다.

丙寅대운〔64세~73세〕, 丁卯대운〔74세~83세〕, 戊辰대운〔84세~93세〕은 亥〔식상〕가 살아나면서 계속 발전하여 자산이 38조에 이르렀고, 2018년〔91세_戊辰대운 戊戌년〕에 辰戌충으로 辰〔국가창고〕이 손상되자 은퇴하였다.

			(남)
己	辛	丁	壬
亥	未	未	辰

◉ 대운

85	75	65	55	45	35	25	15	5
丙	乙	甲	癸	壬	辛	庚	己	戊
辰	卯	寅	丑	子	亥	戌	酉	申

○생체시스템 ➡ 辛·亥〔일간·식상〕

○사회관계 ➡ 입묘〔亥未未⌒辰〕 포국〔음→양양←음〕 지지합〔亥未未〕, 재물〔丁未, 辛未, 己亥〕이 입묘한 국가창고〔壬辰〕를 식상〔亥〕으로 열었다.

이 사주는 30대 중반〔辛亥대운〕에 건설인력회사를 차려서 한순간에 엄청난 돈을 벌어 억만장자가 되었다.

재물〔丁未월, 辛未일, 己亥시〕이 입묘한 국가창고〔壬辰년〕를 辛일간〔자신〕이 亥시지〔식상〕를 사용하여 열었다. 亥식상〔水〕은 辰〔水庫〕에 입묘하여 나왔기에 창고열쇠다. 辛亥대운〔30대 중반〕은 亥〔식상〕과 辰〔국가창고〕이 생동하면서 순식간에 큰 부귀가 일어났다.

(남)			
戊	辛	己	戊
子	未	未	辰

⊙대운

83	73	63	53	43	33	23	13	3
戊	丁	丙	乙	甲	癸	壬	辛	庚
辰	卯	寅	丑	子	亥	戌	酉	申

○생체시스템 ➡ 辛·子〔일간·식상〕

○사회관계 ➡ 입묘〔子未未⌒辰〕 포국〔음→양양←음〕, 사람들〔己未, 辛未, 戊子〕이 입묘한 국가창고〔戊辰〕를 식상〔子〕으로 열었다.

이 사주는 癸亥대운〔30대 중반〕부터 꾸준히 발전했고 甲子대운〔40대 중반〕부터 크게 승진하여 육군 장성이 되었다.

사람들〔己未월, 辛未일, 戊子시〕이 입묘한 국가창고〔戊辰〕를 辛일간〔자신〕이 子시지〔식상〕를 사용하여 열었다. 子식상〔水〕은 辰〔水庫〕에 입묘하여 나왔기에 창고열쇠다. 甲子대운〔40대 중반〕에 子〔식상〕와 辰〔국가창고〕이 생동하면서 크게 부귀를 얻었다.

			(남)
癸	辛	庚	庚
巳	丑	辰	辰

⊙ 대운

83	73	63	53	43	33	23	13	3
己	戊	丁	丙	乙	甲	癸	壬	辛
丑	子	亥	戌	酉	申	未	午	巳

○생체시스템 ➡ 辛癸〔일간 · 식상〕

○사회관계 ➡ 입묘〔癸丑→辰辰〕, 사람들〔辛丑, 癸巳〕이 입묘한 국가창고〔庚辰, 庚辰〕를 식상〔癸〕으로 열었다.

이 사주는 행정고시에 합격하여 계속 발전했고 도지사까지 역임했다. 사람들〔辛丑일, 癸巳시〕이 입묘한 국가창고〔庚辰년, 庚辰월〕를 辛일간〔자신〕이 癸시간〔식상〕을 사용하여 열었다. 癸식상〔水〕은 辰辰〔水庫〕에 입묘하여 나왔기에 창고열쇠다.

			(남)
丙	庚	辛	丙
戌	申	丑	辰

⊙ 대운

86	76	66	56	46	36	26	16	6
庚	己	戊	丁	丙	乙	甲	癸	壬
戌	酉	申	未	午	巳	辰	卯	寅

○생체시스템 ➡ 庚申〔일간 · 비겁〕

○사회관계 ➡ 입묘〔申丑→辰〕 제압〔양←음음음〕, 재물〔辛丑, 庚申〕이 입묘한 국가창고〔丙辰〕를 辰戌충으로 열었다.

이 사주는 전 재산〔9조원〕과 기업을 사회에 기부한 대만플라스틱 왕영경(王永慶) 회장이다.

庚申일주〔자신〕가 재물〔辛丑월, 庚申일〕이 입묘한 국가창고〔丙辰년〕에 들어가 辰戌충〔열쇠〕으로 대문을 열었다. 庚申일〔金〕은 辛丑월〔金庫〕에 입묘하여 辰〔국가창고〕으로 들어갔다.

이 사주는 국가창고〔丙辰〕와 창고열쇠〔辰戌충〕가 운명을 결정한다.

壬寅대운〔초년〕은 寅戌합→辰戌충으로 생계를 위해서 쌀장사를 시작했고, 甲辰대운〔20대 중반〕은 辰〔국가창고〕이 생동하면서 정미소를 차리고 크게 돈을 벌었으며 乙巳대운〔30대 중반〕은 巳戌입묘→辰戌충으로 38세〔乙巳대운 甲午년〕에 대만플라스틱을 창업하였다.

그는 대만플라스틱을 직원 7만명에 자산이 60조원에 이르는 대만 최대의 민영기업으로 성장시키고 92세〔庚戌대운 戊子년〕에 辰戌충으로 辰〔국가창고〕이 손상되자 사망하였다.

戊	己	庚	丙 (남)
辰	未	寅	申

⊙대운

84	74	64	54	44	34	24	14	4
己	戊	丁	丙	乙	甲	癸	壬	辛
亥	戌	酉	申	未	午	巳	辰	卯

○생체시스템 ➡ 己未〔일간 · 비겁〕

○사회관계 ➡ 입묘〔辰↶未寅〕, 재물〔庚寅, 己未〕이 입묘한 국가창고〔戊辰〕를 寅申충으로 열었다.

이 사주는 대통령 주치의와 대학병원장을 역임하고 한국 의료계에 큰 영향력을 끼친 의대교수이다.

己未일주〔자신〕가 재물〔庚寅월, 己未일〕이 입묘한 국가창고〔戊辰시〕에 들어가 寅申충〔열쇠〕으로 대문을 열었다. 庚寅월〔木〕은 己未일〔木庫〕에 입묘하여 辰〔국가창고〕으로 들어갔다.

			(여)
丙	癸	丁	甲
辰	未	丑	辰

◉대운

88	78	68	58	48	38	28	18	8
戊	己	庚	辛	壬	癸	甲	乙	丙
辰	巳	午	未	申	酉	戌	亥	子

○생체시스템 ➡ 癸〔일간〕

○사회관계 ➡ 입묘〔辰辰←未丑〕, 재물〔丁丑, 癸未〕이 입묘한 국가창고〔甲辰, 丙辰〕를 丑未충으로 열었다.

이 사주는 서울대학교보다 인지도가 높은 외국명문대 교수이다.

癸일간〔자신〕이 未일지〔식상고〕를 지배하고 재물〔丁丑월, 癸未일〕이 입묘한 국가창고〔甲辰년, 丙辰시〕에 들어가 丑未충〔열쇠〕으로 대문을 열었다.

			(남)
庚	丁	乙	壬
戌	巳	巳	辰

◉대운

89	79	69	59	49	39	29	19	9
甲	癸	壬	辛	庚	己	戊	丁	丙
寅	丑	子	亥	戌	酉	申	未	午

○생체시스템 ➡ 丁巳 · 乙巳〔일간 · 비겁 · 인성〕

○사회관계 ➡ 입묘〔戌←巳巳〕 제압〔양양양→음〕, 재물〔乙巳, 丁巳〕이 입묘한 국가창고〔庚戌〕를 辰戌충으로 열었다.

이 사주는 고위관료를 역임한 엄청난 부자이다.

자신〔丁巳 · 乙巳〕이 재물〔乙巳월, 丁巳일〕이 입묘한 국가창고〔庚戌시〕에 들어가 辰戌충〔열쇠〕으로 대문을 열었다. 庚戌대운〔50대〕은 戌〔국가창고〕이 생동하면서 부귀〔권력과 재물〕가 절정을 이루었다.

			(남)
乙	己	戊	己
丑	未	辰	亥

⊙ 대운

81	71	61	51	41	31	21	11	1
己	庚	辛	壬	癸	甲	乙	丙	丁
未	申	酉	戌	亥	子	丑	寅	卯

○생체시스템 ➡ 己未〔일간·비겁〕

○사회관계 ➡ 입묘〔丑未亥→辰〕, 재물〔己亥, 己未, 乙丑〕이 입묘한 국가창고〔戊辰〕를 丑未충으로 열었다.

이 사주는 최상류층의 부자로 살면서 고위관료를 지냈다.

己未일주〔자신〕가 재물〔己亥년, 己未일, 乙丑시〕이 입묘한 戊辰월〔국가창고〕에 들어가 丑未충〔열쇠〕으로 대문을 열었다.

			(남)
辛	丁	戊	甲
丑	未	辰	辰

⊙ 대운

82	72	62	52	42	32	22	12	2
丁	丙	乙	甲	癸	壬	辛	庚	己
丑	子	亥	戌	酉	申	未	午	巳

○생체시스템 ➡ 丁未〔일간·식상〕

○사회관계 ➡ 입묘〔丑未→辰辰〕, 재물〔丁未, 辛丑〕이 입묘한 국가창고〔甲辰, 戊辰〕를 丑未충으로 열었다.

이 사주는 연구직 수의사인데 43세〔癸酉대운 丙戌년〕 때 5급 공무원으로 승진했다.

丁未일주〔자신〕가 재물〔丁未일, 辛丑시〕이 입묘한 국가창고〔甲辰년, 戊辰월〕에 들어가 丑未충〔열쇠〕으로 대문을 열었다. 癸酉대운〔40대 중반〕은 酉丑합→丑未충이 생동하였다.

(남)			
戊	己	乙	癸
辰	亥	卯	亥

◉ 대운

82	72	62	52	42	32	22	12	2
丙	丁	戊	己	庚	辛	壬	癸	甲
午	未	申	酉	戌	亥	子	丑	寅

○생체시스템 ➡ 己〔일간〕

○사회관계 ➡ 입묘〔辰 ← 亥卯亥〕, 사람들〔癸亥, 乙卯, 己亥〕이 국가창고〔戊辰〕에 입묘했다.

이 사주는 대기업 평사원으로 적응도 잘하고 만족스럽게 살았다. 己일간〔자신〕이 己亥자합하여 재물〔癸亥년, 乙卯월, 己亥일〕이 입묘한 국가창고〔戊辰시〕에 들어갔다. 열쇠 없이 辰〔국가창고〕으로 입묘했기에 조직사회에 순응하고 창고주인〔지배자〕에게 충성한다.

국가창고(國庫)에 입묘	국가창고(國庫)에 입묘하면 국가경제〔국가권력〕를 이용하여 부귀를 얻는다. 국가정세(國家情勢)를 이용하여 재물〔권력〕을 얻기에 애국심이 남다르고 명예(名譽)가 높으며 대인배로서 많은 사람들을 구제한다.

9 에너지의 누설

에너지를 누설하여 재물과 권력을 얻다

자신이 왕성한 오행(五行)을 가졌다면 에너지를 누설(漏洩)하여 부귀를 얻는데 자신의 힘〔五行〕으로 재물〔권력〕을 생성하기에 주관(主觀)이 강하고 창조적이며 세상을 물질세계로 바라본다.

에너지의 누설은 자기에너지〔인성·비겁·식상〕를 밖으로 드러내는 목화식상(木火食傷), 화토식상(火土食傷), 토금식상(土金食傷), 금수식상(金水食傷), 수목식상(水木食傷) 5가지와 자기에너지〔인성·비겁·식상〕가 재성(財星)으로 연결되는 식상생재(食傷生財)가 있다.

관성에너지가 누설(漏洩)되어 인성〔생체시스템〕으로 들어오는 살중용인(殺重用印)은 타인의 힘〔官星〕으로 재물〔권력〕이 생성되기에 인맥을 중시하고 생각이 개관적이며 조율능력이 뛰어나다.

에너지의 누설(漏洩)은 다음과 같은 특징이 있다.

❶ 생체시스템〔인성 · 비겁 · 식상〕이 왕성해야 에너지를 누설하고 재물〔권력〕을 생성할 수 있다.

❷ 관성에너지를 받아들일 때는 손상되지 않은 인성〔생체시스템〕이 필요하다.

❸ 일반적으로 목화식상(木火食傷)과 살중용인(殺重用印)은 명예를 추구하고 식상생재(食傷生財)와 화토식상(火土食傷), 토금식상(土金食傷), 금수식상(金水食傷), 수목식상(水木食傷)은 재물을 추구한다.

			(남)
丙	甲	丙	甲
寅	子	寅	子

◉대운

87	77	67	57	47	37	27	17	7
乙	甲	癸	壬	辛	庚	己	戊	丁
亥	戌	酉	申	未	午	巳	辰	卯

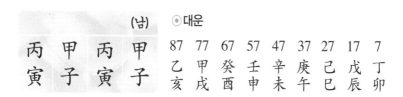

○생체시스템 ➡ 甲 · 丙寅 · 丙寅〔일간 · 식상 · 비겁〕

○물리작용 ➡ 누설〔子子→甲甲寅寅→丙丙〕, 水〔인성〕→木〔비겁〕→火〔식상〕로 에너지가 누설되었다.

이 사주는 명성이 높았던 의대교수이다.

木〔비겁〕에너지〔甲년간, 寅월지, 甲일간, 寅시지〕가 水〔인성〕에너지〔子년지, 子일지〕를 흡수하여 火〔식상〕에너지〔丙월간, 丙시간〕로 누설되었다.

水〔인성〕→木〔비겁〕→ 火〔식상〕로 유통되는 에너지가 매우 깔끔하여 고귀한 삶을 살았다.

			(남)
戊	甲	丁	甲
辰	寅	卯	寅

⊙ 대운

87	77	67	57	47	37	27	17	7
丙	乙	甲	癸	壬	辛	庚	己	戊
子	亥	戌	酉	申	未	午	巳	辰

○생체시스템 ➡ 甲·丁卯〔일간·식상·비겁〕

○물리작용 ➡ 누설〔辰→甲寅甲寅卯→丁〕 제압〔음←양양양〕, 水〔인성〕→木〔비겁〕→火〔식상〕로 에너지가 누설되었다.

이 사주는 30대〔庚午대운〕에 백억대 부자가 되었다.

木〔비겁〕에너지〔甲寅년, 卯월시, 甲寅일〕가 水〔인성〕에너지〔辰년지_水庫〕를 흡수하여 火〔식상〕에너지〔丁월간〕로 누설되었다.

水〔인성〕→ 木〔비겁〕→ 火〔식상〕로 에너지가 유통하기에 丁〔식상〕이 생동하는 庚午대운〔30대〕에 크게 재물을 얻었다.

			(남)
乙	甲	丙	甲
亥	戌	寅	子

⊙ 대운

83	73	63	53	43	33	23	13	3
乙	甲	癸	壬	辛	庚	己	戊	丁
亥	戌	酉	申	未	午	巳	辰	卯

○생체시스템 ➡ 甲·丙寅〔일간·식상·비겁〕

○물리작용 ➡ 누설〔子亥→甲寅甲→丙〕, 水〔인성〕→木〔비겁〕→火〔식상〕로 에너지가 누설되었다.

이 사주는 판사를 역임하였다.

木〔비겁〕에너지〔甲년간, 寅월지, 甲일간〕가 水〔인성〕에너지〔子년지, 亥시지〕를 흡수하여 火〔식상〕에너지〔丙월간〕로 누설되었다.

戌일지〔식상고〕는 甲일간〔자신〕에게 지배되었고 乙시간〔비겁〕은 亥

〔인성〕를 제공하였다. 水〔인성〕→ 木〔비겁〕→ 火〔식상〕로 유통되는 에너지가 좋다.

			(남)
乙	甲	丙	己
丑	寅	寅	酉

⊙대운

86	76	66	56	46	36	26	16	6
丁	戊	己	庚	辛	壬	癸	甲	乙
巳	午	未	申	酉	戌	亥	子	丑

○생체시스템 ➡ 甲寅 · 丙寅〔일간 · 식상 · 비겁〕

●생체시스템 변화 ➡ 甲己합으로 己酉년〔재성 · 관성〕을 생체시스템으로 사용한다.

○물리작용 ➡ 누설〔酉丑→寅甲寅→丙〕 포국〔음→양양←음〕, 金水〔관성 · 인성〕→木〔비겁〕→火〔식상〕로 에너지가 누설되었다.

이 사주는 金대운〔辛酉, 庚申〕에 의사로서 재물을 쌓았고 火대운〔己未〕에 정계에 입문하여 시장을 역임했다.

木〔비겁〕에너지〔寅월지, 甲寅일〕가 金水〔관성 · 인성〕에너지〔酉년지, 丑시지의 癸〕를 흡수하여 火〔식상〕에너지〔丙월간〕로 누설되었다.

甲寅일주〔자신〕는 甲己합으로 己酉년〔재성 · 관성〕을 사용하여 음(陰) 자기세력〔己酉년, 乙丑시〕으로 양(陽) 경쟁세력〔丙寅월, 甲寅일〕을 둘러싼 포국(包局)도 형성했는데 60대 중반〔庚申대운〕까지는 포국틀〔己酉, 乙丑〕이 생동하면서 돈을 벌었고, 60대 후반〔己未대운〕부터는 金水〔관성 · 인성〕→木〔비겁〕→ 火〔식상〕로 유통된 火〔식상〕에너지를 사용하면서 명예를 추구하였다.

			(남)
甲	甲	壬	壬
子	寅	子	午

◉ 대운

83	73	63	53	43	33	23	13	3
辛	庚	己	戊	丁	丙	乙	甲	癸
酉	申	未	午	巳	辰	卯	寅	丑

○생체시스템 ➡ 甲寅〔일간 · 비겁〕

○물리작용 ➡ 누설〔壬子子→甲寅→丙〕, 水〔인성〕→木〔비겁〕→火〔식상〕로 에너지가 누설되었다.

이 사주는 木대운〔甲寅, 乙卯〕에 매우 공부를 잘했고 40대 중반〔丁巳 대운〕에 교수가 되었다.

木〔비겁〕에너지〔甲寅일, 甲시간〕가 水〔인성〕에너지〔壬子월, 子시지〕를 흡수하여 火〔식상〕에너지〔寅 중 丙〕로 누설되었다.

壬午년〔인성 · 식상〕은 寅午합으로 연결된 타인이며 甲시간〔비겁〕은 子〔인성〕를 제공하였다. 水〔인성〕→木〔비겁〕→火〔식상〕로 에너지가 유통하기에 木대운〔甲寅, 乙卯〕은 水〔인성〕에너지를 흡수하면서 공부를 잘했고, 丁巳대운은 火〔식상〕에너지로 누설되면서 부귀를 얻었다.

			(여)
乙	丁	己	甲
巳	巳	巳	寅

◉ 대운

83	73	63	53	43	33	23	13	3
庚	辛	壬	癸	甲	乙	丙	丁	戊
申	酉	戌	亥	子	丑	寅	卯	辰

○생체시스템 ➡ 丁巳 · 己巳〔일간 · 비겁 · 식상〕

○물리작용 ➡ 누설〔甲寅乙→丁巳巳巳→己戊戊戊〕, 木〔인성〕→火〔비겁〕→土〔식상〕로 에너지가 누설되었다.

이 사주는 능력이 뛰어난 의사이다.

火〔비겁〕에너지〔巳월지, 丁巳일, 巳시지〕가 木〔인성〕에너지〔甲寅년, 乙시간〕를 흡수하여 土〔식상〕에너지〔己월간, 巳巳巳 중 戊戊戊〕로 누설되었다.

乙巳시는 木火에너지〔인성·비겁〕를 제공하는 타인이며 木〔인성〕→火〔비겁〕→土〔식상〕로 유통되는 에너지가 깔끔하여 부귀가 높다.

戊	丁	戊	戊 (남)
申	未	午	午

◉ 대운

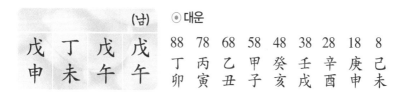

88	78	68	58	48	38	28	18	8
丁	丙	乙	甲	癸	壬	辛	庚	己
卯	寅	丑	子	亥	戌	酉	申	未

○생체시스템 ➡ 丁戊·戊午·戊午〔일간·식상·비겁〕

○물리작용 ➡ 누설〔午午丁→戊戊戊未→申〕 제압〔음←양양양〕, 火〔비겁〕→土〔식상〕→金〔재성〕으로 에너지가 누설되었다.

이 사주는 재벌가에서 태어나 서울대학교를 졸업하고 큰 기업체를 운영하고 있다.

火〔비겁〕에너지〔午년지, 午월지, 丁일간〕가 土〔식상〕에너지〔戊년간, 戊월간, 戊시간, 未일지〕로 누설되어 金〔재성〕에너지〔申시지〕에 맺혔다.

火〔비겁〕→土〔식상〕→金〔재성〕으로 에너지가 왕성하게 유통되면서 부귀가 매우 높다.

乙	庚	壬	甲 (남)
酉	申	申	申

◉ 대운

85	75	65	55	45	35	25	15	5
辛	庚	己	戊	丁	丙	乙	甲	癸
巳	辰	卯	寅	丑	子	亥	戌	酉

○생체시스템 ➡ 庚申 · 壬申〔일간 · 비겁 · 식상〕

○물리작용 ➡ 누설〔申申申酉→壬壬壬壬〕, 金〔비겁〕→水〔식상〕로 에너지가 누설되었다.

이 사주는 가난하여 초등학교만 졸업하고 10대〔癸酉대운〕부터 방직공장에서 일했지만 20대 중반〔乙亥대운〕부터 섬유사업을 시작하여 크게 성공하였다. 金〔비겁〕에너지〔申년지, 申월지, 庚申일, 酉시지〕가 水〔식상〕에너지〔壬월간, 申申申 중 壬壬壬〕로 누설되어 맺혔다.

甲년간〔재성〕과 乙시간〔재성〕은 金水에너지〔비겁 · 식상〕를 제공하였다. 金〔비겁〕→水〔식상〕로 에너지가 왕성하게 유통하기에 壬〔식상〕이 생동하는 乙亥대운〔20대 중반〕부터 재물이 크게 일어났다.

			(남)
丁	庚	壬	甲
亥	申	申	申

⊙대운

85	75	65	55	45	35	25	15	5
辛	庚	己	戊	丁	丙	乙	甲	癸
巳	辰	卯	寅	丑	子	亥	戌	酉

○생체시스템 ➡ 庚·亥〔일간 · 식상〕

○물리작용 ➡ 누설〔申申申→壬亥→甲〕, 金〔비겁〕→水〔식상〕→木〔재성〕으로 에너지가 누설되었다.

이 사주는 木대운〔戊寅, 己卯〕 20년간 목재장사로 큰 부자가 되었다.

金〔비겁〕에너지〔申년지, 申월지, 庚申일〕가 水〔식상〕에너지〔壬월간, 亥시지〕로 누설되어 木〔재성〕에너지〔亥 중 甲〕에 맺혔다.

甲년간〔재성〕은 金에너지〔비겁〕를 제공하였다. 金〔비겁〕→水〔식상〕→木〔재성〕으로 에너지가 유통하기에 木〔재성〕이 생동하는 戊寅대운〔50대 중반〕부터 재물이 크게 일어났다.

			(남)
辛	辛	癸	甲
卯	亥	酉	子

◉ 대운

83	73	63	53	43	33	23	13	3
壬	辛	庚	己	戊	丁	丙	乙	甲
午	巳	辰	卯	寅	丑	子	亥	戌

○생체시스템 ➡ 辛亥〔일간·식상〕

○물리작용 ➡ 누설〔酉辛辛→癸亥→卯〕, 金〔비겁〕→水〔식상〕→木〔재성〕으로 에너지가 누설되었다.

이 사주는 木대운〔戊寅, 己卯〕 20년간 수십억을 벌었다.

金〔비겁〕에너지〔酉월지, 辛일간, 辛시간〕가 水〔식상〕에너지〔癸월간, 亥일지〕로 누설되어 木〔재성〕에너지〔卯시지〕에 맺혔다.

金〔비겁〕→水〔식상〕→木〔재성〕으로 에너지가 유통하기에 木〔재성〕이 생동하는 戊寅대운〔40대 중반〕부터 재물이 일어났다.

			(남)
癸	癸	癸	癸
亥	亥	亥	亥

◉ 대운

88	78	68	58	48	38	28	18	8
甲	乙	丙	丁	戊	己	庚	辛	壬
寅	卯	辰	巳	午	未	申	酉	戌

○생체시스템 ➡ 癸亥·癸亥·癸亥·癸亥〔일간·비겁〕

○물리화학작용 ➡ 누설〔癸亥癸亥癸亥癸亥→甲甲甲甲〕, 水〔비겁〕→木〔식상〕으로 에너지가 누설되었다.

이 사주는 명문대를 졸업하고 대기업에 들어갔다.

水〔자기〕에너지〔癸亥년, 癸亥월, 癸亥일, 癸亥시〕가 木〔식상〕에너지〔亥亥亥亥 중 甲甲甲甲〕로 누설되었다.

金대운〔辛酉, 庚申〕은 金〔인성〕을 흡수하여 공부를 잘했고 金〔인성〕→

水〔비겁〕→木〔식상〕으로 에너지가 유통하면서 취업도 잘되었다.

			(여)
甲	癸	丁	庚
寅	亥	亥	寅

◉대운

85	75	65	55	45	35	25	15	5
戊	己	庚	辛	壬	癸	甲	乙	丙
寅	卯	辰	巳	午	未	申	酉	戌

○생체시스템 ➡ 癸·甲寅〔일간·식상〕

○물리화학작용 ➡ 누설〔亥癸亥→寅甲寅→丙丙〕 지지합〔寅亥亥寅〕, 水〔비겁〕→木〔식상〕→火〔재성〕로 에너지가 누설되었다.

이 사주는 壬午대운〔40대 중반〕에 부동산 투자로 8백억을 벌었다.

水〔비겁〕에너지〔亥월지, 癸亥일〕가 木〔식상〕에너지〔寅년지, 甲寅시〕로 누설되어 火〔재성〕에너지〔寅寅 중 丙丙〕에 맺혔다.

丁월간〔재성〕은 亥월지〔비겁〕를 제공하고 庚년간〔인성〕은 寅년지〔식상〕를 소유하였다. 水〔비겁〕→木〔식상〕→火〔재성〕로 에너지가 유통하기에 火〔재성〕가 생동하는 壬午대운〔40대 중반〕에 크게 재물이 일어났다.

			(여)
乙	乙	壬	己
酉	亥	申	酉

◉대운

84	74	64	54	44	34	24	14	4
辛	庚	己	戊	丁	丙	乙	甲	癸
巳	辰	卯	寅	丑	子	亥	戌	酉

○생체시스템 ➡ 乙·壬申〔일간·인성·관성〕

○물리화학작용 ➡ 누설〔酉申酉→壬亥→乙〕, 金〔관성〕→水〔인성〕→木〔비겁〕로 에너지가 누설되었다.

이 사주는 평범한 회사원이었는데 乙亥대운에 남자들의 도움으로 호텔지배인이 되었다.

乙일간〔자신〕이 金〔관성〕에너지〔酉년지, 申월지, 酉시지〕를 水〔인성〕에너지〔壬월간, 亥일지〕로 흡수하여 가져왔다.

金〔관성〕→水〔인성〕→木〔비겁〕으로 에너지가 유통하기에 水〔인성〕가 생동하는 乙亥대운〔20대 중반〕에 관성〔남성들〕의 도움으로 최고관리자〔인성〕에 올랐다.

에너지의 누설	자신이 왕성한 오행(五行)을 가졌다면 에너지를 누설(漏洩)하여 부귀를 얻는다. 식상격(食傷格)이나 식상생재(食傷生財)처럼 자신의 힘〔五行〕으로 재물〔권력〕을 생성하면 주관(主觀)이 강하고 창조적이며 세상을 물질세계로 바라보고 살중용인(殺重用印)처럼 타인의 힘〔官星〕으로 재물〔권력〕이 생성되면 인맥을 중시하고 객관적이며 조율능력이 뛰어나다.

10 에너지의 충돌

에너지를 충돌시켜 재물과 권력을 얻다

거대한 음(陰)에너지나 양(陽)에너지가 멈춰 있다면 반대편 에너지로 충돌(衝突)시켜 부귀를 얻는다. 金水〔음〕에너지가 가득하면 대운(大運)에서 양(陽)에너지로 부딪혀 金水〔음〕에너지를 얻고 木火〔양〕에너지가 가득하면 대운(大運)에서 음(陰)에너지로 부딪혀 木火〔양〕에너지를 얻는다. 만약 사주원국(四柱原局)에서 이미 거대한 음(陰)에너지가 양(陽)에너지와 충돌했거나 거대한 양(陽)에너지가 음(陰)에너지와 충돌했다면 대운(大運)의 충돌을 기다릴 필요가 없다.

해원명리의 에너지 충돌(衝突)이론은 자평명리의 종격(從格)이론을 뒤집고 맹파명리의 적포(賊捕)이론을 다른 시각에서 반박한다. 에너지의 충돌은 거대한 음(陰)덩어리나 양(陽)덩어리가 음양(陰陽)의 충돌로 생명력을 얻기에 귀인(貴人)의 조력(助力)과 대운(大運)의 도움이 절대적인 영향을 끼친다.

(남)			
辛	戊	庚	癸
酉	辰	申	丑

⊙ 대운

82	72	62	52	42	32	22	12	2
辛	壬	癸	甲	乙	丙	丁	戊	己
亥	子	丑	寅	卯	辰	巳	午	未

○생체시스템 ➡ 戊辰·庚申〔일간·비겁·식상〕

○물리작용 ➡ 충돌〔음음음음←대운〕 누설〔土→金→水〕, 거대한 음〔癸丑, 庚申, 戊辰, 辛酉〕이 양〔대운〕의 충돌로 생동하였다.

이 사주는 1997년 외환위기 직전까지 총매출 25조원에 재계순위 5~6위까지 발전했던 쌍용그룹의 창업자 김성곤 회장이다. 자유당 제4대 국회의원에 당선되어 정계에 입문한 그는 4·19 혁명으로 정계를 은퇴했다가 5·16 군사정변 이후 다시 정계에 복귀하여 민주공화당 소속으로 제6대, 제7대, 제8대 국회의원을 역임했고 박정희 대통령의 최측근으로서 정치권과 재벌, 언론에 막강한 영향력을 행사하였다.

土〔비겁〕에너지〔丑년지, 戊辰일〕가 金〔식상〕에너지〔庚申월, 辛酉시〕로 누설되어 水〔재성〕에너지〔申 중 壬〕에 맺혔다. 거대한 음(陰)에너지가 멈춰 있어 양(陽)에너지가 필요한데 초년〔己未대운〕부터 60년간 양(陽)대운을 만나면서 土〔비겁〕→金〔식상〕→水〔재성〕로 이어지는 에너지의 유통이 활발하게 일어났다.

이 사주는 木火〔陽〕대운이 운명을 결정한다.

火대운〔己未, 戊午, 丁巳〕 30년과 丙辰대운〔33세~42세〕까지는 음(陰)에너지가 火木대운을 만나면서 부잣집에서 태어나 보성전문학교〔고려대학교〕 상과를 졸업하고 비누공장을 세워 사업을 시작하였고 고려화재 해상보험과 금성방직을 세우고 연합신문을 인수하였다.

乙卯대운〔43세~52세〕과 甲대운〔53세~57세〕은 木金충으로 음(陰)에너지가 생동하면서 군사정권을 이용하여 쌍용그룹 회장, 동양통신 사장, 공화당 재정위원장, 4번의 국회의원을 역임하며 막강한 재물과 권력을 누렸고, 寅대운〔58세~62세〕은 寅申충으로 申〔식상〕이 깨지면서 10·2항명파동으로 중앙정보부에 끌려 가서 고문을 당하고 정계에서 쫓겨났으며, 癸丑대운〔63세~〕은 木火〔陽〕대운이 끝나고 음(陰)에너지가 멈추면서 63세〔1975년_癸丑대운 乙卯년〕에 고려대학교 졸업식에서 축사를 준비하다가 갑자기 쓰러져 사망하였다.

			(남)
丙	丙	庚	癸
申	子	申	酉

◉ 대운

88	78	68	58	48	38	28	18	8
辛	壬	癸	甲	乙	丙	丁	戊	己
亥	子	丑	寅	卯	辰	巳	午	未

○생체시스템 ➡ 丙丙〔일간·비겁〕

○물리작용 ➡ 충돌〔음음음음←대운〕, 거대한 음〔癸酉, 庚申, 丙子, 丙申〕이 양〔대운〕의 충돌로 생동하였다.

이 사주는 중국 남송시대의 재상(宰相)으로 이종(理宗), 도종(度宗), 공종(恭宗) 3대에 걸쳐 무소불위(無所不爲)의 권력을 누렸던 가사도(賈似道)이다. 학문이나 병법을 몰랐던 그는 누이가 이종(理宗)의 귀비(貴妃)로 총애를 받자 그 연줄로 높은 벼슬에 올랐고 국정을 농단하고 원나라의 침략을 거짓으로 숨겨 남송을 멸망으로 이끌었다.
복음(伏吟) 丙丙일시간〔자신〕이 申시지〔재성〕를 지배하고 申子합으로 연결된 거대한 金水〔재관〕에너지〔癸酉년, 庚申월, 子일지, 申시지〕를 얻었다. 거대한 음(陰)에너지가 멈춰 있어 양(陽)에너지가 반드시 필요한데 10대〔己未대운〕부터 60년간 양(陽)대운을 만나면서 부귀〔癸酉, 庚申, 丙子, 丙申〕가 크게 일어났다.

이 사주는 木火〔陽〕대운과 申시지〔지배력〕가 운명을 결정한다.
己未대운〔9세~18세〕은 火대운이 시작되면서 관리였던 아버지의 도움으로 작은 관직을 얻었고, 戊午대운〔19세~28세〕은 누이〔귀비〕의 추천으로 황제를 알현하고 파격적으로 고관이 되었으며, 丁巳대운〔29세~38세〕은 29세〔1241년_丁巳대운 辛丑년〕에 호광〔지방〕의 재정을 총괄하는 호광총령(湖廣總領)을 시작으로 36세〔1248년_丁巳대운 戊申년〕에 부재상의 자리까지 올라갔다.
丙辰대운〔39세~48세〕은 조정을 장악하고 1259년〔47세_丙辰대운 己未년〕에 남송을 침략한 쿠빌라이와 비밀리에 강화를 맺고서는 남송사람들에게 몽골과의 전쟁에서 승리한 것처럼 거짓말을 했으며, 乙卯대운〔49세~58세〕은 황제를 능가하는 최고 권력자로 군림하면서 1268년〔56세_乙卯대운 戊辰년〕부터 시작된 몽골과의 양양(襄陽)전투를 철저하게 은폐하고 남송 조정을 심각하게 농락했다.
甲寅대운〔59세~68세〕은 寅申충으로 申시지〔지배력〕가 무너지면서 1273년〔61세_甲寅대운 癸酉년〕에 5년간의 양양전투에서 남송이 몽골에게 패했고 1275년〔63세_甲寅대운 乙亥년〕에 그가 이끌었던 13만 남송군이 몽골군에게 괴멸되었으며 자신은 분노한 관료들에게 탄핵되어 유배되었다가 지방관리에게 피살되었다. 남송은 이듬해〔1276년〕에 멸망하여 가사도와 운명을 같이하였다.

			(남)
庚	庚	辛	丙
辰	辰	丑	申

◉ 대운

84	74	64	54	44	34	24	14	4
庚	己	戊	丁	丙	乙	甲	癸	壬
戌	酉	申	未	午	巳	辰	卯	寅

○생체시스템 ➡ 庚辰·庚辰〔일간·비겁·인성〕

○물리작용 ➡ 충돌〔음음음음←대운〕 입묘〔辰辰↶丑申〕, 거대한 음〔丙申, 辛丑, 庚辰, 庚辰〕이 양〔대운〕의 충돌로 생동하였다.

이 사주는 자유당 시절에 절대 권력을 누리다가 아들에게 자신과 가족 모두가 살해된 이기붕 부통령이다.

49세〔1945년_丙午대운 乙酉년〕에 이승만 대통령의 비서로 정계에 입문하여 서울시장과 국방부장관을 역임했고 자유당의 실권자로서 이승만 대통령의 종신집권 가결을 강행했으며 64세〔1960년_丁未대운 庚子년〕에 3·15부정선거로 부통령이 되었지만 4·19혁명으로 사임했고 들끓는 민심을 피해 경무대〔청와대〕에 피신했다가 아들의 권총에 맞아 가족과 함께 죽음을 맞았다.

복음(伏吟) 庚庚일시간〔자신〕이 사람들〔丙申년, 辛丑월〕이 입묘한 권력창고〔辰辰일시지〕를 지배했다. 丙申년〔金〕은 辛丑월〔金庫〕에 입묘하여 辰辰〔권력창고〕으로 들어왔다.

이 사주는 木火〔陽〕대운이 운명을 결정한다.

초년부터 60년간 木火대운〔壬寅, 癸卯, 甲辰, 乙巳, 丙午, 丁未〕을 만나면서 입묘작용〔辰辰↶丑申〕이 생동하여 부귀가 하늘처럼 올라갔다가 火대운〔丁未대운〕의 끝자락에 이르자 양(陽)이 소멸하면서 거대한 음(陰)에너지가 멈추었다. 丁未대운 庚子년〔64세〕은 申子辰 삼합으로 辰辰〔권력창고〕이 무너지고 庚〔자신〕의 형상도 庚〔金〕으로 등장하면서 부귀영화는 일장춘몽처럼 사라져버렸다.

			(여)
庚	庚	辛	辛
辰	子	丑	亥

⊙대운

89	79	69	59	49	39	29	19	9
庚	己	戊	丁	丙	乙	甲	癸	壬
戌	酉	申	未	午	巳	辰	卯	寅

○생체시스템 ➡ 庚子·庚辰〔일간·비겁·식상·인성〕

○물리작용 ➡ 충돌〔음음음음←대운〕 입묘〔辰↶子丑亥〕, 거대한 음〔辛亥, 辛丑, 庚子, 庚辰〕이 양〔대운〕의 충돌로 생동하였다.

이 사주는 서울대학교 법과대학을 졸업하고 판사가 되었다.

복음(伏吟) 庚庚일시간〔자신〕이 사람들〔辛亥년, 辛丑월, 庚子일〕이 입묘한 권력창고〔辰시지〕를 지배하였다. 거대한 음(陰)에너지가 멈춰 있어 양(陽)에너지의 충돌이 필요한데 초년〔壬寅대운〕부터 60년간 木火대운으로 흐르면서 입묘작용〔辰↶子丑亥〕이 활발하게 일어나 부귀가 계속 높아졌다.

			(여)
癸	戊	甲	戊
丑	辰	子	申

⊙대운

86	76	66	56	46	36	26	16	6
乙	丙	丁	戊	己	庚	辛	壬	癸
卯	辰	巳	午	未	申	酉	戌	亥

○생체시스템 ➡ 戊辰〔일간 · 비겁〕

○물리작용 ➡ 충돌〔음음음음←대운〕 삼합〔申子辰〕 입묘〔辰↶申子丑〕, 거대한 음〔戊申, 甲子, 戊辰, 癸丑〕이 양〔戊대운〕의 충돌로 생동하였다.

이 사주는 고인이 된 연예인 최진실이다.

거대한 음(陰)에너지〔戊申, 甲子, 戊辰, 癸丑〕가 申子辰 삼합으로 멈춰 있어 寅午戌 양(陽)에너지가 절실하다.

이 사주는 寅午戌 양(陽)대운이 운명을 결정한다.

癸亥대운〔7세~16세〕과 壬대운〔17세~21세〕은 음(陰)에너지가 水대운을 만나면서 빈곤하게 살았고, 戊대운〔22세~26세〕은 申子辰 음(陰)에너지가 戊 양(陽)대운과 충돌하면서 22세〔戊대운 己巳년〕에 드라마 배우를 시작하여 25세〔戊대운 壬申년〕에 시청률 56%를 기록했던 드라마 〈질투〉로 대스타가 되었다.

辛酉대운〔27세~36세〕은 음(陰)에너지가 金대운을 만나면서 남편과 애정문제로 고통이 심하였고, 庚申대운〔37세~46세〕은 음(陰)에너지가 申子辰 삼합으로 멈추고 戊子년〔41세〕에 戊〔자신〕의 형상이 戊〔土〕로 등장하면서 우울증으로 자살하였다.

			(남)
辛	戊	丁	丙
酉	申	酉	子

⊙ 대운

85	75	65	55	45	35	25	15	5
丙	乙	甲	癸	壬	辛	庚	己	戊
午	巳	辰	卯	寅	丑	子	亥	戌

○생체시스템 ➡ 戊 · 辛酉〔일간 · 식상〕

○물리작용 ➡ 충돌〔음음음음←대운〕, 거대한 음〔丙子, 丁酉, 戊申, 辛酉〕이 양〔대운〕의 충돌로 생동하였다.

이 사주는 20대 후반〔庚子대운〕에 국가공무원을 시작하여 木대운〔壬寅, 癸卯〕에 장관을 역임했다.

土〔비겁〕에너지〔戊일간〕가 火〔인성〕에너지〔丁월간〕를 흡수하고 金〔식상〕에너지〔酉월지, 申일지, 辛酉시〕로 누설되었다. 丙子년〔인성·재성〕은 음(陰)을 제공하였다.

庚子대운〔20대 후반〕은 申子합으로 申〔식상〕이 활력을 얻고 火〔인성〕→土〔비겁〕→金〔식상〕 에너지가 유통하면서 공무원이 되었고 木대운〔壬寅, 癸卯〕은 양(陽)대운이 충돌하여 火〔인성〕→土〔비겁〕→金〔식상〕에너지의 유통이 크게 생동하면서 고위관료가 되었다.

			(남)
癸	戊	丁	丙
亥	申	酉	子

◉ 대운

85	75	65	55	45	35	25	15	5
丙	乙	甲	癸	壬	辛	庚	己	戊
午	巳	辰	卯	寅	丑	子	亥	戌

○생체시스템 ➡ 戊申〔일간·식상〕

●생체시스템 변화 ➡ 戊癸합으로 癸亥시〔재성〕를 생체시스템으로 사용한다.

○물리작용 ➡ 충돌〔음음음음←대운〕, 거대한 음〔丙子, 丁酉, 戊申, 癸亥〕이 양〔대운〕의 충돌로 생동하였다.

이 사주는 40대 중반〔壬寅대운〕부터 재물이 크게 일어나 부자가 되었다.

土〔비겁〕에너지〔戊일간〕가 金〔식상〕에너지〔酉월지, 申일지〕로 누설되어 水〔재성〕에너지〔子년지, 癸亥시〕에 맺혔다.

거대한 음(陰)에너지가 멈춰 있어 양(陽)에너지의 충돌이 필요한데 壬寅대운〔40대 중반〕부터 木대운을 만나자 土〔비겁〕→金〔식상〕→水〔재성〕 에너지의 유통이 생동하면서 재물이 크게 일어났다.

(남)			
癸	戊	庚	辛
亥	申	寅	亥

⊙ 대운

81	71	61	51	41	31	21	11	1
辛	壬	癸	甲	乙	丙	丁	戊	己
巳	午	未	申	酉	戌	亥	子	丑

○생체시스템 ➡ 戊申〔일간·식상〕

●생체시스템 변화 ➡ 戊癸합으로 癸亥시〔재성〕를 생체시스템으로 사용한다.

○물리작용 ➡ 충돌〔음음음←양〕, 거대한 음〔辛亥, 庚, 戊申, 癸亥〕이 양〔寅〕의 충돌로 생동하였다.

이 사주는 20대〔丁亥대운〕까지 비참하게 살다가 金대운〔丙戌, 乙酉, 甲申〕 30년간 사업으로 크게 성공하였고 60대〔癸未대운〕와 70대〔壬午대운〕에 재벌이 되었으며 80대〔辛巳대운〕에 사망하였다.

土〔비겁〕에너지〔戊일간〕가 金〔식상〕에너지〔庚월간, 申일지〕로 누설되어 水〔재성〕에너지〔亥년지, 癸亥시〕에 맺혔다.

이 사주는 거대한 음(陰)에너지를 생동시키는 寅申충이 운명을 결정한다. 水대운〔己丑, 戊子, 丁亥〕은 寅申충이 정지되면서 빈곤하게 살았고, 金대운〔丙戌, 乙酉, 甲申〕은 寅申충이 살아나면서 크게 사업에 성공했으며, 火대운〔癸未, 壬午〕은 음(陰)에너지를 火대운이 충돌하면서 재벌로 살았고, 辛巳대운〔80대〕은 寅巳申 삼형으로 寅申충이 무너지면서 사망하였다.

(남)

乙	壬	癸	丙
巳	午	巳	午

◉ 대운

85	75	65	55	45	35	25	15	5
壬	辛	庚	己	戊	丁	丙	乙	甲
寅	丑	子	亥	戌	酉	申	未	午

○생체시스템 ➡ 壬·乙巳〔일간·식상·재성〕

○물리작용 ➡ 충돌〔양양양양←대운〕, 거대한 양〔丙午, 癸巳, 壬午, 乙巳〕이 음〔대운〕의 충돌로 생동하였다.

이 사주는 40대 중반〔戊戌대운〕에 수천억대 자산가가 되었다.

壬일간〔자신〕이 壬午자합하고 乙巳시〔식상·재성〕를 사용하여 거대한 火〔재성〕에너지〔丙午년, 癸巳월, 壬午일, 乙巳시〕를 얻었다.

거대한 양(陽)에너지가 멈춰 있어 음(陰)에너지의 충돌이 필요한데 20대 중반〔丙申대운〕부터 金대운〔丙申, 丁酉, 戊戌〕을 만나면서 크게 재물이 일어났다.

에너지의 충돌

거대한 음(陰)에너지나 양(陽)에너지가 멈춰 있다면 반대편 에너지로 충돌(衝突)시켜 부귀를 얻는다. 金水〔음〕에너지가 가득하면 양(陽)에너지로 부딪혀 金水〔음〕에너지를 얻고 木火〔양〕에너지가 가득하면 음(陰)에너지로 부딪혀 木火〔양〕에너지를 얻는다.

에너지의 충돌은 거대한 음(陰)덩어리나 양(陽)덩어리가 음양(陰陽)의 충돌로 생명력을 얻기에 귀인(貴人)의 조력(助力)과 대운(大運)의 도움이 절대적인 영향을 끼친다.

海原 命理學
해원 명리학

제 7 장

애정시스템

海原 命理學
해원 명리학

1

남성 애정시스템

사랑은 세상에서 가장 소중하다. 재물과 권력을 모두 가져도 사랑을 얻지 못해 고통스러워 하는 사람이 많고 재물과 권력이 없어도 사랑으로 살아가는 사람도 많다. 애정시스템(愛情system)은 남녀의 애정을 간결하게 정리한 도식(圖式)으로 생체시스템(生體system)이 인간관계와 생계(生計)를 위한 육체의 정의라면 애정시스템은 애정관계(sex)에 대한 정의이다.

남녀의 사랑은 애정시스템을 중심으로 보금자리〔日支_결혼환경〕, 부모자리〔月支_출생환경〕, 자식자리〔時支_생식력〕로 판단한다.

애정시스템은 물질〔성욕〕중심의 낮은 지성을 기반으로 만들었기에 정신력을 중시하는 높은 지성(知性)에게 동일하게 적용하면 무리가 따르고 반드시 9가지 사회관계론〔부귀〕을 전제로 사용해야 한다.

[지성의 높낮이]

	높은 지성 (정신력을 중시)	낮은 지성 (육체를 중시)
인성	**통제력**	살(肉質)_ 이성[남녀]을 받아들이고 정력[비겁]을 돕는다
비겁	**지배력**	정력(精力)_ 남녀[財官]를 자극하고 생식력[식상]을 높인다
식상	**통솔력**	성기(性器)_ 남녀[財官]에게 성욕을 드러내고 애정을 표현한다

[남녀의 이성]

- 남자에게 애정관계 여성(女性)은 식상(食傷), 재성(財星), 관성(官星)이다.
- 여자에게 애정관계 남성(男性)은 재성(財星), 관성(官星)이다.

<애정관계 남녀는 보금자리(日支)와 연관되어야 한다>

➡ 남자에게 식상(食傷)은 어리거나 불만족스러운 여성[배우자]이다.

➡ 남자에게 재성(財星)은 만족스러운 여성[배우자]이다.

➡ 남자에게 관성(官星)은 강하거나 자신을 지배하려는 여성[배우자]이다.

➡ 여자에게 재성(財星)은 무능력하거나 불만족스러운 남성[배우자]이다.

➡ 여자에게 관성(官星)은 만족스러운 남성[배우자]이다.

[보금자리]

천간자리	木(甲乙)		木土	火(丙丁)		火土	金(庚辛)		金土	水(壬癸)		水土
보금자리	寅	卯	未	巳	午	戌	申	酉	丑	亥	子	辰

【남성의 애정시스템】

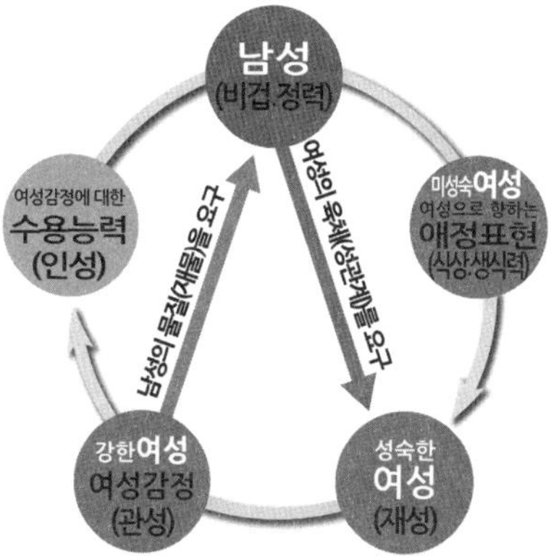

먼저 남성(男性)의 애정시스템(愛情system)을 설명하겠다.

◉비겁(比劫)

남성의 비겁(比劫_정력)이 발달하면 재성(財星)을 통제하기에 여성〔재성_財星〕이 호감을 갖고 애정관계(sex)를 맺는다. 식상(食傷)까지 발달하면 강한 비겁(比劫_정력)이 식상(食傷_sex에너지)을 강화시켜 여성〔재성_財星〕의 마음까지 사로잡는다.

비겁(比劫_정력)이 허약하면 재성(財星)을 통제할 수 없기에 여성〔재성_財星〕에게 매력을 주지 못하고 식상(食傷_sex에너지)도 힘을 잃는다.

보통 비겁(比劫_정력)이 발달하면 애정관계(sex)에서 정액(精液)으로 소진되는 육체에너지〔단백질〕가 풍부하기에 체력이 강하고 성감(性感)이 좋으며 육체미(肉體美)가 뛰어나다.

			(남)
己	戊	戊	辛
未	寅	戌	未

⊙대운

83	73	63	53	43	33	23	13	3
己	庚	辛	壬	癸	甲	乙	丙	丁
丑	寅	卯	辰	巳	午	未	申	酉

○생체시스템 ➡ 戊·戊戌〔일간·비겁〕

●여성 ➡ 寅未未〔관성〕, 보금자리〔寅_木관성〕를 품은 관성〔辛未, 寅, 己未〕이 여성이다.

○애정관계 ➡ 많은 여성들〔辛未, 寅, 己未〕과 자신의 육체〔戌〕가 성관계〔寅戌합·戌未형〕를 가졌다.

이 사주는 아내가 있었지만 여러 명의 첩을 두었고 많은 여성들과 성관계를 가졌다. 戊일간〔자신〕의 월지(月支_출생환경)가 비겁(比劫)으로 정력이 매우 강하여 아내〔寅일지_관성〕 1명으로는 만족하지 못하고 많은 여성들〔辛未, 己未_관살고〕과 애정관계〔戌未형_sex〕를 가졌다.

			(남)
丁	甲	乙	戊
卯	辰	卯	子

⊙대운

85	75	65	55	45	35	25	15	5
甲	癸	壬	辛	庚	己	戊	丁	丙
子	亥	戌	酉	申	未	午	巳	辰

○생체시스템 ➡ 甲·丁卯〔일간·식상·비겁〕

●여성 ➡ 戊辰〔재성〕, 보금자리〔辰_水인성〕를 품은 재성〔戊子, 辰〕이 여성이다.

○애정관계 ➡ 많은 여성들〔戊子, 辰〕과 자신의 육체〔卯〕가 성관계〔子卯파·卯辰천〕를 가졌다.

이 사주는 결혼을 하지 않고 술집여자 여러 명과 동거하면서 방탕하게 살았다. 甲일간〔자신〕의 월지(月支_출생환경)와 시지(時支_생식력)가 비겁(比劫)으로 정력이 매우 강하여 많은 여성들〔戊子년, 辰일지〕과

방탕한 애정관계(sex)를 가졌다.

			(남)
丁	辛	甲	乙
酉	酉	申	巳

⊙ 대운

89	79	69	59	49	39	29	19	9
乙	丙	丁	戊	己	庚	辛	壬	癸
亥	子	丑	寅	卯	辰	巳	午	未

○생체시스템 ➡ 辛酉〔일간 · 비겁〕

●여성 ➡ 巳甲丁〔재관〕, 보금자리〔酉_金비겁〕를 품고 합(合)한 재관〔乙巳, 甲申, 丁酉〕이 여성이다.

○애정관계 ➡ 정력이 강하여 많은 여성들〔乙巳, 甲申, 丁酉〕과 성관계를 가졌다.

이 사주는 여성과의 애정이 끊이지 않아 30대 중반〔辛대운〕까지 50명이 넘는 여성들과 애정관계(sex)를 가졌다. 辛酉일주〔자신〕의 월지(月支_출생환경)와 시지(時支_생식력)가 비겁(比劫)으로 정력이 매우 강하여 많은 여성들〔乙巳년, 甲申월, 丁酉시〕과 애정관계를 가졌다.

			(남)
丁	甲	甲	癸
卯	寅	子	巳

⊙ 대운

87	77	67	57	47	37	27	17	7
乙	丙	丁	戊	己	庚	辛	壬	癸
卯	辰	巳	午	未	申	酉	戌	亥

○생체시스템 ➡ 甲 · 丁卯〔일간 · 식상 · 비겁〕

●여성 ➡ 丁〔식상〕, 보금자리〔寅_木비겁〕를 품은 식상〔丁卯〕이 여성이다.

○애정관계 ➡ 성욕이 강하여 아내〔丁卯〕에게 만족하지 못하고 바람을 피웠다.

이 사주는 식육점을 운영하는 아내〔丁卯시〕 덕으로 먹고 살았는데 바람기가 너무 심하여 한때 아내가 자살을 시도하였다. 甲일간〔자신〕의 시지(時支_생식력)가 비겁(比劫)으로 정력이 매우 강하여 식상(食傷)

아내〔丁卯시〕 1명에게 만족하지 못했다.

			(남)
乙	庚	乙	甲
酉	辰	亥	午

◉대운

86	76	66	56	46	36	26	16	6
甲	癸	壬	辛	庚	己	戊	丁	丙
申	未	午	巳	辰	卯	寅	丑	子

○생체시스템 ➡ 庚辰〔일간 · 인성〕

●여성 ➡ 乙乙〔재성〕, 보금자리〔辰_水식상〕를 품고 합(合)한 재성〔乙亥, 乙酉〕이 여성이다.

○애정관계 ➡ 돈이 많고 성욕이 강하여 여자〔乙亥, 乙酉〕를 문란하게 밝혔다.

이 사주는 돈이 많은 사업가인데 여자관계가 상당히 문란했다. 庚辰일주〔자신〕가 음(陰) 자기세력〔乙亥월, 庚辰일, 乙酉시〕으로 양(陽) 경쟁세력〔甲午년〕을 제압했고 20대 중반부터 木火대운을 만나면서 재물이 크게 일어났다. 이분은 시지(時支_생식력)가 비겁(比劫)으로 정력이 매우 강하여 애정관계를 끊임없이 밝혔다.

			(남)
庚	丁	辛	辛
子	未	丑	亥

◉대운

84	74	64	54	44	34	24	14	4
壬	癸	甲	乙	丙	丁	戊	己	庚
辰	巳	午	未	申	酉	戌	亥	子

○생체시스템 ➡ 丁未〔일간 · 식상〕

●여성 ➡ 辛辛庚〔재성〕, 보금자리〔未_식상〕와 합충천(合沖穿)하는 재성〔辛亥, 辛丑, 庚子〕이 여성이다.

○애정관계 ➡ 정력〔비겁_火〕이 약해 여성〔辛亥, 辛丑, 庚子〕을 감당할 수 없다.

이 사주는 어릴 때부터 병약하여 병마(病魔)와 살았다. 丁未일주〔자신〕

의 비겁(比劫_정력)이 매우 약하여 재성(財星) 여성들〔辛亥년, 辛丑월, 庚子시〕에게 무시를 당하였다.

◉식상(食傷)

보금자리〔日支〕와 연관된 식상(食傷)은 남성에게 만족감을 주지 못하는 미성숙한 여성이다. 남성에게 식상(食傷_표현력)이 발달하면 재성(財星)을 돕기에 여성〔재성_財星〕이 공감해주고 즐거워하며 마음을 연다. 식상(食傷)은 생식기〔性器〕에도 해당되기에 보금자리〔日支〕와 연관되어 발달하면 노골적으로 애정관계(sex)를 즐기고 보금자리〔日支〕와 연관되어 손상되면 여성〔재성_財星〕이 마음을 닫기에 애정관계(sex)를 얻지 못한다.

식상(食傷)은 존재하는데 재성(財星)이 빈약하면 연애능력이 뛰어나 여성〔재성_財星〕의 마음은 쉽게 얻지만 애정관계(sex)는 망설인다.

식상(食傷)이 관성(官星)과 조화를 이루지 못하면 식상견관(食傷見官)으로 세상에게 배척당하여 파란만장한 삶이 펼쳐진다.

			(남)
甲	辛	丙	丁
午	亥	午	卯

⊙대운

88	78	68	58	48	38	28	18	8
丁	戊	己	庚	辛	壬	癸	甲	乙
酉	戌	亥	子	丑	寅	卯	辰	巳

○생체시스템 ➡ 辛亥〔일간·식상〕

●여성 ➡ 丁午午〔관성〕, 보금자리〔亥_식상〕와 합(合)하는 관성〔丁卯, 丙午, 甲午〕이 여성이다.

○애정관계 ➡ 여성들〔丁卯, 丙午, 甲午〕이 성관계〔亥卯합·午亥합〕를 원한다.

필자는 이 사주의 어머니에게 이렇게 이야기하였다.

"아드님은 여자가 너무 많습니다. 여자들이 아드님과 잠자리를 가지려 고 줄을 섰을 것입니다."

"사주에 그것이 보이나요? 정말 기절할 정도네요. 지금〔20대〕까지 아들과 결혼하고 싶다며 대문 밖에서 새벽을 지새웠던 여자가 7명이나 됩니다. 많은 여자들이 아들과 잠자리를 원합니다."

辛亥일주〔자신〕가 여성들〔丁卯년, 丙午월, 甲午시〕과 亥卯합 · 午亥합으로 애정관계(sex)를 맺었다. 많은 여성들〔丁卯, 丙午, 甲午〕이 亥식상(食傷_생식기) 1개에 달라붙었기에 끊임없이 잠자리를 요구한다.

			(남)
丁	丁	辛	辛
未	未	丑	丑

⊙대운

81	71	61	51	41	31	21	11	1
壬	癸	甲	乙	丙	丁	戊	己	庚
辰	巳	午	未	申	酉	戌	亥	子

○생체시스템 ➡ 丁未 · 丁未〔일간 · 비겁 · 식상〕

●여성 ➡ 辛辛〔재성〕, 보금자리〔未_土식상〕를 품은 재성〔辛丑, 辛丑〕이 여성이다.

○애정관계 ➡ 여성들〔辛丑, 辛丑〕과 빠르게 애정관계〔丑未충〕를 가졌다.

이 사주는 여성을 유혹하여 먹고 살았던 제비족이다. 자신〔丁未 · 丁未〕이 여성들〔辛丑년, 辛丑월〕과 丑未충〔애정관계〕으로 인연을 맺었지만 소유가 불가능하다. 식상(食傷)이 발달하여 여성의 마음을 쉽게 열어 노골적으로 애정관계(sex)를 즐겼지만 비겁(比劫)이 약하여 재성〔재물_여성〕을 간직할 수는 없었다.

癸	戊	丁	甲 (남)
丑	申	卯	寅

⊙ 대운

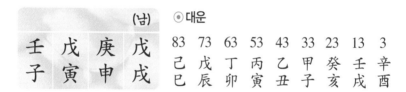

89	79	69	59	49	39	29	19	9
丙	乙	甲	癸	壬	辛	庚	己	戊
子	亥	戌	酉	申	未	午	巳	辰

○생체시스템 ➡ 戊申〔일간·식상〕

●여성 ➡ 寅卯癸〔재관〕, 보금자리〔申_식상〕를 품고 합충(合沖)하는 재관〔甲寅, 丁卯, 癸丑〕이 여성이다.

○애정관계 ➡ 많은 여성들〔甲寅, 丁卯, 癸丑〕과 애정관계〔寅申충·卯申합·戊癸합〕를 가졌다.

이 사주는 식자재를 납품하면서 겨우 밥만 먹고 살았지만 성관계를 너무 좋아하여 여성이라면 가리지 않고 닥치는 대로 애정관계(sex)를 맺었다. 식상(食傷)이 발달하고 시지(時支_생식력)가 비겁(比劫)이라 정력이 매우 강하여 애정관계를 노골적으로 밝혔다.

壬	戊	庚	戊 (남)
子	寅	申	戌

⊙ 대운

83	73	63	53	43	33	23	13	3
己	戊	丁	丙	乙	甲	癸	壬	辛
巳	辰	卯	寅	丑	子	亥	戌	酉

○생체시스템 ➡ 戊·庚申〔일간·식상〕

●여성 ➡ 寅〔관성〕, 보금자리〔寅_木관성〕인 관성〔寅〕이 여성이다.

○애정관계 ➡ 아내〔寅〕와의 애정문제〔寅申충〕로 생계〔申子합〕가 무너졌다.

이 사주는 24세〔壬戌대운 辛酉년〕에 결혼했지만 32세〔癸亥대운 己巳년〕에 이혼했다. 戊일간〔자신〕이 庚申월〔식상〕을 사용하여 申子합으로 재물〔壬子시〕을 가져오지만 아내〔寅일지〕와의 寅申충〔애정문제〕으로 재물〔壬子시〕이 사라졌다. 이분은 애정문제〔寅申충〕와 생계〔申子합〕

가 상충되면서 배우자 복을 기대할 수 없다.

			(남)
甲	甲	乙	癸
子	午	丑	亥

◉대운

83	73	63	53	43	33	23	13	3
丙	丁	戊	己	庚	辛	壬	癸	甲
辰	巳	午	未	申	酉	戌	亥	子

○생체시스템 ➡ 甲午〔일간 · 식상〕

○애정관계 ➡ 생식기〔午_식상〕가 午丑천 · 子午충으로 손상되면서 애정관계(sex)가 어려워졌다.

이 사주는 독신자로 살았다. 甲午일주〔자신〕의 보금자리이자 식상(食傷)인 午일지〔생식기〕가 午丑천 · 子午충으로 손상되면서 여성에 대한 관심이 사라졌고 애정관계(sex)도 없었다.

◉재성(財星)

보금자리〔日支〕와 연관된 재성(財星)은 남성에게 만족감을 주는 성숙한 여성이다. 남성에게 재성(財星)이 발달하면 부드럽고 감성적인 여성의 특징을 함유하기에 여성〔재성_財星〕이 동질감을 느끼고 사랑한다. 재성(財星)이 보금자리〔日支〕와 연관되어 발달하면 많은 여성들과 깊은 애정관계(sex)를 즐긴다.

			(남)
己	丁	丙	丙
酉	丑	申	申

◉대운

81	71	61	51	41	31	21	11	1
乙	甲	癸	壬	辛	庚	己	戊	丁
巳	辰	卯	寅	丑	子	亥	戌	酉

○생체시스템 ➡ 丁丑〔일간 · 식상〕

●여성 ➡ 申申酉丑〔재성〕, 보금자리〔丑_金재성〕를 품은 재성〔丙申, 丙申, 丑, 己酉〕이 여성이다.

○애정관계 ➡ 자신〔丁〕이 여성들〔丙申, 丙申, 己酉〕이 입묘한 여성창고〔丑〕를 지배했다.

이 사주는 많은 여성들이 잠자리를 원했던 전설적인 바람둥이다. 丁일간〔자신〕이 여성들〔丙申년, 丙申월, 己酉시〕이 입묘한 여성창고〔丑일지_재고〕를 지배했기에 애정관계(sex) 여성이 매우 많다. 여성들이 재성(財星)이기에 자신을 사랑하고 공감하며 잠자리를 원한다.

			(남)
辛	辛	壬	丙
卯	未	辰	寅

⊙대운

88	78	68	58	48	38	28	18	8
辛	庚	己	戊	丁	丙	乙	甲	癸
丑	子	亥	戌	酉	申	未	午	巳

○생체시스템 ➡ 辛壬〔일간 · 식상〕

●여성 ➡ 寅卯未〔재성〕, 보금자리〔未_木재성〕를 품은 재성〔丙寅, 未, 辛卯〕이 여성이다.

○애정관계 ➡ 자신〔辛〕이 여성들〔丙寅, 辛卯〕이 입묘한 여성창고〔未〕를 지배했다.

이 사주는 유명한 바람둥이로 배다른 자식들을 많이 낳았고 지독하게 자식복이 없었다. 辛일간〔자신〕이 여성들〔丙寅년, 辛卯시〕이 입묘한 여성창고〔未일지_재고〕를 지배했기에 애정관계(sex) 여성이 매우 많다. 여성들이 재성(財星)이기에 자신을 사랑하고 잠자리를 원한다.

			(남)
壬	戊	甲	戊
子	子	子	子

⊙ 대운

83	73	63	53	43	33	23	13	3
癸	壬	辛	庚	己	戊	丁	丙	乙
酉	申	未	午	巳	辰	卯	寅	丑

○생체시스템 ➡ 戊〔일간〕

●여성 ➡ ~~子子子子~~〔재성〕, 보금자리〔子_水재성〕를 품은 재성〔戊子, 甲子, 子, 壬子〕이 여성이다.

○애정관계 ➡ 자신〔戊〕이 戊子자합하여 아내〔子일지〕 덕으로 살아간다.

이 사주는 아내에게 의존하여 한량(閑良)처럼 살았는데 아내가 백억대 자산가였다. 戊일간〔자신〕이 戊子자합으로 子일지〔아내〕에게 의존하였고 10대〔丙寅대운〕부터 木火대운을 60년간 만나면서 음(陰) 여성들〔戊子년, 甲子월, 子일지, 壬子시〕도 생동하였다.

			(남)
癸	戊	辛	甲
亥	辰	未	寅

⊙ 대운

84	74	64	54	44	34	24	14	4
庚	己	戊	丁	丙	乙	甲	癸	壬
辰	卯	寅	丑	子	亥	戌	酉	申

○생체시스템 ➡ 戊辰〔일간·비겁〕

●여성 ➡ 亥辰〔재성〕, 보금자리〔辰_水재성〕를 품은 재성〔辰, 癸亥〕이 여성이다.

○애정관계 ➡ 자신〔戊〕이 여성들〔癸亥〕이 입묘한 여성창고〔辰〕를 지배했다.

이 사주는 예쁜 아내〔癸亥시〕를 두었지만 많은 여성들과 성관계를 맺었다. 戊일간〔자신〕의 월지(月支_출생환경)가 비겁(比劫)으로 정력이 매우 강하여 아내〔癸亥시_재성〕 1명으로는 만족하지 못했고 여성창고〔辰일지_재고〕까지 있어 결혼 후에도 여성들과의 애정관계(sex)가 멈추지 않았다.

◉관성(官星)

보금자리〔日支〕와 연관된 관성(官星)은 남성에게 자기주장이 강한 여성이다. 관성(官星)의 여성은 남성에게 물질적인 보상을 원하기에 반드시 통제되어야 한다. 남성에게 관성(官星)은 사회에서 경쟁하는 동성(同性)이기에 관성(官星)이 발달하고 통제되면 투쟁력이 강하고 여성을 권력과 재물로써 쟁취하지만 관성(官星)이 발달하고 통제되지 못하면 투쟁력을 잃어 세상을 두려워하고 가난하며 여성〔官星〕에게 무시당한다.

			(남)
壬	庚	己	己
午	戌	巳	亥

◉대운

87	77	67	57	47	37	27	17	7
庚	辛	壬	癸	甲	乙	丙	丁	戊
申	酉	戌	亥	子	丑	寅	卯	辰

○생체시스템 ➡ 庚戌〔일간 · 인성〕

●여성 ➡ 巳午戌〔관성〕, 보금자리〔戌_火관성〕를 품은 관성〔己巳, 戌, 壬午〕이 여성이다.

○애정관계 ➡ 자신〔庚〕이 여성들〔己巳, 壬午〕이 입묘한 여성창고〔戌〕를 지배했다.

이 사주는 유통업으로 천억대 자산을 이루었는데 60대〔癸亥대운〕에 본처〔己巳월〕와 이혼하고 욕심 많은 20살 어린 여성〔壬午시〕과 재혼했다. 庚일간〔자신〕이 여성들〔己巳월, 壬午시〕이 입묘한 여성창고〔戌일지_관살고〕를 지배했기에 애정관계(sex) 여성이 매우 많다. 여성이 관성(官星)이기에 권력과 재물로써 쟁취하고 여성(官星)도 재물을 원한다.

			(남)
癸	戊	己	乙
亥	寅	卯	未

◉ 대운

84	74	64	54	44	34	24	14	4
庚	辛	壬	癸	甲	乙	丙	丁	戊
午	未	申	酉	戌	亥	子	丑	寅

○생체시스템 ➡ 戊癸합으로 癸亥시〔재성〕를 생체시스템으로 사용한다.

●여성 ➡ 亥寅卯未〔재관〕, 보금자리〔寅_木관성〕를 품고 합(合)한 재관〔乙未, 己卯, 寅, 癸亥〕이 여성이다.

○애정관계 ➡ 자신〔戊〕이 여성들〔己卯, 寅, 癸亥〕이 입묘한 여성창고〔乙未〕를 가져왔다.

이 사주는 천억대 자산을 이룬 CEO〔최고관리자〕인데 세계 각국에 애인을 두었다. 戊일간〔자신〕이 여성들〔己卯월, 寅일지, 癸亥시〕이 입묘한 여성창고〔乙未년_관살고〕를 亥未합으로 가져오면서 애정관계(sex) 여성이 매우 많다. 여성이 관성(官星)이기에 권력과 재물로써 쟁취하고 여성〔官星〕도 권력과 재물을 원한다.

			(남)
乙	己	甲	癸
丑	卯	寅	丑

◉ 대운

83	73	63	53	43	33	23	13	3
乙	丙	丁	戊	己	庚	辛	壬	癸
巳	午	未	申	酉	戌	亥	子	丑

○생체시스템 ➡ 己〔일간〕

●여성 ➡ 甲卯乙〔관성〕, 보금자리〔卯_木관성〕를 품은 관성〔甲寅, 卯, 乙丑〕이 여성이다.

○애정관계 ➡ 관성〔木〕을 통제하지 못하여 세상과 여성들〔甲寅, 卯, 乙丑〕에게 외면당했다.

이 사주는 10대 중반〔壬子대운〕부터 눈에 헛것이 보이는 정신질환을 앓기 시작했다. 己일간〔자신〕이 관성(官星)을 통제하지 못하면서 세상과 여성들〔甲寅월, 卯일지, 乙丑시〕에게 외면당했다.

◉인성(印星)

남성에게 인성(印星)은 관성(官星)을 수용하기에 여성의 감정표현〔官星〕을 너그럽게 받아들이고 비겁(比劫_정력)을 윤택하게 만들어 체력을 강화시킨다. 인성(印星)이 과잉되고 식상(食傷)이 빈약하면 관성(官星)을 흡수하여 여성의 감정〔官星〕은 잘 받아들이지만 재성(財星)을 돕지 않기에 여성에게 마음을 베풀지 않는다. 인성(印星)만 가득하면 여성〔財星〕에게 받고자 하는 욕심만 있는 마마보이다.

			(남)
戊	丁	甲	壬
申	丑	辰	寅

◉ 대운

89	79	69	59	49	39	29	19	9
癸	壬	辛	庚	己	戊	丁	丙	乙
丑	子	亥	戌	酉	申	未	午	巳

○생체시스템 ➡ 丁甲〔일간·인성〕

●여성 ➡ 申丑〔재성〕, 보금자리〔丑_金재성〕를 품은 재성〔丑, 戊申〕이 여성이다.

○애정관계 ➡ 여성들〔戊申, 丑〕이 입묘한 재물창고〔辰〕를 통제력〔甲_인성〕으로 지배했다.

이 사주는 여성들〔丑, 戊申〕에게 인기가 매우 많았지만 지성(知性)이 높아 바람을 피우지 않았고 독특한 성격의 아내〔戊申시〕를 너그럽게 받아주었다. 丁일간〔자신〕이 甲월간〔인성〕으로 재물〔壬寅년, 丁丑일, 戊申시〕이 입묘한 재물창고〔辰월지〕를 지배하여 명예가 매우 높았다.

2
여성 애정시스템

여성(女性)의 애정시스템(愛情system)을 설명하겠다.

【여성의 애정시스템】

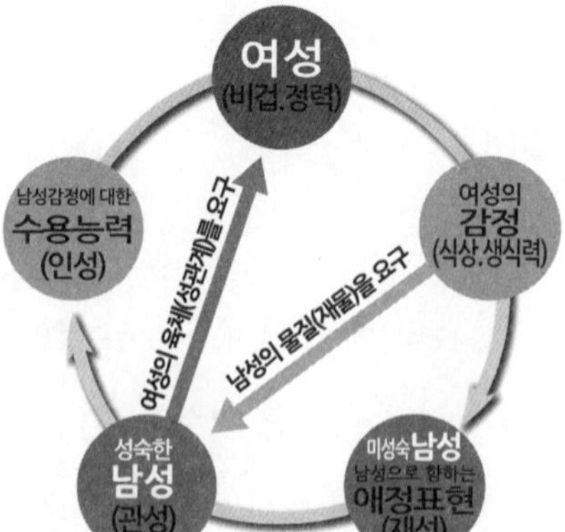

◉비겁(比劫)

여성의 비겁(比劫_정력)이 발달하면 관성(官星)의 통제욕구가 강해지기에 남성〔관성_官星〕이 호감을 갖고 애정관계(sex)를 원한다.

비겁(比劫_정력)이 허약하고 관성〔남성_官星〕이 강하면 세상을 두려워하고 남성〔官星〕에게 속박당한다.

보통 비겁(比劫_정력)이 발달하면 애정관계(sex)에서 애액(愛液)으로 소진되는 육체에너지〔단백질〕가 풍부하기에 체력이 강하고 성감(性感)이 좋으며 육체미(肉體美)가 뛰어나다.

			(남)
癸	辛	丁	辛
巳	酉	酉	亥

◉ 대운

82	72	62	52	42	32	22	12	2
丙	乙	甲	癸	壬	辛	庚	己	戊
午	巳	辰	卯	寅	丑	子	亥	戌

○생체시스템 ➡ 辛酉〔일간 · 비겁〕

●남성 ➡ 丁巳〔관성〕, 보금자리〔酉_金비겁〕를 품고 합(合)한 관성〔丁酉, 癸巳〕이 남성이다.

○애정관계 ➡ 성욕〔酉〕이 강하여 남편〔丁酉〕에게 만족하지 못했다.

이 사주는 성관계(sex)를 지나치게 요구하여 남편이 매우 힘들어 했다. 辛酉일주〔자신〕의 월지(月支_출생환경)가 비겁(比劫)으로 정력이 매우 강하여 남편〔丁酉월〕 1명에게 만족하지 못한다.

(여)			
庚	乙	甲	戊
辰	卯	寅	戌

◉대운

81	71	61	51	41	31	21	11	1
乙	丙	丁	戊	己	庚	辛	壬	癸
巳	午	未	申	酉	戌	亥	子	丑

○생체시스템 ➡ 乙卯〔일간 · 비겁〕

●남성 ➡ 戌庚〔재관〕, 보금자리〔卯_木비겁〕를 합천(合穿)한 재관〔戊戌, 庚辰〕이 남성이다.

○애정관계 ➡ 성욕〔寅〕이 강하여 끊임없이 남성들〔戊戌, 庚辰〕을 원했다.

이 사주는 매일 밤새도록 성관계를 해도 지치지 않았다. 4번의 결혼을 했지만 남편들이 모두 정력(精力)이 고갈되어 사망하거나 몸이 망가졌다. 乙卯일주〔자신〕의 월지(月支_출생환경)가 비겁(比劫)으로 정력이 매우 강하여 남성들〔戊戌년, 庚辰시〕이 감당하기 어려웠다.

(여)			
丙	甲	戊	戊
寅	子	午	午

◉대운

88	78	68	58	48	38	28	18	8
己	庚	辛	壬	癸	甲	乙	丙	丁
酉	戌	亥	子	丑	寅	卯	辰	巳

○생체시스템 ➡ 甲 · 丙寅〔일간 · 식상 · 비겁〕

●남성 ➡ 戊戊〔재성〕, 보금자리〔子_水인성〕와 충(沖)하는 재성〔戊午, 戊午〕이 남성이다.

○애정관계 ➡ 성욕〔寅〕이 강하여 남성들〔戊午, 戊午〕과 끊임없이 성관계를 맺었다.

이 사주는 20대〔丙辰대운〕에 매일 새로운 남성들〔戊午년, 戊午월〕과 애정관계(sex)를 맺었다. 甲일간〔자신〕의 시지(時支_생식력)가 비겁(比劫)으로 정력이 매우 강하여 많은 재성(財星) 남성들〔戊午, 戊午〕과 성관계〔寅午합〕를 하였다.

乙	丁	乙	乙 (여)
巳	卯	酉	巳

⊙대운

89	79	69	59	49	39	29	19	9
甲	癸	壬	辛	庚	己	戊	丁	丙
午	巳	辰	卯	寅	丑	子	亥	戌

○생체시스템 ➡ 丁·乙巳〔일간·인성·비겁〕

●남성 ➡ 酉〔재성〕, 보금자리〔卯_木인성〕를 품은 재성〔乙酉〕이 남성이다.

○애정관계 ➡ 성욕〔巳〕이 강하여 남편〔乙酉〕에게 만족하지 못했다.

이 사주는 18세〔丙戌대운 壬戌년〕부터 유부남과 성관계를 가졌고 20대〔丁亥대운〕에 결혼했지만 바람을 피워 이혼했으며 30대〔戊子대운〕부터는 여러 명의 남자들과 동거를 하면서 애정관계(sex)를 즐겼다. 丁일간〔자신〕의 시지(時支_생식력)가 비겁(比劫)으로 정력이 매우 강하여 재성(財星) 남편〔乙酉월〕 1명에게 만족하지 못했다.

◉식상(食傷)

여성에게 식상(食傷_표현력)이 발달하면 자기표현이 강하고 재물〔재성_財星〕을 창출하며 남성〔관성_官星〕에게 물질〔재물〕을 요구한다. 식상(食傷)은 생식기〔性器〕에도 해당되기에 발달하면 육체가 관능적이고 남성〔官星〕에게 노골적인 애정표현을 하지만 비겁(比劫)처럼 끊임없이 즐기지는 않는다.

식상(食傷)이 관성(官星)과 조화를 이루면 남성들의 사랑을 받으며 멋진 인생을 살지만 식상견관(食傷見官)으로 관성(官星)과 대립하면 세상과 남성〔관성_官星〕에게 배척당하여 파란만장한 삶을 살게 된다.

			(여)
甲	辛	丙	丁
午	亥	午	酉

◉ 대운

90	80	70	60	50	40	30	20	10
乙	甲	癸	壬	辛	庚	己	戊	丁
卯	寅	丑	子	亥	戌	酉	申	未

○생체시스템 ➡ 辛亥〔일간·식상〕

●남성 ➡ 午午〔관성〕, 보금자리〔亥_식상〕와 합(合)한 관성〔丙午, 甲午〕이 남성이다.

○애정관계 ➡ 자신의 육체〔辛亥〕가 아름다워서 남성들〔丙午, 甲午〕의 사랑을 받았다.

이 사주는 매우 아름답고 현숙한 귀부인으로 남편이 빌딩을 소유한 부자이다. 辛亥일주〔자신〕가 丙辛합·午亥합으로 남성들과 애정관계를 맺었는데 주부로 지내면서 능력 있는 남편〔丙午월〕과 남성들〔甲午시〕의 사랑을 받았다.

			(여)
戊	戊	壬	己
午	子	申	亥

◉ 대운

82	72	62	52	42	32	22	12	2
辛	庚	己	戊	丁	丙	乙	甲	癸
巳	辰	卯	寅	丑	子	亥	戌	酉

○생체시스템 ➡ 戊·壬申〔일간·재성·식상〕

●남성 ➡ 亥壬子〔재성〕, 보금자리〔子_水재성〕를 품은 재성〔己亥, 壬申,子〕이 남성이다.

○애정관계 ➡ 자신의 육체〔壬申〕가 申子합·申亥천으로 남성〔己亥, 壬申,子〕과 관계를 맺었다.

이 사주는 밤무대 가수인데 41세〔丙子대운 己卯년〕에 이혼하고 딸 1명을 헌신적으로 키웠다. 戊일간〔자신〕이 壬申월〔재성·식상〕을 사용하여 음(陰) 자기세력〔己亥년, 壬申월, 戊子일〕으로 양(陽) 경쟁세력〔戊午시〕을 제압했다. 강한 식상〔壬申〕은 자기능력이자 생식기〔性器〕로서 申子합·申亥천으로 남자들〔己亥년, 壬申월, 子일지〕과 물질적인 관계를 맺고 재물〔戊午시〕을 쟁취했다.

			(여)
戊	甲	乙	丁
辰	申	巳	巳

◉ 대운

83	73	63	53	43	33	23	13	3
甲	癸	壬	辛	庚	己	戊	丁	丙
寅	丑	子	亥	戌	酉	申	未	午

○생체시스템 ➡ 甲·巳〔일간·식상〕

●남성 ➡ 申〔관성〕, 보금자리〔申_金관성〕인 관성〔申〕이 남성이다.

○애정관계 ➡ 자신의 육체〔巳〕가 巳申합으로 남편〔申〕과 결합했다.

이 사주는 오직 남편〔申일지〕만 사랑하는 자기표현이 강한 주부다. 甲일간〔자신〕이 巳월지〔식상〕를 사용하여 남편〔申일지〕을 巳申합으로 얻었고 남편〔申〕은 재물창고〔戊辰시〕를 申辰합으로 가져왔다. 이분은 남편〔申〕과의 결합〔巳申합〕이 살아가는 목적이기에 남편의 경제력에 의지하고 남편만 바라본다.

◉재성(財星)

보금자리〔日支〕와 연관된 재성(財星)은 여성에게 만족감을 주지 못하는 미성숙한 남성이다. 여성에게 재성(財星)은 관성〔남성_官星〕으로 향하는 애정표현으로서 발달하면 남성〔官星〕을 마음으로 사랑하고 대가를 바라지 않는다.

재성(財星)이 발달하고 관성〔남성_官星〕이 없으면 남편에게 만족하지 못하고 완전한 사랑〔관성〕을 얻고자 가정 밖에서 연인〔sex〕을 찾는다.

(여)			
戊	庚	癸	丁
寅	寅	卯	亥

◉ 대운

88	78	68	58	48	38	28	18	8
壬	辛	庚	己	戊	丁	丙	乙	甲
子	亥	戌	酉	申	未	午	巳	辰

○생체시스템 ➡ 庚·癸卯〔일간·식상·재성〕

●남성 ➡ 丁〔관성〕, 보금자리〔寅_木재성〕와 합(合)한 관성〔丁亥〕이 남성이다.

○애정관계 ➡ 남편〔丁亥〕에게 헌신적인 마음〔寅寅卯_재성〕을 바쳤다.

이 사주는 가난했던 남편을 동정하여 결혼했고 그를 위해서 유산〔집〕을 팔아 사업자금을 대주는 등 헌신적으로 뒷바라지를 했지만 남편은 결혼 직후부터 술만 마시고 바람을 피웠으며 3년 뒤에는 다른 여자와 도주해 버렸다.

庚일간〔자신〕에게 남성은 보금자리〔寅일지〕를 합(合)한 관성〔丁亥년〕이다. 많은 재성〔여자의 마음_卯, 寅, 寅〕이 1개의 관성〔남편_丁亥년〕으로 향하기에 남편에게 헌신적인 마음을 바치지만 남편〔丁亥년〕은 많은 여성들〔癸卯월, 庚寅일, 戊寅시〕과 애정관계〔寅亥합·亥卯합〕를 맺기에 아내 1명에게 만족하지 못한다.

(여)			
己	乙	己	戊
卯	未	未	午

◉ 대운

88	78	68	58	48	38	28	18	8
庚	辛	壬	癸	甲	乙	丙	丁	戊
戌	亥	子	丑	寅	卯	辰	巳	午

			(애인)
戊	戊	丙	乙
午	午	戌	巳

⊙ 대운

88	78	68	58	48	38	28	18	8
丁	戊	己	庚	辛	壬	癸	甲	乙
丑	寅	卯	辰	巳	午	未	申	酉

○생체시스템 ➡ 乙〔일간〕

●남성 ➡ 戊未未己〔재성〕, 보금자리〔未_土재성〕를 품은 재성〔戊午, 己未, 未, 己卯〕이 남성이다.

○애정관계 ➡ 애인〔재성〕에게 헌신적인 마음〔戊未未己_재성〕을 바쳤다.

필자는 이 여성에게 이렇게 말했다.

"남편에게 만족을 하지 못하는군요. 남편 몰래 바람을 피울 것 같습니다."

"남편은 직장인으로 가정을 위해서 성실하게 살고 있지만 밥을 먹을 때 쩝쩝거리는 소리가 싫고 세련되지 못한 취향도 싫습니다. 실은 남편 몰래 사랑하는 애인〔유부남〕 때문에 상담하려고 합니다. 애인 사주입니다. 이 남자와 새 출발을 할 수 있을까요?"

"이 남자는 아내를 사랑하기에 절대 이혼하지 않을 것입니다. 그는 당신의 몸〔sex〕만 원하지 당신을 사랑하지 않습니다. 어떻게 만나고 헤어지는지를 생각해 보십시오. 내 말이 맞다면 그는 만날 때마다 성관계를 원할 것이고 성관계(sex)가 끝나면 목적을 달성했기에 바로 떠날 것입니다."

"항상 그는 만날 때마다 성관계(sex)를 원했고 성관계가 끝나면 급하게 가버렸습니다. 저를 사랑한다고 하면서도 아내와는 헤어질 생각이 없습니다. 저는 이것이 사랑인지 아닌지 지금까지 고민 중이었습니다."

자신〔乙일간_여성〕의 보금자리〔未일지〕를 품은 재성〔戊午년, 己未월, 未일지, 己卯시〕은 미성숙한 애정관계(sex) 남성으로 만족감을 주지 못한다. 이분은 사주팔자에 재성(財星)만 가득하니 존재하지 않는 관성(官星_성숙한 남성)을 찾으러 가정 밖으로 떠돈다.

애인〔戊午일주〕은 월지(月支_출생환경)가 비겁(比劫)으로 정력이 매우 강한 바람둥이지만 아내〔乙巳년_보금자리 午(火)를 품은 乙관성〕를 버릴 생각이 없다. 애인〔戊午일주〕이 애정으로 바라보는 대상은 오직 아내〔乙巳〕뿐이기 때문이다.

			(여)
丁	辛	己	戊
酉	卯	未	申

⊙ 대운

84	74	64	54	44	34	24	14	4
庚	辛	壬	癸	甲	乙	丙	丁	戊
戌	亥	子	丑	寅	卯	辰	巳	午

○생체시스템 ➡ 辛·己未〔일간·인성〕

●남성 ➡ 卯未〔재성〕, 보금자리〔卯_木재성〕를 품은 재성〔卯, 己未〕이 남성이다.

○애정관계 ➡ 남편〔卯〕에게 만족하지 못하고 남성들〔未_재고〕을 찾았다.

이 사주는 乙卯대운과 甲寅대운에 연하의 남성들과 많은 애정관계(sex)를 가졌다. 辛일간〔자신〕이 己未월〔인성〕을 사용하는데 乙卯대운과 甲寅대운에 未재고(財庫_남성들)가 생동하였다.

이분은 남편〔卯일지〕이 재성(財星)이라 만족감이 떨어지기에 존재하지 않는 관성(官星_성숙한 남성)을 찾으러 가정 밖으로 나가지만 돈 없고 어린 미성숙 남성〔財星〕만 가득했다.

			(여)
癸	戊	甲	戊
丑	辰	子	申

◉ 대운

86	76	66	56	46	36	26	16	6
乙	丙	丁	戊	己	庚	辛	壬	癸
卯	辰	巳	午	未	申	酉	戌	亥

○생체시스템 ➡ 戊辰〔일간 · 비겁〕

●남성 ➡ 甲〔관성〕, 보금자리〔辰_水재성〕를 품은 관성〔甲子〕이 남성이다.

○애정관계 ➡ 오직 남편〔甲子〕에게 헌신적으로 마음〔申子辰, 癸丑_재성〕을 바쳤다.

이 사주는 고인이 된 연예인 최진실이다.

자신〔戊일간〕의 헌신적인 마음〔申子辰 재성 삼합〕이 남편〔甲子월〕에게 집중되었다. 관성(官星)은 성숙한 남성으로서 만족감을 주기에 오직 남편〔甲子〕만 사랑하지만 과도한 재성(財星_헌신적인 마음)을 관성(官星_남편)이 감당하기 힘들다. 관성〔甲子_남편〕이 사라지면 재성(財星)도 갈 곳을 잃어버리기에 삶의 목적이 상실된다.

◉관성(官星)

보금자리〔日支〕와 연관된 관성(官星)은 여성에게 만족감을 주는 성숙한 남성이다. 여성에게 관성(官星)은 남성이자 사회에서 경쟁하는 이성(異性)이기에 관성(官星)이 발달하고 통제되면 투쟁력이 강하고 남성과 대등한 사회생활을 하지만 관성(官星)이 발달하고 통제되지 못하면 투쟁력을 잃어 세상을 두려워하고 가난하며 남성〔官星〕에게 속박당한다.

			(여)
丙	壬	戊	戊
午	戌	午	申

◉ 대운

85	75	65	55	45	35	25	15	5
己	庚	辛	壬	癸	甲	乙	丙	丁
酉	戌	亥	子	丑	寅	卯	辰	巳

○생체시스템 ➡ 壬〔일간〕

●남성 ➡ 戊戊戌午〔재관〕, 보금자리〔戌_火土재관〕를 품은 재관〔戊申, 戊午, 戌, 丙午〕이 남성이다.

○애정관계 ➡ 자신〔壬〕이 남성들〔戊午, 丙午〕이 입묘한 남성창고〔戌〕를 지배하였다.

이 사주는 乙卯대운과 甲寅대운 20년간 50여 명의 부자 남성들〔戊申, 戊午, 戌, 丙午〕**과 사랑을 나누었다. 壬일간**〔자신〕**이 남성들**〔戊午월, 丙午시〕**이 입묘한 남성창고**〔戌일지_관살고〕**를 지배하였다.**

戌일지〔보금자리〕**는 土관성(官星)이면서 火재고(財庫)이기에 火土**〔財官〕**를 품은 모든 재관**〔戊申년, 戊午월, 戌일지, 丙午시〕**이 애정관계 (sex) 남성이고 戊申년**〔관성〕**을 제외한 모두가 통제되었다.**

			(여)
庚	壬	癸	壬
子	戌	丑	子

◉ 대운

87	77	67	57	47	37	27	17	7
甲	乙	丙	丁	戊	己	庚	辛	壬
辰	巳	午	未	申	酉	戌	亥	子

○생체시스템 ➡ 壬·庚子〔일간·인성·비겁〕

●남성 ➡ 戌〔관성〕, 보금자리〔戌_土관성〕인 관성〔戌〕이 남성이다.

○애정관계 ➡ 오직 남편〔戌_관성〕만을 생각하고 사랑한다.

이 사주는 의사〔남편〕**와 결혼하여 자식 2명을 낳고 부유하고 행복하게**

살고 있는 의사이다. 壬일간〔자신〕이 庚子시〔인성·비겁〕를 사용하여 음(陰) 자기세력〔壬子년, 癸丑월, 庚子시〕으로 양(陽) 경쟁세력〔壬戌일〕을 子丑합으로 둘러싸서 통제하였다.

戊일지〔남편〕 1개는 부귀를 이루는 가장 중요한 요소이기에 오직 남편〔戊〕만을 생각하고 사랑한다.

			(여)
戊	癸	癸	乙
午	未	未	巳

◉ 대운

84	74	64	54	44	34	24	14	4
壬	辛	庚	己	戊	丁	丙	乙	甲
辰	卯	寅	丑	子	亥	戌	酉	申

○생체시스템 ➡ 癸癸〔일간·비겁〕

●남성 ➡ 未未戊巳〔재관〕, 보금자리〔未_木土식관〕를 품은 재관〔乙巳, 未, 未, 戊午〕이 남성이다.

○애정관계 ➡ 자신〔癸癸〕이 남성들〔乙巳, 未, 未, 戊午〕에게 둘러싸여 속박되었다.

이 사주는 50대 초반〔戊子대운〕까지 주부로 살다가 남편의 속박을 견디지 못하고 이혼했지만 외로움 때문에 다른 남성들에게 다시 애정을 갈구하며 속박되려고 하였다.

복음(伏吟) 癸癸일월간〔자신〕이 재관〔乙巳년, 未월지, 未일지, 戊午시〕에 둘러싸여 통제되었다. 자신이 관성(官星)에게 통제되었기에 사회적응을 못하고 세상을 두려워했으며 가난하였다.

◉인성(官星)

여성에게 인성(印星)은 관성(官星)을 수용하기에 남성〔官星〕을 너그럽게 받아들이고 비겁(比劫_정력)을 윤택하게 만들어 체력을 강화시킨다.

인성(印星)과 재성(財星)이 조화를 이루면 남성〔官星〕의 마음을 잘 받아들이고 남성〔官星〕에게도 사랑을 베푼다. 인성(印星)이 과잉되면 사랑받고자 하는 욕망만 가득하고 남성〔官星〕을 돕지 않기에 남성〔官星〕이 점점 힘을 잃어 소멸한다.

			(여)
己	辛	己	乙
亥	卯	丑	巳

◉대운

81	71	61	51	41	31	21	11	1
戊	丁	丙	乙	甲	癸	壬	辛	庚
戌	酉	申	未	午	巳	辰	卯	寅

○생체시스템 ➡ 辛 · 己丑〔일간 · 인성〕

●남성 ➡ 卯巳〔재관〕, 보금자리〔卯_木재성〕를 품은 재관〔乙巳, 卯〕이 남성이다.

○애정관계 ➡ 남편〔乙巳〕이 생활비를 벌어주었다.

이 사주는 주부로서 남편〔乙巳년〕이 벌어주는 돈으로 살았다.

辛일간〔자신〕의 인성〔己丑월〕이 남편〔乙巳년〕의 에너지〔재물〕를 흡수하였다. 남편〔乙巳〕은 巳丑합 · 巳亥충으로 여성들〔己丑월, 己亥시〕과 바람을 피웠지만 남편의 사랑〔재물〕으로 먹고 살기에 너그럽게 이해하였다.

			(여)
丁	戊	辛	乙
巳	寅	巳	卯

⊙ 대운

82	72	62	52	42	32	22	12	2
庚	己	戊	丁	丙	乙	甲	癸	壬
寅	丑	子	亥	戌	酉	申	未	午

○생체시스템 ➡ 戊·丁巳〔일간·인성〕

●남성 ➡ 卯寅〔관성〕, 보금자리〔寅_木관성〕를 품은 관성〔乙卯, 寅〕이 남성이다.

○애정관계 ➡ 자신〔戊·丁巳〕이 남성들〔乙卯, 寅〕을 흡수하여 약화시켰다.

이 사주는 두 번의 결혼과 이혼을 통해서 남편의 재산을 흡수했고 이혼한 남편은 쇠락의 길을 걸었다.

戊일간〔자신〕이 관성(官星) 남성들〔乙卯년, 寅일지〕의 에너지를 인성〔巳월지, 丁巳시〕으로 흡수하면서 남성들〔乙卯, 寅〕이 힘을 잃고 소멸하였다. 甲申대운과 乙酉대운은 巳申합·巳酉합으로 金재물〔申, 酉〕을 가져오면서 풍족하게 살았고 丙戌대운은 가져올 재물〔金〕이 사라지면서 갑자기 돈줄이 끊어졌다.

③ 사랑(love)의 성립과 이별

사랑의 성립과 이별은 사주원국(四柱原局)에서 타고나며 다음의 5가지 조건〔대운+세운〕에서 발생한다.

사주원국에서 타고난 이성(異性)이 많으면 사랑과 이별이 많고 타고난 이성(異性)이 1명이면 한 번의 사랑으로 해로하며 타고난 이성(異性)이 없으면 사랑을 얻지 못한다.

❶ 남녀〔육체〕 ☞ 남녀 육체(肉體)가 만나야 사랑이 발생한다.

➡남성과 여성이 같은 공간에 있어야 애정이 발생한다. 사랑은 남녀의 육체(肉體)가 만나지 않으면 생길 수 없기에 남자에게는 자신과 여성의 형상(形象)이 있어야 하고 여자에게는 자신과 남성의 형상(形象)이 있어야 한다. 결혼 시점에 남녀 형상(形象)이 존재하지 않을 수도 있는

데 그것은 이전에 인연〔만남〕이 시작되었기 때문이다. 형상(形象)이란 중국명리〔자평·맹파〕에서 말하는 육친(六親)의 개념이 아니라 물질의 동질성을 말한다.

남녀	甲	乙	丙	丁	戊	己	庚	辛	壬	癸
형상	木(寅卯未)		火(巳午戌)		土(辰戌丑未)		金(申酉丑)		水(亥子辰)	

❷ 스킨십(skinship) ☞ 남녀가 사랑하면 서로의 몸을 만지고 접촉한다.

➡남녀가 호감을 가지면 서로의 육체를 만지면서 사랑을 나눈다. 스킨십(skinship)은 자신의 육체〔생체시스템_인성·비겁·식상〕와 이성(異性)의 육체가 결합하거나 마찰하는 것을 의미한다. 일반적으로 보금자리〔진실한 사랑〕와 관련이 약한 스킨십은 성탐닉〔sex〕이 목적이기에 인연이 길지 않고 이별과정에서의 스킨십은 사랑이 식었기에 이성(異性)의 육체를 괴롭히는 폭력으로 변질된다.

❸ 보금자리〔home〕 ☞ 사랑이 깊어지면 연인을 침실〔home〕로 데려와서 성관계(sex)를 가진다.

➡사랑이 깊어지면 연인을 침실〔日支〕로 데려와서 성관계(sex)를 가지고 보금자리〔home〕를 꾸민다. 보금자리〔日支〕는 사랑과 이별을 판단할 때 매우 중요한 요소로서 보금자리〔日支〕가 생동하거나 변하면 자신이 연인(戀人)을 침실〔home〕로 불러들여서 애정〔sex〕을 나눈다. 이때 애인이 존재하지 않으면 사랑이 성립되고 이미 애인〔배우자〕이 존재한다면 새로운 사랑을 위해서 이별한다. 자신의 보금자리〔日支〕가

아닌 연인자리가 생동하거나 변하여도 애정관계〔sex〕는 발생한다.

천간자리	木(甲乙)		木 土	火(丙丁)		火 土	金(庚辛)		金 土	水(壬癸)		水 土
보금자리 (연인자리)	寅	卯	未	巳	午	戌	申	酉	丑	亥	子	辰

❹ 생식력(生殖力) ☞ 번식욕구는 성관계(sex)를 만들고 자식을 생산한다.

➡생식력(生殖力)은 애정행위〔sex〕를 발생시키는 원인으로 성(性)적인 욕망이자 번식력으로 자식자리〔子息〕인 시지(時支)를 의미한다. 보통 자식자리〔時支〕가 생동하거나 변하면 성관계로 자식이 탄생한다고 해석하지만 생식력(生殖力)은 인간의 기본 욕구이기에 자식을 갖지 않아도 성행위를 즐긴다.

❺ 애정의 갈구〔食財官〕 ☞ 식상(食傷)운에는 성욕 때문에 이성(異性)을 찾고 재관(財官)운은 사랑 때문에 이성(異性)을 찾는다.

➡식상(食傷)운은 남자에게 미성숙한 여성이고 남자와 여자가 생식기〔性器_식상〕를 밖으로 드러내는 것으로 사랑과 관계없이 성관계(sex)를 갈구하고 이성(異性)을 원한다. 재성(財星)운은 남자에게 성숙한 여성(女性)이고 여자에게 미성숙한 남성(男性)이자 남자에게 향하는 마음이기에 사랑을 하고 싶어 이성(異性)을 찾는다. 관성(官星)운은 남자에게 강한 여성(女性)이고 여자에게 성숙한 남성(男性)이기에 사랑을 하고 싶어서 이성(異性)을 찾는다.

【사랑의 성립과 이별】

		남성	여성
❶	남녀 (形象)	여성(形象) 등장	남성(形象) 등장
❷	스킨십 (skinship)	자신〔생체시스템〕과 이성(異性)의 결합이나 마찰 **※애정 생체시스템은 간지(干支)를 함께 본다**	
❸	보금자리 (日支)	보금자리〔日支_home〕와 연인자리의 생동과 변화	
❹	생식력 (時支)	자식자리〔時支〕의 생동과 변화	
❺	애정욕구 (食財官)	식상(食傷)운_남자에게 미성숙 여성, 남녀에게 성욕	
		재성(財星)운_남자에게 성숙한 여성, 여자에게 미성숙 남성	
		관성(官星)운_남자에게 강한 여성, 여자에게 성숙한 남성	

			(남)
戊	戊	戊	癸
午	申	午	酉

⊙ 대운

82	72	62	52	42	32	22	12	2
己	庚	辛	壬	癸	甲	乙	丙	丁
酉	戌	亥	子	丑	寅	卯	辰	巳

○생체시스템 ➡ 戊·戊午·戊午〔일간·비겁·인성〕

●여성 ➡ 癸〔재성〕, 보금자리〔申_金식상〕를 품은 재성〔癸酉〕이 여성이다.

○애정관계 ➡ 아내〔癸酉〕와의 결혼생활이 불만족〔午酉파〕스럽다.

이 사주는 29세〔乙卯대운 辛丑년〕에 결혼하여 5남매를 키우면서 아내

〔癸酉년〕와 해로했지만 다정한 사이는 아니었다.

戊일간〔자신〕의 보금자리〔申일지〕를 품고 있는 아내〔癸酉년〕가 유일한 애정관계(sex) 여성이기에 해로했지만 생체시스템〔戊午, 戊午〕과 午酉파로 부딪치기에 늘 다투었다. 결혼과정에서 5가지 애정조건이 깔끔하지 못하여 사랑보다는 조건 때문에 성립된 결혼이다.

자신 – 戊申 아내 – 癸酉	乙卯대운	辛丑년(29세–결혼)
남녀 (形象)		丑(戊申-지신) 등장
스킨십 (skinship)	卯酉충(癸酉–아내) 午卯파(戊午–생체시스템)	酉丑합(癸酉–아내) 午丑천(戊午–생체시스템)
보금자리 (日支)	卯申합(申보금자리) 생동 卯酉충(酉아내자리) 생동	辛(酉-金아내자리) 생동 丑(申-金보금자리) 생동
생식력 (時支)	午卯파(午자식자리) 변화	午丑천(午자식자리) 변화
애정욕구 (食財官)	乙卯(관성)	辛(식상)

(남)

丙	丙	乙	戊
申	戌	丑	申

⊙ 대운

88	78	68	58	48	38	28	18	8
甲	癸	壬	辛	庚	己	戊	丁	丙
戌	酉	申	未	午	巳	辰	卯	寅

○생체시스템 ➡ 丙乙〔일간·인성〕

●여성 ➡ 申申〔재성〕, 보금자리〔戌_火土비겁, 식상〕를 품은 재성〔戊申, 丙申〕이 여성이다.

○애정관계 ➡ 아내〔戊申〕를 사랑하지만 또 다른 인연〔丙申〕이 기다리고 있다.

이 사주는 부유한 가정에서 태어나 26세〔丁卯대운 甲戌년〕에 아내〔戊申년〕와 결혼하여 행복하게 살았는데 庚午대운에 교통사고로 아내〔戊申년〕가 크게 다쳤다.

丙일간〔자신〕에게 애정관계(sex) 여성은 보금자리〔戌일지〕를 품은 재성〔戊申년, 丙申시〕 2명이다.

자신 - 丙戌 아내 - 戊申	丁卯대운	甲戌년(26세-결혼)	庚午대운
남녀 (形象)			庚(戊申-아내) 등장 午(丙戌-자신) 등장
스킨십 (skinship)	卯申합(戊申-아내)	丑戌형(乙丑-생체시스템)	乙庚합(乙丑-생체시스템) 午丑천(乙丑-생체시스템)
보금자리 (日支)	丁(戌-火보금자리) 생동 卯申합(申아내자리) 생동	戌(戌보금자리) 생동	庚(申-金아내자리) 변화 午(戌-火보금자리) 변화
생식력 (時支)	卯申합(申자식자리) 생동		庚(申-金자식자리) 생동
애정욕구 (食財官)		戌(식상)	庚(재성)

			(남)
甲	庚	戊	丙
申	寅	戌	子

◉ 대운

81	71	61	51	41	31	21	11	1
丁	丙	乙	甲	癸	壬	辛	庚	己
未	午	巳	辰	卯	寅	丑	子	亥

○생체시스템 ➡ 庚·戊戌〔일간·인성〕

●여성 ➡ 寅甲〔재성〕, 보금자리〔寅_木재성〕를 품은 재성〔寅, 甲申〕이 여성이다.

○애정관계 ➡ 애정관계 여성〔寅, 甲申〕이 2명이기에 반드시 재혼한다.

이 사주는 24세〔辛丑대운 己亥년〕에 시골에서 동갑내기 아내〔寅일지〕

와 결혼했지만 38세〔壬寅대운 癸丑년〕에 아내〔寅일지〕가 사망하면서 젊은 나이에 홀아비가 되었고 혼자서 자식들을 키웠다.

61세〔甲辰대운 丙子년〕에 이르자 재산을 모두 처분하고 대도시로 이주했는데 그곳에서 두 번째 아내〔甲申시〕를 만났다. 첫 아내와의 결혼은 5가지 애정조건이 불충분하여 짧은 인연을 예고했다.

자신 – 庚 아내1 – 寅	辛丑대운	己亥년(24세-결혼)
남녀 (形象)		
스킨십 (skinship)	丑戌형(戊戌-생체시스템)	寅亥합(寅-아내 1)
보금자리 (日支)	丑戌형→寅戌합 손상 (寅보금자리) 드러남	寅亥합(寅보금자리) 생동 寅亥합(寅아내자리) 생동
생식력 (時支)	辛(申-金자식자리) 생동	申亥천(申자식자리) 변화
애정욕구 (食財官)		亥(식상)

자신 – 庚 아내1 – 寅	壬寅대운	癸丑년(38세-사별)
남녀 (形象)	寅(寅-아내 1) 등장	
스킨십 (skinship)	寅申충(寅-아내 1) 寅戌합(戊戌-생체시스템)	丑戌형(戊戌-생체시스템)
보금자리 (日支)	寅申충(寅보금자리) 변화 寅申충(寅아내자리) 변화	丑戌형→寅戌합 손상 (寅보금자리) 드러남
생식력 (時支)	寅申충(申자식자리) 변화	丑(申-金자식자리) 변화
애정욕구 (食財官)	壬寅(식상 · 재성)	癸(식상)

자신-庚寅 아내2-甲申	甲辰대운	丙子년(61세-결혼)
남녀 (形象)	甲(甲申-아내 2) 등장	
스킨십 (skinship)	申辰합(甲申-아내 2) 辰戌충(戊戌-생체시스템)	申子합(甲申-아내 2)
보금자리 (日支)	甲(寅-木보금자리) 생동 申辰합(申아내자리) 생동	申子합(申아내자리) 생동
생식력 (時支)	申辰합(申자식자리) 생동	申子합(申자식자리) 생동
애정욕구 (食財官)	甲(재성)	丙子(관성 · 식상)

			(남)
庚	戊	乙	戊
申	戌	卯	子

◉ 대운

87	77	67	57	47	37	27	17	7
甲	癸	壬	辛	庚	己	戊	丁	丙
子	亥	戌	酉	申	未	午	巳	辰

○생체시스템 ➡ 戊·庚申〔일간 · 식상〕

●여성 ➡ 子卯〔재관〕, 보금자리〔戌_土비겁〕를 품고 생체시스템〔庚申〕을 합(合)한 재관〔戊子, 乙卯〕이 여성이다.

○애정관계 ➡ 애정관계 여성〔戊子, 乙卯〕이 2명이기에 첫째 아내〔戊子〕와 이혼하였다.

이 사주는 29세〔戊午대운 丙辰년〕에 결혼하여 사업을 하다가 망했고 46세〔己未대운 癸酉년〕에 이혼하였다. 애정관계(sex) 여성〔戊子년, 乙卯월〕이 2명이기에 첫 부인〔戊子년〕과의 이별은 필연적이다.

자신-戊戌 아내 1-戊子	戊午대운	丙辰년(29세-결혼)
남녀 (形象)	戊(戊戌-자신) 등장	
스킨십 (skinship)	子午충(戊子-아내 1)	子辰합(戊子-아내 1) 申辰합(庚申-생체시스템)
보금자리 (日支)	午(戌-火보금자리) 생동 子午충(子아내자리) 생동	丙(戌-火보금자리) 생동 辰(子-水아내자리) 생동
생식력 (時支)		申辰합(申자식자리) 생동
애정욕구 (食財官)		

자신-戊戌 아내 1-戊子	己未대운	癸酉년(46세-이혼)
남녀 (形象)		癸(戊子-아내 1) 등장
스킨십 (skinship)	子未천(戊子-아내 1)	子酉파(戊子-아내 1)
보금자리 (日支)	戌未형(戌보금자리) 변화 子未천(子아내자리) 변화	酉戌천(戌보금자리) 변화 子酉파(子아내자리) 변화
생식력 (時支)		酉(申-金자식자리) 변화
애정욕구 (食財官)		癸酉(재성 · 식상)

			(남)
丙	戊	戊	壬
辰	戌	申	辰

◉ 대운

86	76	66	56	46	36	26	16	6
丁	丙	乙	甲	癸	壬	辛	庚	己
巳	辰	卯	寅	丑	子	亥	戌	酉

○생체시스템 ➡ 戊 · 戊申〔일간 · 비겁 · 식상〕

●여성 ➡ 壬(재성), 보금자리(戊_土비겁)를 품은 재성(壬辰)이 여성이다.
○애정관계 ➡ 아내(壬辰)와 결혼(申辰합)했다가 이별(辰戌충)하였다.

이 사주는 25세(庚戌대운 丙辰년)에 결혼했다가 39세(壬子대운 庚午년)에 이혼하고 혼자 살았다. 아내(壬辰년)와 申辰합으로 연결되었지만 보금자리(戌일지)가 辰戌충으로 손상되면서 해로하기 힘들었다.

자신 - 戊戌 아내 - 壬辰	庚戌대운	丙辰년(25세-결혼)
남녀 (形象)	戌(戊戌-자신) 등장	
스킨십 (skinship)	辰戌충(壬辰-아내)	申辰합(壬辰-아내) 申辰합(戊申-생체시스템)
보금자리 (日支)	戌(戌보금자리) 생동 辰戌충(辰아내자리) 생동	丙(戌-火보금자리) 생동 辰(辰아내자리) 생동
생식력 (時支)	辰戌충(辰자식자리)생동	辰(辰자식자리)생동
애정욕구 (食財官)	庚(식상)	

자신 - 戊戌 아내 - 壬辰	壬子대운	庚午년(39세-이혼)
남녀 (形象)	壬(壬辰-아내)등장	
스킨십 (skinship)	申子辰 삼합(壬辰-아내) 申子辰 삼합(戊申-생체시스템)	子午충→申子辰 삼합(壬辰-아내) 申子辰 삼합(戊申-생체시스템)
보금자리 (日支)	申子辰 삼합(辰아내자리) 변화	午(戌-火보금자리) 변화
생식력 (時支)	申子辰 삼합(辰자식자리) 변화	子午충→申子辰 삼합 (辰자식자리) 변화
애정욕구 (食財官)	壬子(재성)	庚(식상)

			(남)
甲	丁	甲	丁
辰	卯	辰	未

◉대운

89	79	69	59	49	39	29	19	9
乙	丙	丁	戊	己	庚	辛	壬	癸
未	申	酉	戌	亥	子	丑	寅	卯

○생체시스템 ➡ 丁·甲甲〔일간·인성〕

●여성 ➡ 未辰辰〔식상〕, 보금자리〔卯_木인성〕를 품은 식상〔丁未, 甲辰, 甲辰〕이 여성이다.

○애정관계 ➡ 첫 아내〔甲辰월〕와 이혼하고 두 번째 아내〔甲辰시〕를 만났다.

이 사주는 24세〔壬寅대운 庚午년〕에 첫 아내〔甲辰월〕를 만나 결혼했지만 26세〔壬寅대운 壬申년〕에 이혼했고 34세〔辛丑대운 庚辰년〕에 둘째 아내〔甲辰시〕를 만나 재혼하였다.

丁卯일주〔자신〕에게 여성〔丁未년, 甲辰월, 甲辰시〕이 모두 식상(食傷)이라 만족감을 주지 못한다. 丁未년〔여성〕은 결혼 이전에 사귀었던 여성이며 2번의 결혼과정에서 5가지 애정조건이 불만족스럽기에 아내와의 인연이 깊지 못하다.

자신-丁卯 아내1-甲辰월	壬寅대운	庚午년(24세-결혼)	壬申년(26세-이혼)
남녀 (形象)	壬(甲辰-아내 1) 등장	午(丁卯-자신) 등장	壬(甲辰-아내 1) 등장
스킨십 (skinship)			申辰합(甲辰-아내 1) 申辰합(甲辰-생체시스템)
보금자리 (日支)	壬(辰-水아내자리)생동 寅(卯-木보금자리)생동	午卯파(卯보금자리) 변화	壬(辰-水아내자리) 변화 卯申합(卯보금자리) 변화
생식력 (時支)	壬(辰-水자식자리) 생동		壬(辰-水자식자리) 변화
애정욕구 (食財官)	壬(관성)	庚(재성)	壬申(관성·재성)

자신-丁卯 아내2-甲辰시	辛丑대운	庚辰년(34세-결혼)	
남녀 (形象)		辰(甲辰-아내 2) 등장	
스킨십 (skinship)		卯辰천(甲辰-아내 2) 卯辰천(甲辰-생체시스템)	
보금자리 (日支)		辰(辰아내자리) 생동 卯辰천(보금자리) 변화	
생식력 (時支)		辰(辰자식자리) 생동	
애정욕구 (食財官)	辛丑(재성 · 식상)	庚辰(재성 · 식상)	

			(남)
丙	癸	丁	丙
辰	卯	酉	寅

⊙ 대운

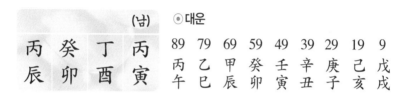

89	79	69	59	49	39	29	19	9
丙	乙	甲	癸	壬	辛	庚	己	戊
午	巳	辰	卯	寅	丑	子	亥	戌

○생체시스템 ➡ 癸卯〔일간 · 식상〕

●여성 ➡ 丙丁丙〔재성〕, 보금자리〔卯_木식상〕를 품고 충천(沖穿)하는 재성〔丙寅, 丁酉, 丙辰〕이 여성이다.

○애정관계 ➡ 아내〔丙寅〕와의 관계가 매우 나쁘다〔卯酉충 · 卯辰천〕.

이 사주는 31세〔1956년_庚子대운 丙申년〕에 결혼하여 3명의 자식을 낳았지만 부부 사이가 매우 나빠 싸움이 끊이지 않았다.

癸卯일주〔자신〕의 보금자리〔卯일지〕가 외간여자〔丁酉월, 丙辰시〕와의 외도〔卯酉충 · 卯辰천〕로 손상되면서 부부 사이의 애정이 사라졌다. 결혼과정〔6 · 25 전쟁 직후〕에서 5가지 애정조건이 불만족스러운데 아내의 임신으로 사랑 없는 결혼을 하였다.

자신 – 癸卯 아내 – 丙寅	庚子대운	丙申년(31세–결혼)
남녀 (形象)	子(癸卯–자신) 등장	丙(丙寅–아내) 등장
스킨십 (skinship)	子卯파(癸卯–자신)	卯申합(癸卯–자신) 寅申충(丙寅–아내)
보금자리 (日支)	子卯파(卯보금자리) 변화	卯申합(卯보금자리) 생동 寅申충(寅아내자리) 생동
생식력 (時支)	子(辰–水자식자리) 생동	申辰합(辰자식자리) 생동
애정욕구 (食財官)		丙(재성)

			(남)
丙	丁	乙	丙
午	酉	未	午

◉ 대운

81	71	61	51	41	31	21	11	1
甲	癸	壬	辛	庚	己	戊	丁	丙
辰	卯	寅	丑	子	亥	戌	酉	申

○생체시스템 ➡ 丁乙〔일간 · 인성〕

●여성 ➡ 酉〔재성〕, 보금자리〔酉_金재성〕 재성〔酉〕이 여성이다.

○애정관계 ➡ 아내〔酉〕가 바람〔午酉파〕을 피워 이혼하였다.

이 사주는 32세〔己亥대운 丁丑년〕에 결혼하고 이듬해〔33세_戊寅년〕에 아들을 얻었지만 34세〔己亥대운 己卯년〕에 아내가 바람이 났고 35세〔己亥대운 庚辰년〕에 이혼하였다. 이후 3명의 여성을 만났지만 사랑으로 연결되지 않았고 아내〔酉일지〕와의 결혼〔이혼〕만이 유일한 사랑으로 남았다.

丁일간〔자신〕의 시지(時支)가 비겁(比劫)으로 정력은 강하지만 보금자리〔酉일지_아내〕가 午酉파로 무너지면서 여자복이 없다.

자신 - 丁 아내 - 酉	己亥대운	丁丑년(32세-결혼)	戊寅년 (33세-자식 출생)
남녀 (形象)		丁(丁-자신) 등장 丑(酉-아내) 등장	
스킨십 (skinship)	亥未합(乙未-생체시스템)	酉丑합(酉-아내) 丑未충(乙未-생체시스템)	
보금자리 (日支)		丑(酉-金보금자리) 생동 丑(酉-金아내자리) 생동	
생식력 (時支)	午亥합(午자식자리) 생동	午丑천(午자식자리) 변화	寅午합(午자식자리) 생동
애정욕구 (食財官)	己亥(식상 · 관성)	丑(식상)	戊(식상)

자신-丁 아내-酉 외도남-丙午	己亥대운	己卯년 (34세-아내 외도)	庚辰년(35세-이혼)
남녀 (形象)			庚(酉-아내) 등장
스킨십 (skinship)	午亥합(丙午-외도남) 亥未합(乙未-생체시스템)	卯酉충(酉-아내) 午卯파(丙午-외도남) 卯未합(乙未-생체시스템)	酉辰합(酉-아내)
보금자리 (日支)	午亥합(외도남자리) 생동	卯酉충(酉보금자리) 변화 卯酉충(酉아내자리) 변화 午卯파(외도남자리) 변화	庚(酉-金보금자리) 변화 庚(酉-金아내자리) 변화
생식력 (時支)	午亥합(午자식자리) 생동	午卯파(午자식자리) 변화	
애정욕구 (食財官)	己亥(식상 · 관성)	己(식상)	庚辰(재성 · 식상)

			(남)
辛	丁	戊	丙
亥	丑	戌	申

⊙ 대운

81	71	61	51	41	31	21	11	1
丁	丙	乙	甲	癸	壬	辛	庚	己
未	午	巳	辰	卯	寅	丑	子	亥

○생체시스템 ➡ 丁丑〔일간 · 식상〕

●여성 ➡ 申辛丑〔재성〕, 보금자리〔丑_金재성〕를 품은 재성〔丙申, 丑, 辛亥〕이 여성이다.

○애정관계 ➡ 첫 아내〔丙申〕와 헤어지고 둘째 아내〔辛亥〕를 만났다.

이 사주는 26세〔辛丑대운 辛酉년〕에 결혼했지만 30세〔辛丑대운 乙丑년〕에 아내〔丙申년〕가 가출하여 사라져버렸고 42세〔癸卯대운 丁丑년〕에 두 번째 아내〔辛亥시〕와 재혼했다.

첫 아내〔丙申년〕와의 결혼생활은 5가지 애정조건 중에 생식력(生殖力)이 빠져 있는데 잠자리 부족이 아내의 성적불만을 가져왔고 가출로 이어졌다.

자신-丁丑 아내1-丙申	辛丑대운	辛酉년(26세-결혼)	乙丑년(30세-이혼)
남녀 (形象)	辛(丙申-아내 1) 등장	辛(丙申-아내 1) 등장	丑(丙申-아내 1) 등장
스킨십 (skinship)	丙辛합(丙申-아내 1) 丑戌형(丁丑-생체시스템)	丙辛합(丙申-아내 1) 酉丑합(丁丑-생체시스템)	丑戌형(丁丑-생체시스템)
보금자리 (日支)	辛(申-金아내자리) 생동 丑(丑보금자리) 생동	辛(申-金아내자리) 생동 酉(丑-金보금자리) 생동	丑(丑보금자리) 변화 丑(申-金아내자리) 변화
생식력 (時支)			
애정욕구 (食財官)	辛丑(재성 · 식상)	辛酉(재성)	丑(식상)

자신-丁丑 아내2-辛亥	癸卯대운	丁丑년(42세-결혼)	
남녀 (形象)		丁(丁丑-자신) 등장 丑(辛亥-아내 2) 등장	
스킨십 (skinship)	亥卯합(辛亥-아내 2)	丑戌형(丁丑-생체시스템)	
보금자리 (日支)	癸(亥-水아내자리) 생동	丑(丑보금자리) 생동	
생식력 (時支)	癸(亥-水자식자리) 생동		
애정욕구 (食財官)	癸(관성)	丑(식상)	

			(남)
庚	壬	己	丁
戌	辰	酉	巳

⊙ 대운

88	78	68	58	48	38	28	18	8
庚	辛	壬	癸	甲	乙	丙	丁	戊
子	丑	寅	卯	辰	巳	午	未	申

○생체시스템 ➡ 壬·庚戌〔일간·인성·관성〕

●여성 ➡ 巳戌〔재성〕, 보금자리〔辰_土관성〕를 충(沖)하고 자신〔壬〕과 합한 재성〔丁巳, 庚戌〕이 여성이다.

○애정관계 ➡ 외간여자〔庚戌〕와 바람을 피우다가 아내〔丁巳〕에게 이혼〔辰戌충〕을 당하였다.

이 사주는 30세〔丙午대운 丙戌년〕에 아내〔丁巳년〕와 결혼했지만 31세〔丙午대운 丁亥년〕에 바람을 피우다가 이혼을 당했다. 외간여자〔庚戌시〕와의 외도〔辰戌충〕로 보금자리〔辰일지〕가 깨지면서 아내〔丁巳년〕가 떠나버렸다.

자신-壬辰 아내-丁巳 외도녀-庚戌	丙午대운	丙戌년(30세-결혼)	丁亥년(31세-이혼)
남녀 (形象)	丙(庚戌-외도녀) 등장	丙(庚戌-외도녀) 등장	丁(丁巳-아내) 등장 亥(壬辰-자신) 등장
스킨십 (skinship)	午戌합(庚戌-외도녀) 午戌합(庚戌-생체시스템)	辰戌충(庚戌-외도녀) 辰戌충(庚戌-생체시스템)	巳亥충(丁巳-아내)
보금자리 (日支)	丙(巳-火아내자리) 생동 丙(戌-火외도녀자리) 생동	丙(巳-火아내자리) 생동 丙(戌-火외도녀자리) 생동 辰戌충(辰보금자리) 생동	丁(巳-火아내자리) 변화 丁(戌-火외도녀자리) 변화 亥(辰-水보금자리) 변화
생식력 (時支)	午(戌-火자식자리) 생동	戌(戌자식자리) 생동	丁(戌-火자식자리) 변화
애정욕구 (食財官)	丙午(재성)	丙戌(재성 · 관성)	丁(재성)

			(남)
壬	己	己	乙
申	未	卯	卯

◉ 대운

83	73	63	53	43	33	23	13	3
庚	辛	壬	癸	甲	乙	丙	丁	戊
午	未	申	酉	戌	亥	子	丑	寅

○생체시스템 ➡ 己·壬申〔일간·재성·식상〕

●여성 ➡ 乙卯未〔관성〕, 보금자리〔未_木관성〕를 품은 관성〔乙卯, 己卯, 未〕이 여성이다.

○애정관계 ➡ 연상의 여성〔乙卯〕과 애정관계〔卯申합〕를 가졌다.

이 사주는 28세〔丙子대운 壬午년〕에 가족의 반대를 무릅쓰고 15세 연상의 여성〔乙卯년〕과 동거를 시작하였다. 己일간〔자신〕이 壬申시〔식상_생식기〕를 사용하여 관성(官星) 여성들〔乙卯년, 己卯월〕과 卯申합으로 애정관계(sex)를 맺었다. 동거과정이 5가지 애정조건에서 성관계에 집중되었기에 인연이 길지 않다.

자신-己未 동거녀-乙卯	丙子대운	壬午년(28세-동거)
남녀(形象)		
스킨십 (skinship)	子卯파(乙卯-동거녀) 申子합(壬申-생체시스템)	午卯파(乙卯-동거녀)
보금자리 (日支)	子未천(未보금자리) 변화 子卯파(卯동거녀자리) 변화	午未합(未보금자리) 생동 午卯파(卯동거녀자리) 변화
생식력 (時支)	申子합(申자식자리) 생동	
애정욕구 (食財官)	子(재성)	壬(재성)

			(남)
己	乙	乙	戊
卯	未	卯	戌

⊙ 대운

86	76	66	56	46	36	26	16	6
甲	癸	壬	辛	庚	己	戊	丁	丙
子	亥	戌	酉	申	未	午	巳	辰

○생체시스템 ➡ 乙·乙卯〔일간·비겁〕

●여성 ➡ 戊未己〔재성〕, 보금자리〔未_木비겁〕를 품고 생체시스템〔乙卯〕을 합(合)한 재성〔戊戌, 未, 己卯〕이 여성이다.

○애정관계 ➡ 정력이 강하여 많은 여성들〔戊戌, 未, 己卯〕과 애정관계(sex)를 즐겼지만 진정한 사랑은 얻지 못했다.

이 사주는 45세까지 4번의 결혼〔이혼〕을 했고 이후에 독신으로 살았다. 29세〔戊午대운 丙寅년〕의 첫 결혼은 아내의 외도로 32세〔戊午대운 己巳년〕 때 끝났고, 33세〔戊午대운 庚午년〕의 재혼은 34세〔戊午대운 辛

未년〕 때 애정갈등으로 끝났으며, 36세〔己未대운 癸酉년〕의 세 번째 결혼은 40세〔己未대운 丁丑년〕 때 의견대립으로 끝났다. 42세〔己未대운 己卯년〕의 네 번째 결혼은 45세〔己未대운 壬午년〕 때 아내의 외도로 끝나면서 더 이상의 결혼은 하지 않았다.

乙일간〔자신〕의 월지(月支)와 시지(時支)가 비겁(比劫)으로 정력이 매우 강하여 평생 동안 여성들과의 애정관계(sex)가 끊이지 않지만 보금자리〔未일지_비겁고〕 비겁〔木_남성〕을 품은 연인들〔아내들〕 역시 남성들과의 애정관계가 끊이지 않는다.

戊戌년〔아내 1, 2〕은 남성들〔乙卯, 乙未, 己卯〕과 卯戌합 · 戌未형, 未일지〔아내 3〕는 남성들〔乙卯, 己卯〕과 卯未합, 己卯시〔아내 4〕는 남성들〔乙卯, 乙未〕과 卯未합으로 애정관계를 갖기에 자신과 사랑을 나누는 여성들 모두가 난잡하다.

자신-乙未 아내 1-戊戌 외도남-己卯	戊午대운	丙寅년(29세-결혼)	己巳년(32세-이혼)
남녀 (形象)	戊(戊戌-아내 1) 등장	寅(乙未-자신) 등장	
스킨십 (skinship)	午戌합(戊戌-아내 1) 午卯파(己卯-외도남) 午卯파(乙卯-생체시스템)	寅戌합(戊戌-아내 1)	
보금자리 (日支)	午(戌-火아내자리) 생동 午未합(未보금자리) 생동 午卯파(卯외도남자리) 변화	寅(未-木보금자리) 생동 寅戌합(戌아내자리) 생동 寅(卯-木외도남자리) 생동	巳(戌-火아내자리) 변화
생식력 (時支)	午卯파(卯자식자리) 변화	寅(卯-木자식자리) 생동	
애정욕구 (食財官)	戊午(재성 · 식상)	丙(식상)	己巳(재성 · 식상)

자신-乙未 아내 2-戊戌	戊午대운	庚午년(33세-결혼)	辛未년(34세-이혼)
남녀(形象)	戊(戊戌-아내 2) 등장		
스킨십 (skinship)	午戌합(戊戌-아내 2) 午卯파(乙卯-생체시스템)	午戌합(戊戌-아내 2) 午卯파(乙卯-생체시스템)	戌未형(戊戌-아내 2) 卯未합(乙卯-생체시스템)
보금자리 (日支)	午(戌-火아내자리) 생동 午未합(未보금자리) 생동	午(戌-火아내자리) 생동 午未합(未보금자리) 생동	未(未보금자리) 변화 戌未형(戌아내자리) 변화
생식력(時支)	午卯파(卯자식자리) 변화	午卯파(卯자식자리) 변화	卯未합(卯자식자리) 변화
애정욕구 (食財官)	戊午(재성 · 식상)	庚午(관성 · 식상)	辛未(관성 · 재성)

자신-乙 아내 3-未	己未대운	癸酉년(36세-결혼)	丁丑년(40세-이혼)
남녀(形象)	己未(未-아내 3) 등장		
스킨십 (skinship)	卯未합(未-아내 3) 卯未합(乙卯-생체시스템)	卯酉충(乙卯-생체시스템)	丑未충(未-아내 3)
보금자리 (日支)	未(未보금자리) 생동 未(未아내자리) 생동	卯酉충→卯未합 손상 (未보금자리) 드러남 (未아내자리) 드러남	丑未충(未보금자리) 변화 丑未충(未아내자리) 변화
생식력(時支)	卯未합(卯자식자리) 변화	卯酉충(卯자식자리) 생동	
애정욕구 (食財官)	己未(재성)	酉(관성)	丁丑(식상 · 재성)

자신-乙未 아내 4-己卯 외도남-乙卯	己未대운	己卯년(42세-결혼)	壬午년(45세-이혼)
남녀 (形象)	己未(己卯-아내 4) 등장	己(己卯-아내 4) 등장 卯(乙未-자신) 등장 卯(乙卯-외도남) 등장	
스킨십 (skinship)	卯未합(己卯-아내 4) 卯未합(乙卯-외도남) 卯未합(乙卯-생체시스템)	卯未합(己卯-아내 4) 卯未합(乙卯-외도남) 卯未합(乙卯-생체시스템)	午卯파(己卯-아내 4) 午卯파(乙卯-외도남) 午卯파(乙卯-생체시스템)
보금자리 (日支)	未(未보금자리) 생동 卯未합(卯아내자리) 생동 卯未합(卯외도남자리) 생동	卯(未-木보금자리) 생동 卯(卯아내자리) 생동 卯(卯외도남자리) 생동	午未합(未보금자리) 변화 午卯파(卯아내자리) 변화 午卯파(卯외도남자리) 변화
생식력(時支)	卯未합(卯자식자리) 생동	卯(卯자식자리) 생동	午卯파(卯자식자리) 변화
애정욕구 (食財官)	己未(재성)	己(재성)	午(식상)

(여)			
己	丁	壬	甲
酉	酉	申	寅

⊙대운

85	75	65	55	45	35	25	15	5
癸	甲	乙	丙	丁	戊	己	庚	辛
亥	子	丑	寅	卯	辰	巳	午	未

○생체시스템 ➡ 丁壬합으로 壬申월〔관성·재성〕을 생체시스템으로 사용한다.

●여성 ➡ 壬〔관성〕, 보금자리〔酉_金재성〕을 품은 관성〔壬申〕이 남성이다.

○애정관계 ➡ 남편〔壬申〕에게 모든 사랑이 집중되었다.

이 사주는 28세〔己巳대운 辛巳년〕에 남편〔壬申월〕과 결혼하여 자식 3명을 낳고 행복하게 살았다.

많은 재성들〔金_申酉酉〕이 관성〔水_壬〕 1개를 바라보고 있어 남편〔壬申월〕에게 모든 애정이 집중되었고 결혼과정에서 5가지 애정조건이 깔끔하게 충족되어 매우 좋은 인연이다.

자신 - 丁酉 남편 - 壬申	己巳대운	辛巳년(28세-결혼)
남녀 (形象)	巳(丁酉-자신) 등장	辛(壬申-남편) 등장 巳(丁酉-자신) 등장
스킨십 (skinship)	巳申합(壬申-남편) 巳申합(壬申-생체시스템)	巳申합(壬申-남편) 巳申합(壬申-생체시스템)
보금자리 (日支)	巳酉합(酉보금자리) 생동 巳申합(申남편자리) 생동	辛(酉-金보금자리) 생동 辛(申-金남편자리) 생동
생식력 (時支)	巳酉합(酉자식자리) 생동	辛(酉-金자식자리) 생동
애정욕구 (食財官)	己(식상)	辛(재성)

				(여)
	甲	庚	癸	己
	申	辰	酉	未

◉대운

90	80	70	60	50	40	30	20	10
壬	辛	庚	己	戊	丁	丙	乙	甲
午	巳	辰	卯	寅	丑	子	亥	戌

○생체시스템 ➡ 庚·癸酉〔일간·식상·비겁〕

●여성 ➡ 甲〔재성〕, 보금자리〔辰_인성〕를 합(合)한 재성〔甲申〕이 남성이다.

○애정관계 ➡ 재성(財星) 남편〔甲申〕에게 만족할 수는 없지만 따른다.

이 사주는 33세〔丙子대운 辛卯년〕에 남편〔甲申시〕과 결혼하여 자식 2명을 낳았다.

자신 - 庚辰 남편 - 甲申	丙子대운	辛卯년(33세-결혼)
남녀 (形象)		卯(甲申-남편) 등장
스킨십 (skinship)	申子辰 삼합(甲申-남편) 子酉파(癸酉-생체시스템)	卯申합(甲申-남편) 卯酉충(癸酉-생체시스템)
보금자리 (日支)	子(辰-水보금자리) 생동 申子辰 삼합(申남편자리) 생동	辛(申-金남편자리) 생동 卯酉충→酉辰합 손상 (辰보금자리) 드러남
생식력 (時支)	申子辰 삼합(申자식자리) 생동	辛(申-金자식자리) 생동
애정욕구 (食財官)	丙子(관성 · 식상)	卯(재성)

			(여)
壬	丁	丙	己
寅	未	子	巳

◉ 대운

83	73	63	53	43	33	23	13	3
乙	甲	癸	壬	辛	庚	己	戊	丁
酉	申	未	午	巳	辰	卯	寅	丑

○생체시스템 ➡ 丁未〔일간·식상〕

●남성 ➡ 壬〔관성〕, 보금자리〔未_木인성〕를 품은 관성〔壬寅〕이 남성이다.

○애정관계 ➡ 오직 남편〔壬寅〕만 생각하고 사랑한다.

이 사주는 22세〔戊寅대운 庚寅년〕**에 남편**〔壬寅시〕**과 결혼하여 해로하였다.**

자신 – 丁未 남편 – 壬寅	戊寅대운	庚寅년(22세–결혼)
남녀 (形象)		
스킨십 (skinship)		
보금자리 (日支)	寅(未-木보금자리) 생동 寅(寅남편자리) 생동	寅(未-木보금자리) 생동 寅(寅남편자리) 생동
생식력 (時支)	寅(寅자식자리) 생동	寅(寅자식자리) 생동
애정욕구 (食財官)	戊(식상)	庚(재성)

(여)			
壬	丁	庚	癸
寅	未	申	丑

⊙ 대운

81	71	61	51	41	31	21	11	1
己	戊	丁	丙	乙	甲	癸	壬	辛
巳	辰	卯	寅	丑	子	亥	戌	酉

○생체시스템 ➡ 丁未〔일간 · 식상〕

●남성 ➡ 癸壬〔관성〕, 보금자리〔未_木인성〕를 품고 충(沖)한 관성〔癸丑, 壬寅〕이 남성이다.

○애정관계 ➡ 첫 남편〔癸丑〕과 헤어지고 둘째 남편〔壬寅〕을 만났다.

이 사주는 22세〔癸亥대운 甲戌년〕에 결혼했지만 25세〔癸亥대운 丁丑년〕에 남편〔癸丑년〕의 외도로 이혼했고 26세〔癸亥대운 戊寅년〕에 새로운 남자〔壬寅시〕를 만났다.

자신-丁未 남편1-癸丑	癸亥대운	甲戌년(22세-결혼)	丁丑년(25세-이혼)
남녀 (形象)	癸(癸丑-남편 1) 등장		丁(丁未-자신) 등장
스킨십 (skinship)	亥未합(丁未-자신)	戌未형(丁未-자신) 丑戌형(癸丑-남편 1)	丑未충(丁未-자신) 丑未충(癸丑-남편 1)
보금자리 (日支)	亥未합(未보금자리) 생동	甲(未-木보금자리) 생동 丑戌형(丑남편자리) 변화	丑(丑남편자리) 변화 丑未충(未보금자리) 변화
생식력 (時支)	寅亥합(寅자식자리) 생동	甲(寅-木자식자리) 생동	
애정욕구 (食財官)	癸亥(관성)	戌(식상)	丑(식상)

자신-丁未 남편2-壬寅	癸亥대운	戊寅년(26세-결혼)	
남녀 (形象)	亥(壬寅-남편 2) 등장		
스킨십 (skinship)	亥未합(丁未-자신) 寅亥합(壬寅-남편 2)		
보금자리 (日支)	亥未합(未보금자리) 생동 寅亥합(寅남편자리) 생동	寅(未-木보금자리) 생동 寅(寅남편자리) 생동	
생식력 (時支)	寅亥합(寅자식자리) 생동	寅(寅자식자리) 생동	
애정욕구 (食財官)	癸亥(관성)	戊(식상)	

			(여)
乙	丁	辛	癸
巳	未	酉	丑

⊙ 대운

90	80	70	60	50	40	30	20	10
庚	己	戊	丁	丙	乙	甲	癸	壬
午	巳	辰	卯	寅	丑	子	亥	戌

○생체시스템 ➡ 丁·乙巳〔일간·인성·비겁〕

●남성 ➡ 癸酉〔재관〕, 보금자리〔未_土식상〕를 충(沖)한 관성〔癸丑〕과 생체시스템〔乙巳〕을 합(合)한 재성〔辛酉〕이 남성이다.

○애정관계 ➡ 자신〔丁·乙巳〕이 2명의 남성〔癸丑, 辛酉〕과 애정관계를 맺었다.

이 사주는 18세〔壬戌대운 庚午년〕에 남자〔辛酉월〕와 동거를 했고 22세〔癸亥대운 甲戌년〕에 남편〔癸丑년〕과 결혼하여 딸을 낳았다. 결혼과정에서 5가지 애정조건이 성관계(sex)에 집중되었기에 부부간의 사랑과 공감이 매우 부족하다.

자신-丁未 동거남-辛酉	壬戌대운	庚午년(18세-동거)
남녀 (形象)		午(丁未-자신) 등장
스킨십 (skinship)	酉戌천(辛酉-동거남)	午酉파(辛酉-동거남) 乙庚합(乙巳-생체시스템)
보금자리 (日支)	戌未형(未보금자리) 변화 酉戌천(酉동거남자리) 변화	庚(酉-金동거남자리) 생동 午未합(未보금자리) 생동
생식력 (時支)	戌(巳-火자식자리) 생동	午(巳-火자식자리) 생동
애정욕구 (食財官)	壬戌(관성 · 식상)	庚(재성)

자신 - 丁未 남편 - 癸丑	癸亥대운	甲戌년(22세-결혼)
남녀 (形象)	癸(癸丑-남편)등장	
스킨십 (skinship)	巳亥충(乙巳-생체시스템)	丑戌형(癸丑-남편)
보금자리 (日支)	亥未합(未보금자리) 생동	甲(未-木보금자리) 생동 戌未형(未보금자리) 변화 丑戌형(丑남편자리) 변화
생식력 (時支)	巳亥충(巳자식자리) 생동	戌(巳-火자식자리) 생동
애정욕구 (食財官)	癸亥(관성)	戌(식상)

			(여)
戊	辛	壬	丁
子	丑	子	卯

◉ 대운

81	71	61	51	41	31	21	11	1
辛	庚	己	戊	丁	丙	乙	甲	癸
酉	申	未	午	巳	辰	卯	寅	丑

○생체시스템 ➡ 辛·壬子〔일간·식상〕

●남성 ➡ 丁〔관성〕, 생체시스템〔壬子〕과 합파(合破)한 관성〔丁卯〕이 남성이다.

○애정관계 ➡ 남편〔丁卯〕과 결혼〔丁壬합〕했지만 사별〔子卯파〕하였다.

이 사주는 19세〔甲寅대운 丙戌년〕에 결혼했고 38세〔丙辰대운 乙巳년〕에 남편이 사망했다. 辛일간〔자신〕이 壬子월〔식상_생식기〕을 사용하여 남편〔丁卯년〕과 丁壬합으로 인연을 맺었다가 子卯파로 이별했다. 甲寅〔木〕대운은 남편자리〔卯년지〕가 생동하면서 결혼했고 丙辰대운은 卯辰천으로 남편자리〔卯년지〕가 무너지면서 이별했다. 사주원국에서 남편〔丁卯년〕이 자신〔辛丑일주〕의 보금자리〔丑일지〕와 연관성이 없고 결혼과정에서 5가지 애정조건이 불충분하기에 사랑 없이 강압으로 맺어진 인연으로 오래가지 못한다.

자신 – 辛丑 남편 – 丁卯	甲寅대운	丙戌년(19세–결혼)
남녀(形象)		
스킨십 (skinship)		卯戌합(丁卯–남편)
보금자리 (日支)	甲寅(卯–木남편자리) 생동	丑戌형(丑보금자리) 변화 卯戌합(卯남편자리) 생동
생식력(時支)		
애정욕구 (食財官)	甲寅(재성)	丙(관성)

자신 - 辛丑 남편 - 丁卯	丙辰대운	乙巳년(38세-사별)
남녀 (形象)		巳(丁卯-남편) 등장
스킨십 (skinship)	卯辰천(丁卯-남편) 子辰합(壬子-생체시스템)	
보금자리 (日支)	卯辰천(卯남편자리) 변화	乙(卯-木남편자리) 변화 巳丑합(丑보금자리) 변화
생식력 (時支)	辰(子-水자식자리) 생동	
애정욕구 (食財官)	丙(관성)	乙巳(재성 · 관성)

			(여)
癸	壬	庚	辛
卯	辰	寅	未

⊙ 대운

89	79	69	59	49	39	29	19	9
己	戊	丁	丙	乙	甲	癸	壬	辛
亥	戌	酉	申	未	午	巳	辰	卯

○생체시스템 ➡ 壬〔일간〕

●남성 ➡ 未辰〔관성〕, 보금자리〔辰_土관성〕를 품은 관성〔辛未, 辰〕이 남성이다.

○애정관계 ➡ 보금자리〔辰〕가 卯辰천으로 깨지면서 2명의 남편〔辛未, 辰〕과 사별했다.

이 사주는 20대 중반〔辰대운〕에 결혼하여 자식을 낳자 28세〔壬辰대운 戊戌년〕에 남편〔辛未년〕이 사망했고 34세〔癸巳대운 甲辰년〕에 재혼하여 딸을 낳자 두 번째 남편〔辰일지〕도 사망했다.

자식〔卯〕이 태어나면 보금자리〔辰일지〕가 卯辰천으로 깨지기에 자식의 탄생과 남편의 사망은 인과관계로 묶여 있다.

자신-壬辰 남편1-辛未	壬辰대운	戊戌년(28세-사별)
남녀 (形象)	壬(壬辰-자신) 등장	
스킨십 (skinship)	卯辰천(壬辰-자신)	辰戌충(壬辰-자신) 戌未형(辛未-남편 1)
보금자리 (日支)	辰(辰보금자리) 생동	辰戌충(辰보금자리) 변화 戌未형(未남편자리) 변화
생식력 (時支)	卯辰천(卯자식자리) 변화	卯戌합(卯자식자리) 생동
애정욕구 (食財官)	辰(관성)	戊戌(관성)

자신-壬 남편2-辰	癸巳대운	甲辰년(34세-결혼)
남녀 (形象)		辰(辰-남편 2) 등장
스킨십 (skinship)		卯辰천(辰-남편2)
보금자리 (日支)	癸(辰-水보금자리) 생동 癸(辰-水남편자리) 생동	辰(辰보금자리) 생동 辰(辰남편자리) 생동
생식력 (時支)		甲(卯-木자식자리) 생동
애정욕구 (食財官)	巳(재성)	甲辰(식상 · 관성)

			(여)
乙	壬	壬	丁
巳	子	子	未

◉ 대운

88	78	68	58	48	38	28	18	8
辛	庚	己	戊	丁	丙	乙	甲	癸
酉	申	未	午	巳	辰	卯	寅	丑

○생체시스템 ➡ 壬壬·乙巳〔일간·비겁·식상·재성〕

●남성 ➡ 未〔관성〕, 생체시스템〔壬壬·乙巳〕과 합(合)한 관성〔丁未〕이 남성이다.

○애정관계 ➡ 남편자리〔未〕가 子未천으로 무너져 남편〔丁未〕이 사망하였다.

이 사주는 28세〔甲寅대운 甲戌년〕에 결혼했지만 30세〔乙卯대운 丙子년〕에 남편이 사망하였다. 자신〔壬壬·乙巳〕이 남편〔丁未년〕과 丁壬합으로 연결되었다가 子未천으로 끊어졌다.

甲寅〔木〕대운은 남편자리〔未년지〕가 생동하면서 결혼했고 乙卯대운은 子未천으로 남편자리〔未년지〕가 무너지면서 이별하였다. 사주원국에서 남편〔丁未년〕이 자신의 보금자리〔子일지〕와 연관성이 약하고 결혼과정에서 5가지 애정조건이 불충분하기에 좋은 결혼이 아니며 인연도 길지 않다.

자신 – 壬子 남편 – 丁未	甲寅대운	甲戌년(28세–결혼)
남녀(形象)		
스킨십(skinship)	寅巳형(乙巳–생체시스템)	戌未형(丁未–남편)
보금자리(日支)	甲寅(未–木남편자리) 생동	甲(未–木남편자리) 생동 戌未형(未남편자리) 변화
생식력(時支)	寅巳형(巳자식자리) 변화	戌(巳-火자식자리)생동
애정욕구(食財官)	甲寅(식상)	甲戌(식상 · 관성)

자신 – 壬子 남편 – 丁未	乙卯대운	丙子년(30세–사별)
남녀(形象)		子(壬子–자신) 등장
스킨십 (skinship)	卯未합→子未천(丁未–남편)	子未천(丁未–남편)
보금자리 (日支)	子卯파(子보금자리) 변화 卯未합(未남편자리) 변화	子未천(子보금자리) 변화 子未천(未남편자리) 변화
생식력(時支)		丙(巳–火자식자리) 생동
애정욕구 (食財官)	乙卯(식상)	丙(재성)

			(여)
戊	丙	辛	辛
戌	寅	丑	卯

⊙ 대운

85	75	65	55	45	35	25	15	5
庚	己	戊	丁	丙	乙	甲	癸	壬
戌	酉	申	未	午	巳	辰	卯	寅

○생체시스템 ➡ 丙寅〔일간 · 인성〕

●남성 ➡ 辛辛〔재성〕, 보금자리〔寅_木인성〕를 품고 자신〔丙〕이 합(合)한 재성〔辛卯, 辛丑〕이 남성이다.

○애정관계 ➡ 재성(財星) 남편〔辛卯, 辛丑〕 2명은 만족감을 주지 못했다.

이 사주는 19세〔癸卯대운 庚戌년〕에 결혼하여 세 명의 자녀를 낳았고 남편〔辛卯년〕의 가정폭력에 시달리다가 34세〔甲辰대운 乙丑년〕에 이혼했으며 42세〔乙巳대운 癸酉년〕에 두 번째 남편〔辛丑월〕과 재혼했지만 결혼생활에 만족하지 못했다. 2명의 남편〔辛卯, 辛丑〕은 미성숙한 남성인 재성(財星)으로서 만족감을 주지 못했다.

자신-丙寅 남편1-辛卯	癸卯대운	庚戌년(19세-결혼)
남녀(形象)		
스킨십 (skinship)	卯戌합(辛卯-남편 1)	卯戌합(辛卯-남편 1) 寅戌합(丙寅-생체시스템)
보금자리 (日支)	卯(寅-木보금자리) 생동 卯(卯남편자리) 생동	寅戌합(寅보금자리) 생동 卯戌합(卯남편자리) 생동
생식력(時支)	卯戌합(戌자식자리) 생동	戌(戌자식자리) 생동
애정욕구 (食財官)	癸(관성)	庚戌(재성 · 식상)

자신-丙寅 남편1-辛卯	甲辰대운	乙丑년(34세-이혼)
남녀(形象)		丑(辛卯-남편 1) 등장
스킨십 (skinship)	卯辰천(辛卯-남편 1)	
보금자리 (日支)	甲(寅-木보금자리) 변화 甲(卯-木남편자리) 변화	乙(寅-木보금자리) 변화 乙(卯-木남편자리) 변화
생식력(時支)	辰戌충(戌자식자리) 변화	丑戌형(戌자식자리) 변화
애정욕구 (食財官)	辰(식상)	丑(식상)

자신-丙寅 남편2-辛丑	乙巳대운	癸酉년(42세-결혼)
남녀(形象)	巳(丙寅-자신) 등장	酉(辛丑-남편 2) 등장
스킨십 (skinship)	巳丑합(辛丑-남편 2) 寅巳형(丙寅-생체시스템)	酉丑합(辛丑-남편 2)
보금자리 (日支)	乙(寅-木보금자리) 생동 巳丑합(丑남편자리) 생동	酉(丑-金남편자리) 생동
생식력(時支)	巳(戌-火자식자리) 생동	酉戌천(戌자식자리) 변화
애정욕구 (食財官)		癸酉(관성 · 재성)

庚	乙	癸	壬 (여)
辰	亥	卯	辰

◉대운

88	78	68	58	48	38	28	18	8
甲	乙	丙	丁	戊	己	庚	辛	壬
午	未	申	酉	戌	亥	子	丑	寅

○생체시스템 ➡ 乙亥〔일간 · 인성〕

●남성 ➡ 辰庚〔재관〕, 보금자리〔亥_水인성〕를 품은 재관〔壬辰, 庚辰〕이 남성이다.

○애정관계 ➡ 정력이 강하여 많은 남성들〔壬辰, 庚辰〕과 애정관계를 맺었다.

이 사주는 33세〔庚子대운 甲子년〕에 남편〔壬辰년〕이 사망하자 35세〔庚子대운 丙寅년〕부터 유부남〔庚辰시〕과 몰래 애정관계(sex)를 맺었다가 37세〔庚子대운 戊辰년〕에 발각되어 유부남과 헤어졌다.

월지(月支) 비겁(比劫)이라 정력이 매우 강하여 애정관계가 평생 동안 끊이지 않는다.

자신 – 乙亥 남편 – 壬辰	庚子대운	甲子년(33세–사별)	
남녀(形象)			
스킨십(skinship)	子辰합(壬辰–남편) 乙庚합(乙亥–생체시스템)	子辰합(壬辰–남편)	
보금자리(日支)	子(亥–水보금자리) 생동 子(辰–水남편자리) 생동	子(亥–水보금자리) 변화 子(辰–水남편자리) 변화	
생식력(時支)	子(辰–水자식자리) 생동	子(辰–水자식자리) 변화	
애정욕구(食財官)	庚(관성)		

자신-乙亥 외도남-庚辰	庚子대운	丙寅년(35세-외도)	戊辰년(37세-이별)
남녀(形象)	庚(庚辰-외도남) 등장	寅(乙亥-자신) 등장	
스킨십 (skinship)	乙庚합(庚辰-외도남) 乙庚합(乙亥-생체시스템)	寅亥합(乙亥-생체시스템)	卯辰천(庚辰-외도남)
보금자리 (日支)	子(亥-水보금자리) 생동 子(辰-水외도남자리) 생동	寅亥합(亥보금자리) 생동	辰(亥-水보금자리) 변화 辰(辰외도남자리) 변화
생식력(時支)	子(辰-水자식자리) 생동		辰(辰자식자리) 변화
애정욕구 (食財官)	庚(관성)	丙(식상)	戊辰(재성)

			(여)
丙	乙	癸	癸
子	亥	亥	未

⊙대운

88	78	68	58	48	38	28	18	8
壬	辛	庚	己	戊	丁	丙	乙	甲
申	未	午	巳	辰	卯	寅	丑	子

○생체시스템 ➡ 乙亥〔일간 · 인성〕

●남성 ➡ 未〔재성〕, 보금자리〔亥_水인성〕를 품은 재성〔癸未〕이 남성이다.

○애정관계 ➡ 자신〔乙亥〕의 인생에서 애정관계 남성은 유부남〔癸未〕 1명 뿐이다.

이 사주는 22세〔乙丑대운 甲辰년〕에 유부남〔癸未년〕과의 애정관계로 태어난 딸〔丙子시〕을 혼자 기르면서 독신으로 살았다. 乙亥일주〔자신〕는 亥未합으로 유부남〔癸未년〕과 관계를 맺지만 자식〔丙子시〕이 태어나면 子未천으로 관계가 끊어진다.

유부남〔癸未년〕은 만족감을 주지 못하는 재성(財星)으로서 많은 여성들〔癸亥월, 乙亥일, 丙子시〕과 애정관계〔sex_亥未합, 子未천〕를 맺는 바람둥이다.

자신-乙亥 유부남-癸未	乙丑대운	甲辰년(22세-애정관계)
남녀 (形象)	乙(乙亥-자신) 등장 丑(癸未-유부남) 등장	
스킨십 (skinship)	丑未충(癸未-유부남)	
보금자리 (日支)	丑未충(未유부남자리) 생동	甲(未-木유부남자리) 생동 辰(亥-水보금자리) 생동
생식력 (時支)	子丑합(子자식자리) 생동	辰(子-水자식자리) 생동
애정욕구 (食財官)	丑(재성)	辰(재성)

			(여)
壬	丙	癸	己
辰	戌	酉	未

◉ 대운

88	78	68	58	48	38	28	18	8
壬	辛	庚	己	戊	丁	丙	乙	甲
午	巳	辰	卯	寅	丑	子	亥	戌

○생체시스템 ➡ 丙戌〔일간·식상〕

●남성 ➡ 癸壬〔관성〕, 보금자리〔戌_土식상〕를 품고 천(穿)한 관성〔癸酉, 壬辰〕이 남성이다.

○애정관계 ➡ 외간남자〔癸酉〕와의 외도〔酉戌천〕로 남편〔壬辰〕과의 결혼이 무너졌다.

이 사주는 24세〔乙亥대운 壬午년〕**에 남편**〔壬辰시〕**과 결혼했지만** 26세〔乙亥대운 甲申년〕**에 외간남자**〔癸酉월〕**와 바람을 피우다가 발각되어 별거에 들어갔고** 27세〔乙亥대운 乙酉년〕**에 이혼하였다.**

丙일간〔자신〕**의 보금자리**〔戌일지〕**가 辰戌충·酉戌천으로 깨지면서 남자복**〔癸酉월, 壬辰시〕**을 기대할 수 없다.**

자신 - 丙戌 남편 - 壬辰	乙亥대운	壬午년(24세-결혼)	
남녀 (形象)	亥(壬辰-남편) 등장	壬(壬辰-남편) 등장 午(丙戌-자신) 등장	
스킨십 (skinship)		午戌합(丙戌-자신)	
보금자리 (日支)	亥(辰-水남편자리) 생동	壬(辰-水남편자리) 생동 午(戌-火보금자리) 생동	
생식력 (時支)	亥(辰-水자식자리) 생동	壬(辰-水자식자리) 생동	
애정욕구 (食財官)	亥(관성)	壬(관성)	

자신-丙戌 남편-壬辰 외도남-癸酉	乙亥대운	甲申년(26세-외도)	乙酉년(27세-이혼)
남녀 (形象)	亥(壬辰-남편) 등장		
스킨십 (skinship)		申辰합(壬辰-남편)	酉戌천(丙戌-자신) 酉辰합(壬辰-남편) 酉戌천(癸酉-외도남)
보금자리 (日支)	亥(辰-水남편자리) 생동	申辰합(辰남편자리) 변화 申(酉-金외도남자리) 생동	酉戌천(戌보금자리) 변화 酉辰합(辰남편자리) 변화 酉戌천(酉외도남자리) 변화
생식력 (時支)	亥(辰-水자식자리) 생동	申辰합(辰자식자리) 변화	酉辰합(辰자식자리) 변화
애정욕구 (食財官)	亥(관성)	申(재성)	酉(재성)

(여)			
己	庚	乙	庚
卯	戌	酉	戌

◉ 대운

86	76	66	56	46	36	26	16	6
丙	丁	戊	己	庚	辛	壬	癸	甲
子	丑	寅	卯	辰	巳	午	未	申

○생체시스템 ➡ 乙庚합으로 乙酉월〔재성 · 비겁〕을 생체시스템으로 사용한다.

●남성 ➡ 乙卯戌戌〔재관〕, 보금자리〔戌_土인성〕를 품고 합천(合穿)한 재관〔庚戌, 乙酉, 戌, 己卯〕이 남성이다.

○애정관계 ➡ 정력이 매우 강하여 많은 남성들〔庚戌, 乙酉, 戌, 己卯〕과 애정관계(sex)를 맺었다.

이 사주는 26세〔癸未대운 乙亥년〕에 결혼했지만 27세〔壬午대운 丙子년〕에 바람이 났고 30세〔壬午대운 己卯년〕에는 정부를 따라 가출했다가 돌아왔으며 36세〔壬午대운 乙酉년〕에 또 바람이 나서 가출하는 등 마음 가는 대로 애정관계(sex)를 맺었다.

庚일간〔자신〕의 월지(月支)가 비겁(比劫)으로 정력이 매우 강하여 많은 남성들〔庚戌년, 乙酉월, 戌일지, 己卯시〕과 酉戌천 · 卯酉충으로 빠르게 애정관계을 맺었다. 결혼과정에서 5가지 애정조건이 매우 불충분하기에 평소 남편을 우습게 여기고 외도(sex)를 뻔뻔스럽게 드러내었다.

자신-庚戌일 남편-乙酉	癸未대운	乙亥년(26세-결혼)
남녀(形象)		乙(乙酉-남편) 등장
스킨십(skinship)		乙庚합(乙酉-남편) 乙庚합(乙酉-생체시스템)
보금자리(日支)	戌未형(戌보금자리) 변화	
생식력(時支)	未(卯-木자식자리) 생동	乙(卯-木자식자리) 생동
애정욕구(食財官)	癸(식상)	乙(재성)

자신-庚戌일 외도남1-庚戌년	壬午대운	丙子년(27세-외도)
남녀(形象)		丙(庚戌년-외도남 1) 등장
스킨십 (skinship)	午戌합(庚戌년-외도남 1) 午酉파(乙酉-생체시스템)	子酉파(乙酉-생체시스템)
보금자리 (日支)	午(戌-火보금자리) 생동 午(戌-火외도남자리) 생동	丙(戌-火보금자리) 생동 丙(戌-火외도남자리) 생동
생식력(時支)	午卯파(卯자식자리) 변화	子卯파(卯자식자리) 변화
애정욕구 (食財官)	壬午(식상 · 관성)	丙子(관성 · 식상)

자신-庚戌일 외도남2-己卯	壬午대운	己卯년(30세-외도)
남녀(形象)		卯(己卯-외도남 2) 등장
스킨십 (skinship)	午卯파(己卯-외도남 2) 午酉파(乙酉-생체시스템)	卯酉충(己卯-외도남 2) 卯酉충(乙酉-생체시스템)
보금자리 (日支)	午(戌-火보금자리) 생동 午卯파(卯외도남자리) 변화	卯戌합(戌보금자리) 생동 卯(卯외도남자리) 생동
생식력(時支)	午卯파(卯자식자리) 변화	卯(卯자식자리) 생동
애정욕구 (食財官)	壬午(식상 · 관성)	卯(재성)

자신-庚戌일 외도남3-己卯	壬午대운	乙酉년(36세-외도)
남녀(形象)		乙(己卯-외도남 3) 등장 酉(庚戌-자신) 등장
스킨십 (skinship)	午卯파(己卯-외도남 3) 午酉파(乙酉-생체시스템)	卯酉충(己卯-외도남 3) 卯酉충(乙酉-생체시스템)
보금자리 (日支)	午(戌-火보금자리) 생동 午卯파(卯외도남자리) 변화	酉戌천(戌보금자리) 변화 卯酉충(卯외도남자리) 생동
생식력(時支)	午卯파(卯자식자리) 변화	卯酉충(卯자식자리) 생동
애정욕구 (食財官)	壬午(식상 · 관성)	乙(재성)

海原 命理學

해원 명리학

제 8 장
수명시스템

海原 命理學

해원 명리학

1
사망

사람들은 일반적으로 다음과 같은 상황에서 인생을 마감한다.

❶ 생계가 끊어져 빈곤으로 사망〔자살〕한다.

❷ 몸이 약하여 병마에 시달리다가 사망〔자살〕한다.

❸ 교통사고 등 급작스러운 사고로 사망한다.

❹ 앞길이 막히거나 사업에 실패하여 스트레스〔우울증〕로 사망〔자살〕한다.

❺ 인간관계로 고통이 심하거나 고독으로 사망〔자살〕한다.

수명시스템(壽命 system)은 인간의 수명을 간결하게 정리한 도식(圖式)이다. 수명은 9가지 사회관계론〔부귀〕과 생체시스템(生體system), 일주(日柱_일간+보금자리)로 판단한다.

생계(生計)와 직결되는 9가지 사회관계론은 수명(壽命)과 매우 연관성이 깊은데 보통 자신이 경쟁세력을 완벽하게 통제하면 오래 살고 역포국(逆包局)처럼 자신이 경쟁세력에게 통제되면 빨리 사망한다.

【수명시스템】

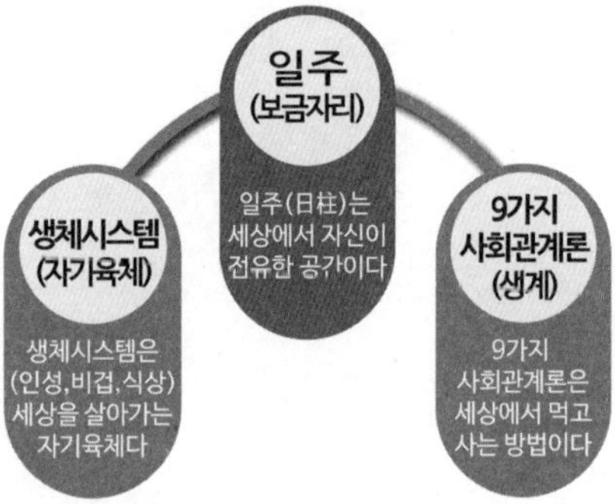
일주
(보금자리)
일주(日柱)는
세상에서 자신이
전유한 공간이다
생체시스템
(자기육체)
생체시스템은
(인성,비겁,식상)
세상을 살아가는
자기육체다
9가지
사회관계론
(생계)
9가지
사회관계론은
세상에서 먹고
사는 방법이다

❶ 사회관계의 붕괴 ☞ 생계(生計-9가지 사회관계론)가 무너지면 사망한다.

➡9가지 사회관계론은 인간사회에서 자신이 사람들과 관계를 맺고 재물(권력)을 얻는 방법으로써 붕괴되면 생계가 끊어지고 명예가 사라지며 건강이 급속히 나빠진다. 보통 사회관계가 무너지면 기업가는 사업에 실패하고, 권력자는 권력을 빼앗기며, 공직자는 관재로 해임되고, 소상공인은 수입이 사라진다. 9가지 사회관계론은 생계(生計)를 의미하기에 수명(壽命)과 직결된다.

❷ 일주(자신+home) ☞ 자신(日干)과 잠자는 공간(日支)이 손상되면 사망한다.

➡보금자리(home_日支)는 침실로서 자신의 육체가 잠자고 휴식을 취하는 필수공간이다. 보금자리가 무너지면 자신이 잠잘 곳이 사라지기에 세상에서 존재하기가 힘들어진다. 보금자리가 무너질 때는 자신의

형상을 반드시 살펴야 하는데 사회관계〔생계〕가 붕괴되고 보금자리〔日支〕가 무너지고 자신〔日干〕의 형상(形象)이 등장 또는 손상되거나 겁재(劫財)가 나타나면 사망한다.

천간자리	木(甲乙)		木 土	火(丙丁)		火 土	金(庚辛)		金 土	水(壬癸)		水 土
보금자리	寅	卯	未	巳	午	戌	申	酉	丑	亥	子	辰

자신의 형상(形象)이란 중국명리〔자평·맹파〕에서 말하는 육친(六親)의 개념이 아니라 물질의 동질성을 말한다.

자신	甲	乙	丙	丁	戊	己	庚	辛	壬	癸
형상	木(寅卯未)		火(巳午戌)		土(辰戌丑未)		金(申酉丑)		水(亥子辰)	

❸ 생체시스템 붕괴 ☞ 사회활동에 필요한 육체가 손상되면 사망한다.

➡생체시스템〔인성·비겁·식상〕은 생계〔사회관계〕에 필요한 자신의 육체로서 손상되면 사회활동이 어려워진다. 보통 생체시스템이 손상되면 기업가는 경영에 실패하고, 권력자는 통솔력이 무너지며, 공직자는 법률을 위반하고, 소상공인은 오판으로 수익성이 악화된다.

【사망원인】

		수명시스템
❶	사회관계	사회관계〔생계〕의 붕괴
❷	일주(日柱)	자기〔日干〕 형상(形象) 등장이나 손상
		보금자리〔日支〕 붕괴
❸	생체시스템	사회활동에 필요한 육체의 손상

(남)			
癸	乙	丁	己
未	未	丑	酉

⊙대운

83	73	63	53	43	33	23	13	3
戊	己	庚	辛	壬	癸	甲	乙	丙
辰	巳	午	未	申	酉	戌	亥	子

○생체시스템 ➡ 乙癸〔일간·인성〕

○사회관계 ➡ 제압〔양양→음음〕, 자기세력〔乙未, 癸未〕이 경쟁세력〔己酉, 丁丑〕을 제압했다.

이 사주는 배고프고 고독하여 28세〔甲戌대운 丁丑년〕**에 자살하였다.**

乙일간〔자신〕**과 癸시간**〔인성〕**이 지배한 양(陽) 자기세력**〔乙未일, 癸未시〕**이 음(陰) 경쟁세력**〔己酉년, 丁丑월〕**을 제압했다.**

강한 양(陽) 자기세력이 강한 음(陰) 경쟁세력과 대립했기에 경쟁세력에게 순응해야 하는데 甲戌대운 丁丑년〔28세〕**에 丑戌형 · 酉戌천으로 경쟁세력을 생동시켰다.**

	甲戌대운 丁丑년(28세 - 사망)
사회관계	**제압(制壓)** ➡ 甲戌대운 丁丑년에 경쟁세력〔己酉, 丁丑〕이 酉戌천·丑戌형으로 생동하면서 자기세력〔乙未, 癸未〕을 丑戌未 삼형 역제압(逆制壓)으로 무너뜨렸다.
乙未	**乙등장** ➡ 甲戌대운에 乙〔자신〕의 겁재(劫財) 甲〔木〕이 등장했다.
	未붕괴 ➡ 甲戌대운〔丑戌未 삼형〕 丁丑년〔丑戌未 삼형〕에 未〔보금자리〕가 무너졌다.
생체시스템	**未未손상** ➡ 육체〔乙癸〕가 지배했던 未未일시지〔비겁고〕가 甲戌대운〔丑戌未 삼형〕 丁丑년〔丑戌未 삼형〕에 손상되었다.

			(남)
癸	丁	甲	戊
卯	卯	寅	戌

◉대운

85	75	65	55	45	35	25	15	5
癸	壬	辛	庚	己	戊	丁	丙	乙
亥	戌	酉	申	未	午	巳	辰	卯

○생체시스템 ➡ 丁·甲寅〔일간·인성〕

○사회관계 ➡ 지지합〔寅戌〕, 재물〔戊戌〕을 寅戌합으로 가져왔다.

이 사주는 20세〔丙辰대운 丁巳년〕**에 자살하였다.**

丁일간〔자신〕**이 甲寅월**〔인성〕**을 사용하여 재물**〔戊戌년〕**을 寅戌합으로 가져오는데 丙辰대운 丁巳년**〔20세〕**에 辰戌충·寅巳형으로 생계**〔寅戌합〕**가 무너졌다.**

	丙辰대운 丁巳년(20세－사망)
사회관계	**지지합(地支合)** ➡ 丙辰대운 丁巳년에 辰戌충·寅巳형으로 생계〔寅戌합〕가 무너졌다.
丁	**丁등장** ➡ 丁巳년에 丁〔자신〕의 형상이 丁〔火〕으로 등장했다.
卯	**卯붕괴** ➡ 丙辰대운〔卯辰천〕에 卯〔보금자리〕가 무너졌다.
생체시스템	**甲寅손상** ➡ 육체〔甲寅〕가 丁巳년〔寅巳형〕에 손상되었다.

(남)			
丁	庚	庚	癸
亥	戌	申	巳

◉ 대운

86	76	66	56	46	36	26	16	6
辛	壬	癸	甲	乙	丙	丁	戊	己
亥	子	丑	寅	卯	辰	巳	午	未

○생체시스템 ➡ 庚戌〔일간·인성〕

○사회관계 ➡ 입묘〔戌↶丁巳〕, 재물〔癸巳, 丁亥〕이 입묘한 재물창고〔戌〕를 자신〔庚일간〕이 지배하였다.

이 사주는 술과 여자와 도박으로 살다가 55세〔乙卯대운 丁亥년〕**에 자살하였다.**

庚일간〔자신〕**이 재물**〔癸巳년, 丁亥시〕**이 입묘한 재물창고**〔戌일지〕**를 지배하였다.**

乙卯대운〔50대〕**은 乙庚합·卯戌합으로 재물창고**〔戌일지〕**의 지배력이 완전히 상실되면서 모든 부귀가 사라졌다.**

		乙卯대운 丁亥년(55세-사망)
사회관계	**고(庫)를 지배** ➡ 乙卯대운에 자신〔庚〕의 재물창고〔戌〕 지배력이 乙庚합으로 무너졌고 재물창고〔戌〕도 卯戌합으로 닫혔다.
庚戌	**庚손상** ➡ 乙卯대운〔乙庚합〕에 庚〔자신〕의 형상이 손상되었다.
	戌붕괴 ➡ 乙卯대운〔卯戌합〕에 戌〔보금자리〕이 무너졌고 丁亥년에 戌〔보금자리〕이 丁〔火〕으로 떠올라 사라졌다.
생체시스템	**庚戌손상** ➡ 육체〔庚戌〕가 乙卯대운〔乙庚합·卯戌합〕에 손상되었다.

			(여)
丁	癸	戊	丙
巳	丑	戌	午

◉ 대운

84	74	64	54	44	34	24	14	4
己	庚	辛	壬	癸	甲	乙	丙	丁
丑	寅	卯	辰	巳	午	未	申	酉

○생체시스템 ➡ 癸〔일간〕

○사회관계 ➡ 역포국〔양→음←양양〕, 경쟁세력〔丙午, 戊戌, 丁巳〕에게 자신〔癸丑〕이 둘러싸여 통제되었다.

이 사주는 가정폭력에 시달리다가 39세〔甲午대운 甲申년〕에 자살을 하였다.

丁巳시〔경쟁자〕가 癸일간〔자신〕의 戊癸합을 丁癸충으로 깨면서 양(陽) 경쟁세력〔丙午년, 戊戌월, 丁巳시〕에게 음(陰) 자신〔癸丑일〕이 戊癸합·午戌巳 연합으로 둘러싸여 통제되었다.

甲午대운 甲申년〔39세〕은 역포국틀〔丙午, 戊戌, 丁巳〕이 생동하였다.

	甲午대운 甲申년(39세-사망)
사회관계	**역포국(逆包局)** ➡ 甲午대운에 午戌합으로 역포국틀〔丙午, 戊戌, 丁巳〕이 생동하면서 자신〔癸丑일〕이 훼손되었다.
癸丑	**癸손상** ➡ 甲午대운에 戊甲극·午戌합으로 역포국틀〔丙午, 戊戌, 丁巳〕이 생동하자 癸〔자신〕의 형상이 戊癸합으로 손상되었다.
	丑붕괴 ➡ 甲午대운〔午丑천〕에 丑〔보금자리〕이 무너지고 甲申년에 丑〔보금자리〕이 申〔金〕으로 나타나 사라졌다.
생체시스템	**癸손상** ➡ 甲午대운에 역포국틀〔丙午, 戊戌, 丁巳〕이 생동하면서 육체〔癸〕가 戊癸합으로 손상되었다.

(남)			
庚	甲	乙	丁
午	申	巳	巳

◉ 대운

87	77	67	57	47	37	27	17	7
丙	丁	戊	己	庚	辛	壬	癸	甲
申	酉	戌	亥	子	丑	寅	卯	辰

○생체시스템 ➡ 甲·巳〔일간·식상〕

●생체시스템 변화 ➡ 포국틀〔丁巳, 乙巳, 庚午〕을 생체시스템으로 사용한다.

○사회관계 ➡ 포국〔양→음←양양〕, 자기세력〔丁巳, 乙巳, 庚午〕이 경쟁세력〔甲申〕을 둘러싸서 통제하였다.

이 사주는 고부갈등으로 부인과 이혼하고 어머니와 살나가 37세〔壬寅대운 癸巳년〕**에 자살하였다.**

甲일간〔자신〕**이 巳월지**〔식상〕**를 사용하여 양(陽) 자기세력**〔丁巳년, 乙巳월, 庚午시〕**으로 음(陰) 경쟁세력**〔甲申일〕**를 둘러싸서 통제하였다.**

壬寅대운 癸巳년〔37세〕**은 포국틀**〔丁巳, 乙巳, 庚午〕**과 음(陰) 경쟁세력**〔甲申〕**이 寅申巳 삼형으로 모두 무너졌다.**

	壬寅대운 癸巳년(37세-사망)
사회관계	**포국(包局)** ➡ 壬寅대운 癸巳년에 포국틀〔丁巳, 乙巳, 庚午〕과 경쟁세력〔甲申〕이 寅巳申 삼형으로 모두 무너졌다.
甲申	**甲등장** ➡ 壬寅대운에 甲〔자신〕의 형상이 寅〔木〕으로 등장했다.
	申붕괴 ➡ 壬寅대운〔寅巳申 삼형〕 癸巳년〔寅巳申 삼형〕에 申〔보금자리〕이 무너졌다.
생체시스템	**포국틀 손상** ➡ 포국틀〔丁巳, 乙巳, 庚午〕이 壬寅대운〔寅巳申 삼형〕 癸巳년〔寅巳申 삼형〕에 손상되었다.

(남)			
乙	丙	甲	戊
未	寅	子	戌

⦿ 대운

87	77	67	57	47	37	27	17	7
癸	壬	辛	庚	己	戊	丁	丙	乙
酉	申	未	午	巳	辰	卯	寅	丑

○생체시스템 ➡ 丙寅〔일간 · 인성〕

○사회관계 ➡ 지지합〔寅戌〕 입묘〔未 寅甲〕, 재물〔戊戌〕을 寅戌합으로 가져왔다.

이 사주는 44세〔戊辰대운 辛巳년〕에 심장마비로 사망하였다.

丙寅일주〔자신〕가 재물〔戊戌년〕을 寅戌합으로 가져왔다.

戊辰대운 辛巳년〔44세〕은 辰戌충 · 寅巳형으로 寅戌합이 깨졌다.

	戊辰대운 辛巳년(44세 - 사망)
사회관계	**지지합(地支合)** ➡ 戊辰대운 辛巳년에 생계〔寅戌합〕가 辰戌충·寅巳형으로 무너졌다.
丙寅	**丙등장** ➡ 辛巳년에 丙〔자신〕의 형상이 巳〔火〕로 등장했다.
	寅붕괴 ➡ 辛巳년〔寅巳형〕에 寅〔보금자리〕이 무너졌다.
생체시스템	**丙寅손상** ➡ 육체〔丙寅〕가 辛巳년〔丙辛합 · 寅巳형〕에 손상되었다.

			(여)
乙	乙	丁	己
酉	酉	卯	酉

⊙ **대운**

88	78	68	58	48	38	28	18	8
丙	乙	甲	癸	壬	辛	庚	己	戊
子	亥	戌	酉	申	未	午	巳	辰

○생체시스템 ➡ 乙乙·丁卯〔일간·식상·비겁〕

●생체시스템 변화 ➡ 역포국틀〔己酉, 乙酉, 乙酉〕이 성립되면서 丁卯월〔식상·비겁〕을 생체시스템으로 사용한다.

○사회관계 ➡ 역포국〔음음→양←음〕, 경쟁세력〔己酉, 乙酉, 乙酉〕에게 자신〔丁卯〕이 둘러싸여 통제되었다.

이 사주는 병약하게 태어나 간질환을 앓아오다가 12세〔戊辰대운 庚申년〕**에 사망하였다.**

乙일간〔자신〕**이 丁卯월**〔식상·비겁〕**을 사용하면서 음(陰) 경쟁세력**〔己酉년, 乙酉일, 乙酉시〕**에게 양(陽) 자신**〔丁卯월〕**이 둘러싸여 통제되었다.**

戊辰대운 庚申년〔12세〕**은 역포국틀**〔己酉, 乙酉, 乙酉〕**이 酉辰합으로 생동하면서 자신**〔丁卯월〕**이 酉辰합→卯酉충·卯辰천·卯申합으로 훼손되었다.**

	戊辰대운 庚申년(12세–사망)
사회관계	**역포국(逆包局)** ➡ 戊辰대운에 역포국틀〔己酉, 乙酉, 乙酉〕이 생동하면서 자신〔丁卯〕이 酉辰합→卯酉충·卯辰천으로 무너졌다.
乙	**乙손상** ➡ 庚申년에 乙〔자신〕의 형상이 乙庚합으로 손상되었다.
酉	**酉붕괴** ➡ 庚申년에 酉〔보금자리〕가 申〔金〕으로 나타나 사라졌다.
생체시스템	**丁卯손상** ➡ 육체〔丁卯〕가 戊辰대운〔酉辰천〕 庚申년〔卯申합〕에 손상되었다.

癸	丙	丙	乙 (남)
巳	寅	戌	未

◉ 대운

88	78	68	58	48	38	28	18	8
丁	戊	己	庚	辛	壬	癸	甲	乙
丑	寅	卯	辰	巳	午	未	申	酉

○생체시스템 ➡ 丙寅〔일간·인성〕

○사회관계 ➡ 입묘〔巳丙→戌〕, 재물〔丙寅, 癸巳〕이 입묘한 재물창고〔丙戌〕가 戌未형으로 손상되었다.

이 사주는 화재로 44세〔壬午대운 戊寅년〕에 사망하였다.

재물〔丙寅일, 癸巳시〕이 입묘한 재물창고〔丙戌월〕가 戌未형으로 손상되었다.

이 사주는 자신〔丙寅일〕이 입묘한 재물창고〔丙戌월〕가 운명을 결정한다. 壬午대운 戊寅년〔44세〕은 丙壬충·寅午戌 삼합·戌未형으로 자신을 입묘했던 재물창고〔丙戌월〕가 손상되어 사라졌다.

	壬午대운 戊寅년(44세-사망)
사회관계	**입묘(入墓)** ➡ 壬午대운 戊寅년에 자신〔丙寅〕이 입묘한 재물창고〔丙戌〕가 寅午戌 삼합·戌未형으로 무너졌다.
丙	**丙등장** ➡ 壬午대운에 丙〔자신〕의 형상이 午〔火〕로 등장했다.
寅	**寅붕괴** ➡ 壬午대운〔寅午戌 삼합〕에 寅〔보금자리〕이 손상되고 戊寅년에 寅〔보금자리〕이 寅〔木〕으로 나타나 사라졌다.
생체시스템	**丙寅손상** ➡ 육체〔丙寅〕가 壬午대운〔丙壬충·寅午戌 삼합〕에 손상되었다.

己	庚	丙	甲 (남)
卯	辰	寅	子

⊙대운

86	76	66	56	46	36	26	16	6
乙	甲	癸	壬	辛	庚	己	戊	丁
亥	戌	酉	申	未	午	巳	辰	卯

○생체시스템 ➡ 庚辰〔일간 · 인성〕

○사회관계 ➡ 제압〔양←음→양←음〕, 자기세력〔甲子, 庚辰〕이 경쟁세력〔丙寅, 己卯〕을 제압했다.

이 사주는 23세〔戊辰대운 丙戌년〕에 공항 에스컬레이터에서 추락하여 사망하였다.

庚辰일주〔자신〕가 음(陰) 자기세력〔甲子년, 庚辰일〕으로 양(陽) 경쟁세력〔丙寅월, 己卯시〕을 제압했지만 강대강(强對强)으로 대립했기에 경쟁세력에게 순응해야 한다.

戊辰대운 丙戌년〔23세〕은 卯辰천 · 寅戌합→辰戌충으로 경쟁세력〔丙寅, 己卯〕이 생동하면서 역제압(逆制壓)으로 무너졌다.

	戊辰대운 丙戌년(23세-사망)
사회관계	**제압(制壓)** ➡ 戊辰대운 丙戌년에 경쟁세력〔丙寅, 己卯〕이 卯辰천 · 寅戌합→辰戌충으로 생동하면서 자기세력〔甲子, 庚辰〕을 역제압(逆制壓)으로 무너뜨렸다.
庚辰	**庚손상** ➡ 丙戌년에 庚〔자신〕의 형상이 庚丙극으로 손상되었다.
	辰붕괴 ➡ 戊辰대운〔卯辰천〕 丙戌년〔辰戌충〕에 辰〔보금자리〕이 무너졌다.
생체시스템	**庚辰손상** ➡ 육체〔庚辰〕가 戊辰대운〔卯辰천〕 丙戌년〔庚丙극 · 辰戌충〕에 손상되었다.

			(여)
戊	乙	壬	己
寅	卯	申	未

◉대운

88	78	68	58	48	38	28	18	8
辛	庚	己	戊	丁	丙	乙	甲	癸
巳	辰	卯	寅	丑	子	亥	戌	酉

○생체시스템 ➡ 乙卯〔일간·비겁〕

○사회관계 ➡ 입묘〔寅卯⌒未〕, 사람들〔乙卯, 戊寅〕이 재물창고〔己未〕에 입묘했다.

이 사주는 25세〔2003년_甲戌대운 癸未년〕에 대구 지하철 화재사고로 사망하였다.

乙卯일주〔자신〕와 타인〔戊寅시〕이 재물창고〔己未년〕에 입묘했고 壬申월〔타인〕은 木金충으로 입묘작용을 생동시켰다.

이 사주는 재물창고〔己未〕가 운명을 결정한다. 甲戌대운 癸未년〔25세〕은 甲己합·戌未형으로 재물창고〔己未년〕가 완전히 무너졌다.

	甲戌대운 癸未년(25세-사망)
사회관계	**입묘(入墓)** ➡ 甲戌대운 癸未년에 자신〔乙卯〕이 입묘한 재물창고〔己未〕가 甲己합·戌未형으로 손상되면서 완전히 무너졌다.
乙卯	**乙등장** ➡ 甲戌대운에 乙〔자신〕의 겁재(劫財) 甲〔木〕이 등장했다.
	卯붕괴 ➡ 癸未년에 卯〔보금자리〕가 未〔木庫〕로 나타나 사라졌다.
생체시스템	**乙卯손상** ➡ 육체〔乙卯〕가 甲戌대운〔卯戌합〕에 손상되었다.

			(남)
丁	戊	戊	己
巳	午	辰	酉

⊙ **대운**

83	73	63	53	43	33	23	13	3
己	庚	辛	壬	癸	甲	乙	丙	丁
未	申	酉	戌	亥	子	丑	寅	卯

○생체시스템 ➡ 戊·丁巳〔일간·인성〕

○사회관계 ➡ 지지합〔巳酉〕, 재물〔己酉, 戊辰〕을 巳酉합으로 가져왔다.

이 사주는 은행에 입사하여 승승장구하다가 27세〔乙丑대운 乙亥년〕에 교통사고로 갑자기 사망하였다.

戊일간〔자신〕이 丁巳시〔인성〕를 사용하여 酉辰합으로 연결된 재물〔己酉년, 戊辰월〕을 巳酉합으로 가져왔다.

乙丑대운 乙亥년〔27세〕은 巳酉丑 삼합·巳亥충으로 丁巳시〔인성〕의 능력이 상실되면서 생계〔巳酉합〕가 무너졌다.

	乙丑대운 乙亥년(27세-사망)
사회관계	**지지합(地支合)** ➡ 乙丑대운 乙亥년에 생계〔巳酉합〕가 巳酉丑 삼합·巳亥충으로 무너졌다.
戊午	**戊손상** ➡ 乙丑대운 乙亥년에 戊乙극으로 戊〔자신〕의 형상이 손상되었다.
	午붕괴 ➡ 乙丑대운〔午丑천〕 乙亥년〔午亥합〕에 午〔보금자리〕가 무너졌다.
생체시스템	**丁巳손상** ➡ 육체〔丁巳〕가 乙丑대운〔巳酉丑 삼합〕 乙亥년〔巳亥충〕에 손상되었다.

2 질병과 사고

질병은 선천적으로 타고난 질환이 대운(大運)에서 생동할 때 발병하고 사고는 수명시스템이 대운(大運)에서 한꺼번에 무너질 때 발생한다. 보통 대운에서 수명시스템〔사회관계, 일주, 생체시스템〕이 완전히 손상되면 질병이나 사고로 사망에 이르고 대운에서 수명시스템이 많이 손상되면 중대한 질병이나 큰 사고가 발생하며 대운에서 수명시스템이 작게 손상되면 질병이나 사고가 가볍게 발생한다.

질병과 사고를 간략히 정리하면 다음과 같다.

❶ 질병은 타고난 질환의 발병이고 사고는 순간적인 수명시스템의 붕괴이다.

❷ 선천적인 질환은 생체시스템을 벗어나 사주팔자 전체로 판단한다.

❸ 수명시스템이 가볍게 손상되면 회복이 빠른 질병이나 가벼운 사고가 발생한다.

❹ 수명시스템이 중대하게 손상되면 많은 회복시간이 필요한 질병이나 신체장애를 유발하는 사고가 발생한다.

❺ 수명시스템이 완전히 손상되면 회복이 불가능한 질병이나 심각한 사고로 인하여 죽음에 이른다.

〔오장육부〕

천간	甲乙	丙丁	戊己	庚辛	壬癸
지지	寅卯	巳午	辰戌丑未	申酉	亥子
장기	간장, 담	심장, 소장	비장, 위	폐장, 대장	신상, 방광

(여)

辛	辛	癸	辛
卯	亥	巳	酉

⊙ 대운

81	71	61	51	41	31	21	11	1
壬	辛	庚	己	戊	丁	丙	乙	甲
寅	丑	子	亥	戌	酉	申	未	午

○생체시스템 ➡ 辛亥〔일간·식상〕

○사회관계 ➡ 지지합충〔卯亥巳酉〕, 亥卯합으로 가져오는 재물〔辛卯〕이 巳亥충·卯酉충으로 사라졌다.

이 사주는 13세〔乙未대운 癸酉년〕에 백혈병을 앓았으나 여동생의 골수이식으로 완치되었다. 하지만 34세〔丁酉대운 甲午년〕에 치료가 불가능한 심장축소병이 발병하였다.

辛亥일주〔자신〕가 亥卯합으로 재물〔辛卯시〕을 가져오는데 경쟁자들〔辛酉년, 癸巳월〕이 巳亥충·卯酉충으로 생계〔亥卯합〕를 깨기에 매우 불길하다. 선천적으로 巳亥충으로 巳〔火_심장〕, 亥〔水_신장, 혈액〕가 심하게 상하였다. 乙未대운은 亥卯未 삼합으로 卯〔木_간, 면역력〕, 亥〔水_신장, 혈액〕가 상했고 丁酉대운은 卯酉충·巳亥충이 생동하면서 卯〔木_간, 면역력〕, 巳〔火_심장〕가 회복불능으로 손상되었다.

	乙未대운 癸酉년(13세 – 백혈병)
사회관계	**지지합(地支合)** ➡ 乙未대운에 생계〔亥卯합〕가 亥卯未 삼합으로 巳亥충·卯酉충이 생동하면서 무너졌다.
질병	**선천적질환** ➡ 선천적〔巳亥충〕으로 巳〔심장〕, 亥〔신장·혈액〕가 손상되었다. **卯亥손상** ➡ 乙未대운〔亥卯未 삼합➜亥卯손상〕 癸酉년〔卯酉충→巳亥충➜亥卯손상〕에 발병했다.
辛亥	**辛등장** ➡ 癸酉년에 辛〔자신〕의 형상이 酉〔金〕로 등장했다.
辛亥	**亥붕괴** ➡ 乙未대운〔亥卯未 삼합〕에 亥〔보금자리〕가 무너졌고 癸酉년에 亥〔보금자리〕가 癸〔水〕로 떠올랐다.
생체시스템	**辛亥손상** ➡ 육체〔辛亥〕가 乙未대운〔亥卯未 삼합〕에 손상되었다.

	丁酉대운 甲午년(34세 – 심장축소병)
사회관계	**지지합(地支合)** ➡ 丁酉대운에 생계〔亥卯합〕가 卯酉충으로 무너졌다.
질병	**선천적질환** ➡ 선천적〔巳亥충〕으로 巳〔심장〕, 亥〔신장·혈액〕가 손상되었다. **卯巳손상** ➡ 丁酉대운〔卯酉충→巳亥충➜卯巳손상〕 甲午년〔午卯파→巳亥충➜卯巳손상〕에 발병했다.
辛亥	**辛등장** ➡ 丁酉대운에 辛〔자신〕의 형상이 酉〔金〕로 등장했다.
辛亥	**亥붕괴** ➡ 丁酉대운〔卯酉충→巳亥충〕에 亥〔보금자리〕가 무너졌다.
생체시스템	**辛亥손상** ➡ 육체〔辛亥〕가 丁酉대운〔辛丁극〕 甲午년〔午卯파→巳亥충〕에 손상되었다.

辛	丙	丁	己
卯	午	丑	酉

(여)

◉ 대운

83	73	63	53	43	33	23	13	3
丙	乙	甲	癸	壬	辛	庚	己	戊
戌	酉	申	未	午	巳	辰	卯	寅

○생체시스템 ➡ 丙〔자신〕이 丙辛합하여 辛卯시를 생체시스템으로 사용한다.

○사회관계 ➡ 제압〔양양→음음〕, 자기세력〔丙午, 辛卯〕이 경쟁세력〔己酉, 丁丑〕을 제압했다.

이 사주는 30세〔庚辰대운 己卯년〕에 위암수술을 하고 시골로 내려가 요양을 시작하였다.

丙일간〔자신〕이 양(陽) 자기세력〔丙午일, 辛卯시〕으로 음(陰) 경쟁세력〔己酉년, 丁丑월〕을 제압했지만 강한 양(陽) 자기세력이 강한 음(陰) 경쟁세력과 대립하면서 운명이 불길해졌다.

선천적으로 午丑천·丙辛합·午卯파로 午〔火_심장〕, 丑〔土_위장〕, 丙〔火_눈, 정신〕, 辛〔金_폐〕, 卯〔木_간, 면역력〕가 심하게 상하였다. 庚辰대운은 卯辰천으로 卯〔木_간, 면역력〕가 손상되고 午丑천이 생동하면서 丑〔土_위장〕이 심하게 손상되었다.

	庚辰대운 己卯년(30세－위암)
사회관계	**제압(制壓)** ➡ 庚辰대운에 경쟁세력〔己酉, 丁丑〕이 酉辰합으로 생동하여 자기세력〔丙午, 辛卯〕을 午丑천·卯酉충으로 무너뜨렸다.
질병	**선천적질환** ➡ 선천적〔午丑천·丙辛합·午卯파〕으로 丙午〔눈, 심장〕, 丑〔위장〕, 辛〔폐〕, 卯〔간〕가 손상되었다. **卯丑손상** ➡ 庚辰대운〔卯辰천→午丑천➜卯丑손상〕 己卯년〔午卯파→午丑천➜卯丑손상〕에 발병했다.

丙午	**丙손상** ➡ 丙〔자신〕의 형상이 손상되지 않아 사망시점이 아니다.
	午붕괴 ➡ 庚辰대운〔卯辰천→午丑천〕 己卯년〔午卯파〕에 午〔보금자리〕가 무너졌다.
생체시스템	**辛卯손상** ➡ 육체〔辛卯〕가 庚辰대운〔卯辰천〕 己卯년〔午卯파〕에 손상되었다.

			(여)
己	戊	乙	戊
未	子	卯	午

◉ 대운

87	77	67	57	47	37	27	17	7
丙	丁	戊	己	庚	辛	壬	癸	甲
午	未	申	酉	戌	亥	子	丑	寅

○생체시스템 ➡ 戊〔일간〕

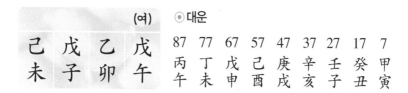

○사회관계 ➡ 역포국〔양→음←양양〕, 경쟁세력〔戊午, 乙卯, 己未〕에게 자신〔戊子〕이 둘러싸여 통제되었다.

이 사주는 24세〔癸丑대운 辛巳년〕에 위암수술을 했지만 8개월 뒤에 재발했다.

양(陽) 경쟁세력〔戊午년, 乙卯월, 己未시〕에게 음(陰) 자신〔戊子일〕이 둘러싸여 통제되었다.

선천적으로 戊乙극 · 子未천 · 子卯파로 戊〔土_피부〕, 未〔土_위장〕, 子〔水_신장, 혈액〕, 卯〔木_간, 면역력〕가 심하게 상하였다. 癸丑대운은 戊癸합 · 子丑합으로 子未천 · 子卯파가 생동하면서 戊〔土_피부〕, 卯〔木_간, 면역력〕, 未〔土_위장〕가 회복불능으로 손상되었다.

	癸丑대운 辛巳년(24세－위암)
사회관계	**역포국(逆包局)** ➡ 癸丑대운 辛巳년에 丑未충·午丑천·乙辛충으로 역포국틀〔戊午, 乙卯, 己未〕이 생동하였다.
질병	**선천적질환** ➡ 선천적〔戊乙극·子未천·子卯파〕으로 戊未〔피부, 위장〕, 子〔신장, 혈액〕, 卯〔간〕가 손상되었다. **戊卯未손상** ➡ 癸丑대운〔戊癸합·丑未충·子丑합→子未천·子卯파→戊卯未손상〕에 발병했다.
戊子	**戊손상** ➡ 癸丑대운에 戊〔자신〕의 형상이 戊癸합으로 손상되었다.
	子붕괴 ➡ 癸丑대운〔子丑합→子未천〕에 子〔보금자리〕가 무너졌다.
생체시스템	**戊손상** ➡ 육체〔戊〕가 癸丑대운〔戊癸합〕 辛巳년〔乙辛충→戊乙극〕에 손상되었다.

(남)

癸	丁	癸	戊
卯	亥	亥	申

◉ **대운**

88	78	68	58	48	38	28	18	8
壬	辛	庚	己	戊	丁	丙	乙	甲
申	未	午	巳	辰	卯	寅	丑	子

○생체시스템 ➡ 丁·卯〔일간·인성〕

○사회관계 ➡ 지지합〔卯亥亥申〕, 재물〔戊申, 癸亥, 亥〕을 卯申합·亥卯합으로 가져왔다.

이 사주는 대기업에 근무했는데 49세〔戊辰대운 丙申년〕에 **대장암이 간암으로 이미 전이되었다는 판정을 받았다.**

丁일간〔자신〕이 **丁亥자합하고 卯시지〔인성〕를 사용하여 재물**〔戊申년, 癸亥월, 亥일지〕을 **卯申합·亥卯합으로 가져왔다.**

선천적으로 음(陰)이 강하여 **申亥천·亥卯합으로 申(金_대장), 卯(木_간, 면역력)가 심하게 상하였다. 戊辰대운 丙申년(49세)은 卯辰천·申亥천이 생동하면서 申(金_대장), 卯(木_간, 면역력)가 회복불능으로 손상되었다.**

	戊辰대운 丙申년(49세 – 대장암, 간암)
사회관계	**지지합(地支合)** ➡ 戊辰대운 丙申년에 생계(卯申합·亥卯합)가 卯辰천·申亥천으로 무너졌다.
질병	**선천적질환** ➡ 선천적(申亥천·卯亥합)으로 申(대장), 卯(간)가 손상되었다. **申卯손상** ➡ 戊辰대운(卯辰천·申辰합→申亥천➡申卯손상) 丙申년(申亥천·卯申합➡申卯손상)에 발병했다.
丁	**丁등장** ➡ 丙申년에 丁(자신)의 겁재(劫財) 丙(火)이 등장했다.
亥	**亥붕괴** ➡ 丙申년(申亥천)에 亥(보금자리)가 무너졌다.
생체시스템	**癸卯손상** ➡ 육체(癸卯)가 戊辰대운(戊癸합·卯辰천) 丙申년(卯申합)에 손상되었다.

			(여)
乙	辛	乙	甲
未	未	亥	午

⊙ **대운**

81	71	61	51	41	31	21	11	1
丙	丁	戊	己	庚	辛	壬	癸	甲
寅	卯	辰	巳	午	未	申	酉	戌

○생체시스템 ➡ 辛未(일간·인성)

○사회관계 ➡ 입묘(未↶乙乙甲), 재물(甲午, 乙亥, 乙未)이 입묘한 재물창고(未일지)를 지배했다.

이 사주는 46세〔庚午대운 己卯년〕에 자궁근종으로 자궁을 적출하였다. 辛일간〔자신〕이 재물〔甲午년, 乙亥월, 乙未시〕이 입묘한 재물창고〔未일지〕를 지배하였다.

선천적으로 양(陽)이 강하여 상대적으로 午亥합·亥未합한 亥〔水_신장, 자궁〕가 약하다. 庚午대운 己卯년〔46세〕은 亥卯未 삼합으로 亥〔水_자궁〕가 사라지면서 자궁을 적출하였다.

	庚午대운 己卯년(46세-자궁적출)
사회관계	**고(庫)를 지배** ➡ 庚午대운에 午未합으로 재물창고〔未일지〕의 기능이 정지되었다.
질병	**선천적질환** ➡ 선천적〔午亥합·亥未합〕으로 亥〔자궁〕가 약하다. **亥손상** ➡ 庚午대운〔午亥합〕 己卯년〔亥卯未 삼합〕에 발병했다.
辛 未	**辛등장** ➡ 庚午대운에 辛〔자신〕의 겁재(劫財) 庚〔金〕이 등장했다. **未붕괴** ➡ 庚午대운 己卯년〔亥卯未 삼합〕에 未〔보금자리〕가 무너졌다.
생체시스템	**辛未손상** ➡ 육체〔辛未〕가 己卯년〔亥卯未 삼합〕에 손상되었다.

			(남)
癸	丁	甲	己
卯	丑	戌	酉

⊙ **대운**

87	77	67	57	47	37	27	17	7
乙	丙	丁	戊	己	庚	辛	壬	癸
丑	寅	卯	辰	巳	午	未	申	酉

○생체시스템 ➡ 丁甲〔일간·인성〕

○사회관계 ➡ 제압〔양→음←양→음〕, 자기세력〔甲戌, 丁, 癸卯〕이 경쟁세력〔己酉, 丑〕을 제압했다.

이 사주는 37세〔辛未대운 乙酉년〕에 담낭염 수술을하였다.

丁일간〔자신〕이 甲월간〔인성〕을 사용하여 戌월지〔비겁고〕를 지배하고 양(陽) 자기세력〔甲戌월, 丁일간, 癸卯시〕으로 음(陰) 경쟁세력〔己酉년, 丑일지〕를 제압했다.

강한 양(陽) 자기세력이 강한 음(陰) 경쟁세력과 대립하면서 운명이 불길한데 선천적으로 甲己합·酉戌천·丑戌형으로 甲〔木_간, 쓸개, 면역력〕, 酉〔金_대장〕, 己丑戌〔土_피부, 위장〕이 심하게 상하였다. 辛未대운은 甲辛극→甲己합·丑戌未 삼형으로 甲〔木_간, 쓸개, 면역력〕, 己丑戌〔土_피부〕이 상하였고 乙酉년〔37세〕은 卯酉충으로 卯〔木_간, 쓸개, 면역력〕가 상하면서 오랜 치료기간이 필요한 담낭염이 발병했다.

	辛未대운 乙酉년(37세－담낭염)
사회관계	**제압(制壓)** ➡ 辛未대운에 경쟁세력〔己酉, 丑〕이 丑戌未 삼형으로 생동하면서 자기세력〔甲戌, 丁, 癸卯〕을 역제압(逆制壓)으로 무너뜨렸다.
질병	**선천적질환** ➡ 선천적〔甲己합·酉戌천·丑戌형〕으로 甲〔간, 쓸개〕, 酉〔대장〕, 己丑戌〔피부, 위장〕이 손상되었다. **甲卯己丑戌손상** ➡ 辛未대운〔甲辛극→甲己합·丑戌未 삼형➜甲己丑戌손상〕 乙酉년〔卯酉충➜卯손상〕에 발병했다.
丁 丑	**丁손상** ➡ 丁〔자신〕의 형상이 손상되지 않아 사망시점이 아니다.
	丑붕괴 ➡ 辛未대운〔丑戌未 삼형〕 乙酉년〔酉戌천→丑戌未 삼형〕에 丑〔보금자리〕이 무너졌다.
생체시스템	**甲戌손상** ➡ 육체〔甲戌〕가 辛未대운〔甲辛극·丑戌未 삼형〕 乙酉년〔酉戌천〕에 손상되었다.

			(여)
辛	丙	甲	癸
卯	辰	子	酉

◉대운

87	77	67	57	47	37	27	17	7
癸	壬	辛	庚	己	戊	丁	丙	乙
酉	申	未	午	巳	辰	卯	寅	丑

○생체시스템 ➡ 丙辰〔일간·식상〕

○사회관계 ➡ 제압〔양←음음음〕 입모〔辰←子癸〕, 자기세력〔癸酉, 甲子, 丙辰〕이 경쟁세력〔辛卯〕을 제압했다.

이 사주는 72세〔辛未대운 甲申년〕에 눈〔각막〕 수술을 하였다.

丙일간〔자신〕이 재물〔癸酉년, 甲子월〕이 입묘한 재물창고〔辰일지〕를 지배하고 음(陰) 자기세력〔癸酉년, 甲子월, 丙辰일〕으로 양(陽) 경쟁세력〔辛卯시〕을 제압했다. 양(陽) 경쟁세력이 약하여 木火대운을 만나야 하는데 10대 후반부터 60년간 木火대운으로 흐르면서 부귀(富貴)와 건강을 70대 후반까지 보장받았다.

선천적으로 丙辛합·卯辰천으로 丙〔火_눈, 심장〕, 卯〔木_간, 면역력〕가 약하다. 辛未대운은 丙辛합으로 丙〔火_눈, 심장〕이 상했고 甲申년〔72세〕은 卯申합으로 卯〔木_간, 면역력〕가 손상되면서 회복은 가능하지만 중대한 눈〔각막〕 수술을 하였다.

	辛未대운 甲申년(72세－각막수술)
사회관계	**제압(制壓)** ➡ 辛未대운에 卯未합으로 제압틀〔癸酉, 甲子, 丙辰〕이 卯酉충·子卯파·卯辰천으로 손상되었다.
질병	**선천적질환** ➡ 선천적〔丙辛합·卯辰천〕으로 丙〔눈, 심장〕, 卯〔간〕가 약하다. **丙卯손상** ➡ 辛未대운〔丙辛합➔丙손상〕 甲申년〔卯申합➔卯손상〕에 발병했다.

丙 辰	**丙손상** ➡ 辛未대운에 丙〔자신〕의 형상이 丙辛합으로 손상되었다.
	辰붕괴 ➡ 甲申년〔申子辰 삼합〕에 辰〔보금자리〕이 무너졌다.
생체시스템	**丙辰손상** ➡ 육체〔丙辰〕가 辛未대운〔丙辛합〕 甲申년〔申子辰 삼합〕에 손상되었다.

			(여)
壬	壬	庚	癸
寅	辰	申	巳

⊙**대운**

90	80	70	60	50	40	30	20	10
己	戊	丁	丙	乙	甲	癸	壬	辛
巳	辰	卯	寅	丑	子	亥	戌	酉

○생체시스템 ➡ 壬〔일간〕

○사회관계 ➡ 입묘〔辰 ↶ 壬癸申〕, 재물〔癸巳, 庚申, 壬寅〕이 입묘한 재물창고〔辰〕를 자신〔壬일간〕이 지배하였다.

이 사주는 40세〔癸亥대운 壬申년〕에 간암 판정을 받았다.

壬일간〔자신〕이 재물〔癸巳년, 庚申월, 壬寅시〕이 입묘한 재물창고〔辰일지〕를 지배하였다. 庚申월은 癸巳년과 巳申합하여 辰〔재물창고〕으로 들어왔다.

선천적으로 음(陰)이 강하기에 寅巳申 삼형으로 寅〔木_간, 면역력〕, 巳〔火_심장〕가 상하였다. 癸亥대운 壬申년〔40세〕은 寅巳申 삼형이 생동하면서 巳亥충·寅亥합으로 巳〔火_심장〕, 寅〔木_간, 면역력〕이 심하게 손상되었다. 癸亥대운이 끝나고 甲子대운에 이르면 申子辰 삼합으로 재물창고〔辰일지〕가 사라지고 壬〔자신〕의 형상도 子〔水〕로 등장하기에 간암은 회복하기 어렵다.

	癸亥대운 壬申년(40세-간암)
사회관계	**고(庫)를 지배** ➡ 癸亥대운 壬申년에 寅巳申 삼형으로 재물창고〔辰일지〕에 입묘되는 재물〔癸巳, 庚申, 壬寅〕이 심하게 손상되었다.
질병	**선천적질환** ➡ 선천적〔寅巳申 삼형〕으로 寅〔간〕, 巳〔심장〕가 손상되었다. **寅巳손상** ➡ 癸亥대운〔巳亥충·寅亥합➜寅巳손상〕 壬申년〔寅巳申 삼형➜寅巳손상〕에 발병했다.
壬	**壬등장** ➡ 壬申년에 壬〔자신〕의 형상이 壬〔水〕으로 등장했다.
辰	**辰붕괴** ➡ 壬申년에 辰〔보금자리〕이 壬〔水〕으로 떠올라 사라졌다.
생체시스템	**辰손상** ➡ 壬일간〔자신〕이 지배하는 辰〔재물창고〕이 甲子대운에 이르면 申子辰 삼합으로 사라진다.

			(남)
壬	癸	癸	己
戌	卯	酉	亥

⊙ 대운

83	73	63	53	43	33	23	13	3
甲	乙	丙	丁	戊	己	庚	辛	壬
子	丑	寅	卯	辰	巳	午	未	申

○생체시스템 ➡ 癸卯〔일간 · 식상〕

○사회관계 ➡ 지지합〔戌卯亥〕, 재물〔己亥, 壬戌〕을 亥卯합·卯戌합으로 가져왔다.

이 사주는 30세〔庚午대운 戊辰년〕에 간질환을 앓았지만 치료하였다. 癸卯일주〔자신〕가 亥卯합 · 卯戌합으로 가져오는 재물〔己亥년, 壬戌시〕이 癸酉월〔겁재〕의 卯酉충으로 손상되었다.

선천적으로 卯〔木_간, 면역력〕, 酉〔金_대장〕가 卯酉충으로 약하다. 庚午대운 戊辰년〔30세〕은 午卯파 · 卯辰천으로 卯〔木_간, 면역력〕가 한순간에 손상되었지만 회복이 가능하다.

	庚午대운 戊辰년(30세 – 간질환)
사회관계	**지지합(地支合)** ➡ 庚午대운 戊辰년에 생계〔亥卯합 · 卯戌합〕가 午卯파 · 卯辰천 · 辰戌충으로 손상되었다.
질병	**선천적질환** ➡ 선천적〔卯酉충〕으로 卯〔간〕, 酉〔대장〕가 약하다. **卯손상** ➡ 庚午대운〔午卯파→卯손상〕 戊辰년〔卯辰천→卯손상〕에 발병했다.
癸卯	**癸손상** ➡ 戊辰년에 癸〔자신〕의 형상이 戊癸합으로 손상되었다.
癸卯	**卯붕괴** ➡ 庚午대운〔午卯파〕 戊辰년〔卯辰천〕에 卯〔보금자리〕가 무너졌다.
생체시스템	**癸卯손상** ➡ 육체〔癸卯〕가 庚午대운〔午卯파〕 戊辰년〔戊癸합 · 卯辰천〕에 손상되었다.

			(여)
庚	癸	丁	丁
申	酉	未	未

⊙ 대운

90	80	70	60	50	40	30	20	10
丙	乙	甲	癸	壬	辛	庚	己	戊
辰	卯	寅	丑	子	亥	戌	酉	申

○생체시스템 ➡ 癸酉〔일간 · 인성〕

○사회관계 ➡ 제압〔음음→양양〕, 자기세력〔癸酉, 庚申〕이 경쟁세력〔丁未, 丁未〕을 제압했다.

이 사주는 37세〔庚戌대운 癸未년〕에 폐암을 조기에 발견해 수술했고 완치하였다.

癸酉일주〔자신〕가 음(陰) 자기세력〔癸酉일, 庚申시〕으로 양(陽) 경쟁세력〔丁未년, 丁未월〕을 제압했지만 申酉〔金〕로는 未未〔土〕를 제압할 수 없기에 대운이 도와야 한다.

庚戌대운은 酉戌천으로 순간적으로 酉〔金_폐〕가 무너졌지만 선천적인 질환이 아니기에 빠르게 회복하였다.

	庚戌대운 癸未년(37세－폐암수술)
사회관계	**제압(制壓)** ➡ 庚戌대운에 경쟁세력〔丁未, 丁未〕이 戌未형으로 생동하여 자기세력〔癸酉, 庚申〕을 酉戌천으로 역제압(逆制壓)하였다.
질병	**선천적질환** ➡ 선천적인 질환이 없다. **酉손상** ➡ 庚戌대운〔酉戌천➡酉손상〕에 발병했다.
癸	**癸등장** ➡ 癸未년에 癸〔자신〕의 형상이 癸〔水〕로 등장했다.
酉	**酉붕괴** ➡ 庚戌대운〔酉戌천〕에 酉〔보금자리〕가 무너졌다.
생체시스템	**癸酉손상** ➡ 육체〔癸酉〕가 庚戌대운〔酉戌천〕 癸未년〔戌未형→酉戌천〕에 손상되었다.

			(남)
癸	戊	丁	戊
丑	寅	巳	申

⊙ 대운

90	80	70	60	50	40	30	20	10
丙	乙	甲	癸	壬	辛	庚	己	戊
寅	丑	子	亥	戌	酉	申	未	午

○생체시스템 ➡ 戊·丁巳〔일간·인성〕

○사회관계 ➡ 역포국〔음→양양←음〕, 경쟁세력〔戊申, 癸丑〕에게 자기세력〔丁巳, 戊寅〕이 둘러싸여 통제되었다.

이 사주는 28세〔己未대운 乙亥년〕**에 전기감전으로 왼팔을 절단하였다. 戊申년**〔경쟁자〕**이 戊癸합으로 癸丑시**〔재성·식상고〕**를 지배하면서 음(陰) 경쟁세력**〔戊申년, 癸丑시〕**에게 양(陽) 자기세력**〔丁巳월, 戊寅일〕**이 戊癸합·申丑입묘로 둘러싸여 통제되었다.**

역포국(逆包局)에 寅巳申 삼형까지 존재하여 매우 불길한데 己未대운 乙亥년〔28세〕**은 己癸극·丑未충·巳亥충으로 역포국틀**〔戊申, 癸丑〕**과 寅巳申 삼형이 생동하면서 자신의 육체**〔丁巳월〕**가 뜻밖의 사고로 크게 손상되었다.**

	己未대운 乙亥년(28세-왼쪽 팔 절단)
사회관계	**역포국(逆包局)** ➡ 己未대운에 己癸극·丑未충으로 역포국틀〔戊申, 癸丑〕이 생동하고 乙亥년에 巳亥충으로 역포국틀〔戊申, 癸丑〕과 寅巳申 삼형이 생동하였다.
戊 寅	**戊손상** ➡ 己未대운에 戊〔자신〕의 겁재(劫財) 己〔土〕가 등장하고 乙亥년에 戊〔자신〕의 형상이 戊乙극으로 손상되었다.
	寅붕괴 ➡ 乙亥년〔巳亥충→寅巳申 삼형〕에 寅〔보금자리〕이 무너졌다.
생체시스템	**丁巳손상** ➡ 육체〔丁巳〕가 乙亥년〔巳亥충·寅巳申 삼형〕에 손상되었다.

(여)			
丁	癸	丁	乙
巳	未	亥	未

◉ 대운

87	77	67	57	47	37	27	17	7
丙	乙	甲	癸	壬	辛	庚	己	戊
申	未	午	巳	辰	卯	寅	丑	子

○생체시스템 ➡ 癸〔일간〕

○사회관계 ➡ 지지합〔未亥未〕, 亥未합으로 가져온 재물〔丁亥, 乙未〕이 巳亥충으로 사라졌다.

이 사주는 23세〔己丑대운 丁巳년〕에 연탄가스에 중독되어 목숨은 건졌으나 장애인이 되었다.

癸일간〔자신〕이 未일지〔관성〕를 지배하고 亥未합으로 연결된 재물〔乙未년, 丁亥월〕을 가져오지만 丁巳시〔재성〕가 巳亥충으로 亥未합을 깨면서 인생이 매우 불길해졌다.

己丑대운 丁巳년〔23세〕은 丑未충·巳亥충으로 생계〔亥未합〕가 완전히 깨지면서 매우 위태로운데 죽음은 겨우 면했으나 신체가 심하게 상하여 불구자의 운명을 맞았다.

	己丑대운 丁巳년(23세-연탄가스 중독)
사회관계	**지지합(地支合)** ➡ 己丑대운 丁巳년에 생계〔亥未합〕가 丑未충·巳亥충으로 손상되었다.
癸	**癸손상** ➡ 己丑대운에 癸〔자신〕의 형상이 癸己극으로 손상되었다.
未	**未붕괴** ➡ 己丑대운〔丑未충〕에 未〔보금자리〕가 무너졌다.
생체시스템	**癸손상** ➡ 육체〔癸〕가 己丑대운〔己癸극〕 丁巳년〔丁癸충〕에 손상되었다.

			(남)
乙	乙	己	戊
酉	酉	未	申

⊙ 대운

88	78	68	58	48	38	28	18	8
戊	丁	丙	乙	甲	癸	壬	辛	庚
辰	卯	寅	丑	子	亥	戌	酉	申

○생체시스템 ➡ 乙乙〔일간·비겁〕

○사회관계 ➡ 자신〔乙乙〕이 酉酉申〔관성_사회복지〕에 의존하였다.

이 사주는 13세〔庚申대운 庚申년〕에 교통사고로 하반신 불구가 되었다. 乙乙일시간〔자신〕이 酉酉일시지에 의존하여 음(陰) 자기세력〔戊申년, 乙酉일, 乙酉시〕으로 양(陽) 경쟁세력〔己未월〕을 둘러쌌지만 통제력이 없기에 사회관계가 형성되지 않는다.

庚申대운 庚申년〔13세〕은 乙庚합으로 乙乙〔자신〕이 완전히 무너지면서 하반신 불구가 되었다.

	庚申대운 庚申년(13세 - 교통사고 하반신 불구)
사회관계	乙乙〔자신〕이 통제력이 없는 酉酉申〔관성_사회복지〕에 의존하면서 사회관계를 형성하지 못하였다.
乙 酉	**乙손상** ➡ 庚申대운 庚申년에 乙〔자신〕의 형상이 乙庚합으로 손상되었다.
	酉붕괴 ➡ 庚申대운 庚申년에 酉〔보금자리〕가 庚〔金〕으로 나타나 사라졌다.
생체시스템	**乙乙손상** ➡ 육체〔乙乙〕가 庚申대운〔乙庚합〕 庚申년〔乙庚합〕에 손상되었다.

(남)			
辛	辛	戊	丙
卯	酉	戌	午

◉대운

83	73	63	53	43	33	23	13	3
丁	丙	乙	甲	癸	壬	辛	庚	己
未	午	巳	辰	卯	寅	丑	子	亥

○생체시스템 ➡ 辛酉〔일간 · 비겁〕

○사회관계 ➡ 역포국〔양→음←양양〕 입묘〔戌←丙〕, 경쟁세력〔丙午, 戊戌, 辛卯〕에게 자신〔辛酉〕이 둘러싸여 통제되었다.

이 사주는 19세〔庚子대운 甲子년〕**에 교통사고로 크게 다쳤다.**

辛卯시〔경쟁자〕**가 丙辛합으로 丙午년**〔관성_경쟁자〕**과 연합하면서 양(陽) 경쟁세력**〔丙午년, 戊戌월, 辛卯시〕**에게 음(陰) 자신**〔辛酉일〕**이 丙辛합 · 卯戌합 · 午卯파로 둘러싸여 통제되었다.**

庚子대운 甲子년〔19세〕**은 子午충 · 子卯파로 역포국들**〔丙午, 戊戌, 辛卯〕**이 생동하면서 卯酉충 · 酉戌천 · 午酉파로 자신의 육체**〔辛酉일〕**가 손상되었다.**

	庚子대운 甲子년(19세 - 교통사고 중상)
사회관계	**역포국(逆包局)** ➡ 庚子대운 甲子년에 역포국들〔丙午, 戊戌, 辛卯〕이 子午충 · 子卯파로 생동하였다.
辛酉	**辛등장** ➡ 庚子대운에 辛〔자신〕의 겁재(劫財) 庚〔金〕이 등장했다.
	酉붕괴 ➡ 庚子대운〔子酉파〕 甲子년〔子酉파〕에 酉〔보금자리〕가 무너졌다.
생체시스템	**辛酉손상** ➡ 육체〔辛酉〕가 庚子대운 甲子년에 卯酉충 · 酉戌천 · 午酉파로 손상되었다.

			(남)
壬	丙	壬	甲
辰	戌	申	寅

⊙ 대운

89	79	69	59	49	39	29	19	9
辛	庚	己	戊	丁	丙	乙	甲	癸
巳	辰	卯	寅	丑	子	亥	戌	酉

○생체시스템 ➡ 丙戌〔일간 · 식상〕

○사회관계 ➡ 제압〔음←양→음←양〕, 자기세력〔甲寅, 丙戌〕이 경쟁세력〔壬申, 壬辰〕을 제압했다.

이 사주는 40세〔丙子대운 癸巳년〕에 교통사고로 갈비뼈가 모두 깨지고 무릎뼈가 돌출되는 중상을 입었다. 丙戌일주〔자신〕가 양(陽) 자기세력〔甲寅년, 丙戌일〕으로 음(陰) 경쟁세력〔壬申월, 壬辰시〕을 제압했지만 음(陰) 경쟁세력이 매우 강하여 불길하다.

丙子대운은 음(陰) 경쟁세력〔壬申, 壬辰〕이 申子辰 삼합으로 힘을 얻어 양(陽) 자기세력〔甲寅, 丙戌〕을 寅申충 · 辰戌충으로 손상시켰고 癸巳년〔40세〕은 寅巳申 삼형으로 寅申충 · 辰戌충을 생동시켰다.

	丙子대운 癸巳년(40세 – 교통사고 중상)
사회관계	**제압(制壓)** ➡ 丙子대운 癸巳년에 경쟁세력〔壬申, 壬辰〕이 申子辰 삼합으로 힘을 얻어 자기세력〔甲寅, 丙戌〕을 寅申충 · 辰戌충으로 무너뜨렸다.
丙戌	**丙등장** ➡ 丙子대운 癸巳년에 丙〔자신〕의 형상이 丙巳〔火〕로 등장했다.
	戌붕괴 ➡ 丙子대운〔申子辰 삼합→辰戌충〕에 戌〔보금자리〕이 무너지고 癸巳년에 戌〔보금자리〕이 巳〔火〕로 나타나 사라졌다.
생체시스템	**丙戌손상** ➡ 육체〔丙戌〕가 丙子대운〔申子辰 삼합→辰戌충 · 丙壬충〕 癸巳년〔寅巳申 삼형→辰戌충〕에 손상되었다.

			(여)
乙	戊	乙	癸
卯	寅	卯	卯

◉ 대운

81	71	61	51	41	31	21	11	1
甲	癸	壬	辛	庚	己	戊	丁	丙
子	亥	戌	酉	申	未	午	巳	辰

○생체시스템 ➡ 戊〔일간〕

○사회관계 ➡ 역포국〔양→양←양양〕, 경쟁세력〔癸卯, 乙卯, 乙卯〕에게 자신〔戊寅〕을 둘러싸여 통제되었다.

이 사주는 부모님이 일찍 사망하고 가난으로 중학교만 졸업했으며 26세〔戊午대운 戊辰년〕**에 교통사고로 하반신 불구자가 되었다.**

양(陽) 경쟁세력〔癸卯년, 乙卯월, 乙卯시〕**에게 양(陽) 자신**〔戊寅일〕**이 戊癸합 · 木관살연합으로 둘러싸여 통제되었다.**

戊午대운 戊辰년〔26세〕**은 午卯파 · 卯辰천으로 역포국틀**〔癸卯, 乙卯, 乙卯〕**이 강력하게 생동하고 戊癸합 · 寅午합으로 戊寅일주**〔자신〕**가 천간지지에서 모두 묶이면서 갑작스런 사고로 육체**〔戊〕**가 회복불능으로 손상되었다.**

	戊午대운 戊辰년(26세 – 교통사고 하반신 마비)
사회관계	**역포국(逆包局)** ➡ 戊午대운 戊辰년에 午卯파 · 卯辰천으로 역포국틀〔癸卯, 乙卯, 乙卯〕이 생동하였다.
戊 寅	**戊등장** ➡ 戊午대운 戊辰년에 戊〔자신〕의 형상이 戊(土)로 등장했다.
	寅붕괴 ➡ 戊午대운〔寅午합〕에 寅〔보금자리〕의 변화가 생겼다.
생체시스템	**戊손상** ➡ 육체〔戊〕가 戊午대운〔戊癸합 · 午卯파→戊乙극〕 戊辰년〔戊癸합 · 卯辰천→戊乙극〕에 손상되었다.

(남)

辛	丁	辛	辛
丑	丑	丑	巳

⊙대운

86	76	66	56	46	36	26	16	6
壬	癸	甲	乙	丙	丁	戊	己	庚
辰	巳	午	未	申	酉	戌	亥	子

○생체시스템 ➡ 丁丑〔일간 · 식상〕

○사회관계 ➡ 입묘〔丑 ↶ 辛辛辛〕, 재물들〔辛巳, 辛丑, 辛丑〕이 입묘한 재물창고〔丑일지〕를 지배하였다.

이 사주는 갑부였는데 36세〔戊戌대운 丁巳년〕에 교통사고로 중상을 입고 대수술을 하였다. 丁일간〔자신〕이 재물들〔辛巳년, 辛丑월, 辛丑시〕이 입묘한 재물창고〔丑일지〕를 지배하면서 거대한 부귀를 누렸지만 戊戌대운 丁巳년〔36세〕에 丑戌형으로 재물창고〔丑일지〕가 손상되면서 생명을 위협받는 중대한 사고를 당하였다. 戊戌대운이 끝나고 丁酉대운에 이르면 巳酉丑 삼합으로 재물창고〔丑일지〕가 사라지고 丁〔자신〕의 형상도 丁〔火〕으로 등장하기에 수술 후유증을 극복하기는 쉽지 않다.

	戊戌대운 丁巳년(36세–교통사고 대수술)
사회관계	**고(庫)를 지배** ➡ 戊戌대운 丁巳년에 재물〔辛巳, 辛丑, 辛丑〕이 입묘한 재물창고〔丑일지〕가 丑戌형 · 巳戌입묘→丑戌형으로 손상되었다.
丁 丑	**丁등장** ➡ 丁巳년에 丁〔자신〕의 형상이 丁巳〔火〕로 등장했다.
	丑붕괴 ➡ 戊戌대운〔丑戌형〕에 丑〔보금자리〕이 무너졌다.
생체시스템	**丁丑손상** ➡ 육체〔丁丑〕가 戊戌대운〔丑戌형〕 丁巳년〔巳戌입묘→丑戌형〕에 손상되었다.

(남)			
壬	己	己	壬
申	卯	酉	寅

⊙대운

81	71	61	51	41	31	21	11	1
戊	丁	丙	乙	甲	癸	壬	辛	庚
午	巳	辰	卯	寅	丑	子	亥	戌

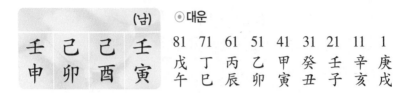

○생체시스템 ➡ 己·壬申〔일간·재성·식상〕

○사회관계 ➡ 제압〔음→양←음→양〕, 자기세력〔己酉, 己, 壬申〕이 경쟁세력〔壬寅, 卯〕을 제압했다.

이 사주는 치과의사인데 27세〔壬子대운 戊辰년〕에 교통사고가 났다.

己일간〔자신〕이 壬申시〔재성·식상〕을 사용하여 음(陰) 자기세력〔己酉월, 己일간, 壬申시〕으로 양(陽) 경쟁세력〔壬寅년, 卯일지〕을 깔끔하게 제압했다.

壬子대운 戊辰년〔27세〕은 제압틀〔己酉, 壬申〕이 子酉파·申子辰 삼합으로 한순간에 무너지면서 가벼운 접촉사고가 발생하였다.

	壬子대운 戊辰년(27세-가벼운 교통사고)
사회관계	**제압(制壓)** ➡ 壬子대운 戊辰년에 子酉파·申子辰 삼합으로 한순간에 제압틀〔己酉, 壬申〕이 손상되었다.
己	**己등장** ➡ 戊辰년에 己〔자신〕의 겁재(劫財) 辰〔土〕이 등장했다.
卯	**卯붕괴** ➡ 壬子대운〔子卯파〕 戊辰년〔卯辰천〕에 卯〔보금자리〕가 무너졌다.
생체시스템	**壬申손상** ➡ 육체〔壬申〕가 壬子대운 戊辰년〔壬戊극·申子辰 삼합〕에 손상되었다.

제 9 장
해원 철학

海原 命理學
해원 명리학

1

생명체의 가치

어린 시절 시골에서는 아이들이 개구리를 잡아서 구워먹는 일이 흔하였다. 어느 날 동네친구들과 함께 개구리를 몇 마리 잡았고 뒷다리를 잘라 불에 구워먹었다. 아무렇게나 버려진 뒷다리 잘린 개구리는 살기 위해서 짧은 앞다리로 마당을 기어나가다가 어디선가 나타난 거대한 닭의 부리에 쪼여 순식간에 죽어버렸다. 필자는 충격을 받았고 다시는 개구리를 잡지 않았으며 수십년이 지났지만 그날을 선명하게 기억하고 있다.

한국인은 신선한 해산물을 좋아한다. 하지만 신선한 해산물을 좋아하는 것과 해산물의 고통을 즐기는 것은 전혀 다르다. 미디어를 통해서 소개되는 많은 해산물 맛집들은 살아 있는 낙지를 뜨거운 국물에 바로 집어넣어 신선함을 강조하는데 그것은 그들이 고통스럽게 죽어가는 것을 즐기는 이벤트다. 꼼장어 숯불구이는 살아 꿈틀거리는 이들을 불 위에 올려놓고 가죽과 살이 타들어가는 고통으로 죽이는데 인간이 살생·투도(偷盜)·사음(邪淫)을 범하여 사후세계에 초열지옥(焦熱地獄)으로 떨어져 받아야 하는 형벌을 가엾은 장어에게 가하고 있는 것이다.

일본의 작은 마을 타이지(太地)의 바다는 9월부터 이듬해 3월까지 돌고래의 피로 붉게 물든다. 영화 〈더 코브(The COVE)〉는 정부의 보호 아래 타이지에서 학살되는 돌고래들의 충격적인 영상을 담고 있는데 매년 2천 마리가 어부들의 창에 찔려 고통스럽게 죽고 일부는 아쿠아리움으로 팔려간다. 이 영화를 만든 릭 오베리(Ric O' Barry)는 1964년 미국 인기드라마 플리퍼(flipper)에서 세계적인 돌고래 조련사로 출연하여 다섯 마리의 돌고래를 바다에서 잡아와 훈련시키다가 캐시〔돌고래〕가 우울증과 고통으로 자살하자 큰 충격을 받았으며 돌고래도 인간처럼 감정을 가진 생명체라는 것을 깨닫고 돌고래 보호운동가로 인생을 바꾸었다.

인간은 물질적 이익과 공감 정도에 따라 생명체의 운명을 결정하였다. 고기생산에 효율적이고 공감이 떨어지는 소와 돼지, 닭은 식용으로 분류하여 길렀고 고기생산에 비효율적이고 공감이 높은 개나 고양이는 동정하여 애완용으로 대우했다. 모든 생명체는 감정을 가지고 있지만 인간은 자신이 유일무이한 진화의 최고단계라는 자만

심 때문에 대부분의 생명체를 감정 없는 고기덩어리로 전락시켰다. 하지만 진짜 비극은 인간이 다른 인간의 감정을 거부하고 물질적으로 계산하여 차별할 때이다.

콩고의 대학살은 인간〔유럽인〕이 다른 인간〔아프리카인〕을 물질적으로 계산하고 공감을 거부할 때 어떤 비극이 일어나는지를 잘 보여준다. 1885년부터 아프리카 콩고를 지배했던 벨기에의 국왕 레오폴드 2세는 콩고인들에게 천연고무 할당량을 정하고 그것을 채우지 못하면 팔과 다리를 잘랐고 강제 노역을 거부하는 남자의 아내 손목을 잘랐다. 고문당하고 살해당하고 굶주림 속에서 일하다가 1천만 명이 학살된 역사적인 참극은 1908년 전세계의 공분으로 종식되었다.

알렉스 헤일리(Alex Haley)의 『뿌리(Roots)』는 아프리카 흑인 쿤타킨테가 백인 사냥꾼에게 잡혀 미국으로 끌려와 어떻게 뿌리를 내리는지를 이야기한 거대한 서사시〔소설〕로서 주인공 쿤타킨테는 기쁨·노여움·슬픔·즐거움을 가진 인간이었지만 백인들에게는 검은 물건〔노예〕에 불과하였다.

2014년 가자지구(Gaza)에서 벌어진 백린탄 학살은 선민사상에 빠진 인간〔이스라엘〕이 다른 인간〔팔레스타인〕을 물질적으로 계산하고 차별할 때 어떻게 악마로 변하는지를 잘 보여주었다. 백린은 물 속에서도 꺼지지 않는 화학물질로 살갗에 닿으면 수천도의 고열로 끝까지 연소하면서 피부와 내장, 뼈를 모두 태우기에 악마의 무기로 국제사회에서 엄격하게 금지하고 있지만 이스라엘은 어린이와 부녀자가 밀집한 가자지구(Gaza)에 백린탄을 쏟아부어 팔레스타인 민간인 2천여 명을 잔혹하게 학살하였다. 가자지구의 학살은 전세계인들을 깊은 슬픔에 빠뜨렸고 참을 수 없는 분노를 일으켰지만 이스라엘 시민들은 가자지구가 내려다보이는 스데롯 언덕에서 의자에 앉고 소파에 드러누워 최후의 심판을 보듯이 학살광경을 즐겼고 백린탄이 터질 때마다 환호성을 질렀다. 광분한 이들을 촬영했던 덴마크 언론인은 그곳을 '스데롯 극장'으로 비유했다.

인도의 약 16%를 차지하는 카스트(Caste) 아래 파리아(Pariah)는 타락할 때까지 타락한 저주받은 '불가촉 천민'으로 3천 3백년에 이르는 긴 세월 동안 경멸의 대상이 되어 왔다. 그들은 지역적으로 격리 수용되었고 힌두교 사원에 들어갈 수 없었으며 다른 카스트와의 신체접촉마저 금지되었다. 1950년 인도에서 카스트는 폐지되었고 1970년대부터 파리아는 인권운동을 통해서 '억압받는 자'를 뜻하는 달리트(Dalit)로 불리며 정치세력으로 성장했지만 인도사회의 뿌리 깊은 계층차별 의식은 아직도 계속되고 있으며 해마다 하층계층과 달리트로 향하는 혐오범죄는 수만 건에 이르고 있다.

카스트의 뿌리는 인간〔아리아인〕이 다른 인간〔드라비다인〕을 물질적으로 계산하고 차별하기 시작했던 기원전 1,300년 베다시대로 거슬러 올라간다. 찬란한 인더스 문명을 창조했던 드라비다인〔원주민〕을 정복한 아리아인〔인도유럽어족〕은 드라비다인을 억압하고 혼혈을 막고자 강력한 인종차별정책과 신분제도를 시행하였고 경전 『리그베다(Rigveda)』로 합리화하였다.

『리그베다』에서 "브라만(Brahman_성직자)은 인류 최초의 신(神) 푸루샤(purusa)의 입에서 태어났고 크샤트리아(Kshatriya_귀족, 무사)는 겨드랑이에서 태어났으며 바이샤(Vaisya_농민, 상공인)는 허리에서 태어났고 수드라(Sudra_노동자, 노예)는 발에서 태어났기에 신(神)이 계층을 만들었고 인간은 바꿀 수 없다."고 하였다.

싯다르타(Siddhartha Coutama)는 기원전 563년경에 작은 나라의 왕자로 태어나 카스트(Caste)가 지배했던 혼탁한 세상에서 "모든 생명체는 조건 없이 사랑해야 한다."는 인류 역사상 가장 아름답고 감동적인 철학인 '자비(慈悲)'를 발현시켰다.

예수(Jesus Christ)는 로마가 지배했던 팔레스타인에서 태어나 억압과 차별, 가난과 빈곤, 종말과 메시아에서 길을 잃었던 많은 사람들에게 '사랑'이라는 위대한 사상을 발현시켜 인류에게 가장 강력한 빛을 주었다. 그는 모든 사람들은 하느님의 자식이기에 사랑해야 할 대상이고 가진 자와 강한 자는 노약자나 병자처럼 가지지 못한 자와 약한 자를 돌보아야 한다고 역설하였다.

싯다르타와 예수는 "인간은 차별 없이 서로를 사랑해야 한다."는 매우 단순하고 강력한 진리를 설파했지만 탐욕스러운 지배계층이 무자비하게 피지배계층을 탄압했던 당시에는 세상을 뒤엎는 혁명적인 이데올로기(Ideologie)였다.

싯다르타는 어린 시절 아버지 슈도다나(Suddhodana)와 함께 농경제에 참석했다가 깨달음을 얻었다. 농부들이 힘차게 땅을 갈자 숨어 있던 벌레들이 꿈틀대며 나왔고, 순간 새 한 마리가 나타나 그 벌레를 낚아채었으며 그 새를 다시 독수리가 낚아채었다. 약육강식의 충격을 받은 싯다르타는 숲 속으로 들어가 깊은 사색에 빠졌고 모든 생명체로 향하는 '자비(慈悲)' 라는 사상을 탄생시키는 첫 걸음을 내딛었다.

2 탐욕의 재앙

산업혁명의 시작으로 발전한 자본주의는 인간을 비롯한 많은 생명체가 공존하면서 풍성하게 살 수 있는 '신이 내린 축복'이었다. 하지만 사람들은 재물을 나누지 않고 독점하면서 '탐욕의 재앙'을 낳았다. "강한 자가 약한 자를 제압한다."는 약육강식(弱肉强食)의 사고는 제국주의를 낳고 가난한 사람들의 노동력을 착취하여 자본가의 배를 불리도록 하였다.

3천만 명이 희생된 제1차 세계대전의 재앙은 제국주의의 끝없는 탐욕에서 비롯되었다. 약소국을 점령해 가며 배를 불려 갔던 열강들은 '제국을 건설한다'는 환상에 빠져 있었고 식민지 쟁탈전에서 충돌하자 망설임 없이 전쟁을 선택하였다. 이 전쟁에서 사람들은 인간이 악마로 변해 가는 모습을 보았고 풍족했던 자원이 서로를 죽이기 위한 무기로 바뀌는 것을 보았다.

6천만 명이 희생된 제2차 세계대전은 패전국〔독일〕의 분노와 세계 경제대공황에서 시작되었다. 제1차 세계대전에서 패한 독일은 식민지를 강탈당하고 과도한 전쟁배상금으로 신음하다가 극단적인 파시즘(fascism)을 탄생시켰고 전쟁의 상처를 치유해 가던 유럽은 세계 경제대공황〔1929년〕을 만나 실업과 극심한 빈곤의 늪에 빠지면서 독일의 욕망을 키우는 결과를 낳았다. 히틀러는 갈 곳을 잃은 독일인의 마음을 사로잡아 전쟁광으로 만들어 1939년에 폴란드를 침공하면서 인류 최악의 전쟁을 열었다.

강한 자는 약한 자를 제압하고 그들의 재물을 빼앗을 수 있다고 생각한다. 하지만 그것은 '탐욕의 재앙'으로 되돌아온다. 영원한 강자가 없고 영원한 약자가 없으며 강자 위에는 또 다른 강자가 군림하고 억압되었던 약자는 힘을 길러 강자에게 보복한다.

6백만 명의 유대인을 학살하고 1천 7백만 명의 소련 민간인을 학살한 독일은 소련군에게 점령된 뒤에 2백만 명의 독일 여성들이 강간당하고 24만 명이 강간으로 사망하는 불행을 겪었고 중국 침략으로 2천만 명의 중국인을 죽이고 제국을 꿈꾸었던 일본은 히로시마와 나가사키에 원자폭탄을 맞고 30만 명이 희생되고 25만 명이 반사능 피해를 입는 재앙을 당하였다.

20세기 인류 역사상 가장 치욕스러운 전쟁으로 기록되는 보스니아 전쟁은 1984년 동계올림픽이 열렸던 아름다운 사라예보를 파괴하고 30만 명을 죽음으로 몰아넣었으며 민족 간의 씻을 수 없는 상처만 남겼다. 전쟁 초기 독립을 원했던 보스니아의 영토 70%를 점령했던 밀로셰비치〔세르비아 정권〕는 "보스니아〔무슬림〕의 씨를 말리겠다."는 명목으로 인종청소를 감행하여 보스니아 남자들은 집단학살하고 여자들은 집단강간을 하였다. 민족주의의 가면을 쓴 악마는 세르비아인을 상냥한 이웃집 아저씨에서 학살자로 변질시켰고 다정한 친구오빠에서 강간자로 돌변하게 만들었다. 보스니아전쟁은 단기전으로 끝날 것이라는 세르비아의 예측과는 달리 3년 6개월 동안 지속되었고 NATO의 개입으로 1995년에 종전될 때까지 민족 간의 잔혹한 살육만 남긴 채 나라가 분리되면서 막을 내렸다.

산업혁명으로 인한 대량생산은 사람들에게 풍요의 시대를 열어주었지만 물질을 독점하고자 하는 탐욕에도 물들게 하였다. 재물을 축적하고 즐겁게 소비하는 것은 선(善)이며 부자로 살아가는 것은 축복이다. 하지만 가진 자가 가난한 자들을 외면하고 재물을 독식한다면 과거처럼 인류가 공멸하는 재앙을 부를 것이다.

3
천국

인간이 창조한 가장 완벽한 존재는 신(神)이다.

신은 사람들이 상상할 수 있는 모든 꿈으로 만들어졌기에 전지전능(全知全能)하고 영원히 살 수 있는 능력이 부여되었다. 신이 지배하는 천국(天國)은 죽음 뒤의 안식처로서 사람들에게 현실의 고통을 잊고 영생을 꿈꾸게 하였다.

천국(天國)은 가난한 자의 희망이자 지배자의 권력이었다.

수많은 가난한 자들이 천국에 가기 위해서 현실에서 희망을 버리지 않았고 수많은 지배층이 천국을 만들어 피지배층을 통제하였다. 위대한 정신의 소유자 싯다르타와 예수 역시 당시 사람들이 이해하기 쉽도록 천국을 이용하여 교화하였다.

천국은 학살자를 순교자로 미화시켜 극악무도한 살인을 선행으로 바꾸기도 하였다. 이슬람 극단세력은 코란(Koran)을 인용하여 "순교자는 천국에서 영원한 처녀 후리(Houri) 72명을 맞이할 것이다."라고 주장하며 사람들에게 자살폭탄을 들게 만들었고 일본의 야스쿠니 신사(靖國神社)는 전쟁범죄자를 신(神)으로 승상시켜 안식처〔天國〕를 제공해 줌으로써 중일전쟁과 태평양전쟁에서 일본군이 대량 학살을 저지르고도 한 치의 죄책감도 느낄 수 없게끔 만들었다.

천국은 영원히 살고 싶은 인간의 욕망에서 시작되었다.

하지만 천국은 죽음의 고통을 넘고자 했던 목적 이상으로 광기와 이성의 파괴를 불러왔으며 자신들이 맹신하는 신(神)과 영원히 살 수 있는 천국을 위해서 상대편을 죽이는 '종교전쟁' 을 불러왔다.

사람들은 자신이 영원히 살 것 같은 영생(永生)의 망상(妄想)에 빠져 있다. 하지만 지금까지 영생을 가져다주는 묘약은 없었고 노화를 막는 기술도 없었다. 영원한 삶은 인간의 욕망과 공상과학영화에서나 존재할 뿐이다.

싯다르타는 인간이 끝없이 살고 싶은 욕망인 윤회(輪廻)에서 벗어나 진정한 무(無)의 세계인 해탈(解脫)을 제시하며 인류 역사상 영생의 망상에서 벗어난 최초의 성인이 되었다. 그는 영원히 살고자 천국을 만든 것이 아니고 "무(無)가 되고자 물질과 욕망을 버리라."고 설명하였다.

해탈(解脫)은 무(無)이며 우주에서 육체가 사라지고 정신만 남음으로써 완성된다.

④ 소멸

어린 시절 필자의 고향에 유명한 바람둥이 의사가 있었다. 1980년대 한국 정부의 강력한 산아제한정책으로 불임수술이 불길처럼 번질 때 정관수술로 떼돈을 벌었던 그는 어린 간호사 여러 명을 유혹하여 집을 사주고 난관수술을 시켜 첩으로 삼았다.

어느 날 그 의사는 불치병에 걸리면서 영원할 것만 같았던 부귀영화는 위기를 맞았고 불치병을 치료해주는 사람에게 재산의 절반을 주겠다는 파격적인 조건을 내걸었지만 병을 고치지 못했다. 의사가 죽고 첩에서 해방된 간호사들은 새로운 남자를 만나 가정을 꾸렸지만 자식을 낳지 못하는 불행을 겪었다.

인생을 고민하던 20대 제자가 질문을 하였다.

"선생님! 제 운명은 무엇일까요?"

필자는 제자의 질문을 바로 이해하였다.

"삶에 대해서 고민이 많겠지만 한 가지만 이해하면 마음이 편하다. 인간은 아무리 돈이 많아도 일곱 끼를 먹지 못하고 아무리 부귀영화를 누려도 100년을 살지 못한다. 세상은 불평등해 보이지만 먹는 것과 죽음 앞에서 모든 사람들은 평등하다."

필자의 아버지는 폐암으로 사망하였다. 70대에 폐암 3기를 진단받고 수술했으며 2년 뒤에 재발하여 사망하였다. 아버지는 죽음을 원하지 않았고 회복되리라는 희망을 가졌지만 암덩어리가 목구멍을 막자 다량의 수면제를 복용하고 자살을 시도하였다. 다행히 수면제 양이 부족하여 회복했지만 가족들에게 눈물어린 말을 남겼다.

"나는 살고 싶다. 하지만, 너무 고통스럽기에 이제는 죽고 싶다."

아버지는 그로부터 1개월을 넘기지 못하고 사망하였다.

2010년 "슬픔과 절망을 딛고 희망을 버리지 않으면 행복이 온다."는 메시지를 전파하며 행복 전도사로서 유명세를 떨쳤던 한 방송인〔63세〕이 남편과 함께 동반자살을 하였다. 유서에서 그녀는 "700가지 통증에 시달려본 분이라면 저를 이해할 것입니다."라고 적었다.

사람들은 죽음을 원하지 않는다.

죽음은 살아 있는 현실을 영원히 단절시키는 공포이기에 사람들은 천국(天國)을 만들고 내세(來世)를 만들고 영생(永生)을 만들어 그것에서 벗어나려고 하였다. 하지만 모든 생명체는 죽음에서 벗어날 수 없다. 우리가 죽음을 두려워하는 것은 "삶의 철학"은 풍부하지만 "소멸의 철학"은 빈약하기 때문이다. 사람들은 "어떻게 재물과 권력을 얻을 것인가? 어떻게 꿈을 펼칠 것인가? 어떻게 행복을 누릴 것인가?"에는 관심이 많지만 "어떻게 죽음을 맞을 것인가?"에는 관심이 적다.

우리에게는 소멸(消滅)의 철학이 필요하다.

죽음은 생소한 경험 같지만 늘 일상 속에 있다. 마트의 식육코너에 가면 닭과 돼지, 소의 주검이 즐비하다. 사람들은 음식으로만 생각하기에 그것은 죽음 자체이다. 필자는 미술대학에서 인체해부학을 공부하면서 부위별로 해부된 인체가 식육점의 닭, 돼지, 소의 살코기와 다르지 않다는 것을 알았다. 인간은 생활 속에서 흔히 접하는 동물처럼 뼈와 살, 내장으로 이루어져 있고 생명력을 잃으면 모든 생명체처럼 미생물에게 분해되어 흙으로 변하기에 인간이라고 특별한 죽음이 주어지지 않는다.

소멸(消滅)은 삶에만 집착했던 사람들이 쉽게 수용할 수 없는 무거운 실재이지만 우주의 거대한 질서이고 이 세상 모든 생명체에 부여된 평등이다. 그것은 우주가 생길 때부터 존재했고 공룡시대에도 존재했으며 인간시대까지 어김없이 존재하는 영원한 항구적인 우주법칙이다.

제사(祭祀)는 선인을 기리는 의식이지만 영생의 망상에 빠지면 '산

자의 위로'로 변질된다. 제사를 통해서 억울한 원귀(寃鬼)의 한을 푼다거나 제사를 지내지 않으면 조상신이 진노하여 후손에게 해를 끼친다거나 죽은 귀신이 제사음식을 먹고 간다는 식의 생각은 영혼을 믿고 싶은 '산 자의 욕망'에서 비롯되었다.

무덤은 죽은 자의 집이지만 영생의 욕망도 품고 있다. 많은 고대의 권력자들이 웅대하고 화려한 무덤 속에 값진 부장품을 가득 채우고 노비나 아내(첩)를 생매장하기도 했던 것은 죽음 뒤에도 영원히 살기를 원했던 '산 자의 욕망' 때문이다.

아무리 거대하고 멋진 무덤을 가져도 그 속에 매장된 주검의 가치는 무덤조차 없이 거적에 말려 아무렇게나 버려졌던 이름 없는 노비의 주검과 다르지 않다. 죽음은 인간과 동물을 구별하지 않고 지배자와 피지배자를 구별하지 않으며 특히 부자와 가난한 자를 구별하지 않는다.

2001년 스웨덴 생물학자 스잔 위구매삭(Susanne Wiigh-Masak)은 주검이 흙으로 돌아가는데 많은 시간이 걸리는 매장(埋葬)이나 시체를 태우면서 에너지가 낭비되는 화장(火葬)보다 훨씬 친환경적인 빙장(氷葬, freeze drying)을 개발했다. 빙장은 냉동과 건조과정으로 시체를 가루로 만들고 그 위에 어린 나무를 심어 주검을 6개월 만에 흙으로 변화시키기에 매장보다 토양의 재활용이 빠르고 화장처럼 유해가스 배출도 없어 인간이 자연으로 돌아가는 가장 효율적인 방식으로 떠올랐다.

티벳의 천장(天葬)은 인간이 소멸하는 방법 중에서 가장 간소하다. 천장사(天葬師)가 인간의 시신을 칼로 잘라놓으면 독수리들이 달려들어 순식간에 먹어버려 뼈만 남기는데 이것을 보릿가루와 함께 잘게 부수어 다시 뿌려주면 1시간 30분만에 인간은 세상에서 한 조각도 남김없이 독수리들에 의해서 사라진다.

해원철학은 소멸에서 끝난다.

우주는 생명체의 소멸로 풍성해진 토양에서 새로운 생명체를 탄생시킨다. 우주는 인간이 독점할 수 있는 공간이 아니고 모든 생명체가 평등하게 누려야 하는 공간이다. 사람들은 천국과 내세와 영생을 만나지 못할지라도 죽음으로써 생명체의 탄생과 우주의 질서에 공헌한다. 만약 사람들이 소멸을 두려워하지 말고 평등으로 모든 생명체를 받아들인다면 현세에서 천국을 만들 수 있을 것이다.

에필로그

2017년 5월 『해원명리학』을 발표한 이후에 출간을 위해서 2년 동안 쉼 없이 달려왔던 집필이 비로소 마무리되었다. 한국명리학을 만들겠다는 민족적 자존심과 잘못된 명리이론을 바로잡고자 했던 열망은 바람 부는 언덕에서 홀로 서 있는 고독과 맞닿아 있으면서도 혹독하게 글을 쓰게 만들었다.

지난여름 『해원명리학』 원고를 들고 역사에 남을 한국명리학을 출간하고 싶다며 찾았던 상원문화사는 필자의 뜻을 흔쾌히 받아주었고 그 가치를 높게 인정해 주었다. 책은 출판되지 않으면 세상에 태어날 수 없고 저자와 출판사의 인연은 아무렇게나 이루어지지 않는다.

필자는 바다와 인연이 깊다. 바닷가에서 태어났고 어릴 때는 푸른 바다를 배경으로 넓게 펼쳐진 녹색 보리밭을 사랑했으며 소금기 섞인 바다내음을 늘 들이마셨다. 해원(海原)이라는 예명도 바다를 항상 곁에 두고 싶어 지었다.

『해원명리학』 출간은 필자 한 사람의 노력으로만 이루어진 것이 아니다. 한국명리학을 열망했던 많은 분들의 응원과 출판사의 노력이 어우러지면서 가능했던 일이다. 이 책이 세상에 나올 수 있게 도움을 주신 모든 분들에게 감사드리고 여유가 된다면 바다향이 가득한 커피 한 잔을 대접해 드리고 싶다.

해원 **이풍희** 배상

해원 명리학

1판 1쇄 인쇄 | 2019년 11월 01일
1판 1쇄 발행 | 2019년 11월 11일

지은이 | 이풍희
펴낸이 | 문해성
펴낸곳 | 상원문화사
주소 | 서울시 은평구 증산로 15길 36(신사동) (03448)
전화 | 02)354-8646 · **팩시밀리** | 02)384-8644
이메일 | mjs1044@naver.com
출판등록 | 1996년 7월 2일 제8-190호

책임편집 | 김영철
표지 및 본문디자인 | 개미집

ISBN 979-11-85179-33-9 (03180)

이 도서의 국립중앙도서관 출판예정도서목록(CIP)은 서지정보유통지원시스템 홈페이지(http://seoji.nl.go.kr)와 국가자료종합목록 구축시스템(http://kolis-net.nl.go.kr)에서 이용하실 수 있습니다. (CIP제어번호 : CIP2019044035)